Mensch **und** Politik

Sozialkunde Bayern

Klasse 12

Christian Raps
Dr. Andreas Wilhelm

Schroedel

Mensch und Politik

Sozialkunde Bayern
Klasse 12

Christian Raps
Dr. Andreas Wilhelm

mit Beiträgen von Prof. Dr. Joachim Detjen, Dr. Florian Hartleb
und Dr. Gerhard Schnorrenberger

in Zusammenarbeit
mit der Verlagsredaktion

Das Werk wurde im Wesentlichen für das einstündige Fach Sozialkunde konzipiert.

© 2015 Bildungshaus Schulbuchverlage
Westermann Schroedel Diesterweg Schöningh Winklers GmbH, Braunschweig
www.schroedel.de

Druck A^2 / Jahr 2016
Alle Drucke der Serie A sind inhaltlich unverändert.

Redaktion: Dr. Shida Kiani
Umschlaggestaltung: Druckreif! Sandra Grünberg, Braunschweig
Layout: Janssen Kahlert, Hannover
Grafik: Langner & Partner, Hannover
Druck und Bindung: westermann druck GmbH, Braunschweig

ISBN 978-3-507-11582-8

INHALTSVERZEICHNIS

---

[1] Von den beiden hier angebotenen Kapiteln kann eines ausgewählt werden.
[2] Zur fakultativen und eigenständigen Lektüre.
[3] Zur Vertiefung und Erweiterung.

VORWORT

„Mensch und Politik" – Lernhilfe und Impulsgeber

In der Informationsgesellschaft ist eine breite und vertiefte Allgemeinbildung die notwendige Bedingung dafür, sicher urteilen zu können und in der Gesellschaft Verantwortung zu übernehmen. Gerade das Fach Sozialkunde in der gymnasialen Oberstufe des Freistaats Bayern fördert die Entwicklung der Schülerinnen und Schüler zu verantwortungsbewussten Staatsbürgern und befähigt sie zu überlegtem und zielgerichtetem Handeln. Im Sinne der wertorientierten Persönlichkeitsbildung und vor dem Hintergrund der Internationalisierung von Hochschule und Arbeitswelt leistet der vorliegende Oberstufenband „Mensch und Politik" dabei einen wichtigen Beitrag sowohl als Orientierungs- und Lernhilfe wie auch als Impulsgeber für politisches Denken und demokratisches Engagement.

sicher zum G8-Abitur

Die Vorgaben des G8-Lehrplans in Bayern betreffen Inhalte, Didaktik und Methoden des Sozialkundeunterrichts. Angestrebt werden eine geschichtsbasierte und problemorientierte Vermittlung von Faktenwissen und eine methodengestützte Anleitung zum Verständnis der Akteure, Strukturen und Prozesse in den internationalen Beziehungen. Beabsichtigt wird im Speziellen die Auseinandersetzung mit grundlegenden Fragen der europäischen Einigung, der internationalen Friedens- und Sicherheitspolitik sowie den Merkmalen und Dimensionen der Globalisierung. Verlag und Autoren reagieren mit dem vorliegenden Band auf diese vielfältigen Herausforderungen: „Mensch und Politik" ist passgenau zum G8-Lehrplan (einstündige Version) entwickelt worden und so angelegt, dass die in der 12. Jahrgangsstufe geforderten Kenntnisse im Fach Sozialkunde erworben werden können. Das Werk ermöglicht damit die sichere Vorbereitung auf das Abitur in Bayern.

konzeptionelle Schwerpunkte

Die Reihe „Mensch und Politik" ist konsequent nach dem Doppelseitenprinzip aufgebaut. Die Doppelseiten bieten unterrichtspraktische Abschnitte und enthalten *Autorentexte*, *Materialien* und *Aufgaben*.

- Die ausführlichen *Autorentexte* entsprechen dem neuesten fachwissenschaftlichen Stand und stehen mit den Materialblöcken in einem Verhältnis von einem zu zwei Dritteln. Sie führen in die Teilthemen ein, vermitteln fundiertes Grundlagenwissen und eröffnen Perspektiven. Die Kernproblematik des Themas wird im Autorentext stets durch textliche wie bildliche Elemente umrissen. Drei „Historische Exkurse" erleichtern dabei den Brückenschlag zwischen geschichtlich gewachsenen Bedingungen und gegenwärtigen Herausforderungen.

Zeichnung: Burkhard Mohr

- Sorgfältig ausgewählte statistische und visualisierende *Materialien* bieten Zahlen, Fakten und kontroverse Bewertungen. Sekundärtexte bereiten das Thema auf, regen zur Problematisierung an und unterstützen die Sicherung von Grundlagenkenntnissen vor dem Hintergrund aktueller Nachrichten und zeitlos aktueller Debatten. Die Vielfalt der Materialien – Fotografien, Karikaturen, Statistiken, Karten und Texte unterschiedlicher Gattungen – eröffnet der Lehrerin bzw. dem Lehrer Freiräume zur individuellen Schwerpunktsetzung und motiviert die Schülerinnen und Schüler zur eigenständigen Lektüre des Lehrbuchs. Punktuelle Querverweise in den Materialien ermöglichen in diesem Zusammenhang die rasche Verknüpfung von Inhalten verwandter Themenbereiche.
- Die *Aufgaben* am Ende eines jeden Themenabschnitts erschließen Autorentext und Materialien gleichermaßen, stoßen die Auseinandersetzung mit ihnen an und bereiten die Schülerinnen und Schüler auf Prüfungsfragen vor.

Sozialkunde und Geschichte

Wie bereits in der Jahrgangsstufe 11 ermöglichen die Lerninhalte und Aufgabenstellungen des vorliegenden Sozialkundebandes eine enge Zusammenarbeit mit dem Fach Geschichte und tragen so zur Stärkung und Vertiefung des historisch-politischen Bewusstseins der Schülerinnen und Schüler bei. Durch die historische Perspektive, die auch Vorwissen aus früheren Jahrgangsstufen fruchtbar machen soll, erkennen sie, in welchem Grad Situationen und Herausforderungen der gegenwärtigen internationalen Beziehungen von der Geschichte bestimmt sind.

Wissenserwerb und Kompetenzgewinn

Wissenserwerb und Kompetenzgewinn wecken nicht nur das Interesse an politischen Strukturen und Prozessen, sondern bilden die Basis für Studierfähigkeit und selbstständiges Lernen. Vier eigens hervorgehobene Methodendoppelseiten dienen in diesem Sinne dem gezielten Methodenlernen und ermutigen zu handlungsorientierten Unterrichtsphasen unter Berücksichtigung des gegenwärtigen Standes der Fachdidaktik.

„Abiturtrainer Sozialkunde"

Das Angebot eines „Abiturtrainers Sozialkunde" im Schlusskapitel richtet sich ausdrücklich an die Schülerinnen und Schüler und gestattet eine erfolgreiche Vorbereitung auf mögliche Operatoren und Aufgabenstellungen in der bevorstehenden Abiturprüfung. Ein umfangreiches Glossar und ein Personenregister dienen der Vertiefung und weiterführenden Information.

Begleitband für Lehrerinnen und Lehrer

Bei Texten aus dem Internet werden stets das Portal und das Zugriffsdatum angegeben – denn der abgedruckte Text existiert in manchen Fällen nicht dauerhaft. Anhand der Homepage kann die Qualität der Quelle eingeschätzt und nach aktuellem Material gesucht werden. Ein Begleitband für die Hand der Lehrerin und des Lehrers mit der ISBN 978-3-507-11588-0 liefert Lösungsvorschläge zu den Aufgaben in diesem Schülerband sowie Arbeitsblätter, Extemporalien und Klausuren zu den Themen dieses Bandes.

Der besondere Dank der Autoren gilt Frau OStRin Sigrid Raps sowie den Verlagsredakteuren, Frau Dr. Shida Kiani und Herrn Dr. Martin Reichinger, für ihre freundliche Unterstützung.

OStR Christian Raps, Tann
Dr. Andreas Wilhelm, Erlangen

im Juni 2015

n in der Europäische:
men Ideale: Für uns s
elpunkt. Seine Würde
e Rechte sind unverä
er sind gleichberech
Frieden und Freihei
Rechtsstaatlichkeit, r
espekt und Verantwor
Sicherheit, nach Toler

Union g
solidarisch
iren Ausgleich der Interessen
der Eu
Union die Eigenständigkeit und die vi
Traditionen ihrer Mitglieder. Die offe

I. Aspekte
der europäischen Einigung

Von der europäischen Idee zur Europäischen Union

An der Küste des heutigen Libanon lebte der griechischen Sage nach eine phönizische Königstochter von ganz besonderer Schönheit. In diese verliebte sich der Göttervater Zeus und entführte sie in Gestalt eines Stieres auf die Insel Kreta, wo er sich alsbald zurückverwandelte. Den Erdteil, auf dem die beiden gelandet waren, benannte Zeus nach seiner schönen Prinzessin: „Europa".

Die Europäer blicken auf ein gemeinsames christliches Erbe, ihre Kulturen sind allesamt in der griechischen Philosophie, im römischen Recht und in der Aufklärung verwurzelt. Es sollte dennoch eine lange

Europa, Tochter des Agenor, wird von Zeus in Gestalt eines Stieres entführt; Fresko, Pompeji, 1. Jh. n. Chr.

Zeit vergehen, bis der Name „Europa" für einen in Frieden und Freiheit bewohnten Kontinent stehen würde. Die Geschichte Europas nämlich war die längste Zeit vor allem eine Geschichte von Kriegen, geprägt von Monarchen, Tyrannen und Diktatoren, die die von ihnen besiegten Völker unterjochten und versuchten, den Kontinent oder Teile davon unter ihre Herrschaft zu bringen oder mit Gewalt zu vereinen: Der letzte Versuch endete mit dem Zweiten Weltkrieg und hinterließ millionenfachen Tod, unsagbares Leid und gigantische Verwüstung. Erst im Angesicht dieser gewaltigen Katastrophe begannen Bestrebungen zu einer europäischen Einigung (Integration), da man letztlich erkannt hatte, dass Frieden und Wohlstand nur durch die Zusammenarbeit in einem freien und geeinten Europa zu garantieren waren.

Diese Erkenntnis herrschte bei einigen gelehrten und weitblickenden Männern und Frauen schon seit der Europäischen Aufklärung vor: So etwa zeigte sich Immanuel Kant (1724–1804) in seiner Schrift „Zum ewigen Frieden" (1795) davon überzeugt, dass ein solcher nur durch eine Föderation von Staaten, durch einen Friedensbund aus stabilen und republikanisch verfassten Demokratien, gewährleistet werden könne. Mitte des 19. Jahrhunderts schlug der französische Dichter Victor Hugo (1802–1885) die Bildung der „Vereinigten Staaten von Europa" vor.

Die Idee eines vereinigten Europas erreichte jedoch erst nach der Urkatastrophe des 20. Jahrhunderts, dem Ersten Weltkrieg, eine breitere Schar von Anhängern. 1922 gründete der österreichische Graf Coudenhove-Kalergi (1894–1972) die „Paneuropa-Union" und forderte ei-

Luftaufnahme der zerstörten Stadt Würzburg; vorne links die Neumünsterkirche, in der Mitte der Dom; 11. April 1945

nen Zusammenschluss des Kontinents, da „Europas Politik einem neuen Kriege zu[steuere]". Der Graf scheiterte mit seinen Bemühungen allerdings am starren Nationalismus der europäischen Völker und einer vom Ersten Weltkrieg und seinen Folgen weithin beeinflussten Politik – ebenso scheiterte der französische Außenminister Aristide Briand (1862–1932), der 1929 die Bildung einer „Europäischen Union" anregte.

Der erste Ansatz zur Bildung einer europäischen Vereinigung stammte nach dem Zweiten Weltkrieg vom vormals britischen Premierminister Winston Churchill (1874–1965), vorgetragen in der berühmten Züricher Rede vom 19. September 1946:

Richard Coudenhove-Kalergi (1894–1972)

> *„Wir alle müssen der Vergangenheit den Rücken kehren. Wir müssen in die Zukunft schauen. Wir können es uns nicht leisten, den Hass und die Rachegefühle, welche den Kränkungen der Vergangenheit entsprangen, durch die kommenden Jahre mitzuschleppen. [...] Ist die Unbelehrbarkeit der Menschheit die einzige Lehre der Geschichte? Lasst Gerechtigkeit, Gnade und Freiheit herrschen! [...]*
> 5 *Ich sage Ihnen jetzt etwas, das Sie erstaunen wird. Der erste Schritt zu einer Neuschöpfung der europäischen Völkerfamilie muss eine Partnerschaft zwischen Frankreich und Deutschland sein. [...] Es gibt kein Wiederaufleben Europas ohne ein geistig großes Frankreich und ein geistig großes Deutschland. Wenn das Gefüge der Vereinigten Staaten von Europa gut und richtig gebaut wird, so wird die materielle Stärke eines einzelnen Staates weniger wichtig sein. Kleine Nationen werden genauso viel zählen wie große, und sie*
> 10 *werden sich ihren Rang durch ihren Beitrag für die gemeinsame Sache sichern. [...] Bei all diesen dringenden Aufgaben müssen Frankreich und Deutschland zusammen die Führung übernehmen. Großbritannien, das britische Commonwealth, das mächtige Amerika, und, so hoffe ich wenigstens, Sowjetrussland – denn dann wäre tatsächlich alles gut – sollen die Freunde und Förderer des neuen Europa sein und dessen Recht, zu leben und zu leuchten, beschützen. Darum sage ich Ihnen: Lassen Sie Europa entstehen!"*

Quelle: Winston Churchills Europa-Rede, Universität Zürich, 19.9.1946; abrufbar unter www.zeit.de; Zugriff am 20.1.2015

Churchills Rede erregte im Nachkriegseuropa sogleich allergrößtes Aufsehen, da es unvorstellbar schien, dass die vielfachen Kriegsgegner und „Erbfeinde" Frankreich und Deutschland die Motoren einer europäischen Einigung werden sollten. Doch Churchill sollte recht behalten: Eine Europäische Gemeinschaft konnte nur mit den beiden wichtigsten Staaten im Herzen des Kontinents gelingen. Aber wer sollte den ersten Schritt tun?

Der Anstoß kam aus Frankreich, wenn auch nicht aus altruistischen Motiven: Nachdem das Land in der ersten Hälfte des 20. Jahrhunderts zweimal von Deutschland angegriffen worden war, es den Gegner beide Male jedoch nicht aus eigener Kraft hatte besiegen können, war in Paris überlegt worden, wie man die von Deutschland ausgehende Kriegsgefahr bannen konnte, ohne künftig auf britische oder US-amerikanische Hilfe angewiesen zu sein. Für den französischen Außenminister Robert Schuman (1886–1963) und seinen Ideengeber Jean Monnet (1888–1979) lag der Schlüssel dazu in der Kontrolle der Schwerindustrie: Wenn es gelang, die deutsche Kohle- und Stahlproduktion und damit die für die Herstellung von Kriegswaffen zentralen Industrien zu kontrollieren, so konnte Deutschland ohne das Wissen Frankreichs nicht mehr aufrüsten. Für Deutschland lag der Vorteil des sogenannten „Schumanplans" vor allem darin, die Souveränität über das Ruhrgebiet zurückzugewinnen, dessen Wirtschaftskraft für den Wiederaufbau eine wichtige Rolle spielte. Überdies erhielt die neu gegründete Bundesrepublik die Chance, in die Gemeinschaft der europäischen Völkerfamilie zurückzukehren, aus der Deutschland nach dem Zweiten Weltkrieg ausgestoßen war.

Mit der Gründung der „Europäischen Gemeinschaft für Kohle und Stahl" (EGKS; auch: Montanunion) im April 1951 wurde schließlich die Kohle- und Stahlproduktion Frankreichs, Deutschlands, Italiens und der Benelux-Staaten (Belgien/Niederlande/Luxemburg) der Aufsicht einer Hohen Behörde unterstellt. Dabei lösten die Schaffung eines gemeinsamen Marktes für Kohle und Stahl und die schrittweise Beseitigung von Zöllen schon bald die ursprüngliche, präventive Absicht der Montanunion ab: Es war eine gemeinsame Grundlage für die wirtschaftliche Entwicklung in den Mitgliedstaaten entstanden.

Als mit dem Scheitern der „Europäischen Verteidigungsgemeinschaft" (EVG) im August 1954 der ehrgeizige Versuch einer militärischen Integration Europas zunächst ad acta gelegt worden war, konzentrierten sich die europäischen Staats- und Regierungschefs umso stärker darauf, die wirt-

Frankreichs Außenminister Robert Schuman in einer zeitgenössischen Karikatur; Zeichnung: Klaus Pielert, 1950

schaftliche Einigung des Kontinents voranzutreiben. Das hehre Ziel einer politischen Einigung aber verloren sie nicht aus den Augen. Nach zwei Jahren zäher Verhandlungen wurden 1957 schließlich die „Römischen Verträge" unterzeichnet. Mit der Gründung der „Europäischen Wirtschaftsgemeinschaft" (EWG) und der „Europäischen Atomgemeinschaft" (EAG; auch: Euratom) existierten nun parallel zur EGKS zwei weitere Gemeinschaften auf bedeutsamen Politikfeldern: Während durch den EWG-Vertrag u. a. eine Zollunion mit freiem Personen-, Dienstleistungs-, Waren- und Kapitalverkehr sowie eine gemeinsame Agrar- und Verkehrspolitik geschaffen wurden, sollte die Atomgemeinschaft die Voraussetzungen für die Entwicklung einer zivilen Kernindustrie schaffen. Ziel war es, den Lebensstandard in Europa möglichst rasch anzuheben.

Unterzeichnung der „Römischen Verträge" am 25. März 1957

Zwar wurden durch den „Fusionsvertrag" 1967 die Organe von Montanunion, EWG und Euratom zu einem gemeinsamen Rat und einer gemeinsamen Kommission der Europäischen Gemeinschaft (EG) verschmolzen. Eine tief greifende Weiterentwicklung der Gemeinschaft aber scheiterte am französischen Staatspräsidenten Charles de Gaulle (1890–1970), der eine Erweiterung der EG – vor allem den Beitritt Großbritanniens – zweimal strikt ablehnte, weil er befürchtete, die französische Führungsrolle in Europa einzu-

Die vier Freiheiten im Binnenmarkt

freier Personenverkehr

Wegfall der Kontrollen an den Binnengrenzen

Harmonisierung der Asyl- und Zuwanderungspolitik

Freizügigkeit für Arbeitnehmer, Niederlassungs- und Aufenthaltsrecht für EU-Bürger

freier Dienstleistungsverkehr

Niederlassungsrecht; Offenheit für grenzüberschreitende Dienstleistungen

Liberalisierung der Bank- und Versicherungsdienstleistungen

Öffnung der Transport-, Post-, Telekommunikations-, Energiemärkte

freier Warenverkehr

Wegfall der Grenzkontrollen

keine Zölle oder mengenmäßigen Beschränkungen

Harmonisierung oder gegenseitige Anerkennung von Normen und Vorschriften

Steuerharmonisierung

freier Kapitalverkehr

Freizügigkeit für den Zahlungsverkehr und den Kapitalverkehr (Investitionen und Anlagen) in der EU und nach außen

Integration der Finanzmärkte

Liberalisierung des Wertpapierverkehrs

büßen. Erst 1973 konnten die sechs Gründerstaaten die EG um Großbritannien sowie Dänemark und Irland bzw. 1981 um Griechenland und 1986 um Spanien und Portugal erweitern.

Der Beitritt Großbritanniens wirbelte die Verhältnisse in der EG durcheinander. Ausschlaggebend für den Schritt der Briten war nämlich das Interesse am Freihandel mit den kontinentaleuropäischen Nachbarn und weniger der Wunsch nach einer politischen Integration. Daher weigerte sich die britische Regierung in den 1970er-Jahren, nationale Befugnisse auf die gemeinschaftlichen Organe zu übertragen; anstelle einer Vertiefung des Integrationsprozesses strebte London vielmehr die Erweiterung der EG an. Die durch die Ölpreisschocks 1973 und 1979 ausgelösten Wirtschaftskrisen trugen ihren Teil zur Störung des ins Stocken geratenen politischen Integrationsprozesses bei.

Erst am Ende der Dekade nahm die politische Einigung wieder Fahrt auf, als Bundeskanzler Helmut Schmidt und der französische Staatspräsident Valéry Giscard d'Estaing im Jahr 1978 das Europäische Währungssystem (EWS) initiierten und 1979 die Abgeordneten des Europäischen Parlaments erstmals direkt gewählt wurden. Das vorerst wichtigste Etappenziel seit den Römischen Verträgen erreichte man im Jahr 1987, als die „Einheitliche Europäische Akte" (EEA) in Kraft trat. Dieser erste Reformvertrag der EG sah die Vollendung des Binnenmarktes bis 1993 vor, stärkte die Rolle des Europäischen Parlaments und dehnte die Kompetenzen der Gemeinschaft u. a. auf die Politikfelder Gesundheit, Technologie sowie Umwelt- und Verbraucherschutz aus. Mit der Gründung der Europäischen Union (EU) im Jahr 1993 trat der Integrationsprozess dann in eine völlig neue Phase ein …

1. Erklären Sie unter Rückgriff auf Ihr historisches Wissen, warum und bei wem die Züricher Rede des britischen Premierministers Churchill (S. 9) im Jahr 1946 für Aufsehen sorgte.
2. Interpretieren Sie die Karikatur auf S. 10.
3. Diskutieren Sie die Vor- und Nachteile, die Ihnen persönlich aus den Freiheiten des europäischen Binnenmarkts (S. 11) entstehen.

1. Der europäische Integrationsprozess – von Maastricht nach Lissabon

„Gigantisch! Und dieses niedliche Köpfchen!"
Zeichnung: Jupp Wolter, undatiert (vor 1992)

Zeichnung: Gerhard Mester, 1996

Verträge von Maastricht, Amsterdam und Nizza

Der Begriff „europäische Integration" bedeutet „einen immer engeren Zusammenschluss der europäischen Völker" (Präambel des Vertrags von Lissabon) auf wirtschaftlicher, justizieller sowie innen- und außenpolitischer Ebene. Ein Meilenstein im europäischen Integrationsprozess war der 1993 in Kraft getretene Vertrag von Maastricht, mit dem die Europäische Union (EU) gegründet wurde. Die zwölf Gründungsnationen verzichteten darin freiwillig auf Teile ihrer staatlichen Souveränität, indem sie der EU eine Vielzahl von Zuständigkeiten im wirtschaftlichen und politischen Bereich übertrugen und damit die (inzwischen obsolete) Säulenstruktur der EU schufen. Eine weitere wichtige Bestimmung war die Schaffung einer gemeinsamen Währung in Form des Euro, der 1999 als Buchgeld und 2002 als Bargeld eingeführt wurde, sowie die Einführung einer Unionsbürgerschaft, die allen Einwohnern der EU-Länder das aktive und passive Wahlrecht bei Kommunalwahlen und der Europawahl sowie das Petitionsrecht garantierte. In den Verträgen von Amsterdam (1999) und Nizza (2003) wurden als wichtigste Maßnahmen die Kompetenzen des Europäischen Parlaments erweitert, ein Stabilitäts- und Wachstumspakt vereinbart sowie die Polizeibehörde „Europol" geschaffen.

Die gescheiterte Europäische Verfassung

Da die Verträge von Amsterdam und Nizza lediglich Kompromisse auf dem kleinsten gemeinsamen Nenner waren, bot sich mit der sogenannten Osterweiterung 2004 nicht nur die Chance, mit der Aufnahme zehn mittel- und osteuropäischer Staaten die Teilung in ein Ost- und Westeuropa endgültig zu überwinden und auf dem europäischen Kontinent den weltweit größten einheitlichen Wirtschaftsraum zu schaffen, sondern auch die Gelegenheit zu einer grundlegenden Reform der EU: Von 2001 bis 2003 arbeitete der Europäische Verfassungskonvent eine Verfassung aus, die die EU demokratischer und bürgernäher und ihre Organe zugleich effektiver und transparenter machen sollte. Zu den zentralen Inhalten der Verfassung zählte neben der Reform von Kommission, Parlament und (Minister-)Rat die Charta der Grundrechte. Die darin garantierten Rechte und Freiheiten sollten nun für alle EU-Bürger vor dem Europäischen Gerichtshof (EuGH) einklagbar werden. Die seit Langem verwendeten staatsanalogen Symbole wie die Europaflagge, die Europahymne („Ode an die Freude"), der Europatag (9. Mai) und der Euro wurden erstmals in einem Gründungsvertrag genannt. Doch die EU-Verfassung, die in sämtlichen EU-Staaten – gemäß den dort jeweils geltenden konstitutionellen Bestimmungen – per Parlamentsbeschluss oder per Referendum hätte ratifiziert werden müssen, scheiterte an Volksabstimmungen in Frankreich und den Niederlanden.

Unter deutscher Ratspräsidentschaft im Europäischen Rat wurde ab Januar 2007 ein neuer Versuch unternommen, die EU zu reformieren. Der Ende 2007 in Lissabon unterzeichnete Vertrag „rettete" aus der gescheiterten Europäischen Verfassung insbesondere die institutionellen Reformen. Im Gegensatz zum Verfassungsentwurf baut der Lissabon-Vertrag auf den bestehenden Verträgen auf – er ersetzt sie nicht. Seine Ratifikation oblag nun in fast allen Mitgliedstaaten den nationalen Parlamenten. Die zentralen Bestimmungen des Lissabon-Vertrags, der am 1. Dezember 2009 in Kraft trat, sind:

Vertrag von Lissabon

- *EU-Ratspräsident:* Ein hauptamtlicher Präsident übernimmt jeweils für zweieinhalb Jahre die Leitung des Europäischen Rates und sorgt damit für Kontinuität.
- *EU-Außenbeauftragter:* Die Funktionen des EU-Außenkommissars und des Hohen Vertreters für die Gemeinsame Außen- und Sicherheitspolitik (GASP) werden im Amt eines „Hohen Vertreters der Union für Außen- und Sicherheitspolitik" vereint.
- *Europäisches Parlament:* Die Zahl der Abgeordneten wird von 785 auf 751 (2014) reduziert. Deutschland erhält mit 96 Sitzen am meisten, Malta mit sechs am wenigsten. Das Mitentscheidungsverfahren wird zur Regel, d. h. Parlament und Ministerrat entscheiden gemeinsam.
- *Europäische Kommission:* Der Kommissionspräsident wird auf Vorschlag des Europäischen Rates vom EU-Parlament gewählt. Jedes Land stellt einen Kommissar.
- *„Doppelte Mehrheit":* Seit 2014 gilt ein Beschluss im Ministerrat als angenommen, wenn ihm 55 % der Staaten zustimmen und diese zugleich 65 % der EU-Bevölkerung repräsentieren.
- *Kompetenzen/Subsidiarität:* Die Zuständigkeiten der EU werden klar festgelegt in ausschließliche, geteilte und unterstützende. Eine Mehrheit der nationalen Parlamente kann binnen acht Wochen Einspruch gegen beabsichtigte Rechtsakte (Verordnungen, Richtlinien, Beschlüsse) erheben, wenn sie nationale Kompetenzen verletzt sieht.
- *Innen- und Rechtspolitik:* Die EU betreibt eine gemeinsame Politik auf den Gebieten Asyl, Einwanderung und Kontrolle der Außengrenzen und weitet die Justiz- und Polizeizusammenarbeit aus. Einzelne Staaten können dieser Zusammenarbeit fernbleiben.
- *Verteidigung:* Die EU betreibt eine „Gemeinsame Sicherheits- und Verteidigungspolitik" (GSVP).
- *Charta der Grundrechte:* Sie wird vom Lissabon-Vertrag losgelöst, unabhängig davon jedoch verbindlich, allerdings nicht in Großbritannien und Polen.
- *Säulenstruktur:* Aufhebung der bisherigen Säulenstruktur des Maastrichter Vertrags.
- *Bürgerbegehren:* Wenn mindestens eine Million EU-Bürger ein Gesetz zu einem bestimmten Sachverhalt wünschen, muss die EU-Kommission tätig werden.

Infolge der weltweiten Finanzkrise ab 2008 kam es zu einem weiteren Schritt auf dem Weg zur europäischen Integration. 25 EU-Mitgliedstaaten einigten sich auf einen Fiskalpakt, der Obergrenzen für die Verschuldung jedes Staates sowie automatische Sanktionen bei deren Nichtbeachtung vorsieht. Außer Großbritannien und Tschechien unterzeichneten auch die Nicht-Euroländer der EU den Vertrag, der 2013 in Kraft trat.

Fiskalpakt

1 Die drei Säulen der Europäischen Union nach dem Vertrag von Nizza

Europäische Union

gemeinsame Außen- und Sicherheitspolitik (GASP)	Europäische Gemeinschaften (EG, Euratom)		polizeiliche und justizielle Zusammenarbeit
• **Außenpolitik:** Koordination der nationalen Politiken, Erhaltung des Friedens, Förderung von Demokratie und Menschenrechten durch gemeinsame Strategien, Standpunkte und Aktionen • **Sicherheitspolitik:** schrittweise Festlegung einer gemeinsamen Verteidigungspolitik, rüstungspolitische Zusammenarbeit, Krisenbewältigung	• Zollunion und Binnenmarkt • Wettbewerbspolitik • Visa-, Asyl- und Einwanderungspolitik • justizielle Zusammenarbeit in Zivilsachen • Wirtschafts- und Währungsunion • Agrarpolitik • Handelspolitik • Sozial- und Beschäftigungspolitik • Bildung und Kultur	• Gesundheitswesen • Verbraucherschutz • Regionalpolitik, wirtschaftlicher und sozialer Zusammenhalt • Forschung • Umwelt	• justizielle Zusammenarbeit in Strafsachen (Eurojust) • polizeiliche Zusammenarbeit (Europol)
Regierungszusammenarbeit (intergouvernemental)	**Gemeinschaftspolitik (supranational)** **Gemeinschaftsverträge: EGV, Euratom V**		**Regierungszusammenarbeit (intergouvernemental)**

Vertrag über die Europäische Union (EUV)

L & P / 3718

2 In dubio pro Europa – Präzedenzfälle des Europäischen Gerichtshofs

• **Cassis-de-Dijon-Urteil – Musterbeispiel für den Binnenmarkt:** Ein deutscher Lebensmittelkonzern hatte vor dem Europäischen Gerichtshof (EuGH) in Luxemburg geklagt, weil ihm die Einfuhr eines französischen Likörs aus schwarzen Johannisbeeren (frz.: cassis) unter Hinweis auf deutsche Gesetze verboten worden war. Nach deutschem Recht mussten Liköre mindestens 32 % Alkohol haben, der „Cassis" aber hat weniger als 20 %. Der Gerichtshof entschied 1978, das deutsche Einfuhrverbot widerspreche den Verträgen der Gemeinschaft, die den freien Warenverkehr zwischen den Mitgliedstaaten fördern und Einfuhrbeschränkungen verbieten. Der Gerichtshof stellte den Grundsatz auf: Was in einem Mitgliedsland der Gemeinschaft nach dort gültigem Recht verkauft werden darf, das darf auch in allen anderen Mitgliedsländern verkauft werden.

• **Bosman-Urteil – Steilvorlage für Freizügigkeit:** Berühmt geworden ist auch ein Urteil des Gerichtshofs aus dem Jahr 1995, dem eine Klage des belgischen Profifußballers Jean-Marc Bosman zu-grunde gelegen hatte. Eine Folge dieses Urteils ist, dass seither auf deutschen Fußballplätzen für Spieler aus anderen Staaten der EU nicht mehr die „Ausländerregel" gilt, die es einem Verein verbietet, mehr als drei ausländische Spieler pro Spiel einzusetzen. [...] Die Begründung: Staatsangehörige aus anderen Staaten der EU dürfen nicht als Ausländer behandelt werden, denn die EU-Verträge verbieten innerhalb des Binnenmarktes jede Diskriminierung, also Schlechterstellung eines Unionsbürgers aufgrund der Nationalität. Jeder hat das Recht, überall zu arbeiten.

• **Soldatinnen-Urteil – die neue Front der Gleichberechtigung:** Das deutsche Soldatengesetz erlaubte Frauen nur den Zugang zum Sanitäts- und Musikdienst. Dagegen klagte eine Frau vor dem EuGH. Der entschied: Der vollständige Ausschluss von Frauen aus allen bewaffneten Einheiten der Bundeswehr widerspricht der EU-Richtlinie zur Gleichbehandlung von Mann und Frau. Das deutsche Grundgesetz und das Soldatengesetz mussten geändert werden.

Quelle: Claus D. Grupp: Europa 2001. Alles Wissenswerte über die Europäische Union, Stuttgart 2001, S. 53 f.

1. Erläutern Sie die drei Säulen der EU (M 1). Erschließen Sie den Schwerpunktbereich.
2. Weisen Sie an den in M 2 gezeigten Beispielen nach, welchen Einfluss die EU auf das Leben des einzelnen EU-Bürgers nimmt.

MATERIAL **3**

Wechselkurse und Transferkosten vor der Einführung des Euro

Gegenwärtig [1995] betragen die reinen Umtausch- bzw. Transferkosten von Währungen innerhalb unseres gemeinsamen Marktes pro Jahr rund 30 Mrd. Mark. Sie können leicht verstehen, wie das kommt. Stellen Sie sich vor: Sie steigen morgen in aller Frühe in Fuhlsbüttel in ein Flugzeug und haben 1 000 DM in die Brieftasche gesteckt. Damit fliegen Sie nach Stockholm. Sie geben keine Mark aus, keinen Pfennig. Sie tauschen den Betrag lediglich in schwedische Kronen um. Anschließend fliegen Sie sofort weiter nach Kopenhagen; dort tauschen Sie das Geld um in dänische Kronen. Anschließend fliegen Sie weiter nach London, nach Dublin, nach Amsterdam, nach Brüssel, nach Paris, nach Madrid, nach Lissabon, Rom; Athen nicht zu vergessen. Sie geben überall keinen Pfennig aus. Sie tauschen Ihr Geld immer nur um in die Währung des jeweiligen Landes. Nach Luxemburg brauchen sie nicht zu reisen; denn die Luxemburger waren die einzig Klugen in Europa; sie haben sich keine eigene Währung geleistet. Was glauben Sie, wie viel von ihren 1 000 DM Sie noch haben, wenn Sie abends wieder in Hamburg ankommen? Es verbleiben Ihnen weniger als die Hälfte [...]. Nun ist zwar keiner so verrückt, durch alle 15 Länder zu reisen und sein Geld dauernd umzutauschen. Es gibt ja Kreditkarten dafür. Aber das Beispiel [...] macht deutlich, dass die tatsächlichen Transferkosten enorm sind.

Zeichnung: Horst Haitzinger, 1991

Aus einem Vortrag von Alt-Bundeskanzler Helmut Schmidt vom 14. November 1995; Text leicht gekürzt

MATERIAL **4**

Konvergenzkriterien und Sanktionsmechanismus des Stabilitätspakts

Im Vertrag von Maastricht wurden Bedingungen (Konvergenzkriterien) festgelegt, die ein Land erfüllen muss, um der Wirtschafts- und Währungsunion (WWU) beitreten zu können:

Preisstabilität: Die Inflationsrate darf nicht mehr als 1,5 Prozentpunkte über der Inflationsrate der drei preisstabilsten Mitgliedstaaten liegen.

Haushaltsdefizit: Die Neuverschuldung darf 3% des Bruttoinlandsprodukts nicht überschreiten.

Verschuldung: Die öffentliche Verschuldung (in Deutschland: Gesamtverschuldung von Bund, Ländern und Kommunen) darf max. 60% des Bruttoinlandsprodukts betragen.

Zinsen: Der Zinssatz für langfristige Anlagen (Staatsschuldverschreibungen) darf nicht mehr als 2 Prozentpunkte über dem der preisstabilsten Mitgliedstaaten liegen. [...]

Sollte ein EU-Mitglied die Obergrenze der Neuverschuldung überschreiten, muss es zwischen 0,2 und 0,5 % des BIP bei der Europäischen Zentralbank (EZB) hinterlegen. Wird die Obergrenze auch im Folgejahr überschritten, so wird die Einlage in eine Geldbuße umgewandelt.

Autorentext nach: Bruno Zandonella: Konvergenzkriterien; in: Pocket Europa. EU-Begriffe und Länderdaten, akt. Aufl., Bonn 2009

1. Ordnen Sie die Beispiele in M 2 den Säulen der EU (M 1) zu und erklären Sie, unter welchen Umständen supranationales Recht dem nationalen Recht vorgeht.
2. Erörtern Sie unter Berücksichtigung von M 3 die Folgen, die das Scheitern einer gesamteuropäischen Währung gezeigt hätte.
3. Interpretieren und bewerten Sie die obige Karikatur unter Berücksichtigung von M 3–4.

MATERIAL

5 Out now!

Zeichnung: Wolfgang
Horsch, 2003

MATERIAL

6 Pressestimmen zum französischen „NON"(30. Mai 2005)

● **The English „Daily Mail"**: „Yesterday was nothing less than the beginning of the second French revolution. The first, in 1789, was an explosion of anger against the corrupt and broken
5 Bourbon monarchy. [...] As I saw in Paris, France is in the grip of a revolt against another sleaze-ridden ancien regime – the European political class. This self-perpetuating elite, which has governed France since the end of the second
10 world war, is even more arrogant and corrupt than the Bourbons who were sent to the guillotine 216 years ago. [...] The consequences of this second revolution may be just as wide-reaching. For this new revolution could destroy
15 the power of the complacent Brussels bureaucrats who have defined how their fellow Europeans live their lives for half a century."[1]

● **Die Prager „Lidové Noviny"**: „Das französische „Nein" war ein Nein zu jener Europäischen Union,
20 in der seit der jüngsten Erweiterung viele für die gleiche Arbeit zehnmal weniger verdienen als die meisten Franzosen und dafür ohne Streik auch noch länger arbeiten. Es war ein Nein zu jener

EU, die den französischen Bauern die Zuschüsse kürzen will, damit tschechische Landwirte einst 25 so viel einnehmen können wie ihre französischen Kollegen. Nein, jene Franzosen, die gegen den EU-Verfassungsvertrag stimmten, wollten nichts wissen von einer Liberalisierung des europäischen Arbeitsmarktes, und die Vorstellung, 30 dass irgendwelche Rumänen oder Polen ebenso große Europäer sein sollen wie sie, jagt ihnen Angst ein. Der Champagner der Verfassungsgegner knallte in erster Linie in Frankreich, in zweiter Linie aber auf einem Friedhof – auf dem Friedhof 35 einer Vision der Europäischen Union."[2]

● **Die spanische „El Mundo"**: „Mit ihrer Unbeweglichkeit haben die Franzosen die EU in die schwerste Krise der Geschichte gestürzt. Wenn ein kleines oder mittleres Land die EU-Verfassung ab- 40 gelehnt hätte, hätte die Abstimmung wiederholt werden können. In Frankreich geht das nicht, auch weil das Referendum wegen der hohen Beteiligung ein großes Maß an Legitimität besitzt. Die EU befindet sich in einer Sackgasse [...]. Europa 45 kehrt zurück in die Ära nationaler Egoismen."[3]

[1] Quelle: Peter Oborne, Daily Mail, 30 May 2005
[2/3] Quelle: Ingo Uhlenbruch: Internationale Presse zur Abstimmung über die EU-Verfassung in Frankreich, in: Deutsche Welle, 30.5.2005

1. Interpretieren Sie die Karikatur (M 5) und diskutieren Sie deren Aussage.
2. Erarbeiten Sie aus den Pressestimmen (M 6) die Reaktionen europäischer Medien auf das französische Nein zur EU-Verfassung und bewerten Sie diese.
3. Interpretieren Sie die Karikatur in M 7. Diskutieren Sie auf Basis von M 7, M 8 und des Autorentextes (S. 12 f.), ob der Lissabon-Vertrag nichts anderes ist als die „wachgeküsste" Verfassung.

Fit für die Zukunft? **7**

Das Münchener „Centrum für angewandte Politikforschung" (CAP) über den Vertrag von Lissabon:

„Nach über sechs Jahren hat die Reformdebatte in der Europäischen Union auf dem informellen Treffen der EU-Staats- und Regierungschefs am 18./19. Oktober 2007 in Lissabon eine entscheidende Hürde genommen: Die Regierungen der EU-Mitgliedstaaten einigten sich unter portugiesischem Vorsitz auf ein neues Vertragswerk, mit dem die Europäische Union fit gemacht werden soll für die künftigen internen und externen Herausforderungen. [...] Das Mandat legte eindeutig den gescheiterten Verfassungsvertrag als Verhandlungsgrundlage für einen neuen EU-Vertrag fest, die darin enthaltenen Bestimmungen sollten weitestgehend übernommen werden. Das Verfassungskonzept an sich, einschließlich der damit verbundenen Symbolik wie Flagge, Hymne oder die Bezeichnung „EU-Außenminister", wurde jedoch aufgegeben. Die bestehende Rechtsgrundlage sollte stattdessen in Form eines Änderungsvertrags in der Tradition der Verträge von Maastricht, Amsterdam und Nizza reformiert werden. Dies bedeutet, dass sich die EU auch künftig auf zwei Verträge gründet, den Vertrag über die Europäische Union (EUV) und den Vertrag über die Europäischen Gemeinschaften (EGV), der in Vertrag über die Arbeitsweise der Union (AEUV) umbenannt wird."

Zeichnung: Heiko Sakurai, 2005

Quelle: Sarah Seeger/Leyla Yüzen: Und nun Blick nach vorn!, in: CAP Aktuell 13 (2007), S. 1 ff.

➠ Querverweis: S. 18, M 10

„Politische Feigheit" **8**

Klaus Hänsch, Präsident des EU-Parlaments von 1994 bis 1997 und Mitglied im Europäischen Verfassungskonvent 2002/2003, über den neuen Reformvertrag:

„Die Wiedereinsetzung von „Verordnung" und „Richtlinie" anstelle der neuen Bezeichnungen „Europäisches Gesetz" und „Europäisches Rahmengesetz" sowie die Rücknahme des Titels „Europäischer Außenminister" sind mehr als Vertragskosmetik zur Weichzeichnung des „Vertragsprofils". Dahinter steckt schlicht politische Feigheit – eine durchaus symptomatische. Die niederländische Regierung vor allem wollte die politischen und rechtlichen Realitäten in der Union vor den Bürgerinnen und Bürgern verschleiern. Wenn sich die Europapolitik schon weigert, die Dinge bei den Namen zu nennen, die die Bürger verstehen, wundert es nicht, dass sie die Herausbildung emotionaler Bindungen an die EU auch durch den Verzicht auf die Nennung der Symbole wie Fahne und Hymne verhindern will."

Quelle: Klaus Hänsch: Ende gut – alles gut? Anmerkungen zum Reformvertrag, in: integration 4/2007, S. 499–502; hier: S. 500

MATERIAL

9 EU-Referendum

Zeichnung:
Klaus Stuttmann, 2008

MATERIAL

10 Zentrale Inhalte des Vertrags von Lissabon

Durch den Lissabonner Vertrag vergrößert sich der **Einfluss des Europäischen Parlaments**, das (außer auf dem Feld der Außenpolitik) zu einem neben dem Rat der Europäischen Union gleich-
5 berechtigten Gesetzgeber wird (sog. Mitentscheidung). Auch die **nationalen Parlamente** erhalten mehr Einfluss. Sie werden früher über Vorschläge der Europäischen Kommission informiert und können diese schon während des Gesetzgebungs-
10 verfahrens zurückweisen, wenn sie den Grundsatz der Subsidiarität verletzt sehen. Entscheidungen im Rat der Europäischen Union werden ab 2014 bzw. nach dem Auslaufen von Übergangsregelungen ab 2017 mit **doppelter Mehrheit** getroffen. Das bedeutet, dass jede Entscheidung der Zu-
15 stimmung einer Mehrheit der Staaten (55 Prozent) bedarf, die gleichzeitig eine Mehrheit der Bevölkerung von 65 Prozent repräsentieren müssen.

Erstmals wird ein **Europäisches Bürgerbegehren** eingeführt, mit dem 1 Mio. Menschen aus
20 verschiedenen Mitgliedstaaten die Europäische Kommission zwingen kann, sich mit einem Thema zu beschäftigen und einen Rechtsakt vorzuschlagen.

Quelle: Der Lissabonner Vertrag auf einen Blick, in: Bundeszentrale für politische Bildung (Hrsg.), Dossier: Die Europäische Union, www.bpb.de/internationales/europa/europaeische-union/43000/grafik-lissabonner-vertrag vom 24.9.2009; Zugriff am 20.1.2015

Politikfelder der Europäischen Union

Gemeinsame Außen- und Sicherheitspolitik (GASP)
Gemeinsame Sicherheits- und Verteidigungspolitik (GSVP)
Ständige Strukturierte Zusammenarbeit (SSZ)
(zwischenstaatliche Zusammenarbeit – im Wesentlichen Einstimmigkeit erforderlich)

Sachpolitik
Beispiele
Europäischer Binnenmarkt | Eurozone | Gemeinsame Agrarpolitik (GAP)
Schengenraum | Umweltpolitik | Energiepolitik
Beispiele
Justizielle und Polizeiliche Zusammenarbeit (JPZ) | Verstärkte Zusammenarbeit (VZ)
(Supranationalität – im Wesentlichen Mehrheitsbeschlüsse)

Vertrag über die Europäische Union (EUV)
Vertrag über die Arbeitsweise der Europäischen Union (AEUV)

Quelle: Richter-Publizistik, Stand: 2014

MATERIAL
Der Fiskalpakt **11**

Der Fiskalpakt verpflichtet die Unterzeichner, einen fast ausgeglichenen Haushalt vorzulegen. Das von Konjunktureinflüssen bereinigte strukturelle Defizit darf nur 0,5 Prozent des Bruttoinlandsprodukts (BIP) betragen. Auf dieses Ziel müssen sich alle Staaten mit einer „Schuldenbremse" oder „Goldenen Regel" festlegen. Verfassungsrang wird diese Regel nicht in allen Vertragsstaaten haben. Die bekannten Defizitgrenzen aus dem Vertrag von Maastricht werden noch einmal bestätigt. Die Neuverschuldung darf drei Prozent des BIP nicht überschreiten. Die Gesamtverschuldung darf nicht über 60 Prozent der jährlichen nationalen Wirtschaftsleistung BIP liegen. […]

Die EU-Kommission wird wie bisher Maßnahmen zum Abbau der Defizite vorschlagen und anordnen. Gegen diese Empfehlungen kann sich ein betroffenes Land nur wehren, wenn eine Mehrheit der Finanzminister die Empfehlungen zurückweist. Ausnahmen sind bei „außergewöhnlichen Ereignissen" möglich. Diese Ausnahmeregel, auf die sich Staaten bei starken Konjunktureinbrüchen oder zum Beispiel nach der Pleite der Lehman-Bank 2008 [dem Auslöser der globalen Finanzkrise] berufen haben, war bislang bereits geltendes Recht. Strafen gegen notorische Defizitsünder sollen künftig automatisch greifen. Bei Verstößen gegen die Regeln des Fiskalpakts ist, wie bisher auch, eine Klage gegen den Schuldensünder vor dem Europäischen Gerichtshof möglich.

Besonders wichtig ist für die Krisenstaaten […] als Empfänger von Geldern aus dem [bis Mitte 2013 befristeten] Europäischen Rettungsfonds (EFSF) […]: Nur Staaten, die den Fiskalpakt ratifiziert haben, erhalten künftig weitere Hilfen aus dem dauerhaften Rettungsfonds (ESM). Hilfskredite also nur für denjenigen, der dem Fiskalpakt zustimmt. So ist es kaum verwunderlich, dass der größte Krisenherd Griechenland das erste Land war, das den Pakt ratifiziert hat. […] Obwohl der Pakt außerhalb der eigentlichen Europäischen Verträge geschlossen wird, soll er später in das Gemeinschaftsrecht integriert werden. […]

Bis auf die Schuldenbremse, also die Vorschrift, Defizite abzubauen und ohne Schulden zu wirtschaften, sind die Regeln der Fiskalunion eigentlich nicht gänzlich neu. Olli Rehn, der zuständige EU-Kommissar für Währungsfragen, verwies in Brüssel darauf, dass 99 Prozent der Bestimmungen des neuen Paktes ohnehin schon geltendes EU-Recht seien. Es gehe nur darum, das Ganze noch einmal zu bekräftigen, so Rehn. „Der Fiskalpakt ist eine grundlegende Verpflichtung zu Haushaltsdisziplin durch die nationalen Parlamente der EU-Mitglieder. Das ist sein eigentlicher Nutzen. Durchgesetzt wird der Pakt hauptsächlich durch bereits vorhandene Regeln und Gesetze."

Die Experten sind sich einig, dass der Vertrag in der aktuellen Krise nicht hilft, sondern erst in Zukunft wirken wird. Jean Pisani-Ferry von der Brüsseler Denkfabrik „Bruegel" meint, dass es bis zu einer echten Fiskalunion mit gemeinsamer Haushalts- und Schuldenpolitik noch ein weiter Weg sei. „Wir brauchen eigentlich mehr politische Integration. Wir sehen aber genau das Gegenteil. Es gibt keinen politischen Willen zur Aufgabe von eigener Souveränität, besonders nicht in Frankreich", so Pisani-Ferry.

Quelle: Bernd Riegert: Was steht im Fiskalpakt?, in: Deutsche Welle online, http://dw.de/p/154OX vom 1.6.2012; Zugriff am 20.1.2015
➠ Querverweis: S. 15, M 4

1. Interpretieren Sie die Karikatur (M 9) und diskutieren Sie die demokratische Legitimation des Vertrags von Lissabon durch die deutsche Bevölkerung.
2. Erarbeiten Sie aus M 10 die wichtigsten Bestimmungen des Vertrags von Lissabon.
3. Bewerten Sie in Form eines Zeitungskommentars den Stand der europäischen Integration nach dem Vertrag von Lissabon (M 7 bis M 10; Methode auf S. 152 f.).
4. Ermitteln Sie aus M 11 die zentralen Bestimmungen des Fiskalpakts.
5. Diskutieren Sie, ob die Schaffung einer „echten Fiskalunion" (M 11, Zeile 62) erstebenswert ist.

2. Die Organe der EU im Überblick

Zeichnung: Kommission der Europäischen Gemeinschaften

Das politische System der Europäischen Union hat weltweit kein Vorbild. Kein Mitgliedstaat findet das Abbild seines eigenen institutionellen Gefüges in der EU wieder. Dies liegt vor allem daran, dass die EU weder ein zentralistischer Staat wie etwa Frankreich noch ein föderalistisch aufgebauter Bundesstaat wie die Vereinigten Staaten von Amerika ist. Sie ist aber auch kein Staatenbund, d. h. keine Konföderation wie die „Südstaaten" der USA

Die EU – ein Staatenverbund

→

von 1861–1865, und auch keine Allianz wie die NATO, denn ihre Eingriffsmöglichkeiten in die Souveränität ihrer Mitglieder sind weitaus stärker. Das Bundesverfassungsgericht hat die EU 1993 als „supranationalen Staatenverbund" klassifiziert und damit für ein neuartiges politisches Gebilde einen neuen Begriff geschaffen. Diesem Gebilde „sui generis", also eigener Art, wurden seit seiner Gründung stetig neue Zuständigkeiten und Kompetenzen übertragen, die Befugnisse seiner Organe dabei kontinuierlich erweitert.

Der Europäische Rat – Weichensteller Europas

Der Europäische Rat setzt sich aus den Regierungschefs der Mitgliedstaaten zusammen. Er übt in der EU die politische Führung aus und hat die Richtlinienkompetenz. Seit Inkrafttreten des Vertrags von Lissabon sitzt dem Europäischen Rat ein hauptamtlicher Präsident mit einer Amtsdauer von zweieinhalb Jahren vor, der die regelmäßigen Ratstreffen koordiniert und leitet und somit die Effizienz des Organs erhöht. Im Europäischen Rat werden die politischen Leitlinien und grundsätzlichen Ziele der EU festgelegt sowie Entscheidungen in politisch sensiblen Bereichen wie der Aufnahme neuer Staaten oder der Änderung der Verträge einstimmig getroffen.

Der Rat der EU bzw. Ministerrat – „Länderkammer" und Gesetzgeber

Im Rat der Europäischen Union, auch Ministerrat oder nur Rat genannt, sitzt je ein Minister pro Mitgliedstaat. Wird nur vom „Rat" gesprochen, ist in aller Regel er, nicht der Europäische Rat gemeint. Je nach anstehendem Sachgebiet tagt der Rat in unterschiedlicher Zusammensetzung, u. a. als Rat der Außen-, Landwirtschafts-, Wirtschafts- oder Finanzminister, die dann jeweils verbindlich für ihre Regierungen handeln. Als Kammer der Mitgliedstaaten fungiert der Rat dabei als Gesetzgeber, d. h., er verabschiedet die von der Kommission vorgeschlagenen Richtlinien und Verordnungen. Rund 95 Prozent der EU-Gesetze werden gemäß dem Vertrag von Lissabon gemeinsam mit dem Europäischen Parlament beschlossen. Je nach Politikfeld entscheidet der Rat einstimmig oder mit einfacher, meist jedoch mit qualifizierter Mehrheit, die seit 2014 eine „doppelte Mehrheit" ist. Der Ratsvorsitz rotiert halbjährlich zwischen den Mitgliedstaaten.

Die EU-Kommission – Europas Motor ...

Die Europäische Kommission ist das supranationale Exekutivorgan der EU. Sie hat das alleinige Initiativrecht bei der Gesetzgebung, trägt die Alleinverantwortung für den

Vollzug der Richtlinien und Verordnungen und vertritt die EU in Wirtschaftsfragen auf internationaler Ebene. Die Kommission wacht als „Hüterin der Verträge" außerdem über die Einhaltung des Gemeinschaftsrechts und verwaltet den EU-Haushalt. Zur Bewältigung ihrer Aufgaben beschäftigt sie rund 46 000 Beamte. Die EU-Kommissare werden von den nationalen Regierungen nominiert und vom Europäischen Parlament bestätigt. Jedes Land stellt

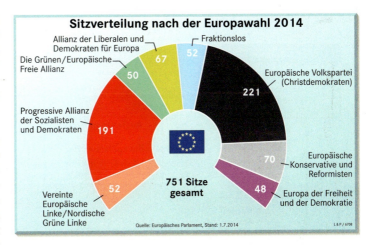

Sitzverteilung nach der Europawahl 2014

Allianz der Liberalen und Demokraten für Europa — 67
Fraktionslos — 52
Die Grünen/Europäische Freie Allianz — 50
Europäische Volkspartei (Christdemokraten) — 221
Progressive Allianz der Sozialisten und Demokraten — 191
Europäische Konservative und Reformisten — 70
751 Sitze gesamt
Vereinte Europäische Linke/Nordische Grüne Linke — 52
Europa der Freiheit und der Demokratie — 48

Quelle: Europäisches Parlament, Stand: 1.7.2014   L & P / 6708

einen Kommissar. Der Kommissionspräsident fungiert als Bindeglied zwischen Ministerrat und Parlament, denn er nimmt an deren wichtigen Sitzungen ebenso teil wie an den Tagungen des Europäischen Rates.

... und „Regierung"

Das Europäische Parlament ist die Vertretung der rund 500 Mio. EU-Bürger und das einzige direkt gewählte Organ. Die Legislaturperiode beträgt fünf Jahre. Dem Lissabon-Vertrag gemäß sitzen 751 Abgeordnete im EP; die Plenarsitzungen finden in Straßburg statt, die Ausschüsse tagen in Brüssel. Die Abgeordneten bilden staatenübergreifende Fraktionen: Es stimmen also nicht die deutschen Abgeordneten geschlossen, sondern in der Regel die Delegierten einer Fraktion – unabhängig ihrer Herkunft – gemeinsam ab. Das Parlament ist neben dem Ministerrat das zweite Legislativorgan der EU; wie in demokratischen Staaten ist es mitverantwortlich für den Haushalt und wählt den „Regierungschef", in der EU also den Kommissionspräsidenten. Es stimmt ferner der Einsetzung der Kommission zu. Spricht das Parlament der Kommission mit Zweidrittelmehrheit das Misstrauen aus, so zwingt es diese zum Rücktritt.

Das EU-Parlament – „Bürgerkammer" und Gesetzgeber

Zwischen dem Ministerrat und der EU-Kommission steht der Hohe Vertreter der Union für Außen- und Sicherheitspolitik. Obgleich seine Befugnisse nicht mit denen eines klassischen Außenministers gleichzusetzen sind, vereint der Hohe Vertreter theoretisch eine große Machtfülle auf sich: Er führt den Vorsitz im Rat für Auswärtige Angelegenheiten und übt als Vizepräsident der Kommission zugleich die Funktion des ehemaligen EU-Außenkommissars aus („Doppelhut"); ernannt wird er vom Europäischen Rat.

Der Hohe Vertreter – Außenbeauftragter der EU

Hat ein nationales Gericht Zweifel über Auslegung oder Gültigkeit einer Rechtsvorschrift der EU bzw. über die Vereinbarkeit von nationalem Recht mit EU-Recht, so kann es sich an den Europäischen Gerichtshof (EuGH) wenden. Ihm gehören 28 Richter an, die jeweils von den nationalen Regierungen für sechs Jahre berufen werden. Die Europäische Zentralbank (EZB) ist die Notenbank in der EU und als „Hüterin der Währung" u. a. verantwortlich für die Preisstabilität, die Geldpolitik und die Wechselkursgeschäfte. Geleitet wird die EZB von sechs Direktoren aus verschiedenen „Euroländern". Dem Europäischen Rechnungshof (EuRH) gehört ein Mitglied je EU-Staat an. Er prüft, inwieweit die Einnahmen und Ausgaben der EU wirksam, ordnungsgemäß und wirtschaftlich eingesetzt werden.

EuGH, EZB und EuRH

MATERIAL
1 Die Organe der EU

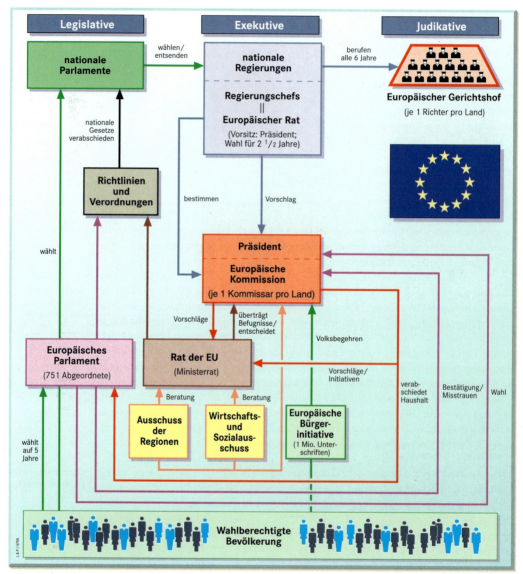

➡ Querverweis: S. 18, M 10

1. Erläutern Sie das Gefüge der Organe in der EU und ihr Zusammenspiel (M 1, M 3 bis M 5).
2. Erklären Sie die Karikatur auf S. 20 und überprüfen Sie ihren „Realitätsgehalt" mithilfe von M 1.
3. Vergleichen Sie M 1 mit dem Verfassungsschema der Bundesrepublik (M 2) und arbeiten Sie die zentralen Unterschiede heraus.
4. Ermitteln Sie aus M 3 die Bedeutung des AdR bzw. des EWSA.

MATERIAL
2

Die Verfassung der Bundesrepublik Deutschland

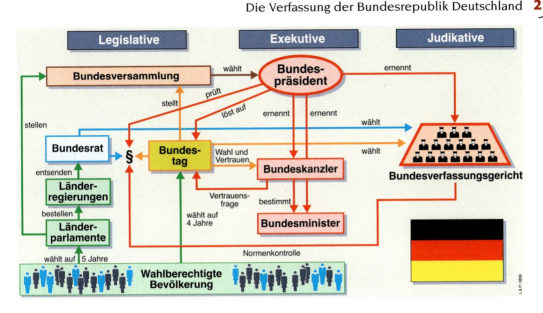

MATERIAL
3

Der Ausschuss der Regionen und der Europäische Wirtschafts- und Sozialausschuss

a) Der Ausschuss der Regionen [AdR] ist eine beratende Einrichtung. Er […] bringt den Standpunkt der lokalen und regionalen Gebietskörperschaften zu Rechtsvorschriften der EU ein. Dies geschieht in Form von Berichten („Stellungnahmen") zu den Vorschlägen der Europäischen Kommission. Die Kommission, der Rat und das Parlament müssen den Ausschuss der Regionen anhören, bevor sie Beschlüsse fassen, die die lokalen und regionalen Regierungen betreffen (z. B. in den Bereichen Beschäftigung, Umwelt, Bildung und öffentliche Gesundheit).
Der Ausschuss der Regionen hat derzeit 353 Mitglieder und ebenso viele Stellvertreter aus allen 28 EU-Ländern. Die Mitglieder und ihre Stellvertreter werden von den EU-Ländern vorgeschlagen und vom Rat auf fünf Jahre ernannt. […] Die Mitglieder sind entweder gewählte Mandatsträger oder wichtige Akteure der lokalen und regionalen Gebietskörperschaften ihrer Heimatregion.
Jährlich finden fünf Plenartagungen des Ausschusses statt, um die allgemeine Politik festzulegen und Stellungnahmen zu verabschieden.

b) Im Europäischen Wirtschafts- und Sozialausschuss (EWSA) können europäische Arbeitgeber- und Arbeitnehmervertreter und sonstige Interessengruppen ihre Ansichten zu EU-Themen vorbringen. Der EWSA ist eine beratende Einrichtung, die dem Rat der Europäischen Union, der Europäischen Kommission und dem Europäischen Parlament Stellungnahmen vorlegt.
Der Europäische Wirtschafts- und Sozialausschuss wurde im Jahr 1957 gegründet. Er dient als Plattform für den Meinungsaustausch zu Fragen des europäischen Binnenmarkts und vertritt offiziell den Standpunkt europäischer Interessengruppen (wie Gewerkschaften, Arbeitgeber, Landwirte) zu den Gesetzgebungsvorschlägen der EU. Im Durchschnitt gibt der EWSA jährlich 170 Stellungnahmen und ähnliche Dokumente ab. Alle Stellungnahmen werden an die Entscheidungsgremien der EU weitergeleitet und anschließend im Amtsblatt der Europäischen Union veröffentlicht.

Aus: a) Ausschuss der Regionen; b) Der Europäische Wirtschafts- und Sozialausschuss, http://europa.eu/about-eu/institutions-bodies/index_de.htm © Europäische Union, 1995–2015; Zugriff am 20.1.2015

MATERIAL

4 Das Europäische Parlament

Dem Rat, also der Vertretung der Regierungen der Mitgliedstaaten, steht das Europäische Parlament als weitestgehend gleichberechtigter Gesetzgeber und Vertreter der „Union der Bürger"
5 gegenüber. Das Parlament wird in allen Mitgliedstaaten alle fünf Jahre direkt gewählt [...]. Das Europäische Parlament beschließt gemeinsam mit dem Rat der Europäischen Union die Gesetze. Die Entscheidungen werden in Ausschüssen vor-
10 bereitet, denen Vertreter aller Fraktionen angehören. Bei Abstimmungen im Plenum entscheidet die Mehrheit der Abgeordneten. Allerdings kann das Parlament – genauso wie der Rat der Europäischen Union – nicht von sich aus eine Gesetzes-
15 initiative ergreifen. Dieses Initiativrecht steht lediglich der Europäischen Kommission zu. [...]
Es gibt zudem Themenfelder, bei denen das Parlament lediglich angehört werden muss. Hierbei handelt es sich vor allem um die Außenpolitik,
20 in der die EU jedoch generell keine Gesetze beschließt, und die Steuerpolitik. Bei allen anderen Themen muss das Parlament Gesetzen zustimmen. Man spricht hier von der „Mitentscheidung" oder dem „ordentlichen Gesetzgebungsverfah-
25 ren". Das Parlament kann also Regelungen nicht

Zeichnung: Gerhard Mester

alleine erlassen, aber ohne das Parlament können sie auch nicht Gesetz werden.
Das Parlament wählt darüber hinaus den Präsidenten der Europäischen Kommission – allerdings auf Vorschlag des Europäischen Rats, also 30 der Staats- und Regierungschefs der EU. [...] Das Europäische Parlament muss auch der Europäischen Kommission als Ganzes zustimmen. Vorher befragen die entsprechenden Parlamentsausschüsse die Kommissaranwärter. Das Parlament 35 genehmigt zudem den Haushalt der EU, genauer gesagt die Ausgaben. Über die Einnahmen entscheiden die Mitgliedstaaten im Rat. Eine weitere wichtige Aufgabe des Europäischen Parlaments ist die Kontrolle der Europäischen Kommission. 40 Die Mitglieder der Europäischen Kommission erstatten dem Parlament und seinen Ausschüssen regelmäßig Bericht über ihre Arbeit und ihre Vorhaben. Das Parlament hat die Möglichkeit, der Kommission das Misstrauen auszusprechen und 45 sie damit zum Rücktritt zu zwingen. [...] Das Europäische Parlament hält seine Plenarsitzungen in Straßburg ab, kurze Sitzungen sowie die Ausschussarbeit finden in Brüssel statt. [...] Die Verwaltung des Europäischen Parlaments ist 50 in Luxemburg angesiedelt.

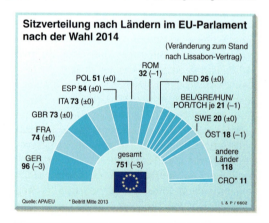

Sitzverteilung nach Ländern im EU-Parlament nach der Wahl 2014

(Veränderung zum Stand nach Lissabon-Vertrag)

ROM 32 (–1)
POL 51 (±0)
ESP 54 (±0)
NED 26 (±0)
ITA 73 (±0)
BEL/GRE/HUN/POR/TCH je 21 (–1)
GBR 73 (±0)
SWE 20 (±0)
FRA 74 (±0)
ÖST 18 (–1)
GER 96 (–3)
gesamt 751 (–3)
andere Länder 118
CRO* 11

Quelle: APA/EU   * Beitritt Mitte 2013   L & P / 6602

Quelle: Eckart D. Stratenschulte: Europäisches Parlament, in: Bundeszentrale für politische Bildung, Dossier: Die Europäische Union, www.bpb.de/internationales/europa/europaeische-union/ vom 1.4.2014; Zugriff am 20.1.2015   ➡ Querverweis: S. 53, M 3

1. Charakterisieren Sie die zentralen Institutionen der EU (M 1, M 4, M 5, Grafik S. 21).
2. Überprüfen Sie mithilfe von M 1 und M 3 bis M 5 die Machtverteilung in der EU und diskutieren Sie abschließend, ob man von einem Demokratiedefizit sprechen kann.

Rat der Europäischen Union – Europäischer Rat – Europäische Kommission

Der **Rat der Europäischen Union** ist auch im buchstäblichen Sinne eines der entscheidenden Organe der Europäischen Union. Er ist auch gemeint, wenn nur von dem „Rat" die Rede ist. Der Rat der EU besteht aus je einem Minister der derzeit 28 Mitgliedstaaten. Je nach Fachgebiet kommen die zuständigen Minister, also beispielsweise die Außenminister oder die Agrarminister, zusammen. [...] Der Rat lenkt die Arbeit der Europäischen Union und ist – bis auf wenige Ausnahmen gemeinsam mit dem Europäischen Parlament – der Gesetzgeber der EU. [...] Die jeweilige Präsidentschaft koordiniert die Arbeit des Rates und führt den Vorsitz bei den Ratssitzungen – allerdings nicht bei den Außenministern, dort hat die Hohe Vertreterin für die Außen- und Sicherheitspolitik der Union diese Position inne.

Der **Europäische Rat** ist die Zusammenkunft der Staats- und Regierungschefs. Ihm gehört auch der Präsident der Europäischen Kommission an. Der Europäische Rat gibt der Union „die für ihre Entwicklung erforderlichen Impulse und legt die allgemeinen politischen Zielvorstellungen und Prioritäten hierfür fest", wie es in Art. 15 des EU-Vertrags in der Lissabonner Fassung heißt. Erst durch diesen Vertrag wurde der Europäische Rat ein Organ der EU. Zwar hat er auch vor Inkrafttreten des Lissabonner Vertrags eine bedeutende Rolle für die Entwicklung der EU gespielt, das geschah aber aufgrund der Tatsache, dass die Staats- und Regierungschefs in den Mitgliedstaaten die Zügel in der Hand haben und ihre Minister in den Räten anweisen können. Auch jetzt hat der Europäische Rat keine gesetzgeberische Kompetenz. [...] Seit Ende 2009 hat der Europäische Rat einen ständigen Präsidenten, der kein nationales Amt ausüben darf und sich ganz auf diese Aufgabe konzentrieren kann.

Die dritte wichtige Kraft in der Europäischen Union neben dem Rat und dem Parlament ist die **Europäische Kommission**. Wenn wir von der Kommission sprechen, meinen wir sowohl die Verwaltung als auch das Kollegium der Kommissare. Letzteres besteht aus je einer Person pro Mitgliedsland. Die Kommissarinnen und Kommissare sind allerdings keine Vertreter ihres Heimatstaates und nicht an dessen Weisungen gebunden. Sie sollen die europäische Sache vertreten. Deshalb nennt man die Europäische Kommission auch die „Hüterin der Verträge". [...]
Die einzelnen Kommissionsmitglieder haben bestimmte Aufgabengebiete. Allerdings trifft die Kommission Entscheidungen als Ganzes, und zwar mit Mehrheit. [...] Die Kommission wird von einem Präsidenten geleitet, der für fünf Jahre von den Staats- und Regierungschefs bestimmt und vom Europäischen Parlament gewählt wird. [...]
Die Europäische Kommission ergreift Initiativen zur Weiterentwicklung der Europäischen Union und legt dem Rat und dem Parlament entsprechende Vorschläge vor. Dieses Initiativrecht hat die Kommission exklusiv als einziges Organ der EU. Die Kommission übt zudem die Kontrolle darüber aus, dass sich alle in der EU, also sowohl die Mitgliedstaaten als auch Unternehmen, an die getroffenen Regeln halten. Wenn das nicht der Fall ist, kann sie Bußgelder gegen Unternehmen verhängen, wenn diese beispielsweise gegen Binnenmarktregeln verstoßen oder Kartelle für Preisabsprachen treffen. [...]
Falls ein Mitgliedstaat gegen europäisches Recht verstößt und auf eine Mahnung durch die Europäische Kommission nicht reagiert, kann die Europäische Union ein Vertragsverletzungsverfahren gegen ein Land einleiten, das letztendlich, wenn man sich nicht vorher einigt, vor dem Europäischen Gerichtshof landet.

Quelle: Eckart D. Stratenschulte: Rat der Europäischen Union/Europäischer Rat, in: Bundeszentrale für politische Bildung, Dossier: Die Europäische Union, www.bpb.de/internationales/europa/europaeische-union/ vom 1.4.2014; Zugriff am 20.1.2015

Interpretieren Sie auf Grundlage von M 1, M 4 und M 5 die Aussage der Karikatur auf S. 24 und überprüfen Sie ihren Realitätsgehalt.

3. Das Zusammenwirken der EU-Organe
im europäischen Gesetzgebungsprozess

Gesetzgebungsakte   Über „Gesetze" in der EU entscheiden Europäisches Parlament und Ministerrat, die dazu durch die EU-Verträge (= Primärrecht) befugt sind. Gesetze in der EU heißen gemäß dem Vertrag über die Arbeitsweise der Europäischen Union (AEUV) „Gesetzgebungsakte". Dazu zählen *Verordnungen, Richtlinien und Beschlüsse*, die als Sekundärrecht bezeichnet werden:

- *Verordnungen* sind in allen ihren Teilen verbindlich und treten unmittelbar nach ihrer Veröffentlichung in sämtlichen EU-Staaten in Kraft, so z. B. die Verordnung über Mobilfunk-Roaming-Gebühren aus dem Jahr 2012. In seltenen Fällen können Verordnungen nationales Recht sogar außer Kraft setzen. Umgekehrt können die nationalen Parlamente Verordnungen nicht modifizieren.
- *Richtlinien* hingegen – etwa zum schnelleren Breitbandausbau von 2014 – verpflichten die EU-Staaten dazu, meist innerhalb einer Frist ein vereinbartes Ziel durch ein Gesetz des nationalen Parlaments in positives Recht umzusetzen. Hält ein Mitgliedstaat sich nicht an die vorgesehene Frist, kann ihn die Kommission vor dem Europäischen Gerichtshof verklagen.
- Ein *Beschluss* der EU-Kommission ist in allen seinen Teilen für diejenigen verbindlich, die er bezeichnet. Dies können einzelne EU-Mitgliedstaaten oder auch Unternehmen sein. Im Wettbewerbsrecht der EU werden Beschlüsse z. B. im Zusammenhang mit Genehmigungen oder Verboten von Unternehmensfusionen getroffen.

Subsidiaritäts-
prinzip   Vorschläge für Gesetzgebungsakte gehen von der EU-Kommission aus. Als Gesetzgeber kann die EU aber nur nach dem Subsidiaritätsprinzip tätig werden: Nur die Angelegenheiten, die die Mitgliedstaaten nicht selbst besser regeln können, fallen in den legislativen Zuständigkeitsbereich der Europäischen Union. Das Zusammenwirken der Organe lässt sich am besten am Entstehungsprozess einer für die ganze EU geltenden Richtlinie bzw. Verordnung darstellen:

Der Grundsatz der Subsidiarität

Mit der Einheitlichen Europäischen Akte wurde 1986 beschlossen, bis 1993 den Binnenmarkt innerhalb der damaligen EG-Staaten zu vollenden. Damit wurde u. a. ermöglicht, Dienstleistungen grenzüberschreitend anzubieten. Diese Freizügigkeit galt jedoch nicht ohne Ausnahme bei der länderübergreifenden Anerkennung von Berufsabschlüssen – es existierten zu dieser Thematik allein 15 EU-Richtlinien. Obwohl Bachelor- und Masterabschlüsse gegenseitig anerkannt wurden,

E- LKW- Fehler

verlangte Deutschland z. B. im Fach Medizin weitere Ausbildungsnachweise. Die EU-Kommission beschrieb diese Problematik im Jahr 2000 in einem „Grünbuch", einer Art Diskussionspapier. Damit war die Idee für eine Richtlinie geboren, die die 15 alten Richtlinien ersetzen und die EU in diesem Bereich zukunftsfähig machen sollte.

Grünbuch der EU-Kommission

Zu den in einem Grünbuch gesammelten Problemfeldern werden stets Meinungen und Stellungnahmen externer Experten, z. B. von Verbänden oder Interessengruppen, eingeholt und diskutiert. Im Anschluss daran erfolgt eine Umformulierung in konkrete Vorschläge für Richtlinien. Diese werden in einem „Weißbuch" sowohl dem Europäischen Parlament als auch dem Ministerrat zur Beratung vorgelegt.

Weißbuch der EU-Kommission

Das Thema eines Gesetzesvorhabens bestimmt das *Verfahren* der Beschlussfassung: Der Lissabon-Vertrag unterscheidet hierbei das „ordentliche" und das „besondere" Gesetzgebungsverfahren. Unter Letzterem werden neben dem Verfahren der Zusammenarbeit das Anhörungs- und das Zustimmungsverfahren zusammengefasst.

Gesetzgebungsverfahren ...

- Im *Anhörungsverfahren* gibt das EP nur eine unverbindliche Stellungnahme zum Kommissionsentwurf ab, auf die Kommission und Rat keine Rücksicht nehmen müssen.
- Im *Zustimmungsverfahren* kann das Parlament den Kommissionsvorschlag entweder annehmen oder ablehnen. *völkerrechtl. Verträge mit Drittstaaten*
- Die gegenseitige Anerkennung von Berufsabschlüssen fiel damals in den Bereich des *Mitentscheidungsverfahrens,* das heute *ordentliches Gesetzgebungsverfahren* heißt und unter das 95 Prozent aller Beschlussverfahren fallen. Hierbei beraten die Abgeordneten in den zuständigen Parlamentsausschüssen über die von der Kommission formulierte Richtlinie und bringen Änderungen in den Kommissionsentwurf ein. Nach dieser *ersten Lesung* übermittelt das EP dem Rat seine Stellungnahme. Der Rat entscheidet dann mit „doppelter Mehrheit". Stimmt er mit dem Votum des Parlaments vollständig überein, so erlässt er den Rechtsakt in Übereinstimmung mit dem Parlament. In diesem Fall ist das Gesetzgebungsverfahren beendet.

GASP

... und 1. Lesung

Meist jedoch modifiziert der Ministerrat – beeinflusst von den nationalen Regierungen – den Vorschlag des Parlaments und sendet ihn nach erneuten Beratungen dorthin zurück. Dieses kann den Entwurf entweder mit absoluter Mehrheit annehmen oder ihn ablehnen. Im zweiten Fall gilt der Entwurf als gescheitert. Das Parlament kann die Richtlinie aber auch in *zweiter Lesung* erneut ändern. Die Änderungswünsche können von der Kommission eingearbeitet und dann wiederum dem Ministerrat zugesandt werden. Nimmt dieser den Entwurf jetzt an, tritt die Richtlinie in Kraft.

2. Lesung

Lehnt der Ministerrat den Entwurf ab, so versucht ein aus Mitgliedern des Parlaments und des Ministerrats besetzter Vermittlungsausschuss, zu schlichten. Einigt sich der Ausschuss auf eine gemeinsame Formulierung, so wird in der *dritten Lesung* die Richtlinie entweder vom Parlament angenommen oder abgewiesen. Auf diese Weise trat die Richtlinie über die Anerkennung von Berufsqualifikationen, die seither mehrfach – zuletzt 2013 – novelliert wurde, im Jahr 2005 in Kraft.

Vermittlungsausschuss und 3. Lesung

Nun hatten die nationalen Parlamente die Aufgabe, binnen einer festgesetzten Frist die Richtlinie in nationales Recht umzusetzen. Dazu musste die Richtlinie in Deutschland den vollständigen Gesetzgebungsprozess durchlaufen, bevor sie als nationales Gesetz im Dezember 2008 im Bundesgesetzblatt verkündet wurde.

Umsetzung in nationales Recht

MATERIAL

1 Das Ordentliche Gesetzgebungsverfahren der EU

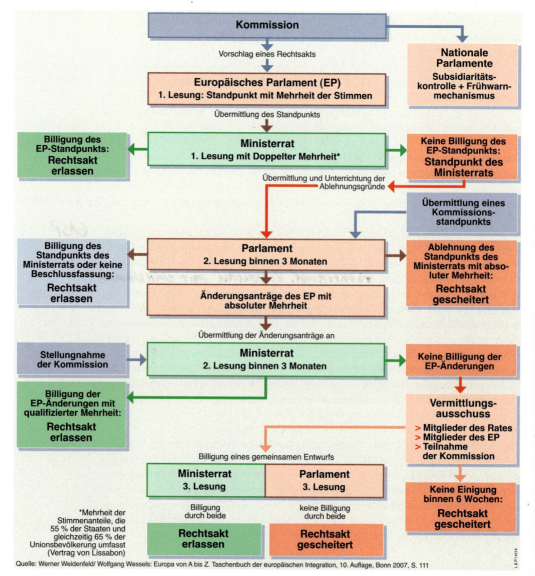

Quelle: Werner Weidenfeld/ Wolfgang Wessels: Europa von A bis Z. Taschenbuch der europäischen Integration, 10. Auflage, Bonn 2007, S. 111

1. Erläutern Sie mithilfe des Schemas (M 1) den europäischen Gesetzgebungsprozess.
2. Überprüfen Sie mithilfe von M 1, M 4 und M 5, ob und unter welchen Umständen die Aussage der Karikatur (M 2) zutrifft.
3. Analysieren Sie die Karikatur auf S. 5 vor dem Hintergrund von M 3.
4. Gestalten Sie ausgehend von M 3 anhand selbst gewählter Beispiele ein Streitgespräch zum Thema „Vor- und Nachteile der Europäisierung des deutschen Rechts".
5. Erklären Sie das Subsidiaritätsprinzip (S. 26) auf Basis aktueller Beispiele.

Zeichnung:
Gerhard Mester

Bereits 80 Prozent der in Deutschland erlassenen Gesetze gehen auf Regelungen der EU zurück – Formulierungen wie diese sind häufig zu hören. [...] Doch was ist dran an dieser Behauptung? Die Probleme beginnen bereits damit, dass wohl niemand richtig weiß, wie sie eigentlich genau formuliert werden müsste. Sind die innerstaatlichen Gesetze denn nun von „Brüssel" „vorgegeben", werden sie nur „beeinflusst" oder gehen sie, wie oben formuliert, auf EU-Regelungen zurück? Das ist ein beträchtlicher Unterschied, denn während eine EU-Vorgabe die innerstaatlichen Parlamente mehr oder weniger nur zum verlängerten Arm der EU werden lässt, besteht bei einem reinen Impuls aus der EU noch erheblicher innenpolitischer Gestaltungsspielraum. Und außerdem: Welcher Prozentsatz ist denn nun eigentlich richtig? Sind es nicht nur 60 Prozent und nur in bestimmten Bereichen, wie im Umweltbereich, 80 Prozent? Oder liegt der Prozentsatz überhaupt viel niedriger als landläufig angenommen, nämlich im Schnitt nur bei gut 30 Prozent, wie die Bundestagsverwaltung einmal ermittelte? [...] Niemand dürfte in der Lage sein, ganz exakte Zahlen zu benennen. [...] Und doch lenkt die 80-Prozent-Formel von einem frappierend einfachen, aber umso wichtigeren Prinzip ab: Genau genommen sind alle Gesetze, seien sie vom Bundestag oder vom Bayerischen Landtag verabschiedet, vom EU-Recht beeinflusst. Denn: Die europäischen Verträge stehen vom Rang her über allen innerstaatlichen Gesetzen – im Prinzip sogar über dem Grundgesetz. [...] Das aber bedeutet: Ähnlich wie alle Gesetze und Normen nicht gegen das Grundgesetz verstoßen, vor allem keine Grundrechte verletzen dürfen, müssen sie auch im Einklang mit den europäischen Verträgen stehen.

Quelle: Gregor Raible: Vom „80-Prozent-Mythos" – für wie viele Gesetze ist die EU tatsächlich verantwortlich?, in: Bayerischer Landtag, Aktuelles, www.bayern.landtag.de/aktuelles/blick-nach-europa/vom-80-prozent-mythos-fuer-wie-viele-gesetze-ist-die-eu-tatsaechlich-verantwortlich/ vom 6.12.2013; Zugriff am 20.1.2015

EU-Richtlinien sind vom Rat der Europäischen Union erlassene Gesetze. Sie zählen zum sekundären Europarecht. Richtlinien legen nur zu erreichende Ziele fest und entfalten grundsätzlich keine direkten Wirkungen gegenüber den Bürgern der EU. Zur Wirksamkeit müssen sie durch die jeweiligen Gesetzgeber der Einzelstaaten in nationales Recht umgesetzt werden. Mit **EU-Verordnung** wird eine Form von europäischem Sekundärrecht bezeichnet, das von Gemeinschaftsorganen erlassen wird und die Normadressaten unmittelbar bindet. Eine Verordnung hat allgemeine Wirkung und ist verbindlich.

Quelle: C. Loscher: EU-Richtlinie/EU-Verordnung; in: www.lexexakt.de; Zugriff am 20.1.2015

MATERIAL 5 Gesetzgebungsverfahren in der EU

Das **ordentliche Gesetzgebungsverfahren** [besitzt] aus demokratischer Sicht [...] sicherlich die größte Legitimität. Beim ordentlichen Gesetzgebungsverfahren ist das Europäische Parlament Mitgesetzgeber neben dem Rat. Mittlerweile ist dieses Verfahren das am häufigsten angewandte Gesetzgebungsverfahren in der Rechtsetzung der EU. [...] Rat und Parlament sind im ordentlichen Gesetzgebungsverfahren gleichberechtigt. Beide Organe nehmen Rechtsakte in erster oder zweiter Lesung an. Haben beide Organe auch nach der zweiten Lesung noch keine Einigkeit erzielt, wird der Vermittlungsausschuss einberufen. [...]

Die Einführung der **besonderen Gesetzgebungsverfahren** soll den Beschlussfassungsprozess in der EU vereinfachen und ihn insgesamt klarer und effizienter gestalten. Wie aus der Bezeichnung bereits hervorgeht, handelt es sich hier um Abweichungen vom ordentlichen Gesetzgebungsverfahren, also um Ausnahmen.
Bei den besonderen Gesetzgebungsverfahren ist der Rat der EU praktisch der einzige Gesetzgeber. Das Europäische Parlament ist in diesem Verfahren lediglich beteiligt. Seine Rolle beschränkt sich auf die Anhörung oder Zustimmung zu einem Rechtsakt.

Quelle: Zusammenfassungen der EU-Gesetzgebung, Gesetzgebungsverfahren, http://eur-lex.europa.eu, © Europäische Union, 1998–2015; Zugriff am 20.1.2015

➡ Querverweis: Kapitel I.1

MATERIAL 6 EU-Verordnungen zur Senkung der Roaming-Gebühren

Seit dem Sommer 2007 senkt die EU schrittweise die Roaming-Gebühren in Europa. Im Juli 2016 sollen sie endgültig fallen.

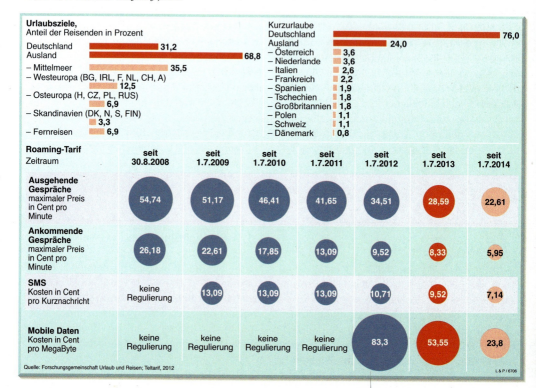

Quelle: Forschungsgemeinschaft Urlaub und Reisen; Teltarif, 2012

L & P / 6706

MATERIAL 7

Richtlinie 2005/36/EG des Europäischen Parlaments und des Rates über die Anerkennung von Berufsqualifikationen in der Fassung von 2013 in der Praxis

Die Richtlinie sieht drei Systeme zur Anerkennung von Berufsqualifikationen vor:

● Die **automatische Anerkennung für Berufe**, bei denen die Mindestanforderungen an die Ausbil-
5 dung harmonisiert wurden: In der Europäischen Union gibt es für sieben sogenannte „sektorale" Berufe eine automatische Anerkennung der Berufsqualifikationen: Apotheker, Architekten, Ärzte, Hebammen, Krankenschwestern und Kran-
10 kenpfleger, Tierärzte, Zahnärzte.

● Die **allgemeine Regelung für sonstige reglementierte Berufe**: Zu Vergleichszwecken werden die Berufsqualifikationen fünf Niveaus zugeordnet. Die Anerkennung erfolgt, wenn das Berufs-
15 qualifikationsniveau des Migranten zumindest unmittelbar unter dem Niveau, das der Aufnahmemitgliedstaat fordert, liegt. Auch bei im Herkunftsmitgliedstaat nicht reglementierten Berufen ist die Berufsqualifikation anzuerkennen,
20 allerdings unter der Voraussetzung, dass die Tätigkeit zwei Jahre lang als Vollzeitbeschäftigung ausgeübt wurde.

In bestimmten Fällen kann der Aufnahmemitgliedstaat Ausgleichsmaßnahmen, d.h. einen
25 höchstens dreijährigen Anpassungslehrgang oder einen Eignungstest, verlangen. Wenn der Aufnahmemitgliedstaat beabsichtigt, dem Antragsteller Ausgleichsmaßnahmen vorzuschrei-

ben, ist die Berufserfahrung des Migranten zu
30 berücksichtigen und ihm die freie Wahl zwischen dem Anpassungslehrgang und der Eignungsprüfung zu lassen. Bei Berufen, deren Ausübung eine genaue Kenntnis des einzelstaatlichen Rechts erfordert, kann der Aufnahmemitgliedstaat je-
35 doch von dieser Wahlmöglichkeit abweichen und entweder einen Anpassungslehrgang oder eine Eignungsprüfung vorschreiben. Bei anderen Berufen ist den Mitgliedstaaten eine derartige Abweichung nur nach vorheriger Beratung mit den
40 anderen Mitgliedstaaten und der Kommission gestattet.

● Die **Anerkennung auf der Grundlage der Berufserfahrung für bestimmte berufliche Tätigkeiten**: Wenn Sie einen Beruf im Handwerk, in
45 der Industrie oder im Handel ausüben, können Sie die automatische Anerkennung Ihrer Berufserfahrung in einem anderen EU-Land in Anspruch nehmen. [...]

Stellen die Behörden des Aufnahmelandes er-
50 hebliche Unterschiede zwischen der in Ihrem Herkunftsland absolvierten Ausbildung (einschließlich Ihrer Berufserfahrung) und derjenigen, die für diese Tätigkeit im Aufnahmeland verlangt wird, fest, können Sie von Ihnen den Besuch eines Anpassungslehrgangs oder das Ablegen einer Eig-
55 nungsprüfung verlangen.

Quelle: Richtlinie 2005/36/EG in der Praxis, http://ec.europa.eu/internal_market/qualifications/directive_in_practice/index_de.htm
© Europäische Union, 1995–2014; Zugriff am 20.1.2015

1. Erklären Sie den Unterschied zwischen einer Richtlinie und einer Verordnung (M 4).
2. Erläutern Sie die Gesetzgebungsverfahren in der EU (M 5; S. 27) und bewerten Sie deren Demokratiepotenziale.
3. Erarbeiten Sie aus M 7, ob das Ziel der vorbehaltlosen gegenseitigen Anerkennung von Berufsabschlüssen erreicht worden ist.
4. Erschließen Sie im Bundesgesetzblatt vom 17. Dezember 2008 die Umsetzung der Richtlinie 2005/36/EG hierzulande (Tipp: siehe hierzu die Homepage des Bundesanzeigers).
5. Erörtern Sie mithilfe von M 4, warum die Fallbeispiele (M 6, M 7) jeweils als Verordnung bzw. Richtlinie erlassen worden sind, und prüfen Sie dabei, ob Ihrer Meinung nach ein Verstoß gegen das Subsidiaritätsprinzip (S. 26) vorliegt.

4. Die EU auf dem Weg zu einem einheitlichen Rechtsraum

„Ehrenwort!";
Zeichnung: Burkhard Mohr

Freiheit, Sicherheit und Recht

Das Vorhaben, in der Europäischen Union einen einheitlichen Raum der Freiheit, der Sicherheit und des Rechts zu schaffen, scheint ähnlich erfolgversprechend zu sein wie die Entwicklung der gemeinsamen Wirtschafts- und Währungsunion. Seit dem Vertrag von Amsterdam verfügt die EU über weitreichende Rechtsetzungskompetenzen in der Justiz- und Innenpolitik, die durch die Verträge von Nizza und Lissabon erneut erweitert wurden. Neben der Europäisierung des Rechts im wirtschaftlichen Sektor gehört die Gestaltung der Justiz- und Innenpolitik zu den vergemeinschafteten Politikbereichen, die sich besonders dynamisch entwickeln.

Schengener Abkommen

Der erste Schritt zur Harmonisierung der Grenzkontrollen war 1985 von fünf EG-Mitgliedstaaten mit der Unterzeichnung des Schengener Abkommens getan worden. Man verpflichtete sich dazu, die innerstaatlichen Grenzkontrollen abzuschaffen, um einen freien Reiseverkehr zu ermöglichen. Inzwischen gehören 26 Staaten dem „Schengenraum" an (Stand: 2014), davon 22 EU-Mitglieder. Die Personenkontrollen zwischen den Teilnehmerstaaten wurden durch Kontrollen an den Außengrenzen des Schengenraums ersetzt: Für die Einreise wird ein Visum benötigt, das dann für alle Staaten gilt. Der Wegfall der zwischenstaatlichen Personenkontrollen wurde kompensiert durch eine Ausweitung der polizeilichen Kontrollbefugnisse und der grenzüberschreitenden polizeilichen Zusammenarbeit, etwa bei der Verfolgung von Straftätern. Da es bei einigen Mitgliedstaaten wegen zu hohen Flüchtlingsdrucks zu Unregelmäßigkeiten bei der Ausstellung von Schengenvisa gekommen war, einigten sich die Mitgliedstaaten auf eine Reform des Vertragswerks, die 2014 in Kraft trat: Die EU-Kommission kann nun überprüfen, ob alle Schengenstaaten ihre Außengrenzen auch wirklich wirksam schützen. Im Gegenzug können einzelne Staaten temporäre Grenzkontrollen durchführen. Die damit einhergehende Kritik am Schengener Abkommen wegen einer verschärften Grenzüberwachung an den Außengrenzen, die die Armuts- und Wirtschaftsflüchtlinge in die Arme von Schleusern treibt, wurde damit allerdings verstärkt.

Viele Menschen aus anderen Teilen der Welt, zuletzt vor allem aus Afrika, wollen in der EU arbeiten, um ihre Familien zu Hause zu ernähren. Oft wählen sie hierfür gefährliche Routen, z. B. durch die Sahara in die spanischen Exklaven Ceuta und Melilla. Um den Druck auf ihre Außengrenzen zu verringern, haben die Europäer eine gemeinsame Asyl- und Einwanderungspolitik entwickelt und im Vertrag von Lissabon festgeschrieben. Die Asylpolitik umfasst die Einführung eines gemeinsamen Asylverfahrens und die

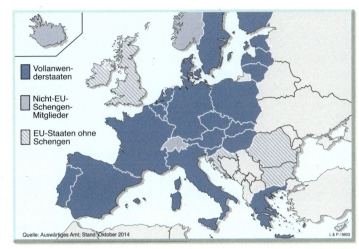

Vollanwenderstaaten

Nicht-EU-Schengen-Mitglieder

EU-Staaten ohne Schengen

Quelle: Auswärtiges Amt; Stand: Oktober 2014   L & P / 6603

Der Schengenraum

Schaffung eines unionsweit geltenden einheitlichen Status für diejenigen, denen Asyl *Asyl- und Einwanderungspolitik* gewährt wird. Daneben betreiben die Europäer eine aktive Entwicklungs- und Menschenrechtspolitik in den Herkunftsländern der illegalen Einwanderer, die die Fluchtursachen, z. B. durch finanzielle Hilfen, mindern soll. Zur Unterstützung der Schengenstaaten bei der Bekämpfung illegaler Einwanderung wurde die EU-Agentur Frontex, die wegen mutmaßlicher Beteiligung an Menschenrechtsverstößen immer wieder kritisiert wird, gegründet.

Die Koordinierungsstelle „Eurojust" in Den Haag assistiert in Strafsachen seit 2003 *justizielle* den nationalen Staatsanwaltschaften bei EU-weiten Ermittlungsverfahren der justizi- *Zusammenarbeit* ellen Zusammenarbeit. Parallel dazu existieren Austauschprogramme für Richter und Staatsanwälte. Fortschritte bei der Harmonisierung des Rechts lassen sich sowohl im strafrechtlichen Sektor, zum Beispiel bei der 2013 in Kraft getretenen Vereinfachung der Verfolgung von Verkehrssündern im Ausland, als auch im zivilrechtlichen Bereich feststellen, etwa bei der juristischen Behandlung des elektronischen Zahlungsverkehrs.

Wegen der latenten Terrorgefahr in der Europäischen Union steigt die Bedeutung einer *polizeiliche* EU-weiten Zusammenarbeit auch im polizeilichen Bereich. Neben der Terrorbekämp- *Zusammenarbeit* fung stehen die Verhinderung illegaler Einwanderung und der Kampf gegen das organisierte Verbrechen im Fokus der grenzüberschreitenden polizeilichen Zusammenarbeit. Hierzu wurde „Europol" als Europäisches Polizeiamt in Den Haag ins Leben gerufen und 1999 für voll einsatzfähig erklärt. Die Aufgaben der europäischen Polizeibehörde bestehen in der Verarbeitung und Analyse von Informationen, die im Bedarfsfall an die nationalen Polizeidienststellen weitergeleitet werden. Außerdem kann sich Europol an gemeinsamen Ermittlungsgruppen der Mitgliedstaaten beteiligen bzw. einzelne Mitglieder auffordern, Ermittlungen aufzunehmen. Von dem Ziel, ein europäisches Pendant zur US-Bundespolizei FBI (*Federal Bureau of Investigation*) zu schaffen, ist man allerdings noch weit entfernt. Die Oberhoheit über die Polizei fällt nämlich traditionell in den nationalen Aufgabenbereich, und von vielen Staaten wird das Subsidiaritätsprinzip hier sehr eng ausgelegt.

1 Das Schengener Abkommen

Europa ohne Grenzkontrollen: […] Am 15. Juni 1985 vereinbarten im luxemburgischen Schengen Frankreich, Belgien, die Niederlande, Luxemburg und Deutschland ein Übereinkommen, dessen
5 Kernsatz lautet: „Die Binnengrenzen dürfen an jeder Stelle ohne Personenkontrollen überschritten werden." […] Nach mehreren Erweiterungen zählen zum Schengenraum 22 EU-Mitglieder, Norwegen und Island [sowie die Schweiz und
10 Liechtenstein]. […] Am 19. Juni 1990 wurde zur Umsetzung des Schengener Abkommens das […] Schengener Durchführungsübereinkommen (SDÜ) unterzeichnet. Das Abkommen regelt die Ausgleichsmaßnahmen, die einen einheitlichen
15 Raum der Sicherheit und des Rechts gewährleisten sollen. Es handelt sich dabei um
● die Vereinheitlichung der Vorschriften für die Einreise und den kurzfristigen Aufenthalt von Ausländern im „Schengenraum" (einheitliches
20 Schengenvisum);
● Asyl (Bestimmung des für einen Asylantrag zuständigen Mitgliedstaats);
● Maßnahmen gegen grenzüberschreitenden Drogenhandel;
25 ● polizeiliche Zusammenarbeit und Zusammenarbeit der Schengenstaaten im Justizwesen. […] Nicht nur Unionsbürger, sondern auch Angehörige von Drittstaaten profitieren von der neuen Reisefreiheit. Allerdings unter einer Bedingung:
30 Sie müssen ein Aufenthaltsrecht in einem dieser „Schengenstaaten" haben. Bürger aus Drittstaaten, die nicht in einem Schengenland leben, sondern dort nur ihre Ferien verbringen, brauchen nur noch ein einziges Visum. Dieses Visum wird von einem Schengenstaat ausgestellt und ist 35 dann für die Einreise und den kurzfristigen Aufenthalt in allen Vertragsstaaten gültig. […]
Strenge Personenkontrollen an den Außengrenzen sind in der Logik der Vereinbarungen von Schengen ein wichtiges Gegengewicht zum Wegfall der Kontrollen an den Binnengrenzen. Für 40 die Frage der Einreise ins Gebiet der Schengenstaaten sind gemeinsame Regelungen gefunden worden. Die Vertragsstaaten erkennen die von ihren nationalen Behörden erteilten Visa gegenseitig an. Ähnliches gilt bei der Asylpolitik: Hat 45 ein Mitgliedsland über einen Asylantrag entschieden, werden die anderen Schengenstaaten diese Entscheidung in aller Regel anerkennen. Die Vertragsparteien haben sich darüber hinaus zur 50 gegenseitigen Unterstützung ihrer Polizeidienste verpflichtet. Ein „elektronisches Fahndungsbuch", das „Schengener Informationssystem" (SIS), hilft dabei. Das SIS ist ein computergestütztes System, das den Austausch von Daten über 55 gesuchte Personen oder Objekte ermöglicht: Die zentrale Datenbank befindet sich in Straßburg und sorgt dafür, dass alle nationalen SIS über die gleichen Informationen verfügen. Außerdem dürfen Polizisten unter engen Voraussetzungen flie- 60 henden Verbrechern auch über die Grenze hinweg „nacheilen". Auch in den Bereichen Waffenrecht und Drogenpolitik konnten die Schengenstaaten gemeinsame Lösungen finden.

Quelle: EU-Info.Deutschland: Schengener Abkommen; in: www.eu-info.de/europa/schengener-abkommen/; Zugriff am 20.1.2015

2 Schengenreform (2014)

Das Reformpaket unter dem Namen „*Schengen Governance Package*" beinhaltet zwei Maßnahmenbereiche. Dabei handelt es sich zum einen um Maßnahmen zur Evaluierung der Anwendung des
5 Schengener Vertragswerkes sowie zum anderen um eine Änderung des Schengener Grenzkodexes zur temporären Wiedereinführung von Grenzkontrollen an den Binnengrenzen der Anwenderstaaten. Im Rahmen der Evaluierungs- und Monitoringmaßnahmen kann die EU-Kommission 10 unangekündigte Besuche in den Grenzregionen der Anwenderstaaten vornehmen, um zu überprüfen, ob diese ihre Verpflichtungen aus dem Schengener Abkommen einhalten oder ob sie etwa ungerechtfertigte Grenzkontrollen durch- 15 führen. Wenn eine solche Evaluation zu dem Schluss kommt, dass ein Staat an der europäischen Außengrenze nicht in der Lage ist, die Au-

βengrenzen zu kontrollieren und dieser Zustand auch nach weiteren drei Monaten anhält, kann ein sogenannter „Notfallmechanismus" zum Einsatz kommen [...].

Im Notfall ist vorgesehen, dass der Ministerrat auf der Basis eines Vorschlags der Kommission eine Empfehlung zur Einführung von Kontrollen an einzelnen Abschnitten oder der gesamten Binnengrenze eines oder mehrerer Mitgliedstaaten ausspricht. Die Kontrollen dürfen bis zu zwei Jahre aufrechterhalten werden. Diese Regelung soll jedoch nur als letztes Mittel eingesetzt werden, wenn das Funktionieren des Schengensystems sowie die innere Sicherheit einzelner Mitglied-

staaten gefährdet sind, etwa bei einem massiven Anstieg irregulärer Migration. [...]

Der Einigung auf die Schengenreform ging ein zweijähriger Verhandlungsprozess voraus. Bereits im Juni 2011 forderte der Europäische Rat eine Regelung zur temporären Wiedereinführung von Grenzkontrollen an den EU-Binnengrenzen. Hintergrund war damals die zeitweise Einführung von Grenzkontrollen an der französisch-italienischen Grenze nach der Ausstellung von Schengenvisa an zumeist tunesische *Boatpeople* sowie an den Grenzen Dänemarks zu Deutschland und Schweden.

Quelle: Stefan Alscher: Europäische Union: Einigung auf Schengen-Reform, in: Newsletter „Migration und Bevölkerung", hrsg. v. Netzwerk Migration in Europa e. V., Ausgabe 5, Juni 2013, S. 3 ➥ Querverweis: S. 142, M 4

Richtlinie 2008/115/EG zur Rückführung illegal aufhältiger Drittstaatsangehöriger (2008) **3**

Diese Richtlinie enthält gemeinsame Normen und Verfahren, die in den Mitgliedstaaten bei der Rückführung illegal aufhältiger Drittstaatsangehöriger im Einklang mit den Grundrechten als allgemeinen Grundsätzen des Gemeinschafts- und des Völkerrechts, einschließlich der Verpflichtung zum Schutz von Flüchtlingen und zur Achtung der Menschenrechte, anzuwenden sind. [...]

Machen die Mitgliedstaaten – als letztes Mittel – von Zwangsmaßnahmen zur Durchführung der Abschiebung von Widerstand leistenden Drittstaatsangehörigen Gebrauch, so müssen diese Maßnahmen verhältnismäßig sein und dürfen

nicht über die Grenzen des Vertretbaren hinausgehen. Sie müssen nach dem einzelstaatlichen Recht im Einklang mit den Grundrechten und unter gebührender Berücksichtigung der Menschenwürde und körperlichen Unversehrtheit des betreffenden Drittstaatsangehörigen angewandt werden. [...] Die Mitgliedstaaten berücksichtigen insbesondere

a) die körperliche oder psychische Verfassung der betreffenden Drittstaatsangehörigen;

b) technische Gründe wie fehlende Beförderungskapazitäten oder Scheitern der Abschiebung aufgrund von Unklarheit über die Identität.

Quelle: Amtsblatt der Europäischen Union, L 348 vom 24.12.2008, S. 100, 103 ➥ Querverweis: Kapitel III.6

1. Diskutieren Sie die Vor- und Nachteile des Schengener Abkommens (M 1; S. 32 f.).
2. Ermitteln Sie die Bestimmungen der Schengenreform (M 2) und diskutieren Sie, ob die Bestimmungen dieser Reform der Intention des Schengener Abkommens (M 1) entgegenstehen.
3. Charakterisieren Sie die Menschenrechtsprobleme, die sich durch illegale Einwanderung einerseits für die Flüchtlinge, andererseits für die EU ergeben (M 3).
4. Interpretieren Sie die Karikatur auf S. 32 und erklären Sie mit ihrer Hilfe die Notwendigkeit der justiziellen und polizeilichen Zusammenarbeit in der EU.

MATERIAL

4 Artikel 77 AEUV (Vertrag über die Arbeitsweise der EU)

(1) Die Union entwickelt eine Politik, mit der
a) sichergestellt werden soll, dass Personen unabhängig von ihrer Staatsangehörigkeit beim Überschreiten der Binnengrenzen nicht kontrolliert werden;

b) die Personenkontrolle und die wirksame Überwachung des Grenzübertritts an den Außengrenzen sichergestellt werden soll;
c) schrittweise ein integriertes Grenzschutzsystem an den Außengrenzen eingeführt werden soll.

MATERIAL

5 Frontex, die umstrittene Grenzgängerin

Seit der Flüchtlingskatastrophe vor Lampedusa wird wieder heftig über die EU-Grenzschutzagentur diskutiert. [...] Frontex selbst versteht sich als „Dreh- und Angelpunkt" der europäischen Grenzpolitik. Nun soll die Arbeit der EU-Agentur, die derzeit über rund 300 Mitarbeiter verfügt, gestärkt werden: EU-Kommissarin Cecilia Malmström kündigte an, mehr Mittel für den Schutz der EU-Außengrenzen bereitzustellen, damit weitere Tragödien verhindert werden können. Sogar Drohnen sollen künftig bei Frontex-Operationen zum Einsatz kommen.

Für Menschenrechtsaktivisten wie Hagen Kopp, der von Beginn an Proteste gegen Frontex organisiert hat, klingt das wie Hohn: „Mehr Kontrolle an den Außengrenzen heißt: mehr Tote und mehr Leid an Europas Grenzen." Dass immer mehr Flüchtlinge und Migrantinnen auf immer gefährlichere Routen abgedrängt werden, habe mit den Entwicklungen an Europas Außengrenzen in den vergangenen 15 Jahren zu tun, sagt Kopp. Frontex spiele dabei eine zentrale Rolle.

Die Gründung der EU-Agentur ist eine Konsequenz aus dem Schengen-Abkommen, das 1995 in Kraft trat. Damit wurden die innereuropäischen Grenzen aufgehoben, gleichzeitig regelt es die Asyl- und Einwanderungspolitik der beigetretenen Länder. Frontex' Auftrag lautet, die Mitgliedstaaten darin zu unterstützen, die Schengen-Außengrenzen vor „illegalen Aktivitäten" wie Schlepperei, Drogenhandel oder illegale Migration zu schützen. Dafür stellen Kommission, EU-Parlament und die Mitgliedstaaten der Agentur mehrere Millionen Euro jährlich zur Verfügung, aktuell sind es etwa 85 Millionen Euro.

Anfang 2005 begannen die Frontex-Mitarbeiter mit ihrer Arbeit: Sie erstellen seitdem regelmäßig Berichte über Flüchtlingsrouten und illegale Migration an den Grenzen Europas, entwickeln Trainingsstandards für EU-Grenzbeamte und sammeln Daten von Migranten, um diese mit anderen EU-Organisationen und den Mitgliedstaaten auszutauschen. Außerdem organisiert Frontex für die Mitgliedstaaten Charterflüge, mit denen abgewiesene Asylwerber in Drittstaaten abgeschoben werden. Der größte Teil des Budgets fließt in sogenannte „gemeinsame Einsätze": Dabei handelt es sich um Polizeiaktionen an der Schengen-Außengrenze, bei denen Beamte der Mitgliedstaaten auf dem Meer, an Land oder an Flughäfen tätig werden. Die meisten Einsätze fanden in der Vergangenheit auf hoher See, an den Küsten Italiens, Maltas, Spaniens und Griechenlands statt. [...]

Durch eine EU-Regelung mit der Nummer 1168 [wurde] die Rolle von Frontex-Experten bei Einsätzen gestärkt: Sie können die nationalen Grenzschützer begleiten. Das führe dazu, dass in der Praxis die Kompetenzverteilung zwischen Frontex-Mitarbeitern und den nationalen Grenzbeamten nicht so klar ist, wie es die Agentur immer darstelle, sagt der Politikwissenschaftler

Zeichnung: Heiko Sakurai

Christoph Marischka von der Frontex-kritischen Plattform IMI (Informationsstelle Militarisierung). Aus der kleinen Agentur, ohne gesetzgeberische oder exekutive Gewalt, scheint immer mehr jene EU-Grenzpolizei zu werden, vor der Kritiker warnen. Tatsächlich polarisiert Frontex seit dem ersten gemeinsamen Einsatz im Mittelmeer vor den Kanaren im Jahr 2006. Für Kritiker ist die Agentur eine EU-Grenzpolizei, die Europa vor Migranten und Flüchtlingen mit allen Mitteln abschotten soll. Befürworter halten Frontex hingegen für notwendig, um eine unkontrollierte Zuwanderung in die EU-Staaten zu verhindern.

In der Vergangenheit wurde die Agentur mehrmals mit dem Vorwurf konfrontiert, sie sei an Menschenrechtsverstößen beteiligt. *Human Rights Watch* veröffentlichte beispielsweise 2011 einen Bericht, in dem die Organisation Frontex als Europas Handlanger in Flüchtlingsfragen bezeichnet: Die Agentur veranlasse Einsätze in Griechenland, bei denen Migranten unmenschlicher und erniedrigender Behandlung ausgesetzt werden. Außerdem soll sich Frontex laut einem aktuellen Bericht des ARD-Magazins Monitor an sogenannten *Push-back*-Aktionen, bei denen Flüchtlinge auf hoher See abgefangen und in Drittstaaten zurückgeschickt werden, beteiligt haben. Von den Reportern darauf angesprochen, räumte der Leiter von Frontex, Ilkka Laitinen, ein, dass solche Aktionen vorkämen.   ➡ Querverweis: S. 143, M6

Quelle: Martina Powell: Frontex, die umstrittene Grenzgängerin, in: Die Zeit online, www.zeit.de/politik/ausland/2013-10/Frontex-Grenzschutz-Europa/komplettansicht vom 18.10.2013; Zugriff am 20.1.2015

MATERIAL

EU-Grenzüberwachung verändert Flüchtlingsrouten   **6**

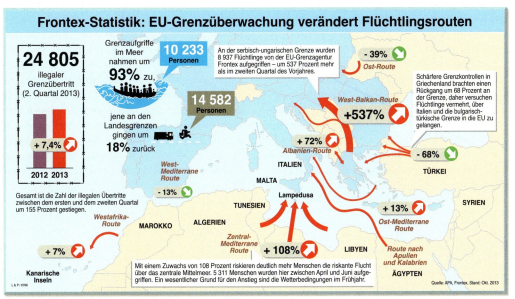

1. Erschließen Sie aus M5, wie die EU unter anderem versucht, die in Artikel 77 AEUV formulierten Zielsetzungen (M4) umzusetzen.
2. Erarbeiten Sie die Strukturen und die Vorgehensweise von Frontex (M5).
3. Interpretieren Sie die Karikatur auf S. 36 vor dem Hintergrund von M5 und M6.
4. Führen Sie eine Podiumsdiskussion zum Thema: „Braucht Europa Frontex?" (M4 bis M6).
5. Recherchieren Sie zur aktuellen EU-Migrationspolitik (z. B. ab 2013 Eurosur, ab 2014 Triton).

MATERIAL

 7   **Eurojust**

Eurojust ist eine unabhängige Institution der EU zur Verbesserung der justiziellen Zusammenarbeit mit Sitz in Den Haag. |Sie| setzt sich aus einem Staatsanwalt, Richter oder Polizeibeamten mit gleichwertigen Befugnissen je Mitgliedstaat zusammen. [...] Eurojust soll die Koordination von Ermittlungen und Strafverfolgungsmaßnahmen, die mit schwerer grenzüberschreitender Kriminalität befasst sind und mehrere Mitgliedstaaten betreffen, verbessern helfen. Bislang ist Eurojust schwerpunktmäßig mit Drogenhandel und Betrugsdelikten befasst worden.

Eurojust kann personenbezogene Daten verarbeiten und die zuständigen Behörden der Mitgliedstaaten ersuchen, die Aufnahme von Ermittlungen oder Strafverfolgung oder die Einsetzung eines gemeinsamen Ermittlungsteams zu erwägen. Eurojust arbeitet eng mit dem Europäischen Polizeiamt (Europol) zusammen. [...]
Der Vertrag von Lissabon (2009) sieht vor, dass Eurojust um eine Europäische Staatsanwaltschaft erweitert werden kann, um Straftaten, die die Union finanziell schädigen, zu bekämpfen.

Quelle: W. Wagner: Eurojust, in: Martin Große Hüttmann/Hans-Georg Wehling (Hrsg.): Das Europalexikon, 2., aktual. Aufl., Bonn 2013

MATERIAL

 8   **Europol**

Europol ist das europäische Polizeiamt zur Unterstützung der EU-Mitgliedstaaten bei der Kriminalitätsbekämpfung. [...] Ziel ist die Verbesserung der polizeilichen Zusammenarbeit der Mitgliedstaaten bei der Bekämpfung des Terrorismus und der grenzüberschreitenden organisierten Kriminalität. Europol fördert den Informationsaustausch und erstellt selbst kriminalistische Analysen, die auf Daten der Mitgliedstaaten sowie von Drittstaaten beruhen. Zudem beteiligt sich Europol an gemeinsamen Ermittlungsgruppen. Das Polizeiamt hat mehrfach neue Aufgaben-

bereiche erhalten, so etwa die Bekämpfung der Eurofälschung. Europol hat jedoch weder eigene Ermittlungsbefugnisse noch eine Vollstreckungsbefugnis und ist somit mehr eine Plattform zum Informationsaustausch als eine eigentliche Polizeibehörde. Kritiker beklagen das Problem politischer und gerichtlicher Kontrolle, insbesondere beim Datenschutz. |Europol| wird von den Mitgliedstaaten finanziert, hat ein Budget von ca. 94 Mio. € (Stand: 2015) und 912 Mitarbeiter (Stand: 2014). [...] Nationale Europol-Verbindungsstelle in Deutschland ist das Bundeskriminalamt.

Nach: J. Siegl: Europol, in: Martin Große Hüttmann/Hans-Georg Wehling (Hrsg.): Das Europalexikon (siehe M 7); Zahlen aktualisiert

MATERIAL

 9   **Terrorist Attacks in Europe**

In 2013 seven people were killed in terrorist attacks in the European Union [...]. A total of 152 terrorist attacks occurred in five EU Member States. The majority took place in France (63), Spain (33) and the UK (35). After an increase in 2012, the number of terrorist attacks in 2013 fell below the number recorded in 2011. As in previous years, the majority of attacks can be attributed to separatist terrorism. The number of attacks related to left-wing and an-

archist terrorism rose in 2013, thereby ending the downward trend observed in previous years. [...] EU Member States did not report any terrorist attacks specifically classified as right-wing or religiously inspired terrorism for the period 2013. However, in at least two attacks [...] the role of religious extremism appears to be evident. [...] In 2013, 535 individuals were arrested for offences related to terrorism, a number similar to 2012 (537).

Quelle: Europol, TE-SAT 2014. European Union Terrorism Situation and Trend Report 2014, www.europol.europa.eu/content/te-sat-2014-european-union-terrorism-situation-and-trend-report-2014 vom 28.5.2014, S. 10; Zugriff am 15.6.2015   ➡ Querverweis: S. 141, M 6

MATERIAL
Der Sinn der Gurkenkrümmung **10**

Sie war jahrelang einer der häufigsten Kritikpunkte, der gegen die Europäische Union vorgebracht worden ist: die Gurkenkrümmung. Jeder Provinzpolitiker erregte sich darüber, dass die EU auch solche, ja wirklich überflüssige Dinge regle. Diese Gurken-Aufregung hat sich jahrelang wohl am festesten von allen EU-Themen in den Köpfen an den Stammtischen eingegraben. Dennoch war sie unberechtigt. [...] Die Regelung der Gurkenkrümmung war keine unziemliche Einmischung der EU in unser Essen, sondern eine Hilfe für den Lebensmittelhandel. Die dieser auch unbedingt wollte.

Die Regelung hat in Wahrheit niemanden gestört. Denn: Es hat praktisch kein EU-Durchschnittsbürger mitbekommen, dass die Regelung – wie viele andere europäische Vermarktungsnormen im Agrarsektor – schon seit 2009 außer Kraft ist. An der Praxis im Handel hat sich aber seither absolut nichts geändert. Die Gurkenkrümmungsnormen und viele ähnliche Regeln waren nämlich in Wahrheit äußerst sinnvoll: Sie haben den europaweiten Lebensmittelhandel vereinfacht. Die Käufer wussten, was jede einzelne Handelsklasse bedeutet, die sie irgendwo in Europas kaufen. Solche Normen gehen letztlich auf Wünsche der Konsumenten zurück, oder genauer auf ihr Handeln. Diese mokieren sich zwar bei Umfragen gerne über die Gurkenkrümmung, greifen aber im Gemüsegeschäft und Supermarkt immer nur nach den schön geraden Gurken. Daher haben Bauern, die krumme Gurken liefern wollen, auch nach Abschaffung der EU-Normen genauso geringe Chancen auf Abnehmer wie vorher.

Quelle: Andreas Unterberger: Krumme Gurken, schrumpelige Äpfel und selektive Aufregungen, in: EU-Infothek, www.eu-infothek.com/article/krumme-gurken-schrumpelige-aepfel-und-selektive-aufregungen vom 31.12.2012; Zugriff am 20.1.2015

MATERIAL
Wer profitiert von EU-Normen? **11**

	Händler/Unternehmer	Verbraucher	EU-Staaten	Nicht EU-Staaten
Vorteile	• ungehinderter Warenverkehr • mehr Wettbewerb • grenzüberschreitende Kooperation • Angleichung technischer Standards • Vergrößerung des Absatzmarktes • Bürokratieabbau	• Produktvielfalt • bessere Qualität • mehr Sicherheit (Lebensmittel, Medikamente, technische Geräte) • niedrigere Preise für Waren und Dienstleistungen	• mehr Wettbewerb • ungehinderter Warenverkehr • einheitliche Handelsregeln • einheitlicher Zolltarif • einheitliche Verwaltungsabläufe • Anstieg des BSP • neue Arbeitsplätze • höhere Exporte • mehr Direktinvestitionen	
Nachteile	• erhöhter Wettbewerbsdruck • Umstellungskosten • Konkurrenz vor Ort	• evtl. Verlust an Vielfalt • effektiver Verbraucherschutz (noch nicht in vollem Umfang gewährleistet)		• hohe Importstandards • hohe Produktionskosten • Konkurrenz • Handelshemmnisse (= Protektionismus) • niedrigere Erlöse

Quelle: Praxis Politik 5 (2006), S. 17

1. Charakterisieren Sie Eurojust (M 7) und Europol (M 8) und beurteilen Sie deren Schlagkraft.
2. Lesen Sie den Text M 9 und führen Sie vor dem Hintergrund von M 8 eine Fishbowl-Diskussion zum Thema „Mehr Macht für Europol?".
3. Erarbeiten Sie aus M 10 Zielsetzungen und Kritik an der Vereinheitlichung von Rechtsvorschriften am Beispiel der EU-Agrarpolitik.
4. Führen Sie vor dem Hintergrund von M 11 eine Debatte zum Thema „Schadet die Vereinheitlichung von Normen in der EU mehr als sie nützt?".

5. Reformen und Perspektiven der EU:
Erweiterungspolitik und Eurokrise

vom Europa der 6 zum Europa der 28

Die Geschichte der EU ist auch die Geschichte ihrer stetigen Erweiterung. Nach der Gründung der EWG 1957 verdoppelte die Europäische Gemeinschaft (ab 1967) ihre Mitgliederzahl seit den Siebzigerjahren von sechs auf zwölf. Mit dem Fall des Eisernen Vorhangs 1989/90 und der Gründung der EU 1993 erhöhte sich neben der ökonomischen nun auch die politische Attraktivität der EU. Schließlich stand nach dem Beitritt Finnlands, Österreichs und Schwedens 1995 der gewaltigste Kraftakt in der Geschichte der europäischen Integration bevor: die Erweiterung um zwölf mittel- und osteuropäische Staaten, deren Beitritt 2004 bzw. 2007 erfolgte. 2013 schließlich trat als bisher letztes Land Kroatien der EU bei (Stand: 2015).

Kopenhagener Kriterien

Seit 1993 müssen zuerst die „Kopenhagener Kriterien" erfüllt werden: Mitglied können nur Staaten werden, die u. a. eine stabile Demokratie und eine funktionierende Marktwirtschaft aufweisen. Sie alle müssen bereit sein, sich in den europäischen Binnenmarkt einzugliedern und die Verordnungen und Richtlinien der EU vollständig zu übernehmen. Zudem sind die „Neuankömmlinge" verpflichtet, den Euro als Währung zu übernehmen, sofern sie die Stabilitätskriterien der Währungsunion erfüllen.

Erweiterungsdynamik

Die Erweiterung der EU scheint dabei einer gewissen Eigendynamik zu folgen: Um sich wirtschaftlich und politisch zu positionieren und auch um Probleme dort zu bekämpfen, wo sie entstehen, und damit zu verhindern, dass sie zum Beispiel in Form von Migration auf die EU übergreifen, versucht die Union, benachbarte Staaten durch Verträge an sich zu binden. Diesem Vorgehen folgt meist die Mitgliedschaft des betreffenden Staates. Nun hat die EU allerdings erneut einen benachbarten Staat mit ähnlichen Schwierigkeiten, denen man erneut mit derselben Methode beizukommen versucht. Auf diese Weise ist es der EU gelungen, einen großen Teil der ehemals kommunistischen Staaten des vormaligen Ostblocks zu demokratisieren.

neue Beitrittskandidaten

Derweil stehen bereits neue Beitrittskandidaten „vor der Tür": So wurde 2004 von der EU-Kommission festgestellt, dass die Türkei die politischen Beitrittskriterien erfülle. Seit 1963 ist die Republik Türkei mit der EWG assoziiert, 1987 wurde das offizielle Beitrittsgesuch eingereicht und seit 2005 laufen die Beitrittsverhandlungen. Neben der Türkei streben vor allem die weiteren Balkanstaaten eine Mitgliedschaft an.

Beitrittshürden

Seit der Osterweiterung sind die Hürden für den Beitritt erhöht worden. Neben dem geografischen Aspekt, der z. B. 1987 zur Abweisung Marokkos führte, und den Kopenhagener Kriterien kommen bei den Verhandlungen mit der Türkei neue Verfahrenselemente zum Tragen, die einen Beitrittsautomatismus vermeiden und den Mitgliedstaaten mehr Kontrollrechte einräumen sollen. So etwa kann die Aussetzung der Verhandlungen beschlossen werden, sollte ein Kandidat schwerwiegend und dauerhaft gegen die Grundwerte der EU verstoßen. Alle Kapitel des Kriterienkatalogs, über die sich das Bewerberland und die EU geeinigt haben, werden stets nur vorläufig angenommen und erst am Ende der Verhandlungen als Gesamtpaket verabschiedet.

Kein Beitrittskandidat ist in der Geschichte der EU so umstritten wie die Türkei. Kritisch werden etwa die Schwäche der demokratischen Institutionen, der politische Einfluss des Militärs, die Diskriminierung der Volksgruppe der Kurden sowie Menschenrechtsverletzungen, z. B. bei der Presse- und Meinungsfreiheit, angeführt. Auch die – z. T. aufgeholten – wirtschaftlichen Rückstände sind oft bemängelt worden. Der Aufwendung von EU-Subventionen für die türkische Landwirtschaft und der islamischen Prägung des Landes stehen viele Europäer skeptisch gegenüber.

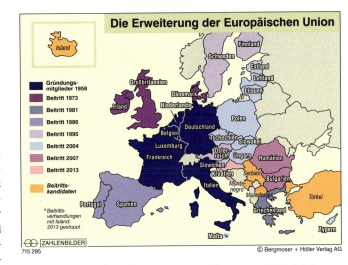

Zudem spielen sicherheitspolitische Überlegungen eine Rolle, denn mit einem Beitritt der Türkei läge die Außengrenze der EU mit einem Mal nicht nur am Kaukasus, sondern auch am Irak, Syrien und dem Iran – und damit an zentralen Krisengebieten des 21. Jahrhunderts. Andererseits nimmt die Türkei mit ihrem demokratisch-laizistischen Staatsaufbau in der islamischen Welt eine Sonder- und Vorbildrolle ein, die sich bei einem EU-Beitritt positiv auf die angrenzenden Staaten im Nahen und Mittleren Osten auswirken könnte. Auch hinsichtlich der inneren demokratischen Entwicklung der Türkei erhofft man sich positive Wirkungen von einem Beitritt zur EU.

EU-Beitritt der Türkei?

Als sich die 2008 in den USA wegen einer geplatzten Immobilienblase entstandene Finanzkrise im Jahr 2009 zur Eurokrise ausweitete, mussten die Mitgliedstaaten der EU reagieren, um nicht nur den Euro, sondern auch das Weiterbestehen der Union garantieren zu können. Hervorgerufen wurde die Eurokrise durch Mitgliedstaaten, die sich im Laufe der vorangegangenen Jahre zwar hoch verschuldet hatten, aber nicht wettbewerbsfähig genug waren. Daher verloren die Gläubiger das Vertrauen in diese Staaten, was die Zinsen für Kredite erhöhte und die betroffenen Staaten noch mehr unter Druck setzte. Vor der Einführung des Euro hatten solche Länder ihre Währung abgewertet, um steigende Zinsen zu kompensieren, was aber nun nicht mehr möglich war. Um einen Staatsbankrott einzelner Länder und die damit verbundenen negativen Auswirkungen auf alle Euroländer zu verhindern, musste die EU reagieren. Durch eine enge Zusammenarbeit mit dem Internationalen Währungsfonds (IWF), der Errichtung eines „Euro-Rettungsschirms" und der Verpflichtung der verschuldeten Staaten zu einem strikten Sparkurs konnte der Zusammenbruch der Währungsunion verhindert werden. Allerdings führte diese Politik zu einer verschärften wirtschaftlichen und sozialpolitischen Schieflage in den betroffenen Schuldenländern, die sich in hoher Arbeitslosigkeit – vor allem bei Jugendlichen – und einer massiven Rezession äußerte.

Eurokrise

Um künftigen Finanzkrisen besser begegnen zu können und das Vertrauen in die Union und den Euro wiederherzustellen, waren Reformen dringend geboten: Mit dem 2013 in Kraft getretenen Fiskalpakt, der Einführung des „Europäischen Semesters", also der Überprüfung nationaler Haushalte durch die EU-Kommission, oder dem Euro-Plus-Pakt zur Stärkung der Wettbewerbsfähigkeit wurden erste Schritte dazu unternommen.

Reformen zur Bekämpfung der Eurokrise

MATERIAL

1 Die Erweiterungsdynamik der EU

Die Dynamik der räumlichen Expansion der Europäischen Union gründet nicht auf kultureller oder gesellschaftlicher Homogenität, sondern erfolgt durch Beitritte bestehender Staaten zum
5 Rechtsraum der EU auf der Basis von zwischenstaatlichen Verhandlungen und politischen Entscheidungen. Im Rückblick auf die Erweiterungen seit den 1990er-Jahren ist dabei ein Muster konzentrischer Kreise zu erkennen.
10 Dies ist Ausdruck des folgenden Mechanismus: Der wohlhabende Kern der EU bietet den Nachbarländern diverse Formen von ökonomischer und politischer Unterstützung und eine zukünftige Mitgliedschaft an. Dafür kooperieren die
15 Nachbarländer bei der Behebung ihrer ökonomischen Rückständigkeit, ihrer politischen Instabilität und der Probleme, die sich daraus ergeben: Grenzüberschreitende Umweltverschmutzung, Kriminalität, Migration etc. Probleme, die auf die
20 EU übergreifen, sollen also dort bekämpft werden, wo sie entstehen. Diese Expansion durch Beitritte hat eine Tendenz, sich immer wieder zu wiederholen. Denn jedes neue EU-Mitglied macht sich zum Anwalt der Beitrittsinteressen

seiner Nachbarn, um so deren grenzüberschrei- 25 tende Probleme in den Griff zu bekommen und negative Auswirkungen auf das eigene Territorium abzuwehren. Daraus ergibt sich einerseits, dass die wohlhabende Kernzone der EU durch einen „Sicherheitsgürtel" abgesichert wird. An- 30 dererseits entspricht das einem grenzüberschreitenden Zentrum-Peripherie-Muster, das dem europäischen Sozialraum eine neue räumliche Ungleichheitsstruktur aufprägt: In der Form konzentrischer Kreise entstehen mit zunehmender 35 Entfernung vom Zentrum soziale Grenzen, die von Wohlstandsgefällen geprägt sind. Bei Wohlstandsgefällen handelt es sich darum, dass zwei geografische Räume mit deutlichen Einkommensdifferenzen aneinanderstoßen. Innerhalb 40 der EU besteht ein markantes Wohlstandsgefälle an der Grenzlinie, die bis zum Fall des Eisernen Vorhangs 1989 das kommunistische Europa von Westeuropa trennte. Die EU-Außengrenzen im Süden (südliches Mittelmeer), Südosten (Türkei) 45 und Osten (Ukraine, Weißrussland, Russland) bilden zusammen eine weitere relativ hohe Wohlstandsschwelle.

Quelle: Maurizio Bach: Die Erweiterungsdynamik der Europäischen Union, in: Bundeszentrale für politischen Bildung (Hrsg.): Dossier: Deutsche Verhältnisse. Eine Sozialkunde, www.bpb.de vom 31.5.2012; Zugriff am 20.1.2015   ➡ Querverweis: S. 8–11

MATERIAL

2 Die Kopenhagener Kriterien

Allgemeine Kriterien	Prüfungskatalog für Beitrittsreife		
Demokratisches System	• Stand des politischen Reformprozesses in Bezug auf:		
	– Institutionen	– Medien	– Verbände
	– Parteien	– Rechtspflege	
	• Verwaltungssystem		
	• Orientierung in der Außen- und Sicherheitspolitik		
	• verfassungsrechtliche Mindeststandards, insb.:		
	– Grundrechtsschutz	– Rechtsstaatlichkeit	– Minderheitsrechte
Wirtschaftliche Leistungsfähigkeit	• Stand der Reformen zur Schaffung einer Marktwirtschaft, insb.:		
	– Agrarpolitik	– Wettbewerbspolitik	
	– Außenhandel	– Geldpolitik	
	• Stand des Strukturwandels besonders in Bezug auf Privatisierung		
Acquis communautaire (Besitzstand der Gemeinschaft)	• Stand des rechtlichen Harmonisierungsprozesses, insb. in		
	– Wirtschaftsrecht	– Handelsrecht	– Zivilrecht
	• Bereitschaft zur Aufgabe eigener Kompetenzen und staatlicher Souveränität		
	• Einstellung der Bevölkerung; Grad der Identifikation mit der EU		

Quelle: Michael Piazolo: Das integrierte Deutschland. Europäische und internationale Verflechtungen, München 2006, S. 145

Zwei Motive beherrschen bis heute die Erweiterungsgeschichte der Union: die Vermehrung des Wohlstands und die Stabilisierung junger Demokratien. Lange Zeit schien beides Hand in Hand zu gehen. In Spanien, Griechenland und Portugal verblassten die Schatten der vergangenen Diktaturen mit zunehmendem Wirtschaftswachstum. Die Europäische Gemeinschaft unterstützte diese Entwicklung mit Subventionen. „Solange genügend Geld vorhanden war, das umverteilt werden konnte, ließ sich die wirtschaftliche Zusammenarbeit als Gewinn für alle Beteiligten darstellen", schrieb der britische Historiker Tony Judt in seiner Geschichte Europas. Mit anderen Worten: Man wollte Europa – und konnte es sich leisten.

Doch mittlerweile geht die Gleichung nicht mehr auf, wonach die Teilhabe an Binnenmarkt und Subventionssegen mehr Wohlstand und Demokratie entstehen lässt. Die Ausgangssituation der zehn mittel- und osteuropäischen Länder, die 2004 und 2007 beitraten, lässt sich kaum mit jener Spaniens oder Portugals in den Achtzigerjahren vergleichen. Der Aufholbedarf war größer, der finanzielle Spielraum hingegen kleiner. Das Resultat: Verteilungskämpfe, die mit dem Ausbruch der Krise noch einmal an Schärfe gewonnen haben.

Auch deshalb sind die Zweifel an einer wachsenden Union in den vergangenen Jahren größer geworden. [...] Die Sorge, die EU könnte finanziell ein Fass ohne Boden werden, ist verständlich. Diese Sorge aber als Argument gegen die Neuen – und damit gegen künftige Erweiterungen – ins Feld zu führen, ist ungerecht. Wer heute von der Krise spricht, denkt an den Süden, nicht an den Osten des Kontinents. Zwar kämpfen auch dort viele Länder gegen Rezession und Arbeitslosigkeit. Sie erhalten aber längst nicht die Aufmerksamkeit und schon gar nicht die Unterstützung wie Griechen, Portugiesen oder Iren. [...]

Im vergangenen Dezember, als sich die Spitzen der EU im Osloer Rathaus trafen, um den Friedensnobelpreis entgegenzunehmen, saß, ein wenig am Rande, auch ein kroatischer Vertreter. Die norwegische Jury hatte in ihrer Begründung nicht nur die Aussöhnung zwischen Deutschland und Frankreich gewürdigt, sondern ausdrücklich auch die bevorstehende Aufnahme Kroatiens, den Beginn der Beitrittsverhandlungen mit Montenegro sowie die Aussicht auf einen EU-Beitritt Serbiens. Sogar eine mögliche Mitgliedschaft der Türkei erwähnten die Osloer Juroren. Sie erinnerten die EU damit an ihre größte Erfolgsgeschichte: die allmähliche Demokratisierung des unruhigen Kontinents. Sie mahnten die Union zugleich, diesen Weg fortzusetzen. Lange Zeit wurde erbittert gestritten, ob die EU eher erweitert oder vertieft werden sollte – und ob zwischen beiden Zielen überhaupt ein Widerspruch besteht. Den Friedensnobelpreis jedenfalls hat die EU dafür erhalten, dass sie ihre Ränder befriedet hat: Das war der Sinn ihres Wachstums. [...] Sie hat bei alledem auch geostrategischen Verstand bewiesen. Denn der Demokratieexport war stets zugleich, ganz im eigenen Interesse, Arrondierung des eigenen Einflussbereichs, Sicherung wichtiger geografischer Brückenköpfe. Das galt einst für Griechenland genauso wie später für Estland. [...]

Das Offene und Unfertige ist kein Defekt, es gehört zum Kern des europäischen Projektes. Das bedeutet nicht, dass jeder, der in den Club hineinwill, auch aufgenommen werden muss.

Quelle: Matthias Krupa: Wo endet Europa?, in: Die Zeit, Nr. 27, 27.6.2013

➡ Querverweis: S. 54, M 5

1. Erarbeiten Sie aus dem Text M 1 die Ursachen für die Erweiterungsdynamik der EU.
2. Erläutern Sie die Kopenhagener Kriterien (M 2) und nehmen Sie dazu Stellung.
3. Ermitteln Sie aus M 3 Motive und politische Folgen der EU-Erweiterungen der vergangenen Jahrzehnte.
4. Führen Sie vor dem Hintergrund von M 1 bis M 3 eine Debatte über die Frage, ob die EU nach wie vor eine Erweiterung anstreben sollte.

MATERIAL
4 Die Tür für einen EU-Beitritt der Türkei ist noch offen

Dass sie Teil der Europäischen Union werden will, deren Werte teilt und sich dafür einsetzt, hat die Türkei in letzter Zeit nicht sehr deutlich zum Ausdruck gebracht. So sorgte die zögerliche Haltung der Regierung in Ankara im Kampf gegen die Terrorgruppe „Islamischer Staat" für Irritationen in Brüssel und anderen europäischen Hauptstädten. Dennoch geht EU-Erweiterungskommissar Stefan Füle davon aus, dass der Weg für weitere Beitrittsgespräche mit der Türkei immer noch frei ist. [...] Dazu hätten unter anderem die Aussöhnungsversuche mit der kurdischen Volksgruppe beigetragen oder das Abkommen zur Visa-Liberalisierung, welches Reisen türkischer Staatsbürger in der EU vereinfachen soll. Darüber hinaus würdigte Füle „die Anstrengungen der türkischen Behörden und Bevölkerung, mit der Welle von über einer Million syrischen Flüchtlingen fertigzuwerden". Gleichzeitig drückte auch er seine Bedenken gegenüber den jüngsten politischen Entwicklungen in der Türkei aus. Füle gab mit der Eröffnung von weiteren Beitrittskapiteln jedoch ein Signal für eine Fortsetzung der EU-Erweiterungsgespräche. „Die Türkei ist ein wichtiger strategischer Partner für die Europäische Union, nicht nur im Bereich Wirtschaft und Handel, sondern aufgrund ihrer geografischen Lage auch in den Bereichen Migrationspolitik und Sicherheit", sagte er. [...]

Zu viel Hoffnung auf eine baldige EU-Mitgliedschaft darf sich die Türkei nicht machen. Der künftige Kommissionspräsident Jean-Claude Juncker hatte nämlich schon vor seiner Wahl im Sommer signalisiert, dass die Europäische Union in den kommenden fünf Jahren keine neuen Mitglieder aufnehmen wird. Wie man die Regierung in Ankara vor diesem Hintergrund überhaupt noch motivieren könne, sich in naher Zukunft um einen EU-Beitritt zu bemühen, wurde Erweiterungskommissar Füle daher jetzt von Mitgliedern des Ausschusses für auswärtige Angelegenheiten des Europäischen Parlaments gefragt. Seine Antwort: Man müsse nun Gespräche über die nächsten beiden Beitrittskapitel 23 und 24 führen, in denen es um die Justiz und die Grundrechte geht. [...] Besonders in diesen Bereichen sieht die EU-Kommission laut ihrem Bericht noch Nachholbedarf [...]. Die EU-Kommission ist der Ansicht, dass die Beitrittsperspektive für die Türkei einen starken Anreiz für Verbesserungen darstellt: So könnte beispielsweise die Unabhängigkeit der Gerichte oder die Pressefreiheit besser geschützt werden. Der politische Dialog mit der Türkei solle auch dafür genutzt werden, die Zusammenarbeit im Kampf gegen die Terrormiliz IS zu vertiefen, unterstrich jetzt EU-Kommissar Füle.

Quelle: EU-Beitritt der Türkei: Die Tür ist noch offen, in: Deutsche Welle, www.dw.de vom 8.10.2014; Zugriff am 20.1.2015

➠ Querverweis: S. 62, M 4

MATERIAL
5 CSU für Abbruch der Verhandlungen mit der Türkei

Zurückhaltend war das Verhalten der Europäischen Union gegenüber der Türkei in den vergangenen Jahren ohnehin. Doch die neuesten Entwicklungen könnten ernste Verwerfungen mit Brüssel nach sich ziehen. Die CSU jedenfalls fordert nun den kompletten Stopp der Beitrittsverhandlungen mit Ankara. [...] „Ein Land, in dem die Regierung ihren Kritikern droht und das demokratische Werte mit Füßen tritt, kann nicht zu Europa gehören." Mehr als eine privilegierte Partnerschaft komme für die Türkei nicht infrage, so [CSU-Generalsekretär] Scheuer. Erdogan hatte seinen Gegnern nach dem Sieg seiner Partei bei den türkischen Kommunalwahlen [2014] gedroht, sie würden nun den Preis bezahlen. „Bis in ihre Höhlen werden wir sie verfolgen", sagte Erdogan. Die CSU lade jeden ein, der für die EU-Vollmitgliedschaft der Türkei gekämpft habe, „davon endlich abzurücken und sich jetzt dem richtigen Kurs der CSU anzuschließen", sagte Scheuer an die Adresse von SPD und Grünen. Auch Vertreter von Union und SPD im Bundestag zeigten sich besorgt über Drohungen Erdogans. Diese stünden nicht im Einklang mit dem Bild einer modernen Türkei, sagte der stellvertretende Vorsitzende der SPD-Bundestagsfraktion,

Rolf Mützenich [...]. Es sei nötig, die Achtung der Grundrechte und der Meinungsfreiheit in den Beitrittsverhandlungen mit der Europäischen Union zu thematisieren. Der außenpolitische Sprecher der Unionsfraktion im Bundestag, Philipp Mißfelder (CDU), sagte [...]: „Das Verhältnis zum NATO-Partner ist schwierig, weil wir die Türkei als wichtigen Verbündeten brauchen und die Entwicklung im Land nicht gleichgültig betrachten." Erdogan steht seit dem vergangenen Jahr unter Druck. Im Sommer gab es landesweite Massenproteste gegen seine Regierung. Hinzu kommen Korruptionsermittlungen gegen Politiker und Geschäftsleute aus seinem Umfeld, die Erdogan als Komplott gegen sich sieht.

Zeichnung: Jürgen Janson

Quelle: CSU will EU-Beitrittsgespräche mit der Türkei stoppen (ler/dpa/AFP), in: Spiegel online, www.spiegel.de/politik/deutschland/erdogan-und-die-tuerkei-csu-will-eu-beitrittsgespraeche-stoppen-a-961824.html vom 1.4.2014; Zugriff am 20.1.2015

MATERIAL

Argumente für und gegen einen Beitritt der Türkei zur EU **6**

Pro	Kontra
Mögliche Vorteile für die Türkei:	**Mögliche Nachteile der Türkei:**
• Zwang zu Reformen • Stärkung der Wirtschaft • Einbindung in die „westliche Welt" • Vorbildcharakter für die Region (Beispiel, dass Demokratie und Islam kein Widerspruch sind) • Abbau von Vorurteilen	• Defizite im Menschenrechtsschutz • relative ökonomische Schwäche • starker Einfluss des Militärs • großer finanzieller Transferbedarf • Mentalität eines Großteils der Bevölkerung (z. B. Frauenbild, Rolle der Religionen)
Mögliche Vorteile für die EU:	**Mögliche Nachteile für die EU:**
• Stärkung der geostrategischen Lage (Brücke zu asiatischen Ländern, Kontrolle des Bosporus) • Sicherung von Energiequellen, insb. Erdöl und Erdgas (Türkei als Transitland)	• Überdehnung und dadurch Unregierbarkeit • Einbeziehung in Konfliktherde (zum Beispiel Syrien, Irak) • drohende Migration in andere EU–Staaten • Verschiebung der politischen Strukturen aufgrund der demografischen Größe der Türkei (dann wohl 80 Mio. Einwohner)

Nach: Michael Piazolo: Das integrierte Deutschland. Europäische und internationale Verflechtungen, München 2006, S. 147; gekürzt und eigene Ergänzungen   L & P / 6709

1. Erarbeiten Sie aus M 4 und M 5 die Argumente der Befürworter beziehungsweise Gegner eines EU-Beitritts der Türkei und stellen Sie sie einander gegenüber.
2. Interpretieren Sie die Karikatur in M 5 vor dem Hintergrund der Texte M 4 und M 5 und bewerten Sie deren Aussage.
3. Führen Sie mithilfe von M 4 bis M 6 eine Fishbowl-Diskussion zu der Frage durch, ob die Türkei der EU beitreten sollte.
4. Nehmen Sie in Form eines Zeitungskommentars (Methode auf S. 152 f.) Stellung zu der Frage eines türkischen EU-Beitritts.

MATERIAL
7 Bewältigung der Eurokrise

Eigentlich ist die Krise im Euroraum keine „Eurokrise". Der Euro, die gemeinsame Währung, ist nach innen und außen stabil, das heißt, die Inflationsrate ist niedrig und der Wechselkurs zu
5 anderen Währungen wie dem US-Dollar schwankt wenig. Die Krise ist die der Eurostaaten, die sich zum Teil zu sehr hoch verschuldet haben und nicht hinreichend auf ihre Wettbewerbsfähigkeit geachtet haben. Dadurch haben sie auf den in-
10 ternationalen Finanzmärkten Vertrauen verspielt. Da alle Eurostaaten verschuldet sind und viele dieser Schulden für kurze Zeiträume aufgenommen wurden und werden, wirkt sich ein sinkendes Vertrauen sofort auf die Zinsen aus, die als Risi-
15 kozuschlag erhöht werden. Damit verschlechtert sich aber die Lage des Schuldners weiter.
Das Wichtigste für die Eurozone und auch für die EU ist daher, das Vertrauen wiederherzustellen. Allerdings ist das auch bei den EU-Partnern unter-
20 einander sehr eingeschränkt. Schließlich haben fast alle Staaten schon einmal gegen die Vorgaben des Stabilitäts- und Wachstumspakts verstoßen, den sie 1997 selbst geschlossen hatten. Hätten sich alle an diese Vereinbarung gehalten,
25 hätte es eine Krise dieser Art wohl nie gegeben. Das Vertrauen wird allerdings nur zurückgewonnen werden können, wenn klar erkennbar ist, dass die Länder der Europäischen Union umsteuern. 25 EU-Länder haben daher mit dem Fiskalpakt
30 verbindlich vereinbart, ab dem Jahr 2013 ihre Schulden spürbar zu reduzieren und eine entsprechende Vorschrift auch in die nationale Verfassung oder ein anderes Gesetz aufzunehmen. In Deutschland gibt es mittlerweile die „Schul-
35 denbremse" im Grundgesetz (Art. 109 Abs. 3 GG). Großbritannien und Tschechien wollten bei dieser Regelung jedoch nicht mitmachen, weswegen sie als völkerrechtlicher Vertrag der teilnehmenden Staaten außerhalb des Rechtsrahmens
40 der EU geschlossen werden musste. Um Gefährdungen für die wirtschaftliche Entwicklung oder für den nationalen Haushalt frühzeitig zu erkennen, wurde ein sogenanntes Europäisches Semester beschlossen. Das ist eine Kon-

VOLLES PROGRAMM IM ERLEBNISPARK 'EURO-KRISE'

Zeichnung: Jürgen Janson

trollphase für die nationalen Haushaltsentwürfe, 45
die jetzt vor der Beschlussfassung durch das Parlament des Mitgliedstaats von der Europäischen Kommission überprüft und kommentiert werden. Zur Stärkung der Wettbewerbsfähigkeit wurde der Euro-Plus-Pakt geschlossen, in dem die Staats- 50
und Regierungschefs (wiederum ohne Großbritannien und Tschechien, aber auch ohne Ungarn und Schweden) sich zu konkreten Reformen in ihren Staaten verpflichten. [...]
Für die Banken will man das Risiko bei Spekula- 55
tionen erhöhen, indem man die 200 wichtigsten Banken einer europäischen Kontrolle unterwirft und sie zwingt, die Eigenkapitalquote zu erhöhen. Außerdem sollen in Zukunft bei dem Zusammenbruch einer Bank zuerst deren Eigner und Anle- 60
ger haften und nur zum Schluss die europäischen Steuerzahler. Zudem sollen die Banken einen eigenen Sicherungsfonds aufbauen, durch den Pleiten abgefedert werden können. Das Ganze nennt sich „Bankenunion" [...]. 65
Es geschieht also einiges auf europäischer Ebene, um der Krise zu begegnen. Funktionieren wird dies jedoch nur, wenn der Wille da ist, die Regeln wirklich einzuhalten und entsprechende Maßnahmen umzusetzen. In der Vergangenheit 70
hatte die EU kein Defizit an Vorgaben, sondern eines an Vertragstreue.

Quelle: Eckart D. Stratenschulte: Bewältigung der Eurokrise, in: Bundeszentrale für politische Bildung (Hrsg.): Dossier: Die Europäische Union, www.bpb.de/internationales/europa/europaeische-union/43014/bewaeltigung-der-eurokrise vom 1.4.2014; Zugriff am 20.1.2015

➡ Querverweis: S. 19, M 11

Eine Fiskalunion zum Selbstbasteln **8**

Altkanzler Helmut Kohl, einer der Väter des Euro, wollte keine Währungsunion ohne politische Union. Mit dieser Idee konnte er sich in Europa nicht durchsetzen – aus guten Gründen, meint
5 Michael Hüther, Direktor des Instituts der deutschen Wirtschaft Köln (IW). Als Beispiel nennt er das Nichtvorhandensein einer europäischen Öffentlichkeit und die Schwierigkeit der demokratischen Legitimation. [...]
10 „Und die Frage stellt sich natürlich: Kann man dann eine Währungsunion unterhalten?", sagt Ulrich Kater, Chefvolkswirt der DekaBank.
Beide Experten beantworten diese Frage mit einem Ja. Entscheidend für das Funktionieren
15 einer Währungsunion sei nicht die politische Union, zumindest vorerst nicht, sondern eine Fiskalunion. „Eine Fiskalunion zeichnet sich dadurch aus, dass es eine starke fiskalische Ebene gibt. Das ist bei allen erfolgreichen Währungen
20 der Fall", sagt Ulrich Kater. In den USA und in Deutschland liege die Aufteilung von Bund- und Länderfinanzen bei 60 zu 40. In der Schweiz sei es ähnlich. Diese zentralen Finanzebenen sorgten dafür, dass die regionalen Ungleichgewichte gar
25 nicht mehr auffielen. „Es ist in Deutschland zwar eine Frage, ob Banken gerettet werden sollen. Es ist aber nicht die Frage, ob das Geld aus der nördlichen, der südlichen, der westlichen oder der östlichen Region des Staates kommen soll",
30 so Kater. Anders in der Europäischen Währungsunion. Hier machten die Brüsseler Finanzen nur 3,5 Prozent der öffentlichen Mittel in Europa aus, der Rest liege bei Nationalstaaten, und das werde sich auch so schnell nicht ändern. Was nun?
35 Wie in den vergangenen Jahrzehnten erweisen sich die Europäer auch in dieser Krise als einfalls-

reich. Sie basteln sich einfach eine Fiskalunion in den gegebenen Strukturen. Sie haben einen dauerhaften Rettungsschirm aufgespannt und bauen gerade eine Bankenunion auf. Wenn alle 40 Stricke reißen, steht noch die Europäische Zentralbank als die letzte Instanz bereit, deren Etat unbegrenzt ist. Das hat die Finanzmärkte beruhigt und die Eurokrise eingedämmt.
„Es sind Schattenhaushalte, eine Imitation einer 45 zentralen Finanzebene, die demokratisch kaum legitimiert ist", sagt Kater [...]. Daraus ergeben sich seiner Meinung nach für die Zukunft der Währungsunion zwei Szenarien. Im ersten werden diese zentralen, fiskalischen Ebenen zunehmend 50 demokratisch legitimiert. Das Gebilde entwickelt sich immer mehr zugunsten der zentralen Lösungen bis hin zu einer politischen Union. Alle Länder bleiben dabei. In der Zeit werden die Haushalte in den Euroländern saniert und die 55 Wettbewerbsfähigkeit wird gestärkt. Hier lauert die Gefahr, dass die Länder in ihrem Reformeifer nachlassen. [...]
Das würde dann das zweite Szenario wahrscheinlicher machen, bei dem an den Wahlurnen gegen 60 die Zentralisierung entschieden wird und Austritte aus der Währungsunion folgen. Dann bricht das ganze Gebilde wie ein Kartenhaus zusammen. [...] Die Politik müsse entscheiden, wie die Staaten in Europa miteinander in Verbindung stehen 65 sollen. „Und wenn die Entscheidung dahingehend lautet, dass man eine weitere politische Integration nicht vorhat, dann muss man über Wege nachdenken, wie das Projekt Währungsunion zu beenden ist", sagt Kater [...]. Denn eine Wäh- 70 rungsunion ohne ein Mindestmaß an politischer Integration werde nicht funktionieren.

Quelle: Zhang Danhong: Eine Fiskalunion zum Selbstbasteln, in: Deutsche Welle, http://dw.de/p/1AQXW vom 4.12.2013; Zugriff: 20.1.2015

---

1. Erarbeiten Sie aus dem Text M 7 Ursachen und Folgen der Eurokrise.
2. Interpretieren Sie die Karikatur in M 7 und überprüfen Sie deren Aussage vor dem Hintergrund des Textes M 7.
3. Ermitteln Sie aus M 8 die Defizite des Fiskalpakts und beschreiben Sie die Perspektiven, die sich daraus ergeben können.
4. Überprüfen Sie auf Basis der Informationen in M 7 und M 8, ob die Reformen im Finanzbereich ausreichend zur Bewältigung der Eurokrise sind.

Szenario: „Die Zukunft der EU"

Ein Szenario soll einen schlüssigen Ausblick auf mögliche Entwicklungen bieten. Folgende Phasen sind bei der Entwicklung eines Szenarios denkbar:

1. Fundierungsphase: In dieser Phase sammeln Sie Informationen, um die „Ist-Situation" genau kennenzulernen. Diese „Ist-Situation" dient als Ausgangsbasis für ein Zukunftsszenario. Nur Szenarien, die sich auf sorgfältige Untersuchungen und Analysen stützen, sind wohl fundiert. Sie sind mit hoher Wahrscheinlichkeit plausibel, weshalb sie – wenn sie bestimmte Fragen aufwerfen – ernst genommen werden. Am Beginn einer Szenarioentwicklung steht eine sorgfältige Literatur- und Datenanalyse bereits veröffentlichten Materials zum „Ist-Zustand" und eventuell bereits konzipierter Szenarien zum gleichen oder einem verwandten Thema. Hinzu kommt die Befragung von Experten mit Blick auf deren Vorstellungen zu künftigen bzw. alternativen vergangenen Entwicklungen. Fragen Sie „Ihre" Experten auch nach den Entwicklungen, die diese als wahrscheinlich/unwahrscheinlich bzw. als wichtig/unwichtig ansehen sowie nach den Faktoren und Akteuren, die sie als Triebfedern oder Hemmnisse für eine bestimmte Entwicklungsrichtung erachten. Neben Einzelbefragungen können auch Umfragen mit größeren Personengruppen durchgeführt werden.

2. Analytische bzw. Kritikphase: Eine sorgfältige Analyse und Systematisierung der gesammelten Informationen, z. B. mithilfe einer Mindmap, ist für die Szenarioentwicklung von entscheidender Bedeutung. Folgende Fragen helfen Ihnen bei der Sichtung und Sortierung des Materials:
- Welche der gesammelten Informationen benötige ich zur Szenarioentwicklung?
- Welche Auswirkungen hat ein Szenario für die mittel- oder unmittelbar betroffenen Menschen, Regionen, Staaten oder die Welt insgesamt?
- Welche aktuellen oder vergangenen Diskussionen, Sachverhalte und Ereignisse machen die Auseinandersetzung mit meinem Thema sinnvoll?

3. Konstruktionsphase: Die Entwicklung eines Szenarios unterscheidet sich deutlich von einer sonstigen wissenschaftlichen Arbeit. Sie arbeiten zwar auf Grundlage gesicherter Fakten und Daten, müssen diese aber mithilfe Ihrer Fantasie weiterentwickeln. Dabei ist es wichtig, nicht allein „wünschenswerte", sondern „plausible" Szenarien zu entwickeln. Weitere Kriterien, die Ihr Szenario erfüllen sollte, sind innere Schlüssigkeit, Infragestellung gängiger Annahmen und Attraktivität für die Zielgruppe. Nach der Entwicklung des Szenarios erfolgt die erneute Überprüfung auf Plausibilität und Schlüssigkeit. Erst nach der Überarbeitung und Optimierung Ihres Konzepts ist Ihr Szenario bereit für eine erfolgreiche Präsentation im Kursrahmen.

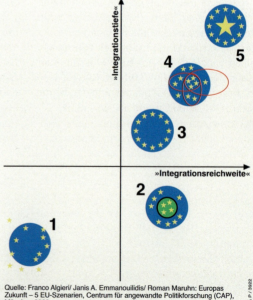

Quelle: Franco Algieri/ Janis A. Emmanouilidis/ Roman Maruhn: Europas Zukunft – 5 EU-Szenarien, Centrum für angewandte Politikforschung (CAP), München 2003

L & P / 3922

6A!

1 Titanic-Szenario: Es beschreibt eine tief greifende Gefährdung der EU bis hin zur Auflösung des europäischen Integrationsprozesses. Dabei gelingt es der EU immer weniger, außen- und innenpolitische Probleme zu meistern. […] Es kommt zur Handlungsunfähigkeit aufgrund einer unterbliebenen stetigen Anpassung der EU an neue Gegebenheiten. Statt einer fortschreitenden Übertragung weiterer Zuständigkeiten an die EU werden diese an die Nationalstaaten zurückverlagert. Die langfristige Folge wäre eine Reduktion der EU auf die wirtschaftliche Zusammenarbeit und im Extremfall deren Auflösung.

2 Geschlossenes Kerneuropa: Es lässt sich kein Konsens über die Weiterentwicklung der EU zwischen allen Mitgliedstaaten herstellen. Dadurch ist die Möglichkeit eines weiteren Ausbaus der politischen Union nicht mehr gegeben und das Denken der europäischen Bürger renationalisiert sich. Die Idee einer politischen Union bleibt jedoch das Ziel einiger weniger Staaten. Diese Wenigen schließen sich zusammen, um außerhalb der EU einen Bund des „Geschlossenen Kerneuropa" zu bilden. […] Im Laufe der Zeit treten die Institutionen von „Kerneuropa" in Konkurrenz zu den Institutionen der EU und werden dominierend. Der Zugang zu „Kerneuropa" wird den meisten anderen Staaten, die nicht von Beginn an Mitglied sind, aus machtpolitischen Gründen erschwert. Die EU reduziert sich währenddessen zu einer „Freihandelszone", die sich ständig erweitert, u. a. weil die Beitrittsbedingungen weniger streng sind.

3 Methode Monnet: Die Entwicklung der EU verläuft in ähnlich kleinen, aber beständigen Schritten weiter wie in den vergangenen Jahrzehnten. Eine tief greifende Reform des politischen Systems unterbleibt. Alle Mitgliedstaaten verbinden weiterhin die Zusammenarbeit im Binnenmarkt und der Währungsunion sowie der Wille, Frieden und Freiheit im Rahmen der EU aufrechtzuerhalten. Außenpolitisch bleibt die EU in der zweiten Reihe hinter den USA, da es nicht möglich ist, auf diesem Gebiet einen gesamteuropäischen Konsens herzustellen. […] *wie bisher*

4 Europa der offenen Kerne: Die Mehrheit der EU-Mitgliedstaaten befürwortet eine Weiterentwicklung der politischen Union. Diese vertiefungswilligen Staaten bringen den Integrationsprozess im Rahmen der bestehenden EU voran, indem sie ihre Zusammenarbeit in bestimmten Politikfeldern intensivieren. […] Der Beitrittsdruck zur EU wird entschärft, indem Kandidatenländer in einzelnen Politikbereichen mit der EU bereits vor ihrer Mitgliedschaft kooperieren.

5 Supermacht Europa: Die Reformen in der EU zur Verwirklichung der politischen Union werden auf breiter Basis vorangetrieben. Aufgrund seines militärischen, wirtschaftlichen und bevölkerungspolitischen Potenzials entwickelt sich Europa zur neuen Supermacht, deren Status, ähnlich wie in den USA, auch die Wertschätzung der Bevölkerung hervorruft. Die Mitgliedstaaten übertragen immer mehr Rechte auf die supranationalen EU-Institutionen, bis einer Staatswerdung Europas nichts mehr im Weg steht.

Nach: Werner Weidenfeld: Europa leicht gemacht, Bonn 2007, S. 130 ff.   Querverweis: Kapitel II.6

1. Entwickeln Sie eines der hier vorgestellten Szenarien gemäß der Methode von S. 48.
2. Diskutieren Sie, welches der genannten Szenarien Sie für wahrscheinlich und/oder wünschenswert halten.

METHODEN · METHODEN · METHODEN · METHODEN · METHODEN · METHODEN · METHODEN

6. Ein europäisches Bewusstsein?

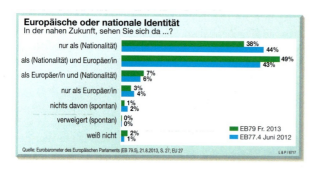

Europäische oder nationale Identität
In der nahen Zukunft, sehen Sie sich da ...?

nur als (Nationalität)	38% / 44%
als (Nationalität) und Europäer/in	49% / 43%
als Europäer/in und (Nationalität)	7% / 6%
nur als Europäer/in	3% / 4%
nichts davon (spontan)	1% / 2%
verweigert (spontan)	0% / 0%
weiß nicht	2% / 1%

■ EB79 Fr. 2013
■ EB77.4 Juni 2012

Quelle: Eurobarometer des Europäischen Parlaments (EB 79.5), 21.8.2013, S. 27; EU 27

L & P / 6717

Bayern, Deutsche, Europäer – die meisten Menschen definieren sich primär über ihre regionale oder nationale und weniger über ihre europäische Herkunft. Da die Zukunft eines demokratischen Staatswesens allerdings nicht nur auf seiner Legitimität, sondern auch auf der Identifikation seiner Bürgerinnen und Bürger mit diesem beruht, ist man in Brüssel bemüht, die Union bürgernäher zu machen.

Europa der Regionen

Angesichts der niedrigen Wahlbeteiligung bei Europawahlen werden z. B. auf regionaler Ebene Versuche unternommen, die Union für ihre Bürger erlebbar und transparent zu machen. So schlossen sich 1985 die europäischen Regionen freiwillig in der „Versammlung der Regionen Europas" (VRE) zusammen, der heute mehr als 300 Regionen angehören. 1994 wurde mit dem Maastrichter Vertrag der Ausschuss der Regionen (AdR) gegründet, der regionalen und lokalen Gebietskörperschaften im Sinne des Subsidiaritätsprinzips eine eigenständige Mitarbeit in der EU garantiert und so dem Ziel dient, den Zustimmungsgrad der Bevölkerung zu den in Brüssel getroffenen Entscheidungen zu erhöhen:

● Der AdR ist ein beratendes Gremium, das in einzelnen Politikfeldern (z. B. in der Gesundheits- oder Verkehrspolitik) vom Ministerrat und vom Parlament gehört werden muss; in anderen Politikfeldern kann er angehört werden.
● Der AdR kann eigeninitiativ Stellungnahmen und Entschließungen abgeben und damit seinen Standpunkt zu allen Fragen der europäischen Integration kundtun.
● Seit 2010 kann der AdR zur Wahrung seiner Rechte sowie der regionalen und lokalen Zuständigkeit vor dem Europäischen Gerichtshof klagen.

Europa der Bürger

Für den Bürger selbst ist Europa erfahrbar durch die Unionsbürgerschaft, die die jeweilige nationale Staatsbürgerschaft ergänzt, sie aber nicht ersetzt. Die Unionsbürgerschaft schließt verschiedene Rechte ein: Freizügigkeit im Gebiet der EU, Niederlassungs- und Dienstleistungsfreiheit, aktives und passives Wahlrecht bei Kommunal- und Europawahlen sowie Petitionsrechte beim Parlament. Seit 2010 steht jedem EU-Bürger die Klage am EuGH frei, sollte man sich in seinen in der Europäischen Grundrechtcharta verbrieften Rechten verletzt sehen. Ebenso wurde im Lissabon-Vertrag die Möglichkeit eines europäischen Bürgerbegehrens geschaffen, mit dem die Kommission zu einem Gesetzesvorschlag aufgefordert werden kann.

Demokratiedefizit?

Der Vorwurf, die EU leide unter einem Demokratiedefizit, ist trotzdem populär. Dieser Vorwurf nährt sich vor allem aus der starken Stellung des Ministerrats und dem fehlenden Gesetzesinitiativrecht des Europäischen Parlaments. Dies gilt auch als eine wesentliche Ursache der mangelnden Identifizierung der Bürgerinnen und Bürger mit der EU. Nicht berücksichtigt wird dabei allerdings, dass es sich bei der EU nicht um einen Bundesstaat, sondern eben „nur" um einen Staatenverbund handelt, bei dem die Mitgliedstaaten zwar einen Teil, aber nicht ihre gesamte Souveränität an die EU abtreten.

Die Rechte der Regionen und der Bürger formell zu erweitern, ist mittels Beratungen und Verträgen relativ leicht zu bewerkstelligen. Zu einer europäischen Identitätsbildung jedoch könnte es nur kommen, wenn sich die Menschen vorrangig als europäische Bürger verstünden und es folglich einen europäischen politischen Diskurs gäbe.

Mutter Europa und ihre Kinder

Zeichnung: Gerhard Mester

● Aber weder gibt es das Bewusstsein, Angehöriger eines europäischen Staatsvolkes zu sein, noch eine europaweite politische Kommunikation auf der Basis einer einheitlichen Sprache. Abgesehen vom Fernsehsender „Euronews" existieren keine gesamteuropäischen Medien, wenngleich es mancherorts binationale Kooperationen gibt, etwa den deutsch-französischen Programmsender ARTE.

Identitätsbildung in der EU?

● Die politischen Parteien präsentieren sich bei europäischen Wahlen nach wie vor als nationale Parteien; meist führen sie keinen europaspezifischen Wahlkampf, sondern greifen Themen von nationalem Belang auf. Um diesem Phänomen entgegenzuwirken, wurden bei der Wahl 2014 europäische Spitzenkandidaten aufgestellt. Allerdings versuchten danach einige europäische Staatschefs – wenn auch erfolglos –, den Willen der Bürger bei der Besetzung des EU-Kommissionspräsidenten zu missachten. Nicht zuletzt erhielten bei der Wahl 2014 europakritische beziehungsweise -feindliche Parteien, vor allem in Frankreich und Großbritannien, große Zustimmung.

● Zudem fehlen der EU identitätsstiftende Ressourcen. Trotz des gemeinsamen christlichen Erbes und der zivilisatorischen Wurzeln in der griechischen Philosophie und dem römischen Recht existieren erhebliche Unterschiede in den politischen Kulturen der Mitgliedgesellschaften: libertär in Großbritannien, republikanisch in Frankreich, föderalistisch in Deutschland, wohlfahrtsstaatlich in den skandinavischen Ländern. Europa lässt sich auch nicht über eine gemeinsame ethnische Zugehörigkeit, territoriale Grenzen und eine gemeinsame Sprache definieren.

Mitunter werden Ängste auf die EU projiziert: die Furcht vor Arbeitslosigkeit, vor dem Wegfall von Sozialleistungen, vor organisierter Kriminalität, dem Verlust regionaler Eigenheiten oder dem EU-Beitritt der Türkei. Andererseits gelingt eine echte Identifikation der Bürger mit der EU häufig über den grenzfreien Schengenraum, Pässe, Führerscheine oder das Zahlungsmittel Euro.

Die europäische Idee ist nicht nur ein Projekt von Eliten und Politiktechnokraten aus Brüssel, sondern lebt vom Austausch der Europäer untereinander. Die selbstverständlich gewordene Reisefreiheit bietet zum Beispiel die Möglichkeit zum Abbau von Vorurteilen und Stereotypen, zur Schaffung von internationalen Kontakten und zum Kennenlernen anderer Mentalitäten. Ein erfolgreicher Ansatz zur Förderung des europäischen Bewusstseins besteht in der Europäisierung der Bildungs- und Jugendpolitik. Mit dem Teilprogramm „Erasmus" werden z. B. Auslandsaufenthalte von Studierenden und Dozenten gefördert. Das „Comenius"-Programm hat zum Ziel, das kulturelle und interkulturelle Verständnis durch Schüleraustausche und die Zusammenarbeit zwischen Schulen in EU-Ländern zu entwickeln.

Austauschprogramme

MATERIAL

1 Welche neuen Rechte bringt Europa für den Bürger?

Bürger der EU-Mitgliedstaaten sind auch Bürger der Europäischen Union. Das bringt neue Rechte:

- Ein allgemeines Reise- und Aufenthaltsrecht in allen Mitgliedstaaten. Einzige Bedingung: ein Einkommen, das über dem örtlichen Sozialhilfesatz liegt.
- Das Wahlrecht zu kommunalen Körperschaften und zum Europäischen Parlament im Land des Wohnsitzes.
- Den diplomatischen Schutz durch Auslandsvertretungen anderer Mitgliedstaaten in Drittländern.
- Ein Petitionsrecht beim EU-Parlament.
- Die Arbeitsaufnahme in anderen Mitgliedstaaten ist frei. Jeder Unionsbürger kann sich in anderen EU-Ländern um eine Stelle bewerben und einen Arbeitsvertrag unterschreiben, ohne vorher eine Erlaubnis einzuholen [...] – EU-Bürger dürfen in der Europäischen Union aufgrund ihrer Staatsbürgerschaft nicht benachteiligt werden.
- Die Arbeitssuche in anderen EU-Mitgliedstaaten ist ohne Formalitäten möglich. In der Regel wird die Arbeitslosenunterstützung für einen Zeitraum von drei Monaten weiterbezahlt.
- Grundsätzlich ist ein Erwerbstätiger in dem Land versichert, in dem er lebt und arbeitet. Dies gilt für die Renten-, Kranken- und Arbeitslosenversicherung. Wer in mehreren Mitgliedstaaten der EU gearbeitet hat, muss später nur einen Rentenantrag stellen: Im Rahmen eines gegenseitigen Anrechnungssystems wird dann die Rente ermittelt.
- Für Rentner und Pensionäre besteht unter zwei Bedingungen ein Aufenthaltsrecht in den EU-Mitgliedstaaten: Sie müssen ihren Lebensunterhalt finanzieren können und krankenversichert sein [...].
- Studenten haben unter drei Bedingungen das Recht auf Erteilung einer Aufenthaltserlaubnis. Sie müssen:
  - bei einer Hochschule eingeschrieben sein,
  - glaubhaft machen, dass ausreichende Mittel für den Lebensunterhalt zur Verfügung stehen,
  - krankenversichert sein.
- Zur freien Wahl des Arbeitsortes gehört die Anerkennung der Diplome. Dabei geht die EU grundsätzlich von der Gleichwertigkeit der nationalen Diplome aus. Abschlüsse werden gegenseitig anerkannt. [...]
- Verbraucher können Waren für den privaten Bedarf überall in der EU kaufen und ohne weitere Versteuerung oder Anmeldung in ihr Heimatland einführen – von Zigaretten bis zur Mikrowelle. Der „private Charakter" der Einfuhr orientiert sich am Begriff des Eigenbedarfs. [...]
- Die Steuern für Neuwagen werden im Land der Zulassung erhoben. Gebrauchtwagen können dagegen innerhalb der EU ohne Steuerformalitäten über die Grenzen hinweg verkauft werden. Seit Januar 1996 gibt es für alle neuen Pkw eine Europäische Betriebserlaubnis.
- Im Juli 1996 ist die Richtlinie über den europäischen Führerschein in Kraft getreten. In allen Mitgliedstaaten der EU erwerben danach Fahrschüler den Führerschein nach einem einheitlichen Verfahren und mit einer einheitlichen Klasseneinteilung. Der neue EU-Führerschein gilt zeitlich unbegrenzt in allen Mitgliedstaaten.

Quelle: Spiegel Online Themen; Zugriff am 30.6.2009   ⏵ Querverweis: S. 8–11

1. Stellen Sie die Unionsbürgerrechte (M 1) zusammen, die für Sie persönlich einmal wichtig sein könnten, und diskutieren Sie anschließend im Kursverband, ob eine künftige Ausweitung der EU-Bürgerrechte wünschenswert ist.
2. Analysieren Sie M 2 und führen Sie analoge Umfragen in Ihrem Kurs durch.
3. Analysieren Sie die Grafik und interpretieren Sie vor deren Hintergrund die Karikatur (M 3).
4. Erwägen Sie Ursachen für die in M 3 gezeigte Entwicklung.

MATERIAL **2**
Stärkung eines europäischen Bewusstseins

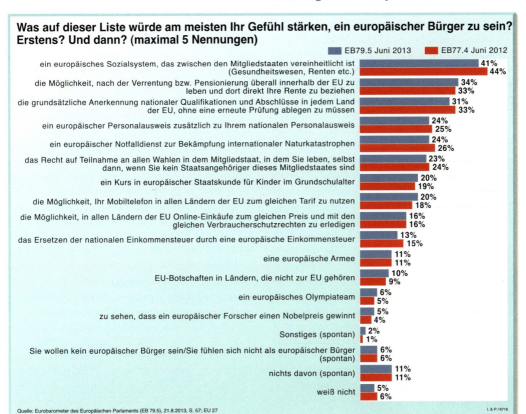

Was auf dieser Liste würde am meisten Ihr Gefühl stärken, ein europäischer Bürger zu sein? Erstens? Und dann? (maximal 5 Nennungen)

EB79.5 Juni 2013   EB77.4 Juni 2012

	EB79.5 Juni 2013	EB77.4 Juni 2012
ein europäisches Sozialsystem, das zwischen den Mitgliedstaaten vereinheitlicht ist (Gesundheitswesen, Renten etc.)	41%	44%
die Möglichkeit, nach der Verrentung bzw. Pensionierung überall innerhalb der EU zu leben und dort direkt Ihre Rente zu beziehen	34%	33%
die grundsätzliche Anerkennung nationaler Qualifikationen und Abschlüsse in jedem Land der EU, ohne eine erneute Prüfung ablegen zu müssen	31%	33%
ein europäischer Personalausweis zusätzlich zu Ihrem nationalen Personalausweis	24%	25%
ein europäischer Notfalldienst zur Bekämpfung internationaler Naturkatastrophen	24%	26%
das Recht auf Teilnahme an allen Wahlen in dem Mitgliedstaat, in dem Sie leben, selbst dann, wenn Sie kein Staatsangehöriger dieses Mitgliedstaates sind	23%	24%
ein Kurs in europäischer Staatskunde für Kinder im Grundschulalter	20%	19%
die Möglichkeit, Ihr Mobiltelefon in allen Ländern der EU zum gleichen Tarif zu nutzen	20%	18%
die Möglichkeit, in allen Ländern der EU Online-Einkäufe zum gleichen Preis und mit den gleichen Verbraucherschutzrechten zu erledigen	16%	16%
das Ersetzen der nationalen Einkommensteuer durch eine europäische Einkommensteuer	13%	15%
eine europäische Armee	11%	11%
EU-Botschaften in Ländern, die nicht zur EU gehören	10%	9%
ein europäisches Olympiateam	6%	5%
zu sehen, dass ein europäischer Forscher einen Nobelpreis gewinnt	5%	4%
Sonstiges (spontan)	2%	1%
Sie wollen kein europäischer Bürger sein/Sie fühlen sich nicht als europäischer Bürger (spontan)	6%	6%
nichts davon (spontan)	11%	11%
weiß nicht	5%	6%

Quelle: Eurobarometer des Europäischen Parlaments (EB 79.5), 21.8.2013, S. 57; EU 27

L & P / 6718

MATERIAL **3**
Wahlbeteiligung

Wahlbeteiligung bei den Europawahlen in Deutschland von 1979 bis 2014 in Prozent

1979: 65,7
1984: 56,8
1989: 62,3
1994: 60
1999: 45,2
2004: 43
2009: 43,3
2014: 48,1

Quelle: Statista 2014; Bundeswahlleiter 2014

L & P / 6607

Wahlbeteiligung bei den Europawahlen in Deutschland von 1979 bis 2014

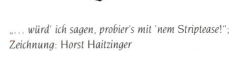

*„.... würd' ich sagen, probier's mit 'nem Striptease!";
Zeichnung: Horst Haitzinger*

MATERIAL

4 Demokratiedefizit?

Eines der in den letzten Jahren meistdiskutierten Problemfelder der Europäischen Union ist zweifelsohne das sog. „demokratische Defizit". Polemisch heißt es gern, die Union sei so undemokratisch, dass sie sich selbst nicht beitreten könnte. Die Mitgliedstaaten haben im Rahmen der letzten Vertragsrevisionen auf diese Kritik reagiert. Zwischenzeitlich versucht die Festschreibung der freiheitlich demokratischen Grundordnung [...] Abhilfe zu schaffen. [...] Der problematische Kern des Demokratiedefizits, d. h. die starke Stellung des Rats bzw. der Fakt, dass hier überwiegend Mitglieder der nationalen Exekutive Recht erlassen, sowie die demgegenüber vergleichsweise schwächere Stellung des Europäischen Parlaments wird hierdurch selbstredend nicht modifiziert. [...] Auf Unionsebene muss grundsätzlich dasselbe Verständnis der liberalen, pluralen und sozialen Demokratie wie innerhalb der Mitgliedstaaten deutlich werden, nachdem diese der EU wesentliche Bestandteile ihrer bisherigen staatlichen Befugnisse anvertraut haben. Insoweit ist jedoch darauf hinzuweisen, dass der Europäische Integrationsverbund kein Bundesstaat ist und deshalb auch nur eine „strukturangepasste Grundsatzkongruenz" bzw. eine „strukturelle Homogenität" verlangt werden kann. Zu Recht wird zudem darauf hingewiesen, dass eine noch stärkere Parlamentarisierung der EU-Rechtsetzung leicht in ein Spannungsfeld zum Subsidiaritätsgrundsatz gelangen könnte. Denn die Europa-Abgeordneten üben keinerlei nationale Hoheitsgewalt aus und sind von jeglicher staatsrechtlichen Bindung frei. [...] Trotz bloßer „struktureller Homogenitätserfordernisse" ist jedoch festzuhalten, dass auch im Rahmen der Union desto mehr „Demokratiedichte" entstehen muss, je mehr legislative Macht auf sie übergeht. Je stärker durch die Rechtsetzungstätigkeit des Rates die nationalen Parlamente partiell entmachtet werden, desto wichtiger wird es, dass die Unionsbürger stärkeren Einfluss auf den europäischen Rechtsetzungsprozess erhalten.

Quelle: Jan Bergmann: Demokratiedefizit, in: Ders. (Hrsg.), Handlexikon der Europäischen Union, Baden-Baden 2012

MATERIAL

5 Europäische Identität?

Die europäischen Verträge sind grundsätzlich für die Aufnahme neuer Mitgliedstaaten offen. Die europäische Integration ist somit ein dynamisches und auf räumliche Erweiterung angelegtes Projekt. Die Grenzen des Verbandes liegen nicht fest, sondern expandieren mit dem Beitritt neuer Mitgliedstaaten. [...] In den Gründungsverträgen finden sich keine Festlegungen zu den Grenzen des Integrationsraums. Sie enthalten weder geografische noch kulturelle Präzisierungen, auf deren Grundlage man eine eindeutige Unterscheidung zwischen Europa einerseits und nicht zu Europa gehörigen Ländern andererseits treffen könnte. Obwohl laut EU-Vertrag Anträge auf Mitgliedschaft nur von „europäischen Staaten" (Art. 49 EUV) angenommen werden können, bleibt in den Vertragstexten das Attribut „europäisch" (z. B. „europäischer Kontinent", „europäische Völker") ebenso vage wie die mögliche räumliche Ausdehnung Europas. Konkretere Aufnahmebedingungen finden sich hingegen dort in den Verträgen, wo von Werten die Rede ist. Zu den besonders hervorgehobenen gemeinsamen Werten gehören: die Achtung der Menschenwürde, Freiheit, Demokratie, Gleichheit, Rechtsstaatlichkeit, Wahrung der Menschenrechte und Minderheitenschutz. Dabei handelt es sich allerdings um universale Werte, die nicht als spezifisch europäisch gelten können. Demnach verkörpert die EU in dem, im Reformvertrag von Lissabon (Art. 2) nochmals bekräftigten Bekenntnis zu Wertbeziehungen keinen autonomen Werteraum, sondern, „ein ,Weltmodell', aus dem kein spezifisch europäischer Eigenwert folgt, auf dem eine Identifikation aufbauen könnte".

Quelle: Maurizio Bach: Die Europäische Union. Der schwierige Weg zur Integration, in: Stefan Hradil (Hrsg.), Deutsche Verhältnisse, Bonn 2012, S. 468 f.

➠ Querverweis: S. 42, M I

Was ist das bloß – ein Europäer? **6**

Professor Dr. Ute Frevert arbeitet am Max-Planck-Institut für Bildungsforschung in Berlin:

„[D]ie Präambel [der europäischen Verfassung] variiert die Zauberformel, mit der sich das europäische Projekt generell schmückt: „in Vielfalt geeint". Als wohlklingender Wahlspruch für Gegenwart und Zukunft mag diese Formel geeignet sein. Aber gilt sie auch für den Umgang mit der Vergangenheit? Wie steht es um das Geschichtsbewusstsein der Europäer? Ist es national gefärbt oder enthält es übernationale Elemente? Lassen sich nationale und europäische Identitäten aus historischer Sicht überhaupt vereinbaren? Geschichtsbewusstsein ist ein zentraler Baustein individueller und kollektiver Identität. Die Bildung von Nationalstaaten seit dem Beginn der Moderne ging oft einher mit dem Bemühen, eine Nationalgeschichte zu schreiben. Geschichte galt als Rechtfertigung des Gegenwärtigen und als Schlüssel zur Zukunft. Professionelle Historiker waren nicht die Einzigen, die an solchen politischen Entwürfen mitwirkten. Die Autoren historischer Romane, die Maler nationaler Mythologien oder die Architekten nationaler Denkmäler waren mindestens ebenso einflussreich. Die Konstruktion eines auf die Nation konzentrierten Geschichtsbildes war eine multimediale Angelegenheit, die sich auf mächtige Institutionen stützen konnte. In Schulen und im Militärdienst, auf städtischen Plätzen und ländlichen Hügeln wurde nationale Geschichte in Szene gesetzt. […]

Kriege spielten bei dieser Inszenierung eine wichtige Rolle. Sie galten als Ereignisse, die nationale Identität bekräftigten, zuweilen auch erst erzeugten. Seit dem frühen 19. Jahrhundert lässt sich dieser Nexus überall in Europa beobachten: […] Krieg und Nationsbildung waren zwei Seiten derselben Medaille. Selbst wenn die Waffen schwiegen, blieb ihre Sprache vernehmbar: im Gedenken an die „Helden", die für die Nation gefallen waren. Kriegerdenkmäler, in jeder Stadt und jedem Dorf zu finden, hielten die Erinnerung lebendig und vergegenwärtigten den nationalen Opfertod von vielen. Dieser schweißte die Nation zusammen. Nationale Identität im Europa des 19. und 20. Jahrhunderts beruhte folglich auf einem Geschichtsbewusstsein, das den heroischen Kampf um Einheit, Macht und Ehre in den Mittelpunkt stellte. Es ging stets darum, die eigene Nation gegen andere benachbarte europäische Nationen zu profilieren, die eigene kulturelle, politische, militärische Überlegenheit zu betonen und zu behaupten. Nationalstolz und Patriotismus wirkten in der Vergangenheit vor allem ausschließend, abgrenzend und abwertend. Sie weckten keine freundschaftlichen Gefühle für andere, sondern rückten das Eigene in ein glänzendes, alles überstrahlendes Licht. Nun gut, könnte man einwenden, das war bis in die Epoche der Weltkriege so, hat sich aber doch nach 1945 grundlegend geändert. Stimmt das wirklich? Schauen wir uns um: Die nationalen Denkmäler stehen immer noch, viele neue sind hinzugekommen."

Quelle: Ute Frevert: Ein Europäer – was ist das bloß?, in: Die Zeit, Nr. 26, 23.6.2005, S. 12
➠ Querverweis: S. 8–11

1. Erarbeiten Sie aus M 4 die Ursachen für das Demokratiedefizit in der EU und überprüfen Sie im Anschluss mithilfe von Kapitel I.2, ob man wirklich von einem Demokratiedefizit sprechen kann.
2. Halten Sie beim bundesweiten EU-Projekttag vor den Schülern Ihrer Schule eine Rede, in der Sie Vorschläge dazu machen, die EU stärker zu demokratisieren.
3. Erarbeiten Sie aus M 4 bis M 6 die Schwierigkeiten, ein europäisches Bewusstsein zu erzeugen.
4. Interpretieren Sie die Karikatur auf S. 51 und setzen Sie sich im Kursverband kritisch mit dem Begriff „europäische Identität" auseinander.

Weiterführende Informationen

1. Literaturhinweise

Einen sehr guten Überblick zur Europäischen Union bieten folgende Standardwerke:
- Pollak, J./Slominski, P., Das politische System der EU, Stuttgart 2012[2]
- Schmidt, S./Schünemann W. J., Europäische Union. Eine Einführung, Stuttgart 2013[2]
- Weidenfeld, W. (Hrsg.), Die Europäische Union, Stuttgart 2013[3]
- Weidenfeld, W./Wessels, W. (Hrsg.), Europa von A–Z, Baden-Baden 2013[13]
- Wessels, W., Das politische System der Europäischen Union, Wiesbaden 2008

Folgende Werke befassen sich eingehend mit den Inhalten einzelner Kapitel:
- Altenweisl, C., Die Integration europäischer Identität, Saarbrücken 2012
- Bieber, R. u. a., Die Europäische Union. Europarecht und Politik, Baden-Baden 2012
- Brasche, U., Europäische Integration, München 2013
- Brunn, G., Die Europäische Einigung von 1945 bis heute, Ditzingen 2009[3]
- Bundeszentrale für politische Bildung (Hrsg.), Vertrag von Lissabon, Bonn 2008
- Deutscher Bundestag (Hrsg.), Die Charta der Grundrechte der Europäischen Union, Berlin 2001
- Deimel, S., Frontex, Frankfurt a. M. 2012
- Fröhlich, S., Die Europäische Union als globaler Akteur, Wiesbaden 2014
- Hafner. G. u. a. (Hrsg.), Europarecht, Wien 2013
- Gaddum, E., Europa verstehen, München 2006
- Heiderhoff, G., Europäisches Privatrecht, Heidelberg 2012[3]
- Schwarcz, I./Suppan, A. (Hrsg.), Quo vadis EU? Osteuropa und die EU-Erweiterung, Münster 2008
- Thiemeyer, G., Europäische Integration, Köln 2010
- Varwick, J. (Hrsg.), Die Europäische Union. Krise, Neuorientierung, Zukunftsperspektiven, Schwalbach 2011

2. Links im Internet

Für weitergehende Recherchen bieten sich u. a. die Homepages der folgenden Institutionen an:
- Bayerische Landeszentrale für politische Bildungsarbeit
- Bundeszentrale für politische Bildung
- Europäische Kommission
- Europäischer Gerichtshof
- Europäischer Rat
- Europäisches Parlament
- Eurostat (Statistisches Amt der Europäischen Union)
- Portal der Europäischen Union

Auf den Homepages folgender Rundfunk- und Fernsehsender können stets aktuelle Videos oder Audios zu den Themen des ersten Kapitels heruntergeladen werden:
- Mediathek der ARD
- Fernsehsender ARTE
- Bayerischer Rundfunk
- Audio-Portal des Deutschlandfunks
- Euronews
- Fernsehsender Phoenix
- Mediathek des ZDF

Höxter 5072 km
TETTNANG 4931 KM
JOHANNIBERG 5147 KM
Sterndorf 5165 Km
LIEBENSCHIED 5057 KM
Braunlage
ULM 5278 Km
Vorhelm 5173 km
RAUBING 41426 KM
Ahlen 5115Km
Fuxhagen 4558 km
Eggesin 4754 km
Apotheke 17 m
Döhringen
5048 KM
ünchen 4901 Km
Hühnerberg
chickenhill
BONN
5362 km
KABUL

Artikel 39

Der Sicherheitsrat stellt fest, ob eine Bedrohung oder ein Bruch des Frie
eine Angriffshandlung vorliegt; er gibt Empfehlungen ab oder beschließt
Maßnahmen auf Grund der Artikel 41 und 42 zu treffen sind, um den We
die internationale Sicherheit zu wahren oder wiederherzustellen.

[...]

Artikel 51

Diese Charta beeinträchtigt im Falle eines bewaffneten Angriffs gegen
der Vereinten Nationen keineswegs das naturgegebene Recht zur indivi
kollektiven Selbstverteidigung, bis der Sicherheitsrat die zur Wahrung de
Weltfriedens und der internationalen Sicherheit erforderlichen Maßnahm
hat. Maßnahmen, die ein Mitglied in Ausübung dieses Selbstverteidigur
trifft, sind dem Sicherheitsrat sofort anzuzeigen; sie berühren in keiner
auf dieser Charta beruhende Befugnis und Pflicht, jederzeit die Maßnah
treffen, die er zur Wahrung oder Wiederherstellung des Weltfriedens un
internationalen Sicherheit für erfor

II. Frieden und Sicherheit als Aufgabe der internationalen Politik

1. Gefahren für Frieden und Sicherheit

klassischer und erweiterter Sicherheitsbegriff

Während des Ost-West-Konflikts stand von 1947 bis 1989/90 die Abschreckung insbesondere vor nuklearen Angriffen im Vordergrund. Abrüstung und Rüstungskontrolle sollten dazu beitragen, die Beziehungen zwischen den Staaten in Ost und West vertraglich zu regeln und Spannungen abzubauen. Heute sind Frieden und Sicherheit jedoch nicht mehr nur mit der klassischen militärischen Bedrohungsabwehr gleichzusetzen. Da Frieden und Sicherheit im 21. Jahrhundert nicht allein durch Staaten bedroht werden, wird auch Sicherheits- und Friedenspolitik als Querschnittsaufgabe verstanden, die wirtschaftliche, gesellschaftliche, politische Formen der Entwicklungshilfe ebenso kennt wie zivile und militärische Instrumente des Krisenmanagements.

Die Unterscheidung von „negativem" und „positivem" Frieden geht zurück auf den norwegischen Friedenforscher Johan Galtung (*1930): Während der negative Frieden die bloße Abwesenheit von Krieg oder kollektiver Gewaltanwendung bezeichnet, meint der positive Frieden die Abwesenheit von struktureller Gewalt, also aller Faktoren, die Menschen daran hindern, ihre Anlagen und Möglichkeiten voll zu entfalten. Diskriminierung, ungleiche Bildungschancen oder das Wohlstandsgefälle zwischen Industrie- und Entwicklungsländern sind in diesem Sinne Merkmale struktureller Gewalt, die nur in einem positiven Frieden be-

Zeichnung: Reiner Schwalme

negativer und positiver Frieden

hoben wären, der nicht allein formell Ordnung und Sicherheit anstrebt, sondern diese materiell mit Inhalten füllt, indem er z. B. Menschen- und Bürgerrechte durchsetzt.

klassische und „neue" Kriege

Die Logik der gegenseitigen Abschreckung während des Kalten Krieges hatte paradoxerweise eine stark stabilisierende Funktion. Mit dem Zusammenbruch der Sowjetunion 1991 konnten jedoch bislang unterdrückte Regionalkonflikte neu ausbrechen, wie z. B. im früheren Jugoslawien. Damit standen sich nicht mehr die zwei verfeindeten Blöcke NATO und Warschauer Pakt gegenüber, sondern eine Vielzahl an Akteuren – *Warlords*, Rebellengruppen, Kindersoldaten und Söldnerarmeen – bekämpften und bekämpfen sich in „neuen Kriegen". Im Unterschied zu klassischen Kriegen verschwinden damit die Trennlinien zwischen Staat, Armee und Zivilbevölkerung (z. B. Syrien, Irak).

globale Gefahren

Die internationale Politik im 21. Jahrhundert birgt daher unterschiedlichste Gefahren:
- *Politisch-militärische Gefahren:* Die Zahl der Staaten, die in den vergangenen Jahren nach Massenvernichtungswaffen (MVW) strebten, ist zurückgegangen. Dennoch existieren in vielen Ländern Programme zur Herstellung von atomaren, biologischen und chemischen (ABC-)Waffen. Nuklearmächte wie Indien, Pakistan, Israel und Nordkorea sowie das Nuklearprogramm des Iran spielen durch ihr Bedrohungspotenzial eine wichtige Rolle für die künftige atomare Ordnung. Bürgerkriege und der transnationale Terrorismus haben sich als sogenannte „neue Kriege" zu ernsten Gefahren ent-

wickelt. Die politischen Umbrüche, die durch den „arabischen Frühling" in Staaten wie Tunesien, Libyen, Ägypten und Syrien ausgelöst wurden, führten in diesen Ländern zu teilweise gewaltsamen, bürgerkriegsähnlichen Auseinandersetzungen zwischen verschiedenen politischen, religiösen und sozialen Gruppierungen. Seit den Anschlägen vom 11. September 2001 stellen darüber hinaus neue gewaltbereite terroristische Vereinigungen eine Bedrohung für den Frieden dar. Dazu zählen neben dem Terrornetzwerk al-Qaida auch neuere religiöse Gruppierungen wie die im Nahen Osten aktive extremistische Organisation „Islamischer Staat", die u. a. mit religiös motivierter Gewalt (z. B. Folter, Hinrichtungen) die Errichtung eines „Gottesstaates" propagiert.

- *Ökonomische Gefahren:* Angesichts immer knapper werdender Ressourcen wächst die Gefahr der Verteilungskämpfe um Wasser, Energie und Rohstoffe. Globale Wirtschafts- und Finanzkrisen haben an Umfang und Bedeutung zugenommen. Der drastische Einbruch der Weltwirtschaft durch die US-amerikanische Immobilienkrise vom Herbst 2008 wirkte sich in Europa als Eurokrise massiv auf die Wirtschafts- und Finanzsituation vieler Länder (z. B. Griechenland) aus.

- *Ökologische Gefahren:* Klimawandel, Wasserknappheit, Abholzung, Überschwemmungen und Wüstenbildung verändern die Lebensbedingungen von Millionen Menschen. Armut, Hungersnot und ein hohes Bevölkerungswachstum hängen in Entwicklungsländern oft eng zusammen und vergrößern so das Flüchtlingsproblem für die westlichen Industrieländer.

- *Soziale Gefahren:* In Mittel- und Osteuropa, in Asien, vor allem aber in Afrika südlich der Sahara und in Lateinamerika ist die Lebenssituation vieler Menschen von Armut, Hunger, Krankheit und fehlender Bildung gekennzeichnet. Das Gefühl der Ungleichbehandlung und Ausweglosigkeit fördert Unruhen, soziale Spannungen und Kriminalität. Das Gewaltmonopol des Staates kann dadurch destabilisiert werden, Staaten können zerfallen oder scheitern (*failing states*) und damit den regionalen Frieden gefährden. Religiöse und kulturelle Konflikte – angefacht von fundamentalistischem Denken – verschärfen diese Spannungen.

- *Rechtliche Gefahren:* Die Verletzung der Menschenrechte, Völkermord, Folter und die Diskriminierung von benachteiligten Gruppen – etwa von Kindern, Frauen und Ureinwohnern – sind in einigen Teilen der Welt noch immer besorgniserregend. Bei offensichtlichen Verbrechen gegen die Menschlichkeit greift die internationale Staatengemeinschaft im Rahmen sogenannter humanitärer Interventionen auch militärisch ein, z. B. im Kosovo 1999. Im Verhältnis von Politik und Recht werden zentrale Grundsätze des Völkerrechts von einzelnen Staaten immer wieder auch aus strategischen Gründen missachtet, z. B. bei der russischen Annexion der Krim 2014.

Friedensbegriffe

MATERIAL

1 Gefahren im 21. Jahrhundert

➡ Querverweis: Kapitel III.2/
III.3/ III.6

1. Ermitteln Sie aus der Fotocollage (M 1) aktuelle Gefahren für Frieden und Sicherheit in der Welt. Führen Sie in Ihrem Kurs eine Meinungsumfrage zum Thema durch. Erstellen Sie eine Rangliste der Ihrer Ansicht nach größten Herausforderungen und diskutieren Sie Ihre Ergebnisse im Kursverband.
2. Recherchieren Sie in Gruppen ein aktuelles Beispiel für jeweils einen der in M 2 genannten Konflikttypen. Präsentieren Sie Ihr Ergebnis im Plenum.
3. Erläutern Sie die verschiedenen Ursachen der „neuen Kriege" (M 3).
4. Interpretieren Sie die Karikatur auf S. 61 vor dem Hintergrund des Textes M 3.

Weltpolitische Konflikttypen

Nach Helmut Hubel lassen sich sieben unterschiedliche Konflikttypen unterscheiden:

- Sogenannte *„chronische" Konflikte*, die aus den Epochen des Kolonialismus und des Ost-West-Konflikts herrühren und bis heute ungelöst oder nur teilweise gelöst sind;
5
- *„postsozialistische" Konflikte* im ehemaligen Jugoslawien und auf dem Territorium der früheren Sowjetunion, die seit 1991 weltpolitische Brisanz erlangt haben;
- *Staatszerfall* als eine zwar nicht „neue", aber un-
10 ter den heutigen Bedingungen besonders akute Konfliktform;
- *humanitäre Katastrophen*, die als Folge u. a. poli-

tischer Konflikte weltpolitische Aufmerksamkeit erlangen und politische Führungen zum Handeln veranlassen;
15
- der *transnationale Terrorismus*, der seit dem 11. September 2001 höchste weltpolitische Brisanz erlangt hat;
- die Verbreitung von *Massenvernichtungswaffen*,
20 die zwar bereits seit dem Ost-West-Konflikt als sicherheitspolitische Herausforderung bekannt war, die aber in den 1990er-Jahren neue Gefahren heraufbeschworen hat; und schließlich
- der *Regimesturz* per militärischer Intervention,
25 der zwar bereits vor 1991 praktiziert wurde, der aber seit 2001 in Afghanistan und im Irak besondere weltpolitische Aufmerksamkeit erlangt hat.

Quelle: Helmut Hubel: Weltpolitische Konflikte, Baden-Baden 2005, S. 229 f. ➠ Querverweis: Kapitel II.5

„Neue Kriege" ohne Grenzen

Die Liste [„neuer Kriege"] veranschaulicht die Vielfalt von Faktoren, die zu Instabilität führen können: organisiertes Verbrechen in Zentralamerika, politische Machtkämpfe im Zusammenhang mit
5 Wahlen wie in Bangladesch, Bedrohungen durch Aufstände – siehe Nordkaukasus – oder durch eine regionale Ausbreitung von Konflikten wie im Libanon oder der Sahel-Zone. Die Liste verdeutlicht die Gefahren autoritärer Regierungsführung und
10 übertriebener Sicherheitsmaßnahmen gegenüber Oppositionellen. Das betrifft natürlich Syrien, aber auch den Irak und den russischen Nordkaukasus. Ein alarmierendes Anwachsen von Gewalt, die auf Gruppenzugehörigkeiten basiert, erzeugt ebenfalls
15 Instabilität im Irak, in Syrien und in der Zentralafrikanischen Republik [...]. Schließlich gibt es in einer ganzen Reihe von Ländern [...] Spannungen zwischen den Zentren und der Peripherie. Mali, Libyen, Sudan und Irak sowie Afghanistan, Soma-
20 lia und andere leiden darunter, dass ihre Vorstellungen eines zentralisierten Regierungssystems nicht funktionieren und suchen Alternativen, die weder zu einer Zerstückelung des Staates noch zu einer Stärkung sezessionistischer Bewegungen

Zeichnung: Klaus Stuttmann

führen. Vor allem aber hebt diese Liste hervor,
25 dass blutige Konflikte selten aus heiterem Himmel und gänzlich unerwartet auftreten. Ihre Wurzeln reichen üblicherweise tief. Dazu gehören Jahre der Unterentwicklung, die staatliche Unfähigkeit, eine Grundversorgung ihrer Bürger sicherzustel-
30 len, Ungleichheit oder separatistische und räuberische Staatsführung. Die Liste zeigt auch, dass es Zeit, Hingabe und Ressourcen braucht, um den schwächsten Ländern aus ihrem Zustand der Instabilität herauszuhelfen.
35

Nach: Louise Arbour: Die Kriege des kommenden Jahres, in: IP – Internationale Politik, zeitschrift-ip.dgap.org/de/ip-die-zeitschrift/archiv/jahrgang-2014/januar-februar/die-kriege-des-kommenden-jahres vom 10.1.2014; Zugriff am 20.1.2015

MATERIAL

4 Der Terror des „Islamischen Staates" (IS)

Die wachsende Macht des IS hat mehrere Ursachen. Die eroberten Gebiete sind teilweise politisch und ethnisch fragmentiert und ohne zentralstaatliche Macht. Der IS verfügte überdies bereits
5 über eine territoriale Basis in Syrien.
Mit bestialischer Grausamkeit vernichten sie ihre „Gegner", d. h. alle, die sie als ungläubig ausmachen [...]. Mit Körperstrafen, willkürlichen Hinrichtungen und brutaler Verfolgung Andersden-
10 kender und -gläubiger sichern die sunnitischen „Gotteskrieger" ihre grausame Herrschaft. [...]
Der Islamische Staat soll bis zu 50 000 Kämpfer rekrutiert haben und es werden noch mehr. 4 000 Terroristen sollen aus Europa stammen, darun-
15 ter 400 aus Deutschland. Die Organisation besitzt dazu viel Geld. [...] Experten vermuten, dass es finanzielle Unterstützer aus den arabischen Staaten gibt. Allerdings kann sich die Organisa-

tion inzwischen auch ganz gut selbst finanzieren. Mit Schutzgelderpressungen, Geiselnahmen und
20 Wegzöllen nimmt der IS monatlich Millionen Dollar ein. Durch die Eroberung von Öl- und Gasfeldern in Syrien und im Irak gelang es dem Islamischen Staat, raffiniertes Benzin an Mittelsmänner des Assad-Regimes in Damaskus und in
25 der Türkei zu verkaufen. Auch der Verkauf antiker und islamischer Raubstücke aus Grabungsstätten und Museen gehört zu den Einnahmequellen der Terrorgruppierung.
Die IS-Propaganda ist professionell organisiert
30 und verfolgt eine globale Strategie. [...] Mit Bildern auf Instagram, Filmen bei YouTube oder Mitteilungen über Twitter sind die IS-Aktivisten präsent – auch wenn die Beiträge oft kurz nach ihrer Verbreitung von den Anbietern gelöscht werden.
35

Quelle: Islamischer Staat (IS), in: Landeszentrale für politische Bildung Baden-Württemberg, www.lpb-bw.de/islamischer-staat.
html, 2014; Zugriff am 20.1.2015   ➡ Querverweis: S. 72, M 1–M 2

MATERIAL

5 Kriege und Konflikte 2014

Kriege	Konfliktparteien
① **Mexiko**	Drogenkartelle – Armee
② **Mali**	islamistische Aufständische; Tuareg – Armee
③ **Nigeria***	islamistische Sekte Boko Haram; Bauern – Nomaden
④ **Sudan***	Dafur: Rebellen – Milizen – Armee; Kordofan/blauer Nil: Rebellen – Armee; interethnische Konflikte
⑤ **Südsudan***	interethnische Konflikte
⑥ **Dem. Rep. Kongo**	Rebellen im Nordosten – Armee
⑦ **Somalia**	islamistische Aufständische – Armee
⑧ **Zentralafr. Republik**	Rebellen – Armee
⑨ **Ägypten**	Opposition – Regierungstruppen
⑩ **Syrien**	Opposition – Regierungstruppen; islamistische Gruppen – Kurden
⑪ **Irak**	sunnitische Aufständische
⑫ **Jemen**	al-Qaida auf der arabischen Halbinsel
⑬ **Afghanistan**	Taliban, Aufständische – Armee
⑭ **Pakistan**	islamistische Aufständische
⑮ **Philippinen**	islamist. Rebellen – Armee

Kriege / weitere hochgewaltsame Konflikte / *mehrere interne Konflikte

L & P / 6821

Quelle: Heidelberger Institut für Internationale Konfliktforschung; nach Globus 5539 und Konfliktbarometer 2013; eigene Aktualisierung

„Behutsame Vormacht"? **6**

Es ist absolut richtig, dass im 21. Jahrhundert der amerikanische Isolationismus keine Option ist. [...] Wenn Kernmaterial nicht gesichert ist, stellt dies eine Gefahr für amerikanische Städte dar. Wenn sich der syrische Bürgerkrieg weiter über die Grenzen ausbreitet, werden kampferprobte extremistische Gruppen zunehmend die Fähigkeit erlangen, uns zu bedrohen. Eine regionale Aggression, die nicht unterbunden wird – ob im Süden der Ukraine, im südchinesischen Meer oder irgendwo anders in der Welt –, wird am Ende Auswirkungen auf unsere Verbündeten haben und möglicherweise unsere Streitkräfte mit einbeziehen. [...] Zudem [...] glaube ich, dass es wirklich in unserem eigenen, dauerhaften Interesse liegt, dafür zu sorgen, dass unsere Kinder und Enkel in einer Welt aufwachsen, in der Schülerinnen nicht entführt und in der Menschen nicht aufgrund ihrer Stammeszugehörigkeit, ihres Glaubens oder der politischen Überzeugung massakriert werden. Ich bin überzeugt, dass eine Welt, in der mehr Freiheit und Toleranz herrscht, nicht nur eine moralische Verpflichtung ist, sondern auch zu unserer Sicherheit beiträgt. [...] Amerika muss stets führend auf der Weltbühne sein. Wenn wir das nicht tun, wird niemand sonst es tun. [...] Allerdings können US-amerikanische Militäraktionen nicht zu jeder Gelegenheit der einzige – oder gar der wichtigste – Bestandteil unserer Führung sein. [...] Die Vereinigten Staaten werden von militärischer Gewalt Gebrauch machen, einseitig wenn nötig, wenn unsere entscheidenden Interessen es erfordern – wenn unser Volk bedroht ist, wenn unsere Lebensgrundlagen auf dem Spiel stehen, wenn die Sicherheit unserer Verbündeten in Gefahr ist. [...]

Wenn jedoch Probleme auf globaler Ebene keine direkte Bedrohung für die Vereinigten Staaten darstellen, [...] muss die Messlatte für militärisches Handeln höher liegen. In einer solchen Situation sollten wir nicht alleine handeln. Stattdessen müssen wir unsere Verbündeten und Partner mobilisieren, kollektive Maßnahmen zu ergreifen. Wir müssen unser Angebot an Mitteln durch Diplomatie und Entwicklungsförderung, durch Sanktionen und [Instrumente der] Isolation erweitern, das Völkerrecht einbeziehen, und, falls es sich als gerecht, notwendig und wirksam erweist, durch multilaterale Militäreinsätze [ergänzen]. Wir müssen mit anderen [...] zusammenarbeiten, denn gemeinsames Handeln wird in solchen Fällen eher gelingen, wahrscheinlicher unterstützt werden und weniger wahrscheinlich zu kostspieligen Fehlern führen. [...]

Nach dem Zweiten Weltkrieg besaß Amerika die Weisheit, Institutionen zur Wahrung des Friedens und zur Unterstützung menschlichen Fortschritts zu entwickeln – von der NATO und den Vereinten Nationen bis zur Weltbank und zum IWF. Diese Institutionen sind nicht perfekt, aber sie hatten einen Multiplikatoreffekt. Sie verringern die Notwendigkeit zu einseitigen Maßnahmen seitens Amerikas und erhöhen die Zurückhaltung der anderen Nationen.

Quelle: Barack Obama: Rede vor der Militärakademie West Point am 28.5.2014, in: www.whitehouse.gov; Zugriff am 20.1.2015; eigene Übersetzung

1. Ermitteln Sie aus M 4 die neuen Herausforderungen, die durch den Terrorismus des „Islamischen Staates" (IS) für die internationale Politik entstehen.
2. Analysieren Sie die Grafik M 5 und vergleichen Sie einzelne Konflikte miteinander.
3. Recherchieren Sie frühere „Konfliktbarometer" auf der Homepage des Heidelberger Instituts für Internationale Konfliktforschung und vergleichen Sie die Entwicklungen mit der Grafik M 5.
4. Erarbeiten Sie aus M 6 die Gründe für die US-Interventionspolitik und diskutieren Sie mögliche Alternativen. Nutzen Sie hierfür auch die Grafik auf S. 59.

2. Zentrale Begriffe der internationalen Beziehungen

Internationale Politik

Internationale Politik hat als eine wesentliche Aufgabe, Frieden zu schaffen und Gegensätze, die in ihrer schärfsten Form zum Krieg führen können, zu überwinden. Mit der Frage, wie der Krieg unter den Menschen zu vermeiden und der Frieden innerhalb eines Gemeinwesens zu gewinnen sei, haben sich schon in früheren Jahrhunderten berühmte Denker auseinandergesetzt.

Hobbes: „Krieg aller gegen alle"

Für den englischen Staatsphilosophen Thomas Hobbes (1588–1679) war das menschliche Zusammenleben nur als ein „Krieg aller gegen alle" vorstellbar, in dem die Menschen fortwährend um ihre Existenz fürchten und gezwungen sind, immer mehr Macht anzuhäufen, wenn sie überleben wollen. In dieser Welt, in der der Mensch „des Menschen Wolf" ist, bleibt als letzter Ausweg nur die bedingungslose Unterwerfung unter die Herrschaft eines übermächtigen Staates. Erst ein solcher von den Menschen selbst errichteter „Leviathan" (1651) kann als unumschränkter Herrscher für Ruhe und Ordnung sorgen und den ständigen Willen der Menschen zur Macht bändigen. In seinem pessimistischen Menschenbild geht Hobbes von der Annahme aus, dass – ähnlich wie im zwischen*menschlichen* Bereich – auch die gewaltsame Austragung von zwischen*staatlichen* Konflikten nur durch eine glaubhafte Abschreckung, einen Drohfrieden, nicht aber durch eine Weltregierung verhindert werden kann. Hobbes vertritt daher einen „negativen" Friedensbegriff. In den großen Theorien der internationalen Politik steht der Ansatz der *realistischen Schule* in der hobbesianischen Tradition.

Thomas Hobbes (1588–1679)

Grotius: „Kooperation statt Krieg"

Ähnelt nach Hobbes die internationale Politik einem permanenten Kriegszustand, einem anarchischen System, in dem eine Zentralgewalt fehlt und Frieden nur vorübergehend existiert, so geht Hugo Grotius (1583–1645) davon aus, dass der Krieg zwar nicht gänzlich überwunden, zumindest aber gezähmt werden kann. Grotius hält an der Möglichkeit fest, dass allgemeine Regeln und Institutionen das Ausmaß von Krieg und Konflikt begrenzen können. Der als „Vater des Völkerrechts" bekannte holländische Rechtsphilosoph schrieb in seinem 1625 erschienenen Hauptwerk über das „Recht des Krieges und des Friedens". Er gilt damit als ein Vorläufer für die *institutionalistische Schule* der internationalen Politik, die stabile Kooperation für möglich hält und internationalen Organisationen einen beträchtlichen Einfluss auf die Friedensschaffung einräumt.

Hugo Grotius (1583–1645)

Kant: „Globaler Weltfrieden"

Der deutsche Philosoph Immanuel Kant (1724–1804) hielt zwar ebenso wenig wie Hobbes oder Grotius einen Weltstaat für möglich oder wünschenswert. Mit seiner Schrift „Zum ewigen Frieden" (1795) legte Kant allerdings den Entwurf zu einem globalen und dauerhaften Weltfrieden vor. Wesentliche Voraussetzungen für einen solchen Frieden sind nach innen die Durchsetzung einer rechtsstaatlichen Demokratie und nach außen ein Bund freier Völker bzw. ein föderativer Weltstaatenbund. Im Unterschied zu Hobbes vertritt Kant damit einen „positiven" Friedensbegriff. Noch heute wird aus Sicht der *liberalen Schule* der internationalen Politik davon ausgegangen, dass demokratisch regierte Staaten untereinander zu Mitteln gewaltarmer und kompromissorientierter Konfliktlösung greifen und nicht ständig voreinander auf der Hut sein müssen.

Immanuel Kant (1724–1804)

Im Gegensatz zum Herrschafts- und Gewaltmonopol der Staaten, die für ihr Staatsgebiet und die darauf lebenden Staatsbürger verbindliche Regeln und Entscheidungen treffen und diese – notfalls auch mit Zwang – durchsetzen können *(innere Souveränität)*, gibt es in der internationalen Politik keine Weltregierung, die den Staaten vorschreiben könnte, wie sie ihre Politik und Staatsgewalt nach innen oder außen auszuüben hätten *(äußere Souveränität)*. Mit den Staaten als den bedeutendsten Akteuren findet internationale Politik also noch immer unter den Bedingungen von Anarchie und Selbsthilfe in einem dezentral organisierten Staatensystem statt. Man spricht in diesem Zusammenhang auch von der „westfälischen Ordnung" des Staatensystems, da die mit dem Westfälischen Frieden von Münster und Osnabrück 1648 europaweit vereinbarten Prinzipien der inneren und äußeren Souveränität bis in die Gegenwart fortwirken.

Außenpolitik

Neben den Staaten, die die internationalen Beziehungen mithilfe ihrer *nationalen* Außenpolitik gestalten, nimmt eine Vielzahl nichtstaatlicher Akteure Einfluss. Dazu gehören nicht nur *Allianzen* wie die NATO oder *supranationale* Organisationen wie die EU, sondern vor allem die rund 250 weltweit tätigen *internationalen* Organisationen (IOs), etwa die UNO, die OSZE, die ASEAN, der Mercosur oder die OPEC. International aktive Nichtregierungsorganisationen (INGOs), deren Zahl auf mehr als 7 600 geschätzt wird, haben ebenso an Bedeutung gewonnen. Solche Organisationen, etwa das Rote Kreuz oder der Rote Halbmond, Amnesty International, Greenpeace oder Ärzte ohne Grenzen, handeln in der Regel nicht profitorientiert und sind sozial, humanitär oder kirchlich. Hinzu kommen *transnationale* Konzerne und Großbanken als *Global Player*, zivilgesellschaftliche Gruppen und Verbände, Medien, aber auch Rebellen- oder Befreiungsbewegungen sowie terroristische Vereinigungen wie al-Qaida und der „Islamische Staat" (IS).

internationale, supranationale und transnationale Organisationen

Macht ist ein zentraler Aspekt der internationalen Politik. Je nachdem wie die Macht zwischen den Staaten verteilt ist, wandelt sich die Gestalt des internationalen Systems: Verfügt *ein* Staat über so viele Machtressourcen, dass er die internationale Politik weitgehend ohne eine ernst zu nehmende Gegenmacht dominieren kann, spricht man von Unipolarität. Existiert – wie im Kalten Krieg – ein Machtgleichgewicht zwischen *zwei* Staaten, so ist die Struktur des internationalen Systems bipolar. Die Struktur ist multipolar, wenn ein Machtgleichgewicht zwischen *mehr als zwei* Staaten besteht. Zeitgleich ablaufende Prozesse wirken dabei auf das System der internationalen Politik ein:

Strukturen und Prozesse der Politik im internationalen Rahmen

- Globalisierung versus Regionalisierung,
- Integration versus Staatszerfall,
- Zivilisierung versus „neue Kriege",
- Demokratisierung versus autoritäre Herrschaftssicherung sowie
- transnationale Prozesse der Gemeinschaftsbildung versus kulturell-religiöse Konflikte.

MATERIAL

1 Akteure und Handlungsebenen der internationalen Politik

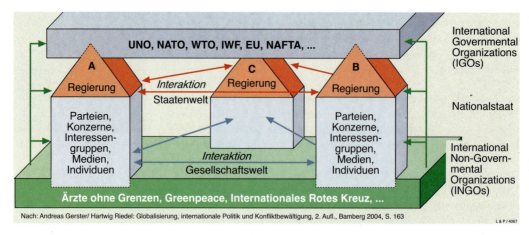

Nach: Andreas Gerster/ Hartwig Riedel: Globalisierung, internationale Politik und Konfliktbewältigung, 2. Aufl., Bamberg 2004, S. 163

L & P / 4067

MATERIAL

2 Internationale Politik aus theoretischer Sicht

I. Unsicherheit und Macht: der Realismus

[Der Realismus] ist wahrscheinlich die älteste Theorie internationaler Politik. Er beruft sich unter anderem auf Thukydides, der im 5. Jahrhun-
5 dert v. Chr. im *Peloponnesischen Krieg* die internationale Politik im System der unabhängigen Stadtstaaten (*poleis*) des klassischen Griechenlands beschrieben hat, und auf Niccolò Machiavelli, den wichtigsten Theoretiker der Politik im System
10 der italienischen Stadtstaaten, das als Wiege des heutigen internationalen Systems gilt. [...] Der Realismus wurde nach dem Zweiten Weltkrieg zur Leittheorie internationaler Politik und behielt diese Stellung zumindest bis in die 1970er-Jahre.
15 Er wurde vor allem in den USA entwickelt und weiterentwickelt. [...] Im realistischen Modell interagieren in der internationalen Politik egoistisch-zweckrationale Staaten unter den Bedingungen der Anarchie. Die Anarchie erzeugt eine
20 existenzielle Unsicherheit, die die Staaten dazu zwingt, nach Macht zu streben. Durch die Interaktionsmechanismen des Sicherheitsdilemmas und des Machtgleichgewichts [*Balance of Power*] gelingt es den Staaten allerdings nicht, dauer-
25 haft Sicherheit oder Überlegenheit zu erreichen. [Die Anhäufung von Machtressourcen nämlich ruft ihrerseits Bedrohungswahrnehmungen bei den anderen Staaten hervor, und auf diese Weise

kommt es zu Rüstungswettläufen, Krisen und letztlich zum Krieg, obwohl alle Beteiligten sich 30 im Grunde nur selbst schützen wollten.] Frieden und Kooperation werden vor allem durch eine hohe Machtkonzentration im internationalen System begünstigt; nur ein Hegemon kann durch die Androhung oder Ausübung von Zwangsmacht 35 für eine stabile internationale Ordnung sorgen. Außerdem hat die vorherrschende Militärtechnologie einen Einfluss. Die Kernhypothese des Realismus lautet daher:

> *Je höher die internationale Machtkonzentration ist und je mehr die verfügbare Technologie die Defensive gegenüber der Offensive stärkt, desto höher ist die Wahrscheinlichkeit von Frieden und internationaler Kooperation.*

Die Machtkonkurrenz sorgt jedoch dafür, dass 40 weder Hegemonie noch überlegene Defensivtechnologien von Dauer sind. Vielmehr verläuft die Entwicklung des internationalen Systems in Hegemoniezyklen. Die realistische Theorie erklärt vor allem, warum in einem anarchischen interna- 45 tionalen System die Probleme der Unsicherheit, Ineffizienz und Unfreiheit auftreten und nicht dauerhaft und wirksam zu lösen sind.

2. Verflechtung und Kooperation: der Institutionalismus

Auch die Wurzeln des Institutionalismus reichen zurück in die Frühzeit des modernen Staatensystems. Mit der staatlichen Souveränität und der internationalen Anarchie entwickelten sich auch Überlegungen, den rechtlosen Zustand zwischen den Staaten zu beenden, Regeln für das Miteinander souveräner Staaten zu formulieren, ihre Rivalität in geordnete Bahnen zu lenken und internationale Kooperation zu erleichtern.

Hugo Grotius (1583–1645) gilt mit seinen Schriften zur Freiheit der Meere und zum Kriegs- und Friedensrecht als einer der Begründer des Völkerrechts. Weiter reichten Vorschläge zu einem internationalen Staatenbund wie im *Projet pour rendre la paix perpétuelle en Europe* (1713) des Abbé de Saint-Pierre, in dem das fragile europäische Machtgleichgewicht durch einen permanenten Staatenkongress ersetzt und zwischenstaatliche Konflikte statt durch wechselseitige Drohungen und Krieg durch ein internationales Schiedsgericht entschieden werden sollten. Internationales Recht und internationale Organisationen sind bis in die Gegenwart Kernthemen des Institutionalismus geblieben. [...]

Der Institutionalismus behauptet, dass zwei Kernprobleme der Anarchie – Unsicherheit und Marktversagen – auch in Abwesenheit eines Weltstaats oder einer Hegemonialmacht bei hoher Interdependenz [wechselseitiger Abhängigkeit] und mithilfe von Institutionen wirksam verringert werden können. Interdependenz verringert die militärische Bedrohung und erhöht den Kooperationsbedarf im internationalen System. Internationale Institutionen verringern die Betrugsmöglichkeiten und erhöhen damit die Kooperationswilligkeit der Staaten. Zusammen sorgen sie für mehr Frieden und Effizienz in der internationalen Politik und langfristig für eine Zivilisierung des internationalen Systems – wenn auch um den Preis eines demokratischen Defizits internationalen Regierens. Die Kernhypothese des Institutionalismus lautet:

Je stärker die zwischenstaatlichen Beziehungen interdependent und institutionalisiert sind, desto höher ist die Wahrscheinlichkeit von Frieden und (weiterer oder vertiefter) internationaler Kooperation.

3. Staat und Gesellschaft: der Liberalismus

[A]ls wichtigster Vordenker einer liberalen Theorie internationaler Politik gilt heute Immanuel Kant (1724–1804). In seiner kleinen Schrift *Zum ewigen Frieden. Ein philosophischer Entwurf* von 1795 reflektiert er über die Bedingungen eines dauerhaften Friedens zwischen den Staaten. Als erste Bedingung nennt Kant eine „republikanische Verfassung" und gilt damit als einer der Begründer der Theorie des „demokratischen Friedens". Die These, dass liberale Herrschafts- und Gesellschaftsordnungen die Qualität der Außenpolitik und internationalen Politik verändern, und zwar im Großen und Ganzen zugunsten von Frieden und internationaler Kooperation, ist für den Liberalismus zentral und erklärt auch ihren Namen. [...] Für den Liberalismus sind u.a. innerstaatliche Akteure, Ziele, Machtverhältnisse und Institutionen [...] die zentralen Erklärungsfaktoren internationaler Politik. [...] Vor allem liberaldemokratischen Staaten schreibt der Liberalismus zu, untereinander Frieden und ein hohes Maß an Kooperation hervorzubringen. Ein hohes Maß an innerstaatlicher Freiheit garantieren diese Staaten ohnehin [...]. Die Kernhypothese des Liberalismus lautet daher:

Je weiter im internationalen System liberaldemokratische Staaten verbreitet sind, desto höher ist die Wahrscheinlichkeit von Frieden und internationaler Kooperation.

Nach: Frank Schimmelfennig: Internationale Politik, 3. Aufl., Stuttgart 2013, S. 66 ff., 89 ff., 138 ff. ➡ Querverweis: S. 82 f., Methode

1. Erklären Sie die Grafik M 1 mit eigenen Worten.
2. Erläutern Sie die Hypothesen der in M 2 genannten Theorien mit eigenen Worten.
3. Erwägen Sie, welcher der drei Denkschulen aus M 2 Sie sich angesichts der aktuellen Weltlage anschließen würden.

MATERIAL

3   Die neue Differenzierung des Staatensystems

● *Moderne Staaten* sind die klassischen Nationalstaaten, die auf ihrer Souveränität nach innen und
außen bestehen. Das heißt, dass sie die Unterordnung unter eine andere Macht grundsätzlich
ablehnen und die Übertragung von Souveränität
an internationale Organisationen nur in sehr begrenztem Umfang akzeptabel ist. Souveränität
nach innen heißt, dass die Einmischung in die inneren Angelegenheiten eines Staates abgelehnt
wird. Diese Staaten können deshalb niemals Ziel
einer äußeren Intervention sein, egal wie sie motiviert ist und von wem sie initiiert wird. Deshalb
sind diese Staaten auch reserviert bei Interventionen gegenüber Dritten, um keine Präzedenzfäl-
le zu schaffen. Zu dieser Gruppe gehören große
Staaten wie China, Russland, Indien, Brasilien
oder Iran, aber auch kleinere Staaten wie etwa
Israel oder die Schweiz.

● *Postmoderne Staaten* sind die EU-Mitglieder, die
eher multilateral agieren und einen Teil ihrer Souveränität an die europäischen Institutionen abge-
treten haben. Der Multilateralismus
wird von den EWG-Gründungsstaa-
ten allerdings bereitwilliger verfolgt
als etwa von Großbritannien, das
trotz seiner EU-Mitgliedschaft die
Nähe zu den USA sucht, oder den
osteuropäischen Neumitgliedern,
denen es schwerfällt, die gerade der
Sowjetunion abgerungene Souveränität nun an „Brüssel" abzugeben.

● *Prämoderne Staaten* sind solche,
die Einbußen an Souveränität hin-
nehmen müssen, nicht jedoch als
Folge freiwilligen Verzichts, sondern
als Folge der Aktivitäten der neuen
Gewaltakteure, des daraus resul-

tierenden Staatszerfalls und der gegebenenfalls
darauf reagierenden Intervention von außen. Die
Rückkehr der Piraterie am Horn von Afrika zeigt,
was passieren kann, wenn ein Staat zerfällt und
sein Gewaltmonopol verschwindet. Zu dieser
Gruppe gehören die fragilen Staaten in Afrika
südlich der Sahara, in Zentralasien und im An-
denbereich Lateinamerikas. Soweit hier militärische Interventionen erfolgt sind, wurden diese
von den postmodernen Staaten (eher humanitär
motiviert) getragen, während die modernen Staaten gegenüber militärischen Optionen zurückhaltend bis ablehnend reagierten.

Tritt das Thema „neue Kriege", das die Welt
etwa 15 Jahre lang in Atem hielt, wieder in den
Hintergrund? Das jüngste Zukunftsszenario des
amerikanischen *National Intelligence Council* „Global
Trends 2025" entwirft mögliche Antworten. Eine
lautet, dass die USA ihre Führungsposition verlieren werden und die Welt daraufhin zu den klassischen Großmachtkonflikten zurückkehrt.

Weltpolitische Zivilmacht **Europa**

Großmachtorientierte Energiemacht **Russland**

Rückkehr auf die Weltbühne Neumacht **China**

Global handlungsfähige Weltmacht **USA**

Technologiemacht **Indien**

L & P / 6810

Nach: Ulrich Menzel: Nach den „neuen Kriegen", in: Praxis Politik 2/2009, S. 4–9; hier: S. 6 f.   ⇒ Querverweis: Kapitel III.7

1. Arbeiten Sie aus dem Text M 3 heraus, wie sich die heutige Staatengesellschaft un-
   terteilt, und erläutern Sie die Problematik der fragilen bzw. prämodernen Staaten.
2. Recherchieren Sie im Internet zu den Machtressourcen der in der Collage
   in M 3 abgebildeten Staaten und ermitteln Sie, worauf deren Einfluss in der
   Weltpolitik beruht.

MATERIAL
Weltordnungsmodelle 4

Anarchie der Staatenwelt: Sicherheitsdilemma ist vorherrschend, Staaten greifen zur Selbsthilfe.

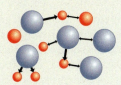

Hegemoniale Ordnung: Ein Staat ist aufgrund seiner herausragenden Machtposition in der Lage, allen anderen Staaten seinen Willen aufzuzwingen.

Global Governance: Staaten koordinieren ihre Handlungen durch bilaterale oder multilaterale Verträge und Abkommen oder durch Entscheidungen, die in internationalen Organisationen getroffen werden. Die Nichteinhaltung von Abkommen kann aber nur schwer sanktioniert werden.

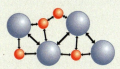

Ordnung durch Weltregierung: Die Staaten begründen durch Abgabe von Souveränität an eine überstaatliche Autorität ein öffentliches Gewaltmonopol. Das öffentliche Gewaltmonopol ist kontrollierbar (z. B. durch Parlamente, Gerichte) und verfügt über Instrumente zur Durchsetzung von Entscheidungen (Ermittlungsbehörden, Polizei, Militär).

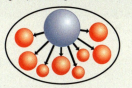

Nach: Andreas Gerster/ Hartwig Riedel: Globalisierung, internationale Politik und Konflikt-bewältigung, 2. Aufl., Bamberg 2004, S. 161

L & P / 6843

➡ Querverweis: Kapitel III.7

MATERIAL
Machtverschiebungen im 21. Jahrhundert 5

Die Machtverschiebungen wandeln das internationale System von der Unipolarität zur Multipolarität. Anders als im Kalten Krieg besteht mehr als nur eine Rivalität. [...]
5 Die aufsteigenden Mächte suchen ihren „Platz an der Sonne", weisen das existierende Normgefüge als ungerecht zurück und verlangen nach gleichem Status wie der Hegemon. Diese Impulse sind konfliktträchtig. Zugleich rivalisieren die
10 aufsteigenden Staaten um den „Platz auf dem Sprungbrett". Da alle Beteiligten ihre eigenen Forderungen für legitim halten, enthalten die daraus resultierenden Dispute ein Eskalationspotenzial. [...]

In der Weltordnung der Zukunft werden vor allem 15 vier Staaten durch ihre Macht, ihre Netzwerke von Kooperation und Konflikt und ihre Fähigkeit, konstruktiv oder als Friedensstörer zu agieren, grundlegend über Frieden und Konflikt bestimmen: die USA, China, Indien und Russland. [...] 20
Dennoch teilen die Großmächte stabilitätsbezogene Interessen: die Beseitigung der terroristischen Drohung, die Eindämmung der Verbreitung von Massenvernichtungswaffen und die Prävention von eskalationsträchtigen Gewalt- 25 konflikten. Die Globalisierung festigt auch das gemeinsame Interesse an einer stabilen Weltwirtschaft, der Grundlage nachhaltigen Wachstums.

Quelle: Harald Müller u. a.: Ein Mächtekonzert für das 21. Jahrhundert, in: HFSK-Report 1/2014

1. Belegen Sie an aktuellen und historischen Beispielen die Weltordnungsmodelle aus M 4.
2. Erarbeiten Sie aus M 5 die Folgen der Machtverschiebungen im 21. Jahrhundert und stellen Sie die Vor- und Nachteile einander gegenüber.
3. Diskutieren Sie unter Berücksichtigung von M 3 und M 5 die Friedenschancen der einzelnen Weltordnungsmodelle (M 4).

3. Handlungsfelder internationaler Politik

Zeichnung: Gerhard Mester

In der internationalen Politik geht es – wie in der Innenpolitik – um die gerechte Verteilung der Werte „Sicherheit", „Wohlfahrt" und „Freiheit". Die modernen Weltprobleme machen eine angemessene Verteilung dieser Werte jedoch äußerst schwierig.

Frieden und Sicherheit wurden durch die Terrorangriffe auf das New Yorker *World Trade Center* am 11. September 2001 sowie durch die Vielzahl von Anschlägen in den darauffolgenden Jahren, in Bali, Madrid oder London, schwer erschüttert. Die Erfahrung der eigenen Verwundbarkeit

Frieden und Sicherheit durch militärisch weit unterlegene Gegner führte in der westlichen Welt der OECD-Staaten zu einer Vertrauenskrise in die äußere Schutzfunktion des souveränen Staates und zu einer Debatte über das künftige Verhältnis von Sicherheit und Freiheit im Inneren. Asymmetrische Bedrohungen, also Bedrohungen zwischen unterschiedlich starken Akteuren, existieren auch dort, wo Bürgerkriege stattfinden, staatliche Ordnungen zerfallen und rivalisierende Kriegsherren oder terroristische Gruppierungen wie der „Islamische Staat" ihr Unwesen treiben. Ein kriegsauslösender oder -verlängernder Faktor ist dabei neben ethnischen, religiösen oder politischen Ursachen häufig der Kampf um Rohstoffe (Öl, Diamanten, Wasser, Gas oder Gold). Vor dem Hintergrund der vor allem innerstaatlich ausgetragenen Gewaltkonflikte haben sich die Anforderungen an eine wirksame und langfristige Friedenssicherung daher enorm erhöht: Nicht nur die Sicherheit des einzelnen Staates vor militärischen Angriffen, sondern auch das Sicherheitsbedürfnis der Zivilbevölkerung steht heute im Fokus westlicher Bemühungen.

Demokratie und Menschenrechte Gerade von Demokratien wird angenommen, dass sie eine Tendenz zum friedlichen, regelgeleiteten und multilateral abgestimmten Verhalten zeigen. Das auf Immanuel Kant (1724–1804) zurückzuführende Konzept des „Demokratischen Friedens" vertritt die Annahme, eine Demokratisierung des Staatensystems erhöhe die Chance auf Kooperationsbereitschaft, gegenseitiges Vertrauen und letztlich auf einen stabilen Frieden in vielen Regionen dieser Welt. Aus Sicht etlicher, noch immer autoritär geführter Staaten im Nahen und Mittleren Osten, in Afrika oder in Zentralasien werden Versuche eines derartigen „Exports" von Demokratie jedoch häufig als unerlaubte Einmischung in innerstaatliche Angelegenheiten betrachtet; dies auch, weil das westliche Demokratiemodell und seine liberalen Wirtschaftssysteme gegenüber autokratischen Systemen, insbesondere der Volksrepublik China und deren immer leistungsfähigerer Ökonomie, weltweit an Einfluss verloren haben. Gleichwohl zeugen die UN-Menschrechtscharta von 1948 oder die UN-Antifolter-Konvention von 1984 und nicht zuletzt die Einrichtung eines Internationalen Strafgerichtshofs (IStGH) zur strafrechtlichen Verfolgung von schwersten Menschenrechtsverletzungen von einem allmählichen Durchbruch beim Menschenrechtsschutz. Die Kluft zwischen Normsetzung und -durchsetzung klafft allerdings weit auseinander und ist – wie das US-Gefangenenlager Guantánamo auf Kuba zeigte – stets vom politischen Willen oder der Willkür der Verantwortlichen bei der Einhaltung verbindlichen internationalen Rechts abhängig. Erstmals seit den Nürnberger Prozessen wurde jedoch im April 2012 mit dem liberianischen Expräsidenten Charles Taylor (1997–2003) ein ehemaliger Staatschef wegen schweren Kriegsverbrechen von einem internationalen Gericht zu einer langjährigen Haftstrafe verurteilt.

Nach wie vor lebt ein Fünftel der Weltbevölkerung – mehr als 1 Milliarde Menschen – unterhalb der Armutsgrenze und muss mit weniger als 1,25 US-Dollar pro Tag auskommen. Obwohl der weltweite Anteil an extremer Armut aufgrund des wirtschaftlichen Wachstums in China und Ostasien deutlich zurückgegangen ist, gelingt es der Menschheit vor allem in Afrika südlich der Sahara und in Südasien noch immer nicht, Armut und Mangelernährung Herr zu werden. Die landwirtschaftlichen Produktionsmöglichkeiten haben sich dort klimatisch bedingt verschlechtert. Hungersnöte und Flüchtlingsströme sind die Folgen. Der fehlende Zugang zu schulischer und beruflicher Bildung wiederum lässt Hunderttausende wie in einem Teufelskreis immer tiefer in die Armutsfalle gleiten. Die auf dem UN-Milleniumsgipfel im Jahr 2000 vereinbarten Entwicklungsziele Armutsbekämpfung, Erhöhung der Bildungschancen etc. sind seitdem ein wesentlicher Gradmesser für die Verbesserung der Lebensbedingungen in schwachen oder zerfallenden Staaten. Da den Fortschritten, z. B. der Halbierung extremer Armut, weiterhin zahlreiche ungelöste Probleme gegenüberstehen, ist die Staatengemeinschaft seit 2015 nicht nur bemüht, die noch offenen Ziele zu erreichen. Mit neuen globalen Nachhaltigkeitszielen, z. B. Klimaschutz, Biodiversität oder Finanzmarktstabilität, nimmt sie auch die ökologische und wirtschaftliche Dimension von Entwicklung stärker in den Blick.

Bildung und Entwicklung

Weltweit steigen die Rohstoffpreise und zeugen damit von einer Rohstoffknappheit, die unter Staaten und global agierenden Konzernen die Furcht schürt, mittelfristig vom Zugang zu Energieressourcen ausgeschlossen zu werden. Die meisten Staaten betrachten die eigene Versorgung mit endlichen, fossilen Energieträgern wie Erdöl, Erdgas, Braun- oder Steinkohle daher als Bestandteil ihrer Sicherheitspolitik und überlassen diese nicht allein dem globalen Marktmechanismus. Bereits heute kommt es zu Konflikten um Ressourcen, z. B. im Kongo. Zugleich gefährden der Klimawandel und die zunehmende Umweltbelastung die Lebenschancen der Menschen und den internationalen Frieden. Nicht alle Teile der Welt sind davon in gleicher Weise betroffen: Der Zugang zu den existenziellen Gütern Wasser, Nahrung und Sicherheit ist für einige schwierig, für andere leichter und manche zählen zu den Profiteuren dieser Veränderungen. Vor allem gilt dies im Verhältnis zwischen den Industriestaaten auf der Nordhalbkugel und den wenig entwickelten Ländern des Südens. Die Zunahme globaler Verflechtungen und globaler Risikolagen, wie die Reaktorkatastrophe im japanischen Atomkraftwerk Fukushima im März 2011, zwingt uns, gemeinsam Wege zur Herstellung von „menschlicher Sicherheit" zu finden. Ein regulierendes Eingreifen zur Lösung von Ursachen und Folgen, wie es z. B. die 1992 in Rio de Janeiro verabschiedete „Agenda 21 für nachhaltige Entwicklung" oder das Kyoto-Protokoll von 1997 vorsehen, wird jedoch durch die unterschiedlichen Interessen der staatlichen und nichtstaatlichen Akteure immer wieder erschwert. Die Ergebnisse der UN-Klimakonferenzen (z. B. 2009 Kopenhagen, 2012 Doha, 2013 Warschau, 2014 Lima sowie 2015 Paris) bleiben oft hinter den Erwartungen zurück. Pläne zur Errichtung eines UN-Klimafonds, um die Folgen des Klimawandels in den Entwicklungsländern stärker zu bekämpfen, und ein umfassenderes Klimaabkommen („Weltklimavertrag") bis 2015 unterstreichen jedoch, dass ein weltweiter Klimaschutz im Interesse aller Staaten liegt.

Energie und Umwelt

MATERIAL

1 Der „lange Krieg" des dschihadistischen Terrorismus

Al-Qaida ist nur die Spitze des Eisberges, nur die selbst ernannte Avantgarde eines weit verzweigten Netzwerks von teilweise sehr unterschiedlichen salafistischen Dschihadisten. Die hauptsächlichen Gewalttaten dieses Netzwerks finden heute nicht in der westlichen Welt statt, sondern vorwiegend in muslimischen Ländern des Nahen und Mittleren Ostens, in Süd- und Zentralasien sowie in Nord- und Ostafrika. Dort kämpfen [...] zwischen 130 000 und 170 000 schwer bewaffnete, radikalisierte und gewalttätige „Gotteskrieger" [...] gegen alle, die ihren Vorstellungen von der Einführung eines Gottesstaats im Wege stehen. [...] Diese selbst ernannten „Gotteskrieger" stel-len nicht nur die größte Herausforderung für das in der Charta der Vereinten Nationen festgeschriebene Gewaltverbot dar, sie stellen auch Jahrhunderte der Zivilisation infrage – nicht nur der westlichen, sondern auch der muslimischen Zivilisation. [...] Aus al-Qaida ist ein global operierendes Netzwerk geworden, dessen Elemente primär regionale Ziele verfolgen. [...] Andererseits bleibt die Gemeinsamkeit der politischen Zielsetzungen bestehen ebenso wie die Bereitschaft, brutalste Gewalt anzuwenden. [...] Unter den Al-Qaida-Ablegern ist zu befürchten, dass ein Wettbewerb darüber entsteht, wer den [...] westlichen Mächten den größten Schaden zufügen kann.

Quelle: Joachim Krause: Der „lange Krieg" des jihadistischen Terrorismus geht weiter, in: Stefan Hansen/Joachim Krause (Hrsg.): Jahrbuch Terrorismus 2013/2014, Opladen 2014, S. 15–67

➡ Querverweis: S. 62, M 4

MATERIAL

2 Reaktionen auf den Terrorismus des „Islamischen Staates" (IS)

Daniel Cohn-Bendit, 1994–2014 Mitglied des EU-Parlaments: „Alle, diesmal ohne Ausnahme, sind sich einig, dass die IS-Milizen unter die zivilisatorische Grenze geraten sind. Es ist die radikalste, schlimmste Barbarei, die im Moment auf der Welt politisch und militärisch agiert. [...] Es ist natürlich richtig, dass die Flüchtlinge Zelte, Wasser und Nahrung brauchen. Aber wie haben die Kurden es geschafft, dass Zehntausende Jesiden aus den Bergen fliehen konnten? Mit Waffen, dank US-Drohnen und Flugzeugen. [...] Es gibt historische Momente, so traurig das ist, wo Waffen die einzige Möglichkeit sind, um zu überleben."

Ralf Stegner, stellv. SPD-Bundesvorsitzender: „[W]ann haben in der Menschheitsgeschichte Waffenlieferungen wirklich Gutes bewirkt? Heute liefern wir Waffen, morgen sind wir erstaunt, dass damit unschuldige Menschen getötet werden. [...] Natürlich muss die Völkergemeinschaft im Notfall eingreifen, wenn es darum geht, Völkermord zu stoppen oder das Recht auf Selbstverteidigung in Notwehr zu sichern. Aber die in Deutschland um sich greifende leichtfertige Enttabuisierung der militärischen Logik erschreckt mich. [...] Ich bleibe dabei: keine Waffenexporte in Spannungsgebiete und Diktaturen [...]."

Quelle: Pro & Kontra zur Rüstungshilfe. Deutsche Waffen für die Kurden?, in: www.taz.de vom 19.8.2014; Zugriff am 20.1.2015

➡ Querverweis: S. 115, M 4

1. Erörtern Sie mögliche Ursachen und Folgen des „dschihadistischen Terrorismus" und beurteilen Sie, inwieweit von einem „langen Krieg" gesprochen werden kann (M 1).
2. Fassen Sie die in M 2 genannten Reaktionen thesenartig zusammen und beurteilen Sie diese vor dem Hintergrund der Bedeutung und Strategie des Terrorismus (M 1).
3. Erarbeiten Sie aus M 3 den Hintergrund und die Bedeutung des Urteils gegen Charles Taylor. Erwägen Sie die Folgen, die das Urteil des UN-Sondergerichts haben kann.
4. Ermitteln Sie aus M 4 die Risiken, die sich aus einer Epidemie für die globale Sicherheit ergeben können, und erörtern Sie die Handlungsoptionen der Staatengemeinschaft.

MATERIAL
Das Urteil gegen Charles Taylor **3**

Wie ein schnieker Staatsmann erschien Charles Taylor gestern, am Tag der Entscheidung im Den Haager Gerichtssaal. In dunkelblauem Maßanzug, mit bordeauxroter Krawatte und dezenter Brille lauschte der 64-Jährige konzentriert und ernst der Urteilsverlesung von Richter Richard Lussick.

Die Frage lautete: Ist der liberianische Expräsident ein Monster, ein unbarmherziger *Warlord*, der im Nachbarland Sierra Leone maßgeblich zum blutigen Bürgerkrieg mit 120 000 Toten beigetragen hat? Ist er ein Mörder, ein Vergewaltiger, ein Rekrutierer von Kindersoldaten, ein Kriegstreiber, der sich mit Blutdiamanten bezahlen ließ? Oder ist er unschuldig? Ein netter Politiker und Familienvater, wie er selbst immer beteuert hat?

Überraschenderweise fiel die Antwort der Richter nicht ganz so eindeutig aus, wie viele gehofft hatten. Trotzdem: Mit dem Urteil wird Geschichte geschrieben. Taylor habe „geholfen" und „angestiftet", befanden die Zuständigen. Aber dass er der Befehlshaber war, der Gräueltaten kommandierte, dass er gar der Drahtzieher des Konfliktes war – das habe die Staatsanwaltschaft nicht zweifelsfrei beweisen können. [...]

Dennoch: Charles Taylor ist mitschuldig an den Kriegsverbrechen in Sierra Leone, unter denen vor allem die Zivilbevölkerung zu leiden hatte, bevor

Charles Taylor vor dem UN-Sondergericht für Sierra Leone

Friedenstruppen das Gemetzel 1999 beendeten. Damit ist er das erste ehemalige Staatsoberhaupt, das seit den Nürnberger Prozessen von einem internationalen Gericht zur Rechenschaft gezogen wird. „Die Tage, an denen Tyrannen und Massenmörder [...] sich in einem anderen Land in ein Luxusleben zurückziehen konnten, sind vorbei", sagte UN-Menschenrechtskommissarin Navi Pillay in einer ersten Reaktion und bezeichnete das Urteil des Tribunals als „historischen Moment". Die Entscheidung sei „eine Warnung für andere Staatschefs, die ähnliche Verbrechen begehen oder im Begriff sind, dies zu tun".

Quelle: Carola Frentzen (dpa): Historisches Urteil in Den Haag, in: Mittelbayerische Zeitung, 27.4.2012

MATERIAL
Epidemie als globale Krise **4**

US-Präsident Barack Obama hat die Ebola-Epidemie in Westafrika als „wachsende Gefahr für die regionale und globale Sicherheit" bezeichnet. „Wenn es je einen Gesundheitsnotfall gegeben hat, der eine starke und koordinierte internationale Antwort verlangt hat, dann ist es dieser", sagte Obama am Hauptsitz der Vereinten Nationen in New York bei einem von UNO-Generalsekretär Ban Ki Moon organisierten Treffen. Ban schlug vor, über diese Epidemie hinaus eine UNO-Bereitschaftstruppe von Ärzten einzurichten. „Genau wie unsere Truppen mit blauen Helmen dazu beitragen, dass die Menschen sicher sind,

könnte ein Team in weißen Kitteln dazu beitragen, dass die Menschen gesund sind." Die Staatsoberhäupter der betroffenen Länder in Westafrika wandten sich mit bewegenden Appellen an die Vereinten Nationen. Die Epidemie sei wohl die „größte Herausforderung aller Zeiten" für ihr Land, sagte die [...] Präsidentin Liberias, Ellen Johnson-Sirleaf. „Das schlimmste Szenario ist, dass mehr als hunderttausend unserer Landsleute sterben werden durch eine Krankheit, die sie nicht verursacht haben und die sie nicht verstehen." Der [...] Präsident von Sierra Leone, Ernest Bai Koroma, nannte Ebola „schlimmer als Terrorismus".

Quelle: Obama verlangt mehr Einsatz im Kampf gegen Ebola, in: www.spiegel.de vom 25.9.2014; Zugriff am 20.1.2015

MATERIAL
5 Bilanz der UN-Millenniumsziele

Millenniums-Entwicklungsziele

Die Millenniums-Entwicklungsziele, auf die sich im Jahr 2000 alle Länder und führende Entwicklungsorganisationen einigten, haben zur Verbesserung der Lebensbedingungen von Menschen in größter Armut entscheidend beigetragen.

1 Beseitigung der extremen Armut und des Hungers

5 Verbesserung der Gesundheit von Müttern

2 Verwirklichung der allgemeinen Grundschulbildung

6 Bekämpfung von HIV/Aids, Malaria und anderen Krankheiten

3 Förderung der Gleichstellung der Geschlechter und Ermächtigung der Frauen

7 Sicherung der ökologischen Nachhaltigkeit

4 Senkung der Kindersterblichkeit

8 Aufbau einer weltweiten Entwicklungspartnerschaft

Quelle: Vereinte Nationen

L & P / 6811

Das erste und wohl wichtigste Millenniumsziel war die Halbierung der extremen Armut und des Hungers. Die Vereinten Nationen setzten sich das Ziel, zwischen 1990 und 2015 den Anteil der Men-
5 schen zu halbieren, deren Einkommen weniger als 1 Dollar pro Tag beträgt – heute rechnet man aufgrund der Preisentwicklungen mit 1,25 Dollar. Dieses Ziel ist erreicht worden. Heute leben etwa 700 Millionen Menschen weniger in extremer
10 Armut als 1990. [...]
Große Sorge bereitet der südlich der Sahara gelegene Teil Afrikas. Noch immer leben dort 48 Prozent der Bevölkerung in extremer Armut. [...] Zudem ist die absolute Zahl extrem armer Men-
15 schen in der Region aufgrund des enormen Bevölkerungswachstums stark angestiegen: Von 290 Millionen auf 414 Millionen Menschen. [...] Unter anderem sollte allen Kindern der Welt der Abschluss einer Grundschulausbildung ermög-
20 licht werden. Dies wird bis 2015 [und auch in den kommenden Jahren] nicht der Fall sein. Allerdings gibt es hier deutliche Fortschritte, gerade auch in der Gleichstellung von Mädchen und Jungen. In

Entwicklungsländern verlassen heute 10 Prozent der Kin- 25
der die Schule vor dem Ende
der Grundschule, 1990 waren
es noch 20 Prozent.
Auch die Zahl der ständig
hungernden Menschen ist 30
seit Anfang der Neunziger-
jahre [...] zwar gesunken, jedoch nur um 17 Prozent. Mit
842 Millionen Menschen sind
damit 14 Prozent der Weltbe- 35
völkerung chronisch unter-
ernährt [...]. Ziel war, diesen
Anteil bis 2015 zu halbieren.
Auch die Sterblichkeitsrate
von Kindern unter fünf Jahren 40
und von Müttern konnte nicht so stark gesenkt
werden wie erhofft. In Afrika stirbt immer noch
jedes neunte Kind unter fünf Jahren, zumeist an
vermeidbaren Krankheiten.
Ebenfalls erreicht wurde das Ziel, den Anteil der 45
Menschen zu halbieren, die keinen Zugang zu
sauberem Trinkwasser haben. Noch immer müssen aber etwa eine Milliarde Menschen schmut-
ziges Wasser trinken. [...]
Klar verfehlt wird auch das Ziel, die Ausbreitung 50
von HIV zum Stillstand zu bringen. Im südlichen
Afrika infiziert sich jährlich jeder hundertste
Mensch neu mit HIV, eine Behandlung erhalten
in Entwicklungsländern nur 55 Prozent der Infi-
zierten. 55
Eines der Millenniumsziele war auch ökologische
Nachhaltigkeit. Davon kann momentan keine
Rede sein. Der CO_2-Ausstoß ist seit 1990 weltweit
um mehr als 46 Prozent gestiegen. Fast ein Drittel
der Meere ist überfischt und in Südamerika und 60
Afrika werden jährlich Millionen Hektar Wald zerstört. Das Artensterben hält an.

➡ Querverweis: S. 116f.

Quelle: Jan Wittenbrink: Extreme Armut sinkt weltweit um die Hälfte, in: www.spiegel.de vom 1.10.2013; Zugriff am 20.1.2015

1. Ordnen Sie die Entwicklungsziele (M 5) nach ihrer Wichtigkeit. Entwerfen Sie eine Rede, in der Sie die Folgen der Nichterreichung einiger Ziele thematisieren.
2. Erarbeiten Sie die neuen Nachhaltigkeitsziele (M 6) und diskutieren Sie unter Berücksichtigung der Karikatur auf S. 70 die Chancen und Probleme ihrer Umsetzung.

MATERIAL
Die „Post-2015-Entwicklungsagenda" der UN

Für die nächsten 15 Jahre will sich die Weltgemeinschaft nun einen noch weitaus ambitionierteren Zielkatalog geben. Aus den Millenniumszielen, die nur die Bekämpfung der Armut im Blick hatten und von vielen Ländern als einseitig empfunden wurden, sollen Nachhaltigkeitsziele („*Sustainable Development Goals*") werden, die auch die Industriestaaten zu anderem Handeln verpflichten sollen. [...] Die Armutsbekämpfung soll weitergehen, aber sie wird ergänzt um Umwelt- und Klimaschutzziele, um gesellschaftspolitische Veränderungen und auch um wirtschaftliche Fragen. [...]

Aus diesem Grund wurden auf der UN-Konferenz in Rio de Janeiro im Jahr 2012 zwei Gruppen gebildet, welche die Vorarbeiten für die Nachhaltigkeitsziele leisten sollten. Eine *„open working group"*, die politisch geprägt war und im Juli ebenjenen umfassenden Zielkatalog präsentierte. Und eine Gruppe von 30 unabhängigen Finanzfachleuten,

[...] die sich mit der Frage beschäftigten, woher das viele Geld für all die bevorstehenden Aufgaben eigentlich kommen soll. [...] Allein die benötigten Mittel für den Ausbau der Infrastruktur (Wasser, Landwirtschaft, Energie, Telekommunikation) werden im Bericht der Expertengruppe auf jährlich fünf bis sieben Billionen Dollar geschätzt. [...] Dazu braucht es funktionierende Kapitalmärkte vor Ort und Regierungen, die ein vernünftiges Steuersystem auch durchsetzen. [...]

Während es vergleichsweise einfach war, sich auf die Halbierung der Armut zu verständigen, wird es schwierig, wenn es etwa darum geht, wie der Klimaschutz vorangebracht werden soll und wie das mit den Wachstumszielen vieler Länder unter einen Hut gebracht werden kann. „Die Weltgemeinschaft trägt die Nachhaltigkeitsziele mit", sagt Kloppenburg. „Aber am Ende pickt sich jeder vielleicht nur das heraus, was ihm genehm ist."

Quelle: Holger Paul: Vereinte Nationen wollen mehr als Armut bekämpfen, in: Frankfurter Allgemeine Zeitung, 14.10.2014

MATERIAL
Klimabilanz ausgewählter Länder

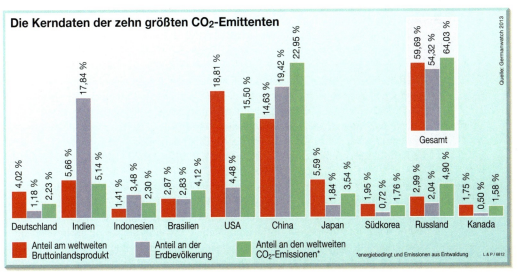

1. Recherchieren Sie den aktuellen Stand der Umsetzung der UN-Millenniumsziele (M 5).
2. Analysieren Sie die Grafik M 7 und nehmen Sie Stellung zu Ihren Ergebnissen.

4. Sichert die UNO den Weltfrieden?

Gründung der UN Mit der Unterzeichnung der Charta der Vereinten Nationen auf der Konferenz von San Francisco zogen die Vertreter von 51 Staaten am 26. Juni 1945 die Lehren aus dem Scheitern des Völkerbundes und der Katastrophe des Zweiten Weltkrieges, insbesondere des Völkermords und der Verbrechen gegen die Menschlichkeit des Hitler-Regimes. Zu den Hauptaufgaben der *United Nations Organization* (UNO) zählen seither:
- die Sicherung des Friedens und die Garantie der internationalen Sicherheit,
- der Schutz der Menschenrechte und die Fortentwicklung des Völkerrechts,
- die weltweite ökonomische und soziale Entwicklung, erweitert in jüngster Zeit um
- den Umwelt- und Naturschutz vor dem Hintergrund des globalen Klimawandels.

UN-Sicherheitsrat Der Sicherheitsrat ist das einzige Organ, dessen Beschlüsse für alle UNO-Mitglieder verbindlich sind. Da grundsätzliche Resolutionen nur mit einer Mehrheit von neun der 15 Stimmen, einschließlich der fünf Ständigen Mitglieder (USA, Russland, China, Großbritannien, Frankreich), angenommen werden können, genügt das Veto eines einzigen Ständigen Mitglieds, um die Verabschiedung einer Resolution zu verhindern. Während des Ost-West-Konflikts konnte die UNO ihre wesentliche Aufgabe der Friedenssicherung daher kaum wahrnehmen. Bis heute ist die Handlungsfähigkeit des UN-Sicherheitsrats durch die Uneinigkeit seiner Ständigen Mitglieder häufig blockiert oder eingeschränkt. Zudem verfügt die UNO nach wie vor über keine eigenen Streitkräfte.

UN-General-
versammlung Ungeachtet der prominenten Stellung der Ständigen Mitglieder ist die UNO vor allem durch die Prinzipien der Universalität und Kollegialität gekennzeichnet. So sind in der UN-Generalversammlung alle 193 Mitgliedstaaten (Stand: 2015) unabhängig von Größe, Bevölkerungszahl und Wirtschaftskraft nach dem Prinzip „ein Staat – eine Stimme" gleichberechtigt vertreten. Die Resolutionen der Generalversammlung haben zwar nur empfehlenden Charakter. Häufig aber haben der Druck von Handelssanktionen, Waffenembargos oder der Abbruch diplomatischer Beziehungen zusammen mit der politischen und moralischen Autorität der Weltgemeinschaft zahlreichen Empfehlungen und Erklärungen der Generalversammlung zu universeller Akzeptanz verholfen.

UN-General-
sekretär Die Vertretung der UN im internationalen Bereich wie gegenüber den Mitgliedstaaten obliegt dabei dem UN-Generalsekretär. Als Diplomat, oberster Beamter und „Anwalt" (z. B. für die Probleme schwächerer Staaten) nimmt er zentrale UN-Aufgaben wahr.

UN-Peacekeeping Das Ende des Ost-West-Konflikts befreite die UNO aus ihrer jahrzehntelangen Lähmung und konfrontierte sie sogleich mit neuen Herausforderungen, denn mit dem Aufbrechen regionaler Krisenherde wurden friedenserhaltende Maßnahmen und humanitäre Interventionen notwendig. Neben Stabilisierungserfolgen in Haiti oder Osttimor führte eine Reihe fehlgeschlagener Missionen in Somalia, Ruanda und Jugoslawien zu einer immer robusteren Friedenssicherung (*Peacekeeping*) mit der Verknüpfung von Friedenserhaltung und Friedenserzwingung. Das Massaker in der bosnischen Enklave Srebrenica – damals UN-Schutzzone –, bei dem im Juli 1995 mehr als 8 000 bosnische Muslime von serbischen Paramilitärs ermordet wurden, sowie der von der NATO geführte Kosovokrieg 1999 waren entscheidende Wendepunkte. Ein robustes militärisches Mandat sollte künftig auch den (Wieder-)Aufbau der staatlichen Ordnung einschließen. Die Übernahme ziviler Verwaltungsaufgaben stellt eine weitere

Ergänzung der UN-Einsätze dar, die seit 1960 von den berühmten „Blauhelm"-Soldaten durchgeführt werden. Friedensbildende Maßnahmen der Staatengemeinschaft werden dabei seit 2005 durch das UN-Konzept der internationalen Schutzverantwortung (*Responsibility to Protect*), das z. B. 2011 in Libyen Anwendung fand, zusätzlich verstärkt.

UN-Blauhelme

Da die Zahlen der bewaffneten Konflikte und Menschenrechtsverletzungen weltweit auf einem hohen Niveau stagnieren, ist nicht nur die Frage der finanziellen und militärischen Unterstützung der Blauhelme, sondern auch die Frage nach einer institutionellen UN-Reform zu einem Dauerbrenner in politischen Debatten avanciert. Insbesondere der UN-Sicherheitsrat gilt seit Langem als antiquiert, da er die Machtverhältnisse aus der Zeit des Kalten Krieges widerspiegelt. Durch die Dominanz der fünf Vetomächte fühlen sich viele Länder, deren Bedeutung seit 1945 zugenommen hat, benachteiligt. Angesichts ihrer weltweit stärkeren Verantwortungsübernahme bemüht sich auch die Bundesrepublik Deutschland um einen ständigen Sitz.

UN-Reform

Als regionale Abmachung nach Kapitel VIII der UN-Charta gilt die Organisation für Sicherheit und Zusammenarbeit in Europa (OSZE). Sie ist im Sinne des Subsidiaritätsprinzips der erste internationale Ansprechpartner bei Konflikten innerhalb ihres Wirkungsbereiches. Entstanden war die OSZE 1994 als Nachfolgeorganisation der Konferenz für Sicherheit und Zusammenarbeit in Europa (KSZE), die Anfang der 1970er-Jahre in Helsinki als Forum für den Dialog zwischen Ost- und West(europa) gegründet worden war. Die OSZE wird wie die UNO als System kollektiver Sicherheit angesehen. Neben der Sicherung des Friedens strebt sie die Achtung der Menschenrechte sowie der Demokratie und der Rechtsstaatlichkeit an. Darüber hinaus versucht die OSZE, durch ein politisches Frühwarnsystem Konfliktprävention und Krisenmanagement zu erreichen.

UNO und OSZE – Akteure kollektiver Sicherheit

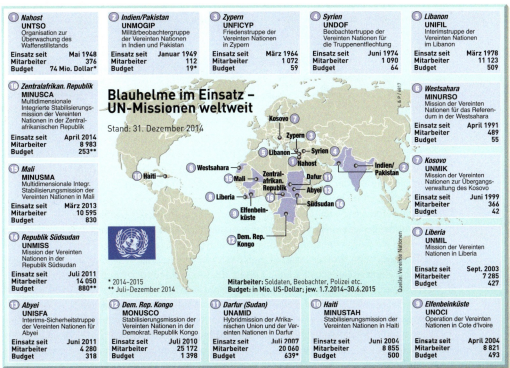

Blauhelme im Einsatz – UN-Missionen weltweit
Stand: 31. Dezember 2014

① Nahost	② Indien/Pakistan	③ Zypern	④ Syrien	⑤ Libanon
UNTSO Organisation zur Überwachung des Waffenstillstands	**UNMOGIP** Militärbeobachtergruppe der Vereinten Nationen in Indien und Pakistan	**UNFICYP** Friedenstruppe der Vereinten Nationen in Zypern	**UNDOF** Beobachtertruppe der Vereinten Nationen für die Truppenentflechtung	**UNIFIL** Interimstruppe der Vereinten Nationen im Libanon
Einsatz seit Mai 1948	Einsatz seit Januar 1949	Einsatz seit März 1964	Einsatz seit Juni 1974	Einsatz seit März 1978
Mitarbeiter 376	Mitarbeiter 112	Mitarbeiter 1 072	Mitarbeiter 1 090	Mitarbeiter 11 123
Budget 74 Mio. Dollar*	Budget 19*	Budget 59	Budget 64	Budget 509

⑭ Zentralafrikan. Republik	⑯ Westsahara
MINUSCA Multidimensionale Integrierte Stabilisierungsmission der Vereinten Nationen in der Zentralafrikanischen Republik	**MINURSO** Mission der Vereinten Nationen für das Referendum in der Westsahara
Einsatz seit April 2014	Einsatz seit April 1991
Mitarbeiter 8 983	Mitarbeiter 489
Budget 253**	Budget 55

⑮ Mali	⑦ Kosovo
MINUSMA Multidimensionale Integr. Stabilisierungsmission der Vereinten Nationen in Mali	**UNMIK** Mission der Vereinten Nationen zur Übergangsverwaltung des Kosovo
Einsatz seit März 2013	Einsatz seit Juni 1999
Mitarbeiter 10 595	Mitarbeiter 366
Budget 830	Budget 42

⑭ Republik Südsudan	⑧ Liberia
UNMISS Mission der Vereinten Nationen in der Republik Südsudan	**UNMIL** Mission der Vereinten Nationen in Liberia
Einsatz seit Juli 2011	Einsatz seit Sept. 2003
Mitarbeiter 14 050	Mitarbeiter 7 285
Budget 880**	Budget 427

* 2014–2015
** Juli–Dezember 2014

Mitarbeiter: Soldaten, Beobachter, Polizei etc.
Budget: in Mio. US-Dollar; jew. 1.7.2014–30.6.2015

Quelle: Vereinte Nationen

⑬ Abyei	⑫ Dem. Rep. Kongo	⑪ Darfur (Sudan)	⑩ Haiti	⑨ Elfenbeinküste
UNISFA Interims-Sicherheitstruppe der Vereinten Nationen für Abyei	**MONUSCO** Stabilisierungsmission der Vereinten Nationen in der Demokrat. Republik Kongo	**UNAMID** Hybridmission der Afrikanischen Union und der Vereinten Nationen in Darfur	**MINUSTAH** Stabilisierungsmission der Vereinten Nationen in Haiti	**UNOCI** Operation der Vereinten Nationen in Cote d'Ivoire
Einsatz seit Juni 2011	Einsatz seit Juli 2010	Einsatz seit Juli 2007	Einsatz seit Juni 2004	Einsatz seit April 2004
Mitarbeiter 4 280	Mitarbeiter 25 172	Mitarbeiter 20 060	Mitarbeiter 8 855	Mitarbeiter 8 821
Budget 318	Budget 1 398	Budget 639*	Budget 500	Budget 493

Antonio Guterres

MATERIAL

1 Das System der Vereinten Nationen

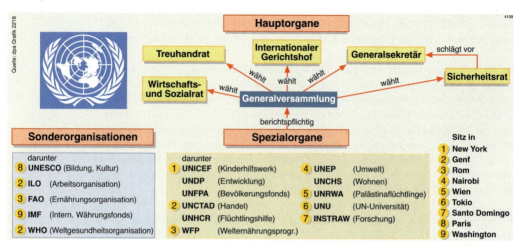

MATERIAL

2 Rolle der UN?

Zeichnung:
Brigitte Schneider

1. Erarbeiten Sie aus der Grafik (M1) Ziele und Struktur der UNO.
2. Beurteilen Sie auf der Grundlage des Autorentextes und der Grafik (M1) die Rolle der UNO im 21. Jahrhundert.
3. Interpretieren Sie die Karikatur (M2) vor dem Hintergrund der Grafik auf S. 77 sowie unter Berücksichtigung Ihrer Ergebnisse aus den Aufgaben 1 und 2.
4. Erläutern Sie die friedenspolitischen Instrumente der „Agenda für den Frieden" (M3) mit eigenen Worten. Erarbeiten Sie mithilfe von Kapitel VI und VII der UN-Charta ein Ablaufschema beim Einsatz der „Agenda für den Frieden".
5. Recherchieren Sie Beispiele für die in M3 genannten Maßnahmen der UNO und erläutern Sie jeweils Verlauf sowie Erfolgs- bzw. Misserfolgsbedingungen.
6. Ordnen Sie die Ziele, Aufgaben und Instrumente der UNO (M1 und M3) den im Schema auf S. 59 dargestellten Friedensbegriffen zu.

Die Agenda für den Frieden 3

Im Juni 1992 legte UN-Generalsekretär Boutros Boutros-Ghali mit der „Agenda für den Frieden" eine neue Konzeption für die Handlungsmöglichkeiten der Vereinten Nationen auf dem Gebiet der Friedenssicherung vor. Diese Agenda hat, nicht zuletzt durch die Klärung zentraler Begrifflichkeiten, maßgeblich ein neues Verständnis von Friedenssicherung mitgeprägt und ist der bis heute gültige konzeptionelle Rahmen jeglicher Reformbemühungen geblieben.

Vorbeugende Diplomatie (*preventive diplomacy*); hierunter fällt der Einsatz diplomatischer Mittel mit dem Ziel, z. B. durch vertrauensbildende Maßnahmen das Entstehen von Streitigkeiten zwischen einzelnen Parteien zu verhüten, die Eskalation bestehender Streitigkeiten zu Konflikten zu verhindern und – sofern es doch zu Konflikten kommen sollte – diese einzugrenzen.

Vorbeugende Einsätze (*preventive deployments*) sind präventive Truppeneinsätze, um den Ausbruch eines Konfliktes im Vorfeld zu verhindern. Bei einer innerstaatlichen Krise kann ein vorbeugender Einsatz auf Antrag bzw. mit Zustimmung der Regierung oder aller Konfliktparteien erfolgen. […]

Peace keeping ✓

Friedensschaffung (*Peacemaking*) ist der Prozess ✓ bis zum Abschluss eines Friedensvertrags oder Waffenstillstands und bezeichnet Aktivitäten mit dem Ziel, feindliche Parteien zu einer Einigung zu bringen, im Wesentlichen durch solche friedlichen Mittel, wie sie in Kapitel VI der UN-Charta vorgesehen sind.

✓

Friedenssicherung (*Peacekeeping*) bezeichnet die Errichtung einer personellen Präsenz der Vereinten Nationen vor Ort mit Zustimmung aller Konfliktbeteiligten durch Einsatz von durchweg leicht bewaffneten Soldaten („Blauhelme"), Wahlbeobachtern und Polizisten zur Überwachung und Durchführung von Waffenstillstands- und Friedensvereinbarungen. […]

Robustes Peacekep.

Friedensdurchsetzung (*Peace Enforcement*); hierunter sind Einsätze stärker bewaffneter UN-Truppen und als vorläufige Maßnahme nach Kapitel VII, Artikel 40 der UN-Charta zu verstehen. Darunter fallen Maßnahmen z. B. zur Wiederherstellung und Aufrechterhaltung der Waffenruhe, die aufgrund ihrer stärkeren Bewaffnung über den Auftrag an Friedenstruppen hinausgehen, aber nicht mit Zwangsmaßnahmen zu verwechseln sind, die – nach Artikel 42 der Charta – verhängt werden können, um gegen Angriffshandlungen vorzugehen.

Friedenserzwingung durch militärische Gewalt (*use of military force*) bezeichnet militärische Zwangsmaßnahmen nach Kapitel VII, Artikel 42 der Charta, die bei Bedrohung oder Bruch des Friedens oder bei Angriffshandlungen (Artikel 39) verhängt werden können, um den Weltfrieden aufrechtzuerhalten. Der Sicherheitsrat hat bislang nur selten Gebrauch gemacht von den stärksten der militärischen Zwangsmaßnahmen. Sonderfälle waren der Golfkrieg II (Irak-Kuwait) wie auch die erste Intervention zur Absicherung humanitärer Hilfe in Somalia (United Task Force – UNITAF): Der Sicherheitsrat hatte Mitgliedstaaten (die USA u. a.) ermächtigt, in seinem Namen Maßnahmen zu ergreifen. Auch die Bombardierung bosnisch-serbischer Stellungen durch die NATO im Sommer 1995 folgte einem Mandat des Sicherheitsrats mit dem Ziel, die Bürgerkriegsparteien an den Verhandlungstisch zu bringen und erst so den Abschluss des Friedensabkommens von Dayton zu ermöglichen.

Friedenskonsolidierung (*Peacebuilding*) ist nach erfolgreicher Beendigung eines Konflikts auf die Wiederherstellung bzw. Förderung staatlicher Strukturen gerichtet, die geeignet sind, den Frieden zu festigen und dauerhaft zu konsolidieren (*post-conflict peace-building*). Hierzu gehören u. a. die Demobilisierung von (Ex-)Kombattanten, ihre Entwaffnung und Rehabilitierung durch Wiedereingliederung in die Zivilgesellschaft; ferner der Aufbau von Verwaltung und Justiz nach rechtsstaatlichen Prinzipien.

Nach: Auswärtiges Amt (Hrsg.): ABC der Vereinten Nationen, Berlin 2008, S. 52 f.; Text leicht verändert ⟹ Querverweis: Kapitel II.5

MATERIAL

4 Reform des UN-Sicherheitsrats

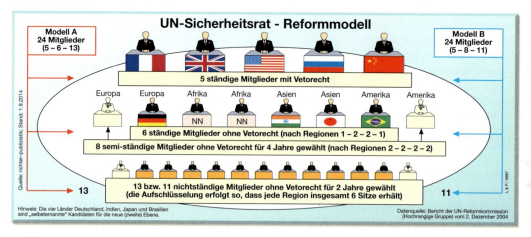

MATERIAL

5 Die „Responsibility to Protect" (R2P)

*Zu den Bürgerkriegen im Gefolge des „Arabischen Früh-
lings" ab 2010/2011 und dem Schutz der Zivilbevölkerung in Libyen und Syrien:*

Mehr als 10 000 Menschen sollen seit Beginn des
Aufstands getötet worden sein. Wie in Libyen
klammert sich auch in Syrien der Diktator mit äu-
ßerster Brutalität an die Macht. Er schickt Militär
in die Städte, um auf die Bevölkerung zu schießen.
Doch einen Unterschied gibt es: Während in Syrien das Morden unvermindert weitergeht, inter-
venierte in Libyen die westliche Welt und setzte
dem Blutvergießen ein Ende. Das Stichwort für
die damalige militärische Intervention hieß „Responsibility to Protect", amerikanisch kurz: R2P.
Das Prinzip der Schutzverantwortung ist ein
völkerrechtliches Konzept mit zwei Stufen. Das
Fundament bildet die Überlegung, dass Mitgliedstaaten qua ihrer Souveränität nicht nur Rechte,
sondern auch Pflichten haben. So trägt jeder
Staat die Verantwortung dafür, seine Bevölkerung
gegen Völkermord, Kriegsverbrechen und Verbrechen gegen die Menschlichkeit und ethnische
Säuberungen zu schützen. Kann oder will eine
Staatsführung dem nicht nachkommen, greift die
nächste Stufe. Dann fällt die Schutzverantwortung subsidiär der internationalen Staatengemeinschaft, sprich den Vereinten Nationen zu. [...]
Das Ablehnen einer Einmischung von außen
hatte in der Vergangenheit grausame Folgen: [...]
Der Völkermord in Ruanda [1994] führte der Welt
auf tragische Weise vor Augen, dass die Grundsätze der UN-Friedensmissionen – Eingreifen nur,
wenn die Konfliktparteien dem zustimmen; Neutralität gegenüber den Konfliktparteien; Einsatz
militärischer Mittel nur zum Zweck der Selbstverteidigung – nicht ausreichten, um einen Völkermord zu verhindern. Ein moralisch-imperatives
„Nie wieder" war die Folge. [...]
Strittig ist vor allem die Möglichkeit einer militärischen Intervention im Sinne der R2P, da hier
die beiden Grundsäulen der internationalen Ordnung (souveräne Gleichheit und Interventions-
und Gewaltverbot) ausgehebelt werden.

Quelle: Michael Radunski: Schutzverantwortung für die Bevölkerung, in: Frankfurter Allgemeine Zeitung online, www.faz.net/aktu
ell/politik/syrien-und-libyen-schutzverantwortung-fuer-die-bevoelkerung-11714635.html vom 12.4.2012; Zugriff am 20.1.2015

➠ Querverweis: S. 87, M 4

Analysieren Sie die Reformmodelle zum UN-Sicherheitsrat in M 4 und nehmen Sie
dazu Stellung, welches Modell Sie für angemessen halten.

tA !

Entwicklungsszenarien der Vereinten Nationen 6

Johannes Varwick, Professor für Internationale Beziehungen und europäische Politik an der Martin-Luther-Universität Halle-Wittenberg, skizziert drei Szenarien zur künftigen Entwicklung der UNO:

● Das erste Szenario geht von einer substanziellen Gefährdung bis hin zu einem mittel- bis längerfristigen Untergang der UNO aus. Wichtige Staaten engagieren sich nicht mehr im UN-Rahmen, sondern bevorzugen andere Problemlösungsforen, sei es auf Ad-hoc-Basis, in wechselnden „Koalitionen der Willigen" oder im Rahmen neuer Organisationen. Weitere Staaten folgen diesem Beispiel, und es wird ein schleichender Zerfall der UNO eingeleitet, ohne dass es zwangsläufig zu einem formalen Auflösungsbeschluss kommen muss. Ausgangspunkt für eine solche Entwicklung können spektakuläre Fehlschläge bei der Friedenssicherung sein oder die systematische Umgehung des Sicherheitsrats durch wichtige Staaten. […] In den Bereichen Wirtschaft, Entwicklung und Umwelt entstehen […] problemspezifische Gremien und Organisationen jenseits der UNO. Dies kann eine aufgewertete Gruppe der wichtigsten Industrienationen (G 8) oder ein „informeller Staatenklub" wie die G 20 sein. Die Vereinten Nationen spielen dann in der internationalen Politik keine Rolle mehr. […]

● Das zweite Szenario beruht auf der Annahme, dass sich die Vereinten Nationen längerfristig als eine Art Weltregierung etablieren können. Als zentraler Akteur einer subsidiären und föderalen Weltrepublik erhalten sie Koordinations- und Sanktionsbefugnisse, die fallweise durch zivile, polizeiliche oder militärische Maßnahmen auszuüben sind. Die Organisation ist zunächst zentrale Koordinierungsstelle im „Global-Governance-Prozess" und wird dann schrittweise ihre Kompetenzen zulasten der Mitgliedstaaten ausweiten. Vorstellbar sind etwa das Recht zur Erhebung von Steuern oder die Entwicklung und Durchsetzung einer weltweiten Rechts-, Finanz- und Friedensordnung […]. Beim Menschenrechtsschutz werden gemäß diesem Szenario zahlreiche Abkommen und Konventionen nicht nur kodifiziert, sondern auch mit einem wirksamen Durchsetzungsmechanismus versehen. Bei der Friedenssicherung üben die Vereinten Nationen das Gewaltmonopol aus, und ein funktionsfähiges System kollektiver Sicherheit entsteht. In den Bereichen Wirtschaft, Entwicklung und Umwelt wird die UNO das institutionelle Zentrum einer globalen Strukturpolitik. […]

● Das dritte Szenario geht davon aus, dass die Vereinten Nationen im Großen und Ganzen bleiben, was sie bisher sind: eine unvollkommene, reformbedürftige, aber doch in vielen Bereichen eminent wichtige internationale Organisation. Innerhalb dieses Szenarios bleibt offen, ob sich die UNO vorwiegend in Richtung eines Instruments der mitgliedstaatlichen Diplomatie mit geringer Eigenständigkeit entwickelt, ob sie zur Arena wird für Politikfelder auf unterschiedlichen Kooperationsniveaus oder ob sie fallweise sogar als eigenständiger Akteur auftritt. In der Friedenssicherung werden die Vereinten Nationen in manchen Fällen übergangen, in anderen aber einbezogen. Wenn sie ihre Handlungsfähigkeit beweisen und es die Interessen der Mitgliedstaaten zulassen, können sie eine wichtige Rolle spielen. […] In den Bereichen Wirtschaft, Entwicklung und Umwelt ist sie ein Akteur unter vielen und nicht ausreichend in der Lage, ambitionierte Ziele zu erreichen. Die Mitgliedstaaten können nur sehr bedingt davon überzeugt werden, mehr finanzielle Mittel in das System zu stecken. Sie setzen vielmehr verstärkt auf bilaterale Maßnahmen.

➡ Querverweis: S. 48 f., Methode

Quelle: Johannes Varwick: Hohe Erwartungen, geringe Möglichkeiten, in: Rheinischer Merkur, 38/2009, S. 7

1. Erörtern Sie das Konzept der internationalen Schutzverantwortung (R2P) und ziehen Sie daraus Rückschlüsse für die Möglichkeiten der UN-Friedenssicherung (M 5).
2. Überprüfen Sie einen aktuellen Konflikt auf den Einsatz von R2P (M 5).
3. Diskutieren Sie die Plausibilität der in M 6 entwickelten Szenarien (Methode auf S. 48 f.).

Planspiel „UN-Friedenskonferenz" im Rahmen eines Projekt- oder Studientages

In einem Planspiel simulieren Sie eine Situation, die sich so oder so ähnlich in der Realität zutragen könnte. Das Planspiel verlangt Ihnen Handlungsentscheidungen ab, deren Auswirkungen Sie anschließend überprüfen sollen. Besonders geeignet ist die Simulation konfliktreicher Umweltsituationen bzw. „Szenarien" mit vielen Akteuren. Jeder Teilnehmende übernimmt dazu eine ihm zugewiesene Rolle, in der er versucht, seine spezifischen Interessen zu vertreten. Bei einem Planspiel handeln Sie in der Regel als Kleingruppen und werden feststellen, dass Sie dabei ein Gruppen- bzw. Rollenprofil entwickeln, aus dem Sie Informationen über den Ablauf des Planspiels sowie die konkreten Interessen und Positionen hinsichtlich des zu bearbeitenden Konfliktes ableiten können.

1. Vorbereitung des Planspiels

Sie simulieren eine UN-Sicherheitsratssitzung, auf der sich die Delegationen treffen, um den Frieden in einem fiktiven oder realen Konfliktgebiet wiederherzustellen. Dazu müssen Sie die Ziele und Aufgaben der UNO kennen sowie die zentralen Bestimmungen der UN-Charta zur Herstellung des Friedens (Präambel, Art. 1 und 2, Kap. VI, VII) und den Abstimmungsmodus im Sicherheitsrat. Um die Positionen und Interessen „Ihrer" Delegation überzeugend zu vertreten, sollten Sie sich im Vorfeld nicht nur mit der Innen- und Außenpolitik des Landes, sondern auch mit dem Problem der Intervention und des völkerrechtlichen Prinzips der Nichteinmischung in die inneren Angelegenheiten eines Staates auseinandergesetzt haben. Für die Sitzung sind zahlreiche Spielvorgaben einzuhalten:

- Legen Sie in Übereinkunft mit Ihrem Kursleiter den zeitlichen Rahmen des Planspiels fest.
- Bestimmen Sie gemeinsam einen Spielleiter, der in den Ablauf der Sitzung normalerweise nicht eingreift, diese jedoch von Beginn an protokolliert.
- Treffen Sie entsprechende Vorbereitungen, um Ihren Kursraum als Konferenzraum nutzen zu können (Bestuhlung, mediale Ausstattung, Verdunklung etc.).
- Bleiben Sie auf einer angemessenen Sprachebene und halten Sie die Regeln der Höflichkeit und Förmlichkeit ein. Auf diplomatischem Parkett ist es üblich, sich selbst in den Verhandlungspausen mit „Verehrter Herr Delegierter" oder „Frau Vorsitzende" anzusprechen.
- Hören Sie einander zu und versuchen Sie, die Argumente anderer nachzuvollziehen – vielleicht hat Ihr Gegenüber recht. Begrenzen Sie Ihre Redebeiträge. Reden Sie nicht durcheinander.
- Bei vielen Akteuren werden Sie Maximalforderungen nur schwer durchsetzen können. Seien Sie daher kompromissbereit, ohne jedoch Ihre wesentlichen Interessen aus dem Auge zu verlieren.
- Zeichnen Sie Ihre Sitzung auf Video/DVD auf. Dies erleichtert Ihnen die spätere Auswertung.

2. Problemstruktur des Planspiels

Im Mittelpunkt des Planspiels steht ein realer oder fiktiver Konflikt, dessen Gegenstand sich an ein vergangenes oder künftiges Ereignis anlehnt. Ausgangspunkt der simulierten Sitzung wäre z.B. ein CNN-Bericht, der von einem Luftangriff des Staates *Andrael* gegen vermutete Nuklearanlagen im Staat *Uldran* berichtet. *Uldran* ruft infolge des Luftschlags den Sicherheitsrat um Hilfe, der daraufhin zu einer Dringlichkeitssitzung gemäß Kapitel VI der UN-Charta über „Die friedliche Beilegung von Streitigkeiten" zusammenkommt. Zur Bearbeitung des Konflikts ist es notwendig, dass sich der UN-Sicherheitsrat als Entscheidungsgremium trifft und zum Zweck einer Resolution berät. Ziel sollte es sein, eine Resolution zu verabschieden bzw. deren Wortlaut zur Herstellung des Friedens zu formulieren.

> Spielen Sie das Planspiel in Ihrem eigenen Kurs zusammen mit einem weiteren Kurs Ihrer Jahrgangsstufe und werten Sie Ihre Ergebnisse gemeinsam aus.

3. Rollenübernahme durch die Teilnehmer

Sicherheitsrat	Der Sicherheitsrat setzt sich zusammen aus:
a)	den Ständigen Mitgliedern USA, Russland, China, Großbritannien und Frankreich
b)	zehn nichtständigen Vertretern, von denen aufgrund der vorgegebenen Spielzeit zwei Staaten (Deutschland, N. N.) mit einfachem Stimmrecht ausgewählt werden. Die Wahl der Delegationen kann je nach Konfliktgegenstand und Spielvorgabe variieren.
c)	den beiden Konfliktparteien (*Andrael* und *Uldran*), die gemäß Art. 31 der UN-Charta über kein Stimmrecht verfügen.
Delegationen	Die Vertretungen der an der Sitzung teilnehmenden Länder werden mit jeweils zwei Personen (Sprecher und Berater) besetzt. Allen Delegationsmitgliedern wird Rederecht eingeräumt. Zur Vorbereitung der UN-Sitzung beraten sich die Delegationen mit ihren Mitarbeitern, um unter Berücksichtigung der Interessenlage ihres Landes einen Resolutionsentwurf auszuarbeiten. Zum Zweck der eigenen Argumentation erfolgt dies unter Berücksichtigung früherer Konflikte und Konfliktlösungen, der UN-Charta und anderer recherchierter Informationstexte. Wichtig sind die Pflicht der Verschriftlichung und die Wahrung der Form.
Vorsitz	Den Vorsitz übernimmt ein Land, das keine unmittelbaren Interessen vertritt.
UN-Orga-nisationen/ NGO	Je nach Zielsetzung kann im Rahmen des Planspiels auch eine UN-Sonderorganisation bzw. angeschlossene Organisation oder eine Nichtregierungsorganisation mitwirken. Im Fallbeispiel wäre die Internationale Atomenergiebehörde (IAEO) denkbar.
Journalisten	Die Aufgabe der Medienvertreter besteht darin, einen Artikel über die Sitzung in einer international vertriebenen Zeitung zu verfassen. Auch Interviews mit den Konfliktbeteiligten oder Delegationsmitgliedern könnten darin „publiziert" werden.

4. Auswertung des Planspiels

Im Anschluss sollten der inhaltliche und formale Spielablauf sowie die Ergebnisse zusammenfassend analysiert und reflektiert werden, u. a. im Hinblick auf folgende Fragen: Waren genügend Informationen und ausreichend Zeit vorhanden? Konnte man das Planspiel beeinflussen? War der Ablauf gut strukturiert? Wie zufrieden sind die Teilnehmer mit den Ergebnissen? Wie war der Lerneffekt des Planspiels? Was lief gut und was ist zu kritisieren?

Weitere fiktive Beispiele für Problemstellungen zur Befassung des UN-Sicherheitsrats

Bsp. 1: Die südpazifischen Atolle *Roratonga* und *Kiritau* sind aufgrund des Klimawandels akut von Überflutung bedroht. Der benachbarte Industriestaat *Solanien* verweigert bisher die Aufnahme von Flüchtlingen. Infolgedessen rufen die beiden Inselstaaten den UN-Sicherheitsrat an.

Bsp. 2: Der zentralafrikanische Staat *Gutombo* verfügt über riesige Erdöl- und Kupfervorkommen. *Gutombo* ist aber ein „failing state", geplagt von Misswirtschaft, korrupten Eliten und Bürgerkrieg. Im Zuge dessen kommt es zu Übergriffen rivalisierender Banden auf die Zivilbevölkerung und zu schweren Menschenrechtsverletzungen. Westliche Geheimdienste wollen erste Aktivitäten von Al-Qaida-Terroristen im Land festgestellt haben; die gesamte Region wird instabil. Die NATO-Hauptmacht *USA* sieht den Weltfrieden nach Art. 39 der UN-Charta bedroht.

Bsp. 3: Die Technologiemacht *Hinduristan* weigert sich, ihre Märkte für Waren aus dem entfernten Schwellenland *Mazuela* zu öffnen und ihre handelsverzerrenden Subventionen abzubauen. *Mazuela* ist bei *Hinduristan* hoch verschuldet. Presseberichten zufolge haben *mazulanische* Piraten *hindurische* Frachtschiffe in der Straße von Malakka angegriffen. *Hinduristan* beruft sich auf sein Recht zur Selbstverteidigung nach Art. 51 der UN-Charta und schickt Truppen nach *Mazuela*.

METHODEN · METHODEN · METHODEN · METHODEN · METHODEN · METHODEN · METHODEN · METHODEN

5. Die NATO – neue Aufgaben für ein altes Bündnis

> „Die Parteien vereinbaren, dass ein bewaffneter Angriff gegen einen oder mehrere von ihnen in Europa oder Nordamerika als ein Angriff gegen sie alle angesehen werden wird […].“
>
> *Art. 5, Nordatlantikvertrag, Washington D. C., 4. April 1949*

Die NATO – „Kind" des Kalten Krieges …

Mit der Unterzeichnung des Nordatlantikvertrags am 4. April 1949 gründeten zehn europäische und zwei nordamerikanische Staaten die *North Atlantic Treaty Organisation* (NATO). Als Militärbündnis nahm die NATO während des Ost-West-Konflikts vornehmlich die Aufgabe wahr, die Außengrenzen des NATO-Gebiets zu sichern und den politischen Status quo in Europa aufrechtzuerhalten. Die militärischen und politischen Funktionen der heutigen NATO gehen allerdings weit über ihre früheren Aufgaben als „Kind" des Kalten Krieges hinaus. Im Verlauf von über 60 Jahren hat sich die NATO von einer Verteidigungsallianz zu einer multifunktionalen Sicherheitsagentur gewandelt.

… und Verteidigungsbündnis

Wie andere Regionalpakte besitzt auch die NATO das Recht zur kollektiven Selbstverteidigung nach Art. 51 UN-Charta. Mit dem Auseinanderbrechen der Sowjetunion 1991 verlor sie allerdings zunächst diese ursprüngliche Rechtfertigung. Dennoch löste sich die Allianz nicht auf – vielmehr passte sie sich ihrem gewandelten sicherheitspolitischen Umfeld an. Hatte die NATO während des Kalten Kriegs vor allem zur Aufrechterhaltung des strategischen Gleichgewichts in Europa, d. h. zum Erhalt des Friedens durch Abschreckung, Verteidigungsfähigkeit und die Unterstützung glaubwürdiger Entspannungspolitik, gedient, so traten mit der Deutschen Einheit und dem Zerfall des Warschauer Paktes neue Aufgaben neben die verteidigungspolitische Kernfunktion.

… und Krisenmanagerin

Krisenbewältigung und Friedenserhaltung rückten nun in den Mittelpunkt der NATO-Aktivitäten und fanden Ausdruck in den „Strategischen Konzepten" der Allianz von 1991 bzw. 1999. Mit den Luftschlägen gegen serbische Militäreinheiten in Bosnien-Herzegowina (1995) agierte die NATO erstmals außerhalb ihres Bündnisgebiets (*„out of area"*) und im Kosovokrieg (1999) erstmals ohne ein Mandat der Vereinten Nationen. Beide Einsätze waren als „humanitäre Interventionen" erfolgt, um schwersten Menschenrechtsverletzungen Einhalt zu gebieten und die Expansionspolitik des serbischen Staatspräsidenten Slobodan Milošević zu beenden. Die *Stabilization Force* (SFOR) und die *Kosovo Force* (KFOR) der NATO überwachten in den Jahren nach dem Bürgerkrieg die Waffenstillstände, demobilisierten die Kriegsgegner, ermöglichten die Repatriierung von Flüchtlingen und schützten den von UNO, EU und OSZE vorangebrachten Staatsaufbau.

NATO 1989; *Zeichnung: Jupp Wolter* / NATO 1999; *Zeichnung: Egon Kaiser*

Der Wandel der NATO wurde seit den Neunzigerjahren sowohl durch Initiativen der USA, z. B. die Einrichtung einer „Schnellen Eingreiftruppe" im Jahr 2002, als auch durch unterschiedliche Ereignisse immer wieder neu angestoßen. Zu diesen gehörten nach dem Ende des Ost-West-Konflikts vor allem die Konflikte und Kriege auf dem Balkan (z. B. Bosnien-Herzegowina), die terroristischen Anschläge vom 11. September 2001 und die anschließende militärische Intervention in Afghanistan als erstem Bündnisfall in der Geschichte der NATO, aber auch der Krieg zwischen Georgien und Russland im Kaukasus vom Sommer 2008. Angesichts ihrer neuen Rolle als globale Sicherheitsagentur ist die NATO zu einem Instrument der internationalen Krisenbeherrschung geworden, wie die Intervention im libyschen Bürgerkrieg 2011 oder die militärische Unterstützung des Irak und der Türkei gegen Anschläge und Übergriffe der Terrorgruppe Islamischer Staat zeigen. Wie die Ukrainekrise (2014) und das dadurch stark belastete Verhältnis zu Russland verdeutlichen, fungiert die NATO allerdings auch noch immer als Verteidigungsbündnis. Im Rahmen des NATO-Russland-Konflikts wurden auf dem Gipfeltreffen in Wales 2014 daher neue Strategieziele formuliert, die neben einem Aktionsplan für Osteuropa auch neue Maßnahmen der militärischen Abschreckung umfassen und, ergänzend zur politischen und militärischen Rückversicherung für östliche Bündnispartner entlang der Außengrenze des NATO-Gebiets (z. B. Luftraumüberwachung im Baltikum), einen operativen Kurswechsel in Richtung neuer Kriseneingreiftruppen (sog. NATO-Speerspitze) mit höherer Einsatz- und Reaktionsfähigkeit vorsehen.

… und globale Sicherheitsagentur

Anders als frühere Bündnissysteme sieht der NATO-Vertrag auch eine politische, soziale, wirtschaftliche und kulturelle Zusammenarbeit und damit die Verteidigung der „Lebensform" vor, die sich speziell in den freiheitlichen Demokratien der USA und Westeuropas ausgebildet hat. Der Aufbau einer militärischen Organisation mit einem engen politisch-institutionellen Geflecht führte zur Erweiterung der NATO von anfänglich 12 auf heute 28 Mitgliedstaaten (Stand: 2015). Nach dem Zusammenbruch der UdSSR hat sich die NATO dabei um die meisten Staaten des ehemaligen Warschauer Paktes und des ehemaligen Jugoslawien erweitert.

… und Wertegemeinschaft

Die NATO steht mit Blick auf altbekannte und neue Gefahren vor großen Herausforderungen. Die transatlantischen Bündnispartner verständigten sich deshalb bereits Ende 2010 auf ein neues „Strategisches Konzept", in dem an der traditionellen Bündnisverteidigung festgehalten wird, zugleich aber das Aufgabenspektrum erweitert werden soll: von robusten Friedenssicherungsoperationen über die maritime Sicherung der Handelswege, die Bekämpfung des Terrorismus, Ausbildungsmissionen, humanitäre Hilfseinsätze, Unterstützungsmissionen anderer Organisationen bis hin zur Gewährleistung von Energiesicherheit und Abwehr von Cyberangriffen. Die angestrebte kooperative Sicherheit umfasst auch die Fragen der Erweiterung bzw. geostrategischen Ausdehnung nach Mittel- und Osteuropa – einschließlich der Frage der Mitgliedschaft der Ukraine und Georgiens. Die Finanzierbarkeit der NATO-Einsätze (*Smart-Defence-Initiative*) bleibt dabei angesichts nationaler Finanzkrisen und Sparzwänge ein für die Zukunft zentrales Problem.

… und Zukunftsprojekt

NATO 2014; *Zeichnung: Heiko Sakurai*

MATERIAL

1 60 Jahre NATO

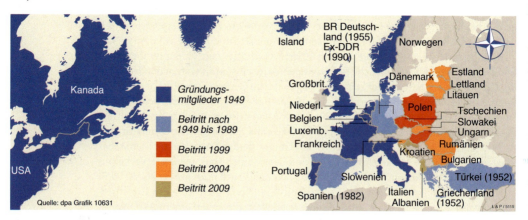

Quelle: dpa Grafik 10631

MATERIAL

2 Von der gesicherten Zweitschlagsfähigkeit zur Fähigkeit der Krisenbewältigung

„Who strikes first, dies second" – dieser Grundsatz kennzeichnete das Verhältnis zwischen den USA und der UdSSR sowohl zu Zeiten der NATO-Strategie der „Massiven Vergeltung" (Massive Retaliation; 1957 bis 1967) als auch der „Flexiblen Antwort" (Flexible Response; 1967 bis 1991). Letztere ging zurück auf einen Bericht des belgischen Außenministers Pierre Harmel aus dem Jahr 1967 und seine „Zweisäulentheorie" aus „Verteidigung und Entspannung". Seit 1991 beruht die Sicherheitspolitik der NATO auf drei Säulen.

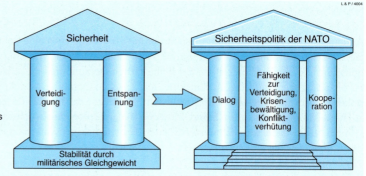

MATERIAL

3 Herausforderungen der NATO im 21. Jahrhundert

Zur Grundsatzrede des NATO-Generalsekretärs Jens Stoltenberg vor dem German Marshall Fund am 28.10.2014:

Der NATO-Generalsekretär zählte drei zentrale Herausforderungen für die Allianz auf. Sie müsse politisch und militärisch stark bleiben. Dies sei die Voraussetzung für die zweite Herausforderung: mehr Stabilität in der östlichen und südlichen Nachbarschaft der NATO. Als dritte Priorität nannte Stoltenberg ein „felsenfestes" Verhältnis zwischen nordamerikanischen und europäischen Bündnispartnern. Er erinnerte in diesem Zusammenhang an
● die [...] Verpflichtung, die Verteidigungsausga-ben innerhalb eines Jahrzehntes auf zwei Prozent der Wirtschaftsleistung zu erhöhen [...];
● die verstärkte Waffen- und Truppenpräsenz [...] der NATO in osteuropäischen NATO-Ländern [...];
● eine höhere Einsatzbereitschaft („*Readiness Action Plan*") sowie
● die [...] sogenannte Speerspitze der „Schnellen Eingreiftruppe" der NATO (NRF). [...]
● Aufgabe der NATO sei es, „die Grenzen all unserer Verbündeten zu verteidigen." [...] „Die Zusage, einander zu verteidigen – Artikel V unseres Gründungsvertrags – bleibt das Fundament der NATO".

Nach: Michael Stabenow: Stoltenberg: Russland aus Position der Stärke begegnen, in: www.faz.net vom 28.10.2014; Zugriff am 20.1.2015, leicht geänderte Fassung

Libyen und die Intervention der NATO **4**

Vieles spricht dafür, dass die militärische Intervention in Libyen, die im März 2011 unter Führung der USA begann und im Oktober unter dem Kommando der NATO endete, ein Erfolg war. Das Eingreifen verhinderte, dass der damalige Machthaber Muammar al-Gaddafi die ostlibysche Rebellenhochburg Bengasi zurückerobern konnte und kam damit möglicherweise einem Massaker an der dortigen Zivilbevölkerung zuvor. Befürchtungen, die intervenierenden Staaten könnten in einen langen und blutigen Bürgerkrieg hineingezogen werden, haben sich bis heute nicht bestätigt. Ungeachtet dessen ist Libyen nach dem Sturz der jahrzehntelangen Diktatur noch weit von einem stabilen staatlichen Gefüge entfernt.

Aufgrund der Erfolge wird in Politik und Wissenschaft diskutiert, inwiefern der Libyeneinsatz möglicherweise als Modellfall für künftiges Krisenmanagement dienen kann und welche Lehren daraus zu ziehen sind. So steht die NATO-Operation *Unified Protector* für ein begrenztes Eingreifen mittels Luftschlägen, das ohne die Entsendung von Bodentruppen und ein langwieriges sowie kostspieliges Nachkriegsengagement wie etwa im Irak oder in Afghanistan auskommt. Darüber hinaus wird der Einsatz unter dem Schlagwort der *Leadership from Behind* von einigen als eine zukunftsweisende sicherheitspolitische Zusammenarbeit zwischen den USA und ihren europäischen Verbündeten angesehen. Schließlich steht Libyen auch als Präzedenzfall für die Durchsetzung des sich entwickelnden Prinzips der Schutzverantwortung (*Responsibility to Protect*, R2P).

Bei genauerer Betrachtung scheint es jedoch fraglich, ob die Intervention in Libyen als Blaupause für militärisches Krisenmanagement jenseits des NATO-Bündnisgebiets dienen kann. [...] Die Libyenkrise fand im Schatten der Kriege im Irak und in Afghanistan statt, die langwierige militärische Engagements zur Unterstützung des Aufbaus staatlicher Strukturen in Krisenländern diskreditiert haben. Die Öffentlichkeit in den NATO-Staaten verspürt daher wenig Appetit auf eine Wiederholung derartiger Operationen. Im Gegensatz dazu erhoffte man sich im libyschen Fall eine militärisch begrenzte Intervention mittels Luftschlägen, die ohne den Einsatz eigener regulärer Bodentruppen zum gewünschten Erfolg führen kann. Das Kämpfen am Boden blieb den Milizen der Regimegegner überlassen. [...] Aus dieser Sicht erscheint Libyen tatsächlich als ein alternatives Modell zu den militärischen Operationen in Bosnien-Herzegowina, Kosovo, Irak oder Afghanistan. [...]

Schon frühzeitig drängten die USA darauf, im Libyeneinsatz in die zweite Reihe zurückzutreten und den europäischen Verbündeten – zuvorderst Frankreich und Großbritannien – die Hauptlast der Kampfeinsätze gegen das Militär Gaddafis zu übertragen. [...] Zwar stimmten alle NATO-Mitgliedstaaten der Operation politisch zu, jedoch stellte weniger als die Hälfte militärische Kräfte zu deren Umsetzung bereit. Lediglich acht Länder – also weniger als ein Drittel der Bündnispartner – nahmen aktiv an dem Kampfeinsatz teil. Die militärischen Beiträge der USA blieben entscheidend für den Erfolg der Operation. [...]

Besonders problematisch war [...], dass Frankreich zwischenzeitlich auch Waffen an die Rebellen lieferte und damit gegen das von den Vereinten Nationen verhängte Waffenembargo verstieß.

Quelle: Marco Overhaus: Libyen, in: Reader Sicherheitspolitik, www.readersipo.de vom 4.12.2013; Zugriff am 20.1.2015
➡ Querverweis: S. 80, M 5

1. Interpretieren Sie die Karikaturen auf S. 84 mithilfe von M 1 bis M 3.
2. Erläutern Sie die gegenwärtige Rolle der NATO (M 2, M 3) mit eigenen Worten und setzen Sie sich mit dieser kritisch auseinander.
3. Interpretieren Sie die Karikatur auf S. 85 mithilfe von M 4.
4. Erarbeiten Sie aus M 4 die Ergebnisse, die sich für die NATO aus der begrenzten Intervention in Libyen ergeben haben, und bewerten Sie diese.

MATERIAL

5   Die NATO und der Raketenabwehrschirm

Pro: Ein unverzichtbares Projekt

Braucht die NATO tatsächlich ein Abwehrsystem zur Verteidigung des Bündnisgebiets gegen ballistische Raketen? [...] Zwei zentrale Gründe
5 sprechen für eine Raketenabwehr: [...]
1. Die Bedrohung: Die NATO betont seit Jahren, dass die Weiterverbreitung von ballistischen Raketen und Massenvernichtungswaffen neben dem Terrorismus die größte Gefahr für die Sicherheit
10 ihrer Mitglieder ist. Diese Gefahr wird immer komplexer. Mittlerweile besitzen oder entwickeln zwischen 20 und 30 Staaten ballistische Raketen, deren einziger militärischer Nutzen im Transport von Massenvernichtungswaffen liegt. [...] Doch
15 aus Fähigkeiten allein ergibt sich noch keine Gefahr. Sie werden dann gefährlich, wenn sie sich mit feindlichen Absichten eines Kontrahenten paaren. Der Iran ist in diesem Zusammenhang das derzeit prominenteste Beispiel. [...]
20 2. Die lückenhaften Ansätze zur Bekämpfung der Bedrohung: [...] Jede Diktatur, die über ballistische Raketen und Massenvernichtungswaffen verfügt, ist eine potenzielle Gefahr für die Interessen der NATO-Mitglieder. [...] Die Politik hat
25 sich auf diese Situation vorzubereiten. Sie muss die Sicherheit der Bürger bestmöglich schützen und dabei gleichzeitig ihre politische Handlungsfähigkeit in Krisensituationen aufrechterhalten.

Kontra: Die Risiken sind zu groß

30 Grundlage der deutschen Argumentation für die Raketenabwehr ist die zunehmende Verbreitung ballistischer Raketen. Allerdings rechtfertigt dies allein kaum den Aufwand eines Raketenabwehrsystems – dafür bedarf es, wenn überhaupt, einer
35 Bedrohung durch Nuklearraketen. Mittel- bis langfristig dürfte nur der Iran in der Lage sein, Zentraleuropa mit solchen Systemen zu bedro-

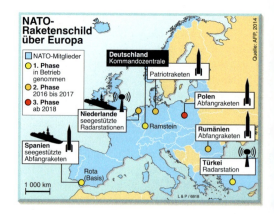

hen. Dass er plant, nukleare Raketen mit entsprechender Reichweite zu entwickeln, ist nicht ausgeschlossen, aber unter Experten strittig. [...]
40 [A]uch wenn die Abwehrsysteme massive Leistungssteigerungen erfahren: Selbst Befürworter räumen ein, dass sie nie einen hundertprozentigen Schutz garantieren werden. Daher bietet ein Raketenabwehrsystem keinen Schutz vor nu-
45 klearer Erpressung und negiert nicht die nukleare Abschreckungsfähigkeit von nuklearen „Schurkenstaaten". [Zudem] muss ein Abwehrsystem nicht dazu führen, dass Staaten ihre Nuklearwaffen- und/oder Raketenprogramme aussetzen.
50 Beleg dafür sind nicht zuletzt die anhaltenden Aktivitäten des Iran und Nordkoreas. [...]
Man sollte auch bedenken, mit welchen Motiven Russland in die Verhandlungen geht: Zunächst fühlt sich Moskau durch Staaten wie den Iran we-
55 niger bedroht als der Westen. [...] Vielmehr dürfte es im russischen Interesse liegen, das NATO-System möglichst lange zu verzögern, Informationen zu erlangen und Einfluss auf seine Ausgestaltung nehmen zu können.
60

Quelle: Pro und Contra, in: Zeitschrift für Internationale Politik, Juli/August 2012, S. 104–105.   ➡ Querverweis: S. 69, M 5

---

1. Analysieren Sie die Grafik in M 5 und setzen Sie diese in Beziehung zum Text.
2. Analysieren Sie anhand von M 5 die unterschiedlichen Positionen zum Raketenabwehrschirm und führen Sie davon ausgehend eine Fishbowl-Diskussion.
3. Erarbeiten Sie aus M 6 die wichtigsten Ergebnisse des NATO-Gipfels und bewerten Sie diese auch mit Blick auf das künftige Verhältnis der NATO zu Russland.
4. Interpretieren Sie die Karikatur auf S. 89 vor dem Hintergrund des Textes M 6.

MATERIAL
Der NATO-Gipfel in Wales: NATO versus Russland? **6**

Der Waliser Gipfel [am 4. und 5. September 2014] stellt erstens [...] einen Wendepunkt in der Geschichte der NATO dar, auch wenn seine Konsequenzen noch unklar sind. Die Rückbesinnung auf kollektive Verteidigung ist bedeutend. Sie ist jedoch nur das Ergebnis einer Entwicklung, die durch die Ukrainekrise beschleunigt wurde [...].

Zweitens hat die NATO in Wales erfolgreich einen neuen kleinsten gemeinsamen Nenner des Bündnisses gefunden: Nicht globale Operationen oder demokratische Erweiterung, sondern die Beistandsgarantie des Artikels V bildet wieder das Fundament der Allianz, und sie ist, das macht die Gipfelerklärung von Wales deutlich, vor allem gegen Russland gerichtet. [...]

Zwar wird daran festgehalten, dass die NATO keine Konfrontation mit Russland sucht und keine Bedrohung für Russland darstellt. Wiederholt wird aber auf Artikel V hingewiesen und versichert, die Allianz nehme die Abschreckung und Verteidigung von Bedrohungen gegen Mitgliedstaaten sehr ernst. [...]

Trotz dieser deutlichen Betonung der kollektiven Verteidigung – die NATO wird auch künftig Krisen außerhalb Europas im Blick haben müssen. Nebst Russland und der Ukrainekrise behandelte der Gipfel von Wales auch die wachsende Instabilität im Mittleren Osten und Nordafrika. [...]

Die demonstrative Einigkeit von Wales bezüglich Sicherung und Verteidigung des Bündnisgebiets kann erhebliche Interessenkonflikte [jedoch] nur unzureichend verdecken.

Erstens wird dies an der Weigerung der NATO deutlich, den symbolträchtigen Schritt einer dauerhaften Stationierung westeuropäischer und amerikanischer Truppen im Baltikum zu machen. Die [...] verabredete Präsenz von Truppen auf Rotationsbasis und die Durchführung gemeinsamer Übungen machen deutlich, wie sehr sich die NATO bemüht, Moskau nicht zu provozieren. Ähnliches gilt für die „Schnelle Eingreiftruppe" der NATO, die in Zukunft auf Notlagen an der Bündnisperipherie vorgehalten werden soll: Jede noch so schnelle Verlegbarkeit ist für die bal-

tischen Staaten und Polen langfristig kein Ersatz für tatsächliche Stationierung. Im Zweifel bleibt ein Rest Unsicherheit über die Bündnissolidarität übrig.

Zweitens ist es die Natur der konstatierten russischen Bedrohung, die für Zwietracht sorgt. Niemand im Bündnis erwartet, dass sich Moskau das Baltikum im Handstreich militärisch einverleibt. Man fürchtet vielmehr die Anwendung der „Putin-Doktrin", sprich eine zunächst schleichende Intervention zum „Schutze" russischsprachiger Minderheiten im Ausland. [...]

Drittens ist die vermeintlich eindeutigste Vereinbarung von Wales offensichtlich ohne Verbindlichkeit. Die Zusage der Mitgliedstaaten in [...] zehn Jahren die Verteidigungsquote auf 2 Prozent und die Investitionsquote der Verteidigungsausgaben auf 20 Prozent zu erhöhen, wird sich nicht halten lassen. [...]

Viertens ist die Frage der Ausgestaltung militärischer Multinationalität im Bündnis offen. [...] Das *Framework Nation Concept*, das in Wales einen weiteren Schritt vorwärts getrieben wurde, ist ein diesen Anforderungen entsprechendes Modell. Innerhalb des Konzeptes übernehmen „Rahmennationen" die Koordination von Nationengruppen, die auf einem bestimmten Gebiet freiwillig eng zusammenarbeiten, um innerhalb der NATO identifizierte Fähigkeitslücken zu schließen.

NATO-GIPFEL-BEGEHUNG DER ALTEN LAGERHALLEN ...

TJA ... BISSCHEN ROSTFREI-SPRAY DRAUF- ABER IM PRINZIP IST DAS DING NOCH TIPPTOPP.

EISERNER VORHANG

SCHWARWEL

Zeichnung: Schwarwel

Quelle: Christian Nünlist/Martin Zapfe: Die NATO nach Wales: Wie weiter mit Russland?, in: CSS Analysen zur Sicherheitspolitik, Nr. 161, Oktober 2014
➡ Querverweis: S. 122 f., M 5

Die Entwicklung Afghanistans zur Instabilität

Afghanistan ist ein Land voller Gegensätze und Extreme. Prägend für den afghanischen Staat und (mit)verantwortlich für den späteren Staatszerfall waren seit jeher
5 der Charakter des Vielvölkerstaats und die tief verwurzelten Stammesstrukturen. Der daraus resultierende kulturelle Partikularismus behindert die Nationen- und Staatsbildung heute massiv.

10 Die Bevölkerung Afghanistans setzt sich aus über 50 ethnischen Gruppen zusammen, von denen die Paschtunen im Süden und Osten des Landes mit geschätzten 38 Pro-

Frau bei Stimmabgabe bei der ersten demokratischen Parlamentswahl in Afghanistan am 18. September 2005

zent die weitaus größte darstellen. Mit wenigen Ausnahmen stellten sie die Führung des Landes.
15 Andere bedeutsame Gruppierungen sind die persischsprachigen Tadschiken (ca. 25 %) und die Usbeken in Nordafghanistan (ca. 6 %). In den 34 Provinzen des Landes existieren rund 30, z. T. nicht miteinander verwandte Sprachen, und selbst die vorherrschende Religionsform des Islam, dessen Hauptauffassungen Schia und Sunna im Land vertreten sind, vermag die heterogene Gesellschaft nicht stabil zu verklammern. Die Identifikation mit dem eigenen Clan oder Stamm überlagert –
20 begünstigt durch ein starkes Stadt-Land-Gefälle und geografische Beschränkungen durch Gebirge und Täler – jedes Nationalbewusstsein.

Ursprünglich benannten die Perser die südlich und südöstlich vom Hindukusch sowie im Nordwesten des heutigen Pakistan gelegenen Herrschafts- und Stammesgebiete der Paschtunen als Afgha-

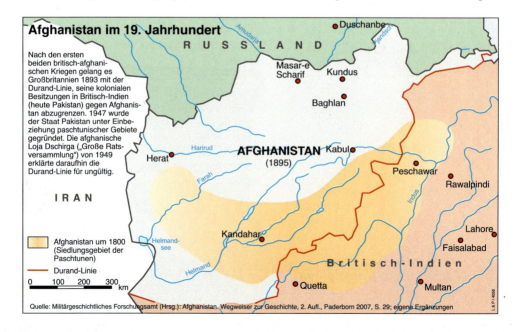

Afghanistan im 19. Jahrhundert

Nach den ersten beiden britisch-afghanischen Kriegen gelang es Großbritannien 1893 mit der Durand-Linie, seine kolonialen Besitzungen in Britisch-Indien (heute Pakistan) gegen Afghanistan abzugrenzen. 1947 wurde der Staat Pakistan unter Einbeziehung paschtunischer Gebiete gegründet. Die afghanische Loja Dschirga („Große Ratsversammlung") von 1949 erklärte daraufhin die Durand-Linie für ungültig.

RUSSLAND

Duschanbe

Masar-e Scharif

Kundus

Baghlan

IRAN

Harirud

Herat

AFGHANISTAN
(1895)

Kabul

Peschawar

Rawalpindi

Farah

Kandahar

Helmand-see

Lahore

Faisalabad

Britisch-Indien

Helmand

Quetta

Multan

Afghanistan um 1800 (Siedlungsgebiet der Paschtunen)

Durand-Linie

0 100 200 300 km

Amudarja

Indus

Quelle: Militärgeschichtliches Forschungsamt (Hrsg.): Afghanistan. Wegweiser zur Geschichte, 2. Aufl., Paderborn 2007, S. 29; eigene Ergänzungen

nistan – das „Land der Afghanen". Im Jahr 1747 begründete Ahmad Schah Durrani (1722–1772)
eine Dynastie, die ihre Zentralmacht bis zum Sturz des letzten Monarchen, Mohammed Sahir Schah
(1914–2007), im Jahr 1973 behaupten konnte.

Im 19. Jahrhundert geriet Afghanistan in koloniale Einflusssphären und existierte als Pufferzone
zwischen den imperialen Kräften Russlands und Britisch-Indiens. Zwischen 1839 und 1919 wurde
es zum Schauplatz von insgesamt drei anglo-afghanischen Kriegen. 1919 erklärte König Amanul-
lah Khan (1892–1960) die Unabhängigkeit Afghanistans, ohne jedoch seine Pläne eines funkti-
onierenden Zentralstaates verwirklichen zu können. Es gab weder ein stehendes Heer noch eine
Verwaltung, etwa zur Eintreibung von Steuern. Insgesamt blieb die Staatlichkeit wenig ausgeprägt.
1978 stürzten Kommunisten den amtierenden afghanischen Präsidenten Mohammed Daoud Khan.
Dieser wiederum hatte zuvor König Sahir Shah in einem Staatsstreich ins Exil gezwungen und in
Afghanistan 1973 die Republik ausgerufen. Im Dezember 1979 marschierten sowjetische Truppen in
Afghanistan ein, um die regierenden Kommunisten vor ländlichen Rebellen zu schützen.

1979–1989: Muslimische Widerstandskämpfer, die Mujaheddin („Heilige Krieger"), bekämpfen mit US-
amerikanischer Unterstützung erfolgreich die sowjetischen Invasionstruppen.
1992: Bürgerkrieg rivalisierender Mujaheddin. Männer wie der saudische Multimillionär Osama bin Laden
sorgen dafür, dass islamische Kämpfer aus der ganzen Welt unter Berufung auf den „Dschihad" am Bürgerkrieg teilnehmen. Die bedeutsamste Gruppierung: al-Qaida – 1988 von bin Laden selbst gegründet.
1994: Erstmaliges Auftreten der Taliban, einer Armutsbewegung sunnitischer Paschtunen, die als Kriegs-
flüchtlinge in pakistanischen Koranschulen religiös fanatisiert und bereits während der sowjetischen Besatzung vom pakistanischen Geheimdienst militärisch ausgebildet worden waren.
1996: Die rivalisierenden tadschikischen und usbekischen Mujaheddin-Fraktionen und Hazara-Warlords
schließen sich unter der Führung des usbekischen Generals Abdul Rashid Dostum gegen die Taliban zur Nor-
dallianz („Nationale Islamische Vereinigte Front zur Rettung Afghanistans") zusammen, verlieren jedoch
den Machtkampf. Die Taliban erobern Kabul. Sie foltern den ehemaligen afghanischen Staatspräsidenten
Mohammed Nadschibullah (1947–1996) und richten ihn auf offener Straße hin.
1996–2001: Die Taliban errichten einen islamischen Gottesstaat mit totalitären Elementen. Sie führen
die Scharia ein, erlassen ein Tanz-, Musik- und Fernsehverbot und verbannen Frauen aus dem öffentlichen
Leben. Fast alle Schulen und Universitäten des Landes werden geschlossen. Osama bin Laden veranlasst in
Afghanistan die Einrichtung von Ausbildungslagern für künftig auch international agierende Terroristen.
2001: Die US-Luftangriffe gegen Afghanistan als Reaktion auf den Anschlag auf das World Trade Center
vom 11. September beenden die Taliban-Herrschaft. Hamid Karzai wird zum Übergangspräsidenten ernannt.
2002–2009: Nach der Verabschiedung einer neuen Verfassung wird Karzai schließlich im Oktober 2004
in Volkswahlen bestätigt. Ungeachtet demokratischer Reformen, u. a. den ersten Parlamentswahlen im September 2005, kommt es seit dem Frühjahr 2006 zu einem Wiedererstarken der Taliban.
2009–2014: Präsidentschafts- und Parlamentswahlen, wie die Wahlen von Präsident Karzai für eine zweite
Amtszeit, werden von Wahlmanipulationen, Bombenangriffen und Einschüchterungen begleitet.
seit 2014: Angesichts fortgesetzter Taliban-Anschläge und dem durch den Rückzug der NATO-Truppen ver-
ursachten Wirtschaftseinbruch verläuft der Machtwechsel zur neuen Regierung unter Präsident Ghani und
Quasi-Premierminister Abdullah unruhig.

1. Ermitteln Sie grundlegende Ursachen bzw. Faktoren für die afghanische Instabilität.
2. Begründen Sie, weshalb man Afghanistan als einen „failing state" bezeichnen kann.

6. Afghanistan – hat der Westen den Frieden gebracht?

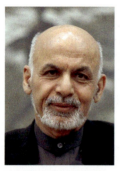

Präsident Ashraf Ghani

Die Islamische Republik Afghanistan vereint als einer der zentralen Konflikt-herde des 21. Jahrhunderts die Strukturen sowohl eines klassischen Krieges als auch eines Bürgerkrieges in sich. Beide Kriege behinderten die Entwicklung zu einem funktionsfähigen Staat während der Amtszeit des ehemaligen Staats-präsidenten Hamid Karzai (2001–2014) erheblich. Auch unter dem neuen Prä-sidenten Ashraf Ghani (seit September 2014) hat die Anwesenheit westlicher Nationen im Land noch immer eine zweifache Funktion: den Kampf gegen den Terror der al-Qaida zu unterstützen sowie eine erneute Machtübernahme der Taliban zu verhindern.

ISAF, OEF und „Resolute Support Mission"

Mit dem im Oktober 2001 von den USA geführten Angriff auf das von Taliban regierte Afghanistan sollte die dortige Basis für al-Qaida und den von ihr verant-worteten Terroranschlag vom 11. September zerschlagen werden. Ausgehend von der Hauptstadt Kabul wurden in den Folgejahren unter UN-Führung zahlreiche multilaterale Stabilisierungsversuche unternommen. Abgesichert und unterstützt wur-den diese Bemühungen durch eine NATO-geführte Schutztruppe, die *International Se-curity Assistance Force* (ISAF), deren Mission nach 2014 für beendet erklärt und durch die Ausbildungsmission *„Resolute Support"* ersetzt wurde. Ähnlich der Antiterroroperation *„Enduring Freedom"* soll das Konzept der militärischen und zivilen Aufstandsbekämpfung in den nächsten Jahren zusätzlich dem Zweck dienen, die Entstehung neuer terroristi-scher Rekrutierungs- und Trainingsorte in Afghanistan zu verhindern.

Warlords, Drogenbarone und Mujaheddin

Besonders prekär sind die Defizite, aber auch die Erfolge beim Aufbau eines „Hauses Afghanistan", denn bis heute schwächen und sabotieren Kriegsherren (*Warlords*), Drogenprofiteure und Widerstandskämpfer (*„Mujaheddin"*) aus der Zeit der sow-jetischen Invasion die Zentralregierung in Kabul. Afghanistan ist der größte He-roinlieferant der Welt, und jedes Jahr wandert ein großer Teil des Opiumerlöses in die Kriegskasse der Taliban. Durch ein Zusammenspiel aus Al-Qaida-Terroristen, Ta-liban und paschtunischen Stammesfürsten hat sich die Gefahrenlage in Afghanistan somit dramatisch erhöht und betrifft mittlerweile auch die benachbarte Atommacht Pakistan. Gleichwohl ist im Sinne der „Afghanisierung" des Landes die Zivil-gesellschaft unter der autokratischen Herrschaftsordnung Präsident Kar-zais gestärkt worden. Die überwiegende Zahl der Afghanen ist heute dazu bereit, trotz Drohungen und Repressalien der Taliban zu den Wahlen zu gehen und so für eine weitere Demokratisierung des Landes zu stimmen.

Der ehemalige Präsident Hamid Karzai

Legitimität durch Wahlen und afghanische Eigenverantwortung sind vorran-gige Ziele der internationalen Gemeinschaft. Der Weg dorthin allerdings er-wies sich bisher als schwierig. Mithilfe umfassender Finanzhilfen in den Be-reichen der Landwirtschaft, Energie, Gesundheit und Bildung wurden zunächst wichtige Voraussetzungen für das wirtschaftliche Wachstum, die Erhöhung der Beschäftigungsmöglichkeiten und die Beseitigung der Lasten früherer Kriegsökonomien geschaffen. Die internationalen Hilfen zur Verbesserung der Verwaltungspraxis und zur Stärkung der Rechtsstaatlichkeit schufen parallel dazu die Voraussetzungen für einen stabilen Staatsaufbau. Sämtliche Unterstützungsleistungen dienen dem Ziel einer „Guten Regierungsführung" (*Good Governance*) und werden von den großen Mächten und internationalen Organisationen UNO, NATO und EU sowie von einer Vielzahl an Nichtregierungsorganisationen getragen.

„Good Governance"

Die Bundeswehr hat sich dabei in den letzten Jahren im Sinne eines erweiterten Sicherheitsbegriffs auf neue friedenssichernde Aufgaben eingestellt. Im Vordergrund standen neben Unterstützungsleistungen für die Zivilbevölkerung und infrastrukturellen Maßnahmen (Straßen- und Brunnenbau, Errichtung von Schulen etc.) vermehrt Kampfeinsätze. Außerhalb der zivilen und militärischen Einsätze der Bundeswehr zur Konfliktbewältigung folgt die deutsche Regierung in ihrer Afghanistanpolitik bis heute dem Prinzip der „vernetzten Sicherheit". Durch eine ressort- und institutionenübergreifende Zusammenarbeit zwischen den Bundesministerien, u. a. dem Verteidigungsministerium, dem Auswärtigen Amt und dem Innenministerium, aber auch durch Förderung und Aufbau lokaler Akteure und Gruppen, wie der afghanischen Polizei, sollen die verfügbaren Ressourcen und zahlreichen Aktivitäten auf den verschiedenen Ebenen wirksamer koordiniert werden.

Bundeswehr zwischen „erweiterter" und „vernetzter" Sicherheit

Die Diskussion um die geeignete NATO-Strategie bei der politischen und militärischen Konfliktlösung hat die westlichen Friedensbemühungen bislang erschwert. Zahlreiche Aufstände in Afghanistan haben die Einsatzrealität für die intervenierenden Streitkräfte stark verändert und – auch für die Bundeswehr – die Gefahren enorm erhöht. Die Frage der militärischen Lastenteilung (*burden-sharing*) in Afghanistan entfachte hierzulande eine Kontroverse über die Dauer des Afghanistaneinsatzes und die Rolle der Bundeswehr in Krisengebieten. Ähnlich der Debatte um die Verteidigung deutscher Sicherheit „am Hindukusch" werden dabei auch künftig zentrale Fragen wie die Notwendigkeit deutscher Bündnissolidarität, die Dauer und Intensität der Auslandseinsätze und der Zeitpunkt für einen Truppenabzug im Mittelpunkt stehen.

Lastenteilung und Truppenabzug

Stabile Staatlichkeit herzustellen ist in Nachkriegsgesellschaften zu einer zentralen Aufgabe geworden und wird in der Regel über eine zivil-militärische Zusammenarbeit entwickelt. Nach dem Abzug eines Großteils der NATO-Truppen 2014 trat an die Stelle von Kampfeinsätzen eine mit rund 12 000 Mann geplante Stabilisierungs- und Unterstützungsmission, die sich den weiteren Aufbau und die Ausbildung der afghanischen Armee und Polizei zum Ziel gesetzt hat. Im Rahmen des sogenannten „Speichenmodells", mit Kabul als „Nabe" und den vier Regionen in Nord, West, Süd und Ost als „Speichen", beteiligt sich Deutschland als „Rahmennation" an Ausbildungs-, Beratungs- und Unterstützungsaufgaben in Kabul und im Norden Afghanistans.

zivil-militärische Zusammenarbeit

Unterstützung bei der Ausbildung afghanischer Soldaten durch die Bundeswehr

MATERIAL

1 Sicherheitskräfte in ihrem letzten Jahr in Afghanistan (2014)

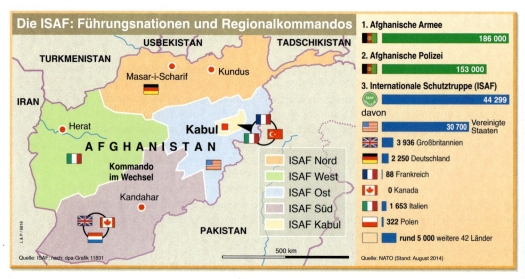

Quelle: ISAF; nach: dpa-Grafik 11831

MATERIAL

2 Multinationale Kooperation in Auslandseinsätzen

Alle bedeutenden Missionen – so auch der ISAF-Einsatz – sind gegenwärtig geprägt durch Multinationalität. [...] Vorrangiges Ziel der beteiligten Staaten ist dabei die Teilnahme vieler Staaten, möglichst abgesichert durch ein Mandat der Vereinten Nationen, um die Legitimität der Einsätze zu erhöhen. Das Engagement unterschiedlicher Staaten soll verdeutlichen, dass die Mission nicht alleine dem politischen Willen eines Staates folgt, sondern einen fairen Ausgleich der Interessen sowohl im Einsatzland als auch zwischen den beteiligten Nationen gewährleistet.

Allerdings ist mit der multinationalen Prägung internationaler Konfliktregelungen, wie in Afghanistan, ein wesentlicher Nachteil verbunden: Durch das gemeinsame Vorgehen sind die Staaten aufeinander angewiesen. In der Folge besteht die wechselseitige Abhängigkeit, die Mission erfolgreich zu Ende zu bringen [...]. Dies gilt auch und gerade dann, wenn sich die militärische Situation im Einsatzland verschlechtert und eine Vielzahl von Gefallenen zu beklagen ist. [...] [Die Staaten] beobachten auch wechselseitig die Entwicklungen in der Innenpolitik und Öffentlichen Meinung anderer Staaten, um festzustellen, ob einige Partner sich aus dem gemeinsamen Einsatz verabschieden. Im Laufe des Afghanistaneinsatzes haben Kanada und die Niederlande ihr militärisches Engagement [...] reduziert bzw. eine Beendigung der Kampfhandlungen angekündigt. Es besteht zumindest die Gefahr einer Eigendynamik, wenn [...] weitere Nationen wegfallen.

Quelle: Heiko Biehl: United We Stand, Divided We Fall?, in: Anja Seiffert u.a. (Hrsg.): Der Einsatz der Bundeswehr in Afghanistan, Wiesbaden 2012, S. 169ff.

1. Beschreiben Sie die multinationale Kooperation beim Afghanistan-Einsatz (2001–2014) anhand von M1 und M2.
2. Interpretieren Sie die Karikatur auf S. 95 vor dem Hintergrund von M2.
3. Erörtern Sie Chancen und Grenzen zivil-militärischer Zusammenarbeit (M3).

Was vom Krieg übrig bleibt

Aus einem Interview mit Suzana Lipovac, Gründerin und Geschäftsführerin der in Krisengebieten tätigen humanitären Hilfsorganisation KinderBerg International e. V.:

Frau Lipovac, Deutschland bereitet sich auf einen umfassenden Truppenabzug aus Afghanistan vor. [...] Was wird sich damit für die deutschen Hilfsorganisationen im Land ändern? [...]

5 Der Abzug der Bundeswehr ist ja bereits im vollen Gange. Im Nordosten, wo wir tätig sind, wird er Ende September abgeschlossen sein. Und seitdem hat sich die Sicherheitslage kontinuierlich verschlechtert. Laut UN-Angaben gab es in der
10 ersten Jahreshälfte 2013 über 23 Prozent mehr zivile Opfer als im Vorjahr. Das sind fast 3 000 zivile Tote oder Verletzte, die völlig unbeteiligt ins Kreuzfeuer zwischen afghanischen Sicherheitskräften und Aufständischen geraten sind. [...]

15 **Trauen Sie den afghanischen Sicherheitskräften nicht zu, für Stabilität zu sorgen?**

Nicht ohne fremde Hilfe. Wenn wir jetzt einen sicheren Staat in Afghanistan hätten, würde ich ihnen unter Umständen zutrauen, diese Stabi-
20 lität zu erhalten. Ich würde den Afghanen eher zutrauen, in Deutschland für Stabilität zu sorgen als im heutigen Afghanistan. Wir verlangen von der Afghanischen Nationalarmee (ANA) und der afghanischen Nationalpolizei etwas, was die mili-
25 tärisch weitaus überlegene ISAF flächendeckend noch nicht erreicht hat.

Und die Polizei? Sind besonders die Deutschen da bei der Ausbildung gescheitert?

30 Nein, gescheitert ist niemand. Wenn man sich die Studie anschaut, die wir zu dem Thema gemacht haben, dann empfindet die afghanische Bevölkerung ihre Sicherheitskräfte heute als besser ausgebildet.
35 Aber die Aufständischen ändern ja permanent ihre Strategie und setzen neue Kampftechniken ein. [...]

KinderBerg war die erste Hilfsorganisation, die mit der Bundeswehr kooperiert
40 **hat. Wie waren damals die Reaktionen?**

Wir sind ja nicht nur die erste, sondern auch noch die einzige Organisation, die offiziell mit der Bundeswehr zusammenarbeitet. Begonnen hat es bereits 1999 im Kosovo, und ich fand das damals wie heute ganz normal. [...] Als wir 45 nach Afghanistan gegangen sind, haben wir ein paar von den Militärs wiedergetroffen, die ich aus dem Kosovo kannte. Wir haben in der Logistik und im medizinischen Bereich immer kooperiert, aber einen offiziellen Anstrich bekam unsere lo- 50 ckere und pragmatische Zusammenarbeit erst im Dezember 2006, als wir sie zum ersten Mal schriftlich in einem vom Auswärtigen Amt finanzierten Gesundheitsprojekt aufgeführt haben. Seitdem haben wir vier Millionen afghanische Patienten 55 versorgt. Damals bin ich für diese Zusammenarbeit bei Podiumsdiskussionen in Deutschland aufs Heftigste angegangen worden. [...]

Und heute?

Ist es wieder sachlich und kollegial. [...] Wir haben 60 bewiesen, dass Militär und zivile Organisationen zusammenarbeiten können, ohne vereinnahmt oder instrumentalisiert zu werden. Ich bezweifle allerdings, dass so etwas immer funktioniert. Bei uns waren die Voraussetzungen günstig: [...] 65 auch, weil die Bundeswehr eine weitaus höhere Akzeptanz durch die afghanische Bevölkerung erfahren hat als etwa die Amerikaner. So eine zivil-militärische Kooperation bleibt für beide Seiten gefährlich. 70

Zeichnung: Nel (Ioan Cozacu)

ARCHE ISAF 2013

4 Zwölf Jahre Afghanistan-Einsatz der Bundeswehr

Der Einsatz in Afghanistan war für die Bundeswehr ein Erfolg – obwohl die Mission an sich als gescheitert gelten kann, das Land alles andere als stabil ist, die Gefahr eines lang anhaltenden
5 Bürgerkriegs fortbesteht und man mit einer erneuten Machtübernahme durch die Taliban rechnen muss. Während ihres zwölf Jahre dauernden Engagements in Afghanistan hat sich die Bundeswehr von einer Armee der Territorialverteidigung
10 und des robusten *Peacekeeping* (Friedenssicherung) zu einer Einsatzarmee weiterentwickelt, die heute das gesamte Spektrum militärischer Aufgaben einschließlich des Gefechts abdecken und ausüben kann.
15 Das Besondere an diesem Prozess ist, dass er politisch weder intendiert noch gewollt war, sondern das Ergebnis der Erfahrungen im Einsatz ist. [...] Als der Bundestag Ende 2001 auf Antrag der rot-grünen Bundesregierung den Einsatz der
20 Bundeswehr in Afghanistan beschloss, schickten die Abgeordneten eine Armee nach Afghanistan, die zwar Einsatzerfahrung aufweisen konnte (insbesondere in Bosnien und im Kosovo). Ihr Schwerpunkt aber war auf Einsätze ausgerich-
25 tet, die, grob gesprochen, dem breiten Spektrum des *Peacekeeping* zugeordnet werden konnten. Darüber hinaus ging die deutsche Einsatzphilosophie davon aus, dass militärische Einsätze eine stabilisierende Funktion haben und
30 den politischen Prozess der Konfliktregulierung absichern sollten. Aus dieser Einsatzphilosophie resultierte die Tatsache, dass das Einsatzspektrum deutscher Streitkräfte in Tätigkeiten wie der Trennung von
35 Konfliktparteien und der Absicherung von Wiederaufbaumaßnahmen bestand, immer unter der Annahme, dass der Einsatz unparteiisch sei und von der Zivilbevölkerung willkommen geheißen würde. All diese Vo-
40 raussetzungen waren in Afghanistan jedoch nicht gegeben. Der Einsatz der Bundeswehr im Rahmen der ISAF-Mission, aber auch anfänglich der Operation *Enduring Freedom*, erfolgte in einem „feindlichen Umfeld". [...]
45 Als wichtigste Beispiele für die Anpassung

der Bundeswehr an die neue Lage in Afghanistan müssen die Änderung der berühmten „Taschenkarte" [die Erlaubnis, früher von der Schusswaffe Gebrauch zu machen; 2009], die Entwicklung
50 einer deutschen *Counterinsurgency*-Doktrin (COIN) [Aufstandsbekämpfung] sowie die direkte Beteiligung deutscher Soldaten an militärischen Gefechtsoperationen genannt werden. [...]
Das Auseinanderklaffen zwischen dem von der Politik immer wieder betonten Stabilisierungs-
55 auftrag in Afghanistan und dem unter Beteiligung der Bundeswehr geführten Krieg am Hindukusch blieb nicht ohne Auswirkungen auf das Verhältnis der Bundeswehr zur bundesrepublikanischen Gesellschaft. Die Mehrheit der Bevölkerung lehnt
60 bis heute den Einsatz der Bundeswehr in Afghanistan ab und der Soldat im Einsatz vermisst die Rückendeckung für sein „wirkliches" Tun in Afghanistan durch Politik und Gesellschaft. [...]
Dies soll nicht darüber hinwegtäuschen, dass ins-
65 besondere hinsichtlich der Würdigung des Einsatzes in Afghanistan für den einzelnen Soldaten in den vergangenen Jahren eine Art militärischer Erinnerungskultur, wenn auch nur in Ansätzen, geschaffen wurde. Auch sie ist ein Teil des Nor-
70 malisierungsprozesses, den die deutsche Verteidigungspolitik durch ihren Einsatz in Afghanistan durchlaufen hat.

Vergabe des Ehrenkreuzes für Tapferkeit der Bundeswehr durch Bundeskanzlerin Angela Merkel

Quelle: Carlo Masala: Partner auf Augenhöhe, in: Internationale Politik, Nov./Dez., 2013, S. 90–95
⇒ Querverweis: S. 111, M 5

Verglichen mit der Ausgangssituation im Jahr 2001 ist jedenfalls für das Land eine Menge erreicht worden: Die Anzahl der Bildungseinrichtungen hat sich vervielfacht, die Gesundheitsversorgung und die Infrastruktur haben sich erheblich verbessert; die Terrororganisation al-Qaida wurde marginalisiert und die Anzahl eigener afghanischer Sicherheitskräfte ist erheblich gewachsen. Gemessen jedoch an den hohen Ansprüchen, die die beteiligten Regierungen zur jeweils nationalen Rechtfertigung des Einsatzes formuliert haben, bleibt das Erreichte weit dahinter zurück. [...]

Vom ursprünglichen Ziel der Terrorbekämpfung, vor allem der al-Qaida, ist inzwischen wenig übrig geblieben. [...] Insbesondere wurde gegen das Gebot einer einheitlichen und alle Bereiche umfassenden Strategie verstoßen. Die meisten an ISAF beteiligten Nationen verfolgten ihre eigenen Ziele und Methoden, denn es erschien vielen Regierungen wichtiger, die eigene Wählerschaft zu Hause anstatt die afghanische Bevölkerung zu überzeugen. [...]

Es ist unbestritten, dass sich die Ziele von ISAF – Stabilisierung des Landes, Schutz der Bevölkerung, Aufbau von Regierungspräsenz in der Fläche – mit den Zielen der Counterterror-Mission „*Operation Enduring Freedom*", nämlich der Ausschaltung und Tötung insbesondere der mittleren Taliban-Führungsebene, in Widerspruch befanden [...]. Man kann nicht in mühevoller Kleinarbeit in abgelegenen Regionen versuchen, das Vertrauen einer argwöhnischen Bevölkerung zu gewinnen, wenn gleichzeitig durch nächtliche und teilweise unkoordinierte Militäraktionen unter Inkaufnahme ziviler Opfer eben dieses Vertrauen wieder erschüttert oder zerstört wird. Häufig genug sind dadurch neue Kämpfer und neue Motivation für die Taliban erwachsen. [...]

Eine weitere Fehleinschätzung war der Glaube, in Kabul eine Regierung installieren zu können, die den verbündeten Staaten zugetan war und zugleich den Respekt und die Unterstützung durch die afghanische Bevölkerung erlangen könnte. Weder gelang es, eine sichtbare Regierungspräsenz in der Fläche aufzubauen, noch die alten afghanischen Seilschaften zu durchbrechen, damit eine zuverlässige und fähige Regierung entstehen konnte. Die nicht vorhandene Regierungspräsenz wurde durch die umfassende Präsenz der Taliban und anderer eigenständiger Milizstrukturen ersetzt, die durch finanzielle und politische Zuwendungen der Nachbarstaaten, Mitgliedstaaten von ISAF oder von Einzelpersonen die zaghaften Regierungsansätze in Kabul zum Teil völlig konterkarierten und in der Lage waren, sogenannte „Schattenregierungen" zu bilden. [...]

Es gab und gibt darüber hinaus einen wenig fruchtbaren Wettbewerb zwischen vor Ort präsenten internationalen staatlichen sowie Nichtregierungsorganisationen. Für den Aufbau des Landes wurde eine Menge Geld vorgehalten, und häufig war ein „*Return on Invest*" der Aufbaumittel wichtiger als eine koordinierte Abstimmung zwischen afghanischen und internationalen Partnern. [...]

Im Bereich Sicherheit wurden häufig gerade die am besten ausgebildeten afghanischen Sicherheitskräfte von privaten Sicherheitsunternehmen abgegriffen. Der Krieg in Afghanistan wurde zu einem lukrativen Geschäftsmodell für einige wenige und erhielt diese Branche quasi aus sich selbst heraus. Es reicht zudem nicht aus, afghanische Sicherheitskräfte in großer Zahl auszubilden. Sie müssen mit allem Notwendigen ausgestattet werden, das sie für die Durchführung einer komplexen und komplizierten Aufgabe im Land dringend brauchen.

Quelle: Elke Hoff: Lektionen aus dem langen Krieg, in: Internationale Politik, Sept./Okt., 2013, S. 8–13

1. Arbeiten Sie aus M 4 (Text und Foto) heraus, inwiefern sich Rolle und Bild der Bundeswehr infolge des Afghanistan-Einsatzes verändert haben.
2. Erarbeiten Sie aus M 5 die „Lektionen" des Afghanistan-Einsatzes.
3. Diskutieren Sie ausgehend von M 1 bis M 5, ob der Westen den Frieden gebracht hat.
4. Erörtern Sie, ob und wie sich Deutschland künftig an Auslandseinsätzen beteiligen sollte.

7. Chancen und Probleme der Gemeinsamen Sicherheits- und Verteidigungspolitik in Europa

> „Europa ist ein wirtschaftlicher Riese, ein politischer Zwerg und […] ein militärischer Wurm, wenn es keine eigenständige Verteidigungsfähigkeit entwickelt."
>
> *Mark Eyskens, belgischer Außenminister (1989–1992), zu Beginn des Zweiten Golfkriegs 1991*

globaler Akteur EU? — Mit ihren 28 Mitgliedstaaten (Stand: 2015), einer Bevölkerung von rund einer halben Milliarde Menschen, einem Anteil von mehr als 25 Prozent aller weltweit produzierten Güter und Dienstleistungen und einem Bruttoinlandsprodukt vergleichbar dem der USA zählt die Europäische Union zweifellos zu den globalen Akteuren des 21. Jahrhunderts. Zwar stellt sie eine ökonomische Macht von weltpolitischem Rang dar und spielt in den großen internationalen Wirtschafts- und Finanzorganisationen eine wichtige Rolle. Als außen- und sicherheitspolitischer Akteur jedoch steckte die EU lange Zeit in den „Kinderschuhen" des Ost-West-Konflikts, bei dem die USA als Schutzmacht für die Sicherheit Europas fungiert hatten. Nach dem Zusammenbruch der Sowjetunion und der Neuordnung Europas sprach man daher von der „Stunde Europas", die mit der Erwartung verknüpft war, die EU könne ein von den USA unabhängiges oder zumindest selbstständigeres Konflikt- und Krisenmanagement entwickeln.

Sicherheitsexporteur EU! — Trotz gemeinsamer Standpunkte und Erklärungen zu globalen Fragen wirkten die Europäer sicherheitspolitisch zunächst kaum gestaltend in der internationalen Politik mit. Zum einen blieb die politische Entscheidungsfindung im Rahmen der Gemeinsamen Außen- und Sicherheitspolitik (GASP) aufgrund der nationalen Interessen äußerst schwierig. Zum anderen offenbarte der Kosovokrieg 1999, dass die junge Europäische Sicherheits- und Verteidigungspolitik (ESVP) durch das Fehlen einer europäischen Armee militärisch kaum dazu in der Lage war, eine größere Krise ohne die Unterstützung der USA zu bewältigen. Erst allmählich wurden sich die europäischen Staats- und Regierungschefs der Tatsache bewusst, dass Europa nach dem weltpolitischen Umbruch von 1989 und angesichts neuer, unberechenbarer Bedrohungen vom Importeur zum Exporteur von Sicherheit werden musste. Dazu aber war es nötig, die Fähigkeit zur internationalen Krisenreaktion schrittweise zu erlernen.

ESVP und NATO — Für die sicherheitspolitische Vertiefung der europäischen Integration ist bis heute eine Reihe von Problemen zu überwinden. Die EU-Mitglieder wollen im Wesentlichen die „Herren der Entscheidung" bleiben und selbst darüber beschließen, ob und wann nationale Streitkräfte im Rahmen der Europäischen Union eingesetzt werden. Die USA übten ihrerseits stets Kritik an einer zu großen Eigenständigkeit der EU außerhalb des transatlantischen Bündnisses der NATO. Europäische Initiativen zum Aufbau autonomer Verteidigungsfähigkeiten lehnte Washington mit dem Argument ab, dies führe zur Abwendung von der NATO oder zur Verdopplung von NATO-Strukturen. Zugleich sind die von den einzelnen EU-Staaten verfolgten Strategien oft recht ungleich: Während Frankreich bisher eine von den USA unabhängigere Sicherheits- und Verteidigungspolitik anstrebte (*„ESVP first"*), trat Großbritannien für einen Ausbau des europäischen Pfeilers innerhalb der NATO ein („NATO first"). Deutschland folgt eher einem Konzept des Zusammenspiels von ESVP und NATO.

Im Rahmen der „Strategischen Partnerschaft" von EU und NATO hängt der Erfolg des europäischen Krisenmanagements von der Zusammenarbeit mit der Allianz ab: In den Fällen, in denen die USA kein Interesse an einem Militäreinsatz haben, gewährt die NATO der EU den Zugriff auf ihre militärischen Kapazitäten und stellt ihr Mittel für die operative Einsatzplanung zur Verfügung. Mit oder ohne NATO-Unterstützung erfolgt jedes europäische Krisenmanagement in Übereinstimmung mit der Charta der Vereinten Nationen und wird gemäß dem Vertrag von Amsterdam über die sogenannten Petersberg-Aufgaben realisiert. Diese umfassen humanitäre Aufgaben und Rettungseinsätze, z. B. humanitäre Hilfe in Syrien, friedenserhaltende Aufgaben sowie Kampfeinsätze bei der Krisenbewältigung wie in Libyen 2011 oder Mali seit 2013 einschließlich Frieden schaffender Maßnahmen. Im Vertrag von Lissabon wurden die Petersberg-Aufgaben u. a. um gemeinsame Abrüstungsmaßnahmen erweitert und sollen seither im Rahmen der Gemeinsamen Sicherheits- und Verteidigungspolitik (GSVP) auch zur Bekämpfung des Terrorismus dienen. Die GSVP ersetzte damit die ESVP.

die Petersberg-Aufgaben und die GSVP

Auf dem Europäischen Rat in Helsinki hatten sich die EU-Staaten Ende 1999 auf eine Zielvorgabe für die Entwicklung militärischer Fähigkeiten geeinigt, um so das gesamte Spektrum der Petersberg-Aufgaben bewältigen zu können („*Helsinki Headline Goal*"). Aufgrund vieler Defizite – Problemen etwa bei der Leitung gemeinsamer Streitkräfte und der Durchführung strategischer Luft- und Seetransporte – konnten die Planziele zunächst aber nicht erreicht werden. Im Gefolge des 11. September und der Annahme der Europäischen Sicherheitsstrategie 2003 wurde daraus im Juni 2004 das Streitkräfteziel 2010 („*Headline Goal 2010*"), zu dem auch eine „Europäische Verteidigungsagentur" und der Bau einer interkontinentalen Transportmaschine zur raschen Truppenverlegung (Airbus A 400M) beitragen sollen. Auf französische, deutsche und britische Initiativen hin wurden die „*EU Battlegroups*" ins Leben gerufen, kleine Militärverbände zur schnellen und robusten Krisenreaktion und Konfliktverhütung. Im Dezember 2004 schließlich verabschiedete der Europäische Rat eine Zielvorgabe für die zivile Krisenbewältigung – das „*Civilian Headline Goal*".

„Headline Goals" und „EU-Battlegroups"

Mit der Europäischen Sicherheitsstrategie war im Jahr 2003 erstmals eine offizielle Sicherheitsdoktrin vorgelegt worden, die das Leitbild der Europäer und ihr Selbstbewusstsein bei der Mitgestaltung der internationalen Ordnung im 21. Jahrhundert zum Ausdruck brachte. Ziviles Krisenmanagement und militärische Operationen auf dem Balkan, im Libanon sowie seit 2011 in Libyen, Mali oder Zentralafrika unterstreichen das Bemühen um eine weltpolitisch größere Profilschärfe. Insgesamt kann die EU heute zugleich als Zivilmacht, Friedensmacht und, je nach Bereitschaft, auch als Militärmacht bezeichnet werden.

Zeichnung: Waldemar Mandzel

MATERIAL
 1   Aus dem Vertrag von Lissabon

Artikel 42 (1): Die Gemeinsame Sicherheits- und Verteidigungspolitik [GSVP; ehem. ESVP] ist integraler Bestandteil der Gemeinsamen Außen- und Sicherheitspolitik. Sie sichert der Union eine auf zivile und militärische Mittel gestützte Operationsfähigkeit. Auf diese kann die Union bei Missionen außerhalb der Union zur Friedenssicherung, Konfliktverhütung und Stärkung der internationalen Sicherheit in Übereinstimmung mit den Grundsätzen der Charta der Vereinten Nationen zurückgreifen. Sie erfüllt diese Aufgaben mithilfe der Fähigkeiten, die von den Mitgliedstaaten bereitgestellt werden. [...]

Artikel 43 (1): Die in Artikel 42 Absatz 1 vorgesehenen Missionen, bei deren Durchführung die Union auf zivile und militärische Mittel zurückgreifen kann, umfassen gemeinsame Abrüstungsmaßnahmen, humanitäre Aufgaben und Rettungseinsätze, Aufgaben der militärischen Beratung und Unterstützung, Aufgaben der Konfliktverhütung und der Erhaltung des Friedens sowie Kampfeinsätze im Rahmen der Krisenbewältigung einschließlich Frieden schaffender Maßnahmen und Operationen zur Stabilisierung der Lage nach Konflikten. Mit allen diesen Missionen kann zur Bekämpfung des Terrorismus beigetragen werden, u.a. auch durch die Unterstützung für Drittländer bei der Bekämpfung des Terrorismus in ihrem Hoheitsgebiet. [...]

➡ Querverweis: Kapitel I.1

MATERIAL
 2   „Headline Goals" – militärische und zivile Fähigkeiten der EU

Battlegroups: Die EU hat seit 1. Januar 2007 ständig zwei EU-*Battlegroups* zur Verfügung, um nahezu zeitgleich auf zwei Krisen reagieren zu können. *Battlegroups* werden charakterisiert als 1 500 Mann starke Infanterie-Einheiten, die speziell für den Einsatz in zerfallenden oder zerfallenen Staaten konzipiert sind, um weltweit (ursprünglich max. 6 000 km von Brüssel entfernt) unter UN-Mandat als Kampf- und/oder Schutztruppe zu agieren. Ihr Einsatz vor Ort soll spätestens zehn Tage nach Ratsbeschluss (*„decision to launch"*) beginnen. Die Durchhaltefähigkeit der *Battlegroups* beträgt zunächst 30 Tage, kann aber auf bis zu 120 Tage ausgeweitet werden.[1]

Polizeikräfte: Die EU erstrebt die Fähigkeit, alle Arten von Polizeioperationen ausführen zu können (von Beratungs-, Hilfs- und Ausbildungsaufgaben bis zur Ersetzung der lokalen Kräfte im Einsatzgebiet). Die EU-Mitgliedstaaten stellen dazu mehr als 5 000 Polizisten bereit, von denen bis zu 1 400 in weniger als 30 Tagen einsatzbereit sind.

Rechtsstaatshilfe: Polizeihilfe kann letztlich nur erfolgreich sein, wenn sie von einem ordentlich arbeitenden Gerichts- und Justizsystem unterstützt wird. Die Mitgliedstaaten haben sich verpflichtet, 631 Beamte (Richter, Staatsanwälte und Vollzugsbeamte) für Krisenmanagementoperationen in diesem Bereich vorzuhalten.

(Zivil-)Verwaltungsaufgaben: [E]s wurde ein Expertenpool aufgebaut, der imstande ist, Verwaltungsmissionen im Kontext von Kriseneinsätzen zu übernehmen, und falls nötig sehr schnell verlegt werden kann. Die Mitgliedstaaten halten hierfür ständig 565 geeignete Kräfte vor. [...]

EU-Sonderbeauftragte: Die Union arbeitet am Aufbau der Büros für die Sonderbeauftragten, die sie für auftretende Krisenfälle benennt.[2]

[1] Autorentext   [2] Quelle: Wochenschau Sek II, Nr. 3/4, Ausgabe Mai–August 2009 (Sicherheitspolitik), S. 176

Die Neuausrichtung der GSVP **3**

Konkret sollten drei Bereiche in den Blick genommen werden: die Instrumente und Prozesse der GSVP im Allgemeinen, die Zukunft der *Battlegroups* im Besonderen und die Überarbeitung der Europäischen Sicherheitsstrategie (ESS). [...]
Erstens gilt es, den eigentlichen Kern von Sicherheitspolitik – die Idee der Rückversicherung gegen Krisen, die für die Mitgliedstaaten folgenschwer sind – wieder stärker in den Mittelpunkt zu stellen. Dies schließt eine rigorosere Überprüfung der Wirksamkeit bisheriger GSVP-Operationen und gegebenenfalls auch die Beendigung laufender Einsätze ein. Ein militärisches oder ziviles EU-Engagement sollte nur dann infrage kommen, wenn die Interessen mehrerer EU-Staaten eindeutig betroffen sind und die EU eine realistische Option hat, im Einsatzland einen wirksamen Beitrag zur Krisenbewältigung zu leisten. [...] Um die Rolle der EU bei der Verteidigungsplanung zu stärken und gemeinsame Standards festzulegen, müsste die EU auch enger mit der NATO zusammenarbeiten. [...]
Ebenso wie bei der GSVP insgesamt sollte zweitens auch bei den EU-*Battlegroups* ein Perspektivwechsel vollzogen werden. Diese 2004 von Frankreich und Großbritannien initiierten militärischen Formationen sind bislang einseitig ausgerichtet auf den sehr kurzfristigen Einsatz ausschließlich im Rahmen der EU – nach dem Motto: *„Use it or lose it"*. Sie sollten stattdessen mehr dem Auf- und Ausbau europäischer Krisenreaktionsfähigkeiten der Mitgliedstaaten dienen, die sich in verschiedenen Kontexten (NATO, EU, UN) einsetzen lassen. Das bisherige *Battlegroups*-Konzept sieht ein hohes *Standby*-Niveau (Einsatz innerhalb von fünf Tagen) in Kombination mit einem recht starren Rotationsprinzip vor. Beides hat sich als besonders problematisch erwiesen. Die Erfahrungen von Mali und Libyen haben außerdem gezeigt, dass einzelne Nationen gerade in akuten Krisen vorpreschen, weil sie multilaterale Abstimmungsprozesse bei der Planung bzw. Vorbereitung solcher Operationen scheuen. [...] Daraus ergibt sich die Forderung, die *Battlegroups* in langfristigen Partnerschaften zu verstetigen und systematischer mit *„Pooling & Sharing"*-Initiativen zu verknüpfen. [...]
Drittens sollte die EU unter diesen Vorzeichen neu dazu ansetzen, die GSVP in strategische Prioritäten der Gemeinsamen Außen- und Sicherheitspolitik (GASP) einzubinden. Denn seit der wegweisenden ESS von 2003 zeigt sich immer wieder dasselbe politische Dilemma: Zwar erfordern die Veränderungen im strategischen Umfeld der EU eine Überarbeitung der ESS; gleichzeitig befürchtet die Mehrheit der EU-Entscheidungsträger, dass „strategische Luftübungen" von den drängenden Herausforderungen der GASP/GSVP ablenken würden. Zudem besteht die Sorge, dass ein neues Dokument aufgrund des Konsenserfordernisses hinter die ESS zurückfallen könnte. [...] Ein gangbarer Weg könnte sein, die alleinige Verantwortung für die Überarbeitung der ESS ab 2014 [...] dem oder der nächsten HV/VP [Hohe Vertreterin der Union für Außen- und Sicherheitspolitik und Vizepräsidentin der Europäischen Kommission] zu übertragen. Das Strategiedokument wäre damit zugleich das „Arbeitsprogramm" für seine/ihre Arbeit in der EU-Außen-, -Sicherheits- und -Verteidigungspolitik.

Quelle: Nicolai von Ondarza/Marco Overhaus: Die GSVP nach dem Dezembergipfel, in: SWP-Aktuell 58, Oktober 2013

➡ Querverweis: S. 13

---

1. Arbeiten Sie aus dem Vertrag von Lissabon (M 1) und den „Headline Goals" (M 2) die Schwerpunkte der GSVP heraus.
2. Analysieren Sie die zentralen Probleme einer Neuausrichtung der GSVP (M 3).
3. Diskutieren Sie, inwieweit die militärischen und zivilen Fähigkeiten der Europäer (M 2 und M 3) den neuen regionalen Krisen gerecht werden können.

MATERIAL

4 Hohe Hürden für eine „Europa-Armee"

Fahnen, Uniformen, Paraden: Kaum ein Bereich der Gesellschaft ist stärker von nationalem Pathos durchdrungen als das Militär. Über Jahrzehnte galt die eigene Armee den Ländern Europas als wichtiger, womöglich sogar als wesentlicher Ausweis von Souveränität und nationalstaatlichem Selbstbewusstsein. Sich davon zu verabschieden galt vielen Nationen als undenkbar.

Doch für den Vorsitzenden des Verteidigungsausschusses des Deutschen Bundestages, den SPD-Politiker Hans-Peter Bartels, ist die europäische Armee eine Idee, deren Zeit nun endlich gekommen ist: „Alle Länder in Europa haben die gleichen Einsätze zu bestreiten, alle haben ihre Armeen in den vergangenen Jahren drastisch reduziert, alle haben ihre Budgetprobleme." Und dennoch leiste sich Europa weiter 28 nationale Armeen, die im Wesentlichen versuchten, das Gleiche zu organisieren, und dafür jedes Jahr 190 Milliarden Euro ausgeben.

1,5 Millionen Soldaten stehen in Europa unter Waffen. Doch Organisation und Ausrüstung sind nach wie vor höchst unterschiedlich. „Es gibt beispielsweise zwanzig verschiedene Programme für gepanzerte Fahrzeuge, drei für Kampfjets, sechs für Raketen – das ist nicht effektiv, das ist nicht vernünftig, das ist nicht europäisch", ärgert sich Bartels. Er glaubt, dass man auch mit weniger Geld und weniger Soldaten auskommen und dabei noch deutlich effektiver werden könnte. Dafür wünscht er sich eine deutlich bessere europäische Zusammenarbeit. [...]

Die Dynamik im europäischen Integrationsprozess werde auch durch die jüngsten Krisen verstärkt, betont der Ausschussvorsitzende. [...] „Wir sind auch an unseren Grenzen Gefahren ausgesetzt. Die Ukrainekrise und die Krise am südlichen Rand des Mittelmeers sind uns sehr nah und das bedeutet, dass wir wirklich zu einer eigenen Anstrengung kommen sollten"

Quelle: Christian Thiels: Hohe Hürde für die „Europa-Armee", in: www.tagesschau.de vom 31.7.2014; Zugriff am 20.1.2015

MATERIAL

5 Bilaterale und multilaterale Dimensionen europäischer Außen- und Sicherheitspolitik

Eigene Darstellung in Anlehnung an Marco Overhaus	GASP-Leitmotiv	ESVP/ NATO	Sicherheitsbegriff	geografische Prioritäten
	„Brüsselisierung"; supranational	komplementär	„Zivilmacht"	Mittel-/ Osteuropa; bis 2001/ 2002 regional, seither unklar
(Flagge Frankreich)	„Europe Puissance"; intergouvernemental	„ESVP first"	bei Bedarf interventionistisch	Mittelmeer, Afrika, weltweit
(Flagge Großbritannien)	schwaches Europa; intergouvernemental	„NATO first"	bei Bedarf interventionistisch	Mittel-/ Osteuropa, weltweit/ Übersee

1. Erörtern Sie vor dem Hintergrund von M 3 die Chancen für eine „Europa-Armee" (M 4).
2. Ermitteln Sie aus M 5 die unterschiedlichen Dimensionen europäischer Außen- und Sicherheitspolitik.
3. Erläutern Sie die unterschiedlichen Interessen der Nationalstaaten (M 5) und entwerfen Sie anschließend mögliche Ziele einer neuen Europäischen Sicherheitsstrategie (ESS).
4. Fassen Sie M 6 thesenartig zusammen und interpretieren Sie die Karikatur auf S. 99.
5. Diskutieren Sie, ob es sich bei Mali (M 6) um ein „afrikanisches Afghanistan" handelt.
6. Entwerfen Sie auf Grundlage der Informationen aus M 1 bis M 6 eine Rede, in der Sie für eine stärkere Zusammenarbeit in der GSVP plädieren.

Die EU-Mission in Mali: ein „afrikanisches Afghanistan"? **6**

Mali galt lange als Modell demokratischer Entwicklung in Subsahara-Afrika. Nach der De-facto-Abspaltung des von radikalen Islamisten beherrschten Nordens, einem Militärputsch im Süden, der
5 Bildung einer Übergangsregierung, dem durch das Militär erzwungenen Rücktritt des Ministerpräsidenten, der Ernennung eines neuen Ministerpräsidenten und dem mithilfe französischer Soldaten vorerst gestoppten Versuch islamis-
10 tischer Kräfte, weiter nach Süden vorzudringen, steht Mali seit nunmehr einem Jahr auf der Kippe. Auf Ersuchen der Übergangsregierung und auf der Grundlage von UN-Resolution 2071 hat die EU im Dezember 2012 das Konzept für einen Kri-
15 seneinsatz in Mali beschlossen, das u. a. Ausbildungshilfe und logistische Unterstützung für die malische Armee vorsieht. Diese Unterstützung soll mit einer afrikanischen militärischen Mission verbunden werden, die am 20. Dezember [2012]
20 in UN-Resolution 2085 autorisiert wurde. Soldaten der Wirtschaftsgemeinschaft Afrikanischer Staaten (ECOWAS) sollen der malischen Armee dabei helfen, Aufständische und Terrorgruppen im Norden zu bekämpfen. Ziel ist die Wiederher-
25 stellung der Einheit des Landes, wobei in der UN-Resolution großes Gewicht auf einen parallelen politischen Prozess gelegt wird, der zu einem stabileren und demokratischen Staat führen soll. Die Umsetzung dieser Ziele ist jedoch mit einer
30 Reihe von Problemen konfrontiert. 1960 wurde Mali nach 67 Jahren französischer Kolonialherrschaft unabhängig. Trotz der von Frankreich durchgesetzten Einbeziehung des nach Unabhängigkeit strebenden, von nomadischen Tuareg
35 bewohnten Nordens blieb Mali de facto ein durch starke ökonomische und soziale Diskrepanzen geteiltes Land. [...] Der aktuelle Konflikt begann im Januar 2012 mit Angriffen von Tuareg-Kämpfern – viele von ihnen Teilnehmer auf der Seite Gaddifis
40 im libyschen Bürgerkrieg – auf malische Polizeiposten. Die laizistische „Nationale Bewegung für die Befreiung Anzwads" (MNLA) verkündete die Abspaltung der drei Nordregionen, wurde dann aber durch die islamistische Tuareg-Gruppe
45 „Ansar Dine" marginalisiert, die sich wiederum

mit „al-Qaida im islamischen Maghreb" (AQIM) und einer Splittergruppe davon verbündet hat: Mehr als 400 000 Menschen flohen aus dem Norden. Im Süden putschte das Militär im März 2012
50 gegen eine Regierung, welche die Putschführer der Untätigkeit bezichtigten.
Ein Militäreinsatz ohne Veränderung in Mali wird erfolglos bleiben. Politisch geht es um die Alternative Kleptokratie oder Demokratie, wirt-
55 schaftlich um die Frage der Entwicklung des Nordens oder dessen weitere Marginalisierung, ideologisch um den Wettbewerb zwischen traditionellem gemäßigtem Sufismus und importiertem radikalem Wahabismus. Hinzu kommen die diver-
60 gierenden Interessen der afrikanischen Staaten. Die USA haben klargemacht, dass ihre Priorität dem Kampf gegen den Terrorismus gilt. Die EU verfolgt einen umfassenderen Ansatz, der Sicherheit und Entwicklung anstrebt, allerdings bislang
65 ohne Erfolg. Der französische Präsident François Hollande betreibt mit internationaler Unterstützung traditionelle Einflusspolitik. Das Schreckgespenst eines „afrikanischen Afghanistans" vor der Haustür der EU soll mobilisieren. Gerade
70 Afghanistan hat aber gelehrt, dass man schnell in einen Gewaltkonflikt hineinrutschen kann, aber nur schwer wieder herauskommt, wenn die scheinbar klaren Frontlinien sich bei genauerem Hinsehen als komplexe Gemengelage von Proble-
75 men erweisen.

Quelle: Hans-Georg Ehrhart: Intervention in Mali?, in www.ag-friedensforschung.de/regionen/Mali/ifsh.html vom 14.1.2013; Zugriff am 20.1.2015

➠ Querverweis: S.61, M3

Weiterführende Informationen

1. Literaturhinweise

Einen sehr guten Überblick zur Friedens- und Sicherheitspolitik bieten folgende Standardwerke:

- Debiel, T./Messner, D./ Nuscheler, F. (Hrsg.), Global Trends 2013. Frieden – Entwicklung – Umwelt, Frankfurt a. M. 2012
- Enskat, S./Masala, C. (Hrsg.), Internationale Sicherheit, Wiesbaden 2014
- Krell, G., Weltbilder und Weltordnung. Einführung in die Theorie der Internationalen Beziehungen, Baden-Baden 2009[4]
- Schimmelfennig, F., Internationale Politik, Paderborn 2012[3]
- Staack, M. (Hrsg.), Einführung in die Internationale Politik, München 2012[5]
- Woyke, W. (Hrsg.), Handwörterbuch Internationale Politik, Stuttgart 2011[12]

Folgende Werke befassen sich eingehend mit den Inhalten einzelner Kapitel:

- Diedrichs, U., Die Gemeinsame Sicherheits- und Verteidigungspolitik der EU, Wien 2012
- Gareis, S./Varwick, J., Die Vereinten Nationen. Aufgaben, Instrumente und Reformen, Opladen 2014[5]
- Giegerich, B., Die NATO, Wiesbaden 2012
- Hagemann, S./Tönnesmann, W./Wilzewski, J. (Hrsg.), Weltmacht vor neuen Herausforderungen: Die Außenpolitik in der Ära Obama, Trier 2014
- Hansen, S./Krause, J. (Hrsg.), Jahrbuch Terrorismus 2013/2014, Opladen 2014
- Koschut, S./Kutz, M.–S. (Hrsg.), Die Außenpolitik der USA: Theorie – Prozess – Politikfelder – Regionen, Opladen 2012
- Krause, U., Die Bundeswehr als Instrument deutscher Außenpolitik, Wiesbaden 2012
- Meier-Walser, R./Wolf, A. (Hrsg.), Die Außenpolitik der Bundesrepublik Deutschland. Anspruch, Realität, Perspektiven, München 2012
- Münkler, H., Der Wandel des Krieges. Von der Symmetrie zur Asymmetrie, Weilerswist 2014[3]
- Rittberger, V./Zangl, B./Kruck, A. (Hrsg.), Internationale Organisationen, Wiesbaden 2013[4]
- Said, B., Islamischer Staat. IS-Miliz, al-Qaida und die deutschen Brigaden, München 2014
- Schetter, C., Kleine Geschichte Afghanistans, München 2011
- Todenhöfer, J., Warum tötest du, Zaid?, München 2008

2. Links im Internet

- Auswärtiges Amt
- Bundesministerium der Verteidigung
- Bundeswehr
- Rat der Europäischen Union
- Nordatlantische Vertragsorganisation
- Stiftung Wissenschaft und Politik
- Vereinte Nationen

Auf den Homepages folgender Rundfunk- und Fernsehsender können stets aktuelle Videos oder Audios zu den Themen des zweiten Kapitels heruntergeladen werden:

- Mediathek der ARD
- Bayerischer Rundfunk
- Audio-Portal des Deutschlandfunks
- Fernsehsender Phoenix
- Mediathek des ZDF

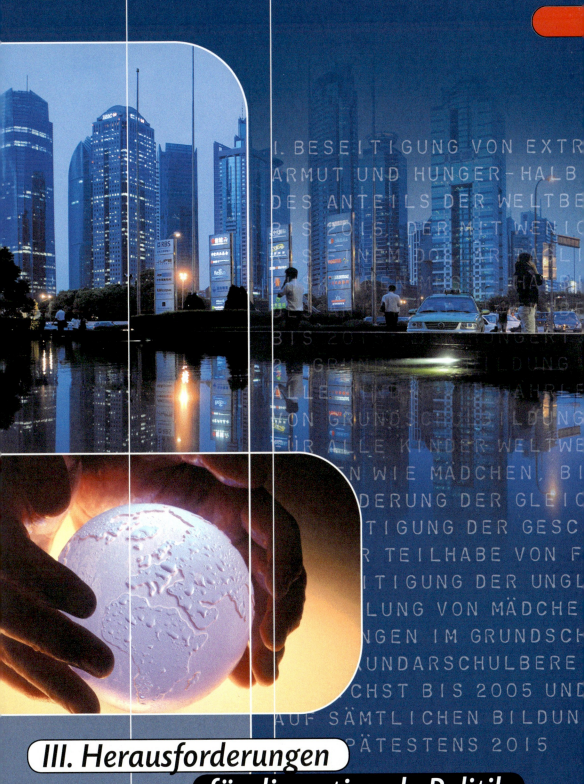

III. Herausforderungen
für die nationale Politik
in einer globalisierten Welt

1. Einflussfaktoren auf die deutsche Außenpolitik

Zeichnung: Kostas Koufogiorgos

Die Außenpolitik eines Staates hat in der Regel zum Zweck, die wesentlichen Ziele und Interessen gegenüber dem internationalen Umfeld zu verfolgen und durchzusetzen. Bereiche wie Sicherheit, Wirtschaft und Handel, Kultur, Umwelt oder Technik zählen dabei ebenso zu zentralen Interessen- und Handlungsfeldern deutscher Außenpolitik wie die Aufgabe, an der Gestaltung der internationalen Ordnung mitzuwirken, Entwicklungen im internationalen System zu beobachten und zu beurteilen, zwischen außenpolitischen Handlungsmöglichkeiten abzuwägen und geeignete Instrumente zur Verwirklichung der nationalen Ziele einzusetzen. Die Durchsetzungs- und Gestaltungsfähigkeit der Außenpolitik wird maßgeblich von den verfügbaren Machtressourcen bestimmt (z. B. durch Bevölkerungszahl, territoriale Größe, Handelsvolumen, Währungsreserven, Bruttosozialprodukt, Militärhaushalt, Technologieentwicklung oder Wissenschaft).

Interessen und Macht

Wahrnehmung und Verhalten

Wie Staaten sich gegenüber anderen staatlichen oder nichtstaatlichen Akteuren verhalten und ihrerseits von diesen Akteuren wahrgenommen werden, hängt auch von weiteren Einflussfaktoren ab. Die innenpolitische Entwicklung eines Staates, seine kulturelle und ideelle Anziehungs- oder Überzeugungskraft sowie sein Image im Ausland wirken sich unterschiedlich auf die Außenpolitik aus. Ebenso haben die Bedingungen des internationalen Systems, z. B. der andauernde Prozess der Globalisierung oder die neue internationale Machtverteilung nach dem Ende des Kalten Krieges, erhebliche Konsequenzen für die Außenpolitik eines Staates. Ob die internationalen Beziehungen letztlich eher kooperativ oder konfrontativ sind, sich Formen des Miteinanders (Bündnis), Nebeneinanders (Nichteinmischung) oder Gegeneinanders (Krisen, Kriege) entwickeln, wird entscheidend vom außenpolitischen Verhalten eines Staates und seiner Wahrnehmung durch die anderen Akteure im internationalen System bestimmt.

historische Verpflichtungen deutscher Außenpolitik

Für die Bundesrepublik Deutschland ist es, zumal angesichts der Vergangenheit des Zweiten Weltkrieges, besonders wichtig, durch eine vorausschauende Außenpolitik, das Vermeiden von nationalen Alleingängen und den Verzicht auf eine einseitige Machtpolitik als verantwortungsvolle Gestaltungsmacht in Europa und in der Weltpolitik wahrgenommen zu werden. Dieser historischen Verpflichtung Rechnung zu tragen ist bis heute fest in ihrem außenpolitischen Selbstverständnis verankert. Dazu zählen seit der Gründung der Bundesrepublik und ihrer Rückkehr auf die internationale Bühne:

- die Aussöhnung mit *Frankreich*,
- die Orientierung an einem engen Bündnis mit den *USA*,
- die Mitgliedschaft in *internationalen Organisationen* (z. B. EU, UNO, NATO, OSZE),
- die Verständigung mit den Nachbarstaaten in Osteuropa, vor allem mit *Polen* durch Verträge über die gemeinsame Grenze (1990) sowie über Freundschaft und gute Nachbarschaft (1991),

- der wegen des nationalsozialistischen Völkermords besondere Charakter der Beziehungen zu *Israel* sowie
- das seit der Wiedervereinigung äußerst wichtige Verhältnis zu *Russland*.

Vor dem Hintergrund der historischen Verpflichtungen deutscher Außenpolitik wurden im Grundgesetz drei zentrale Leitlinien verankert, die bis heute den Kern der Außenpolitik jeder Bundesregierung bilden: „als gleichberechtigtes Glied in einem vereinten Europa dem Frieden der Welt zu dienen" (Präambel) und sich „zur Wahrung des Friedens einem System gegenseitiger kollektiver Sicherheit" einzuordnen (Art. 24 Abs. 2 GG). Damit ist die Bereitschaft verbunden, der Beschränkung von Hoheitsrechten durch einen entsprechenden Souveränitätsverzicht zuzustimmen. Die Einbindung in souveränitätsbegrenzende Organisationen wie die Europäische Union, die Vereinten Nationen oder die NATO zählt seit der Gründung der Bundesrepublik zu einer wichtigen Traditionslinie. Neben der Verpflichtung zur europäischen Integration (Art. 23 GG) und der Orientierung der Außenpolitik am Völkerrecht weist das in Art. 26 Abs. 1 formulierte Friedenspostulat darauf hin, dass außenpolitische Sonderwege wie im Kaiserreich oder das Führen von Angriffskriegen für Deutschland künftig ausgeschlossen bleiben.

verfassungsrechtliche Vorgaben

Der im September 1990 unterzeichnete und den außenpolitischen Status des vereinten Deutschland festlegende Zwei-plus-Vier-Vertrag markiert dabei eine entscheidende Wende. Hinsichtlich seiner normativen Vorgaben im Grundgesetz und der außenpolitischen Grundorientierung, z.B. der Verankerung in der Gemeinschaft westlicher Demokratien oder der Überwindung des Nationalismus durch Souveränitätsverzicht und Integration, hat sich Deutschland zu einer bedeutsamen Zivilmacht entwickelt. Der enorme Zugewinn an außenpolitischem Handlungsspielraum, den die Bundesrepublik Deutschland seit der Wiedervereinigung erworben hat, verleiht ihr inzwischen jedoch auch den Status einer weltpolitisch handlungsfähigen Gestaltungsmacht.

außenpolitischer Status der Bundesrepublik

Die äußeren Bedingungen und Einflussfaktoren haben sich im Zuge der weltpolitischen Umbrüche des 21. Jahrhunderts für Deutschlands Außenpolitik deutlich gewandelt. Hierzu zählen vor allem die Entwicklung der Weltwirtschaft und ihre Auswirkungen auf die Eurozone, der Aufstieg neuer Schwellenländer (z.B. China und Brasilien), globale energie- und klimapolitische Herausforderungen, neue Bedrohungen durch einen religiös angeheizten transnationalen Terrorismus (z.B. Islamischer Staat), enorme Mängel in der Gesundheitsversorgung armer Weltregionen (z.B. Ebola) oder aber neuere Konflikte und Bedrohungen an den europäischen Außengrenzen von Nordafrika über den Nahen- und Mittleren Osten bis zu osteuropäisch-russischen Nachbarschaftsregionen.

Einflussfaktoren auf die deutsche Außenpolitik

Bei der Bewältigung der komplexen außenpolitischen Aufgaben und Ziele nimmt die Bundesregierung eine herausgehobene Stellung ein. Mit einem umfassenden Handlungsauftrag und Initiativrecht ausgestattet, ist sie die wichtigste Trägerin der auswärtigen Gewalt. Die starke verfassungsmäßige Stellung des Bundeskanzlers erlaubt es der Bundesregierung – vor allem in Gestalt des Auswärtigen Amtes (AA) – eine enorme Entscheidungsdynamik und Entscheidungskompetenz zu entfalten. Auch der Bundestag hat in Deutschland jedoch eine Reihe wichtiger Kompetenzen erworben. In einer Entscheidung vom 12. Juli 1994 hat das Bundesverfassungsgericht festgestellt, dass die Bundeswehr eine „Parlamentsarmee" ist, deren Einsatz im Ausland neben einer Entscheidung der Bundesregierung auch einen konstitutiven Bundestagsbeschluss erfordert („Parlamentsvorbehalt").

Bundesregierung und Bundestag

1 Aus dem Zwei-plus-Vier-Vertrag vom 12. September 1990

Artikel 1 (1) Das vereinte Deutschland wird die Gebiete der Bundesrepublik Deutschland, der Deutschen Demokratischen Republik und ganz Berlins umfassen. […]

5 (2) Das vereinte Deutschland und die Republik Polen bestätigen die zwischen ihnen bestehende Grenze in einem völkerrechtlich verbindlichen Vertrag.

(3) Das vereinte Deutschland hat keinerlei Ge-
10 bietsansprüche gegen andere Staaten und wird solche auch nicht in Zukunft erheben. […]

Artikel 2 Die Regierungen der Bundesrepublik Deutschland und der Deutschen Demokratischen Republik bekräftigen ihre Erklärungen, dass von
15 deutschem Boden nur Frieden ausgehen wird. […]

Artikel 3 (1) Die Regierungen der Bundesrepublik Deutschland und der Deutschen Demokratischen Republik bekräftigen ihren Verzicht auf Herstellung und Besitz von und auf Verfügungsgewalt
20 über atomare, biologische und chemische Waffen.

Sie erklären, dass auch das vereinte Deutschland sich an diese Verpflichtungen halten wird. […]

(2) […] „Die Regierung der Bundesrepublik Deutschland verpflichtet sich, die Streitkräf-
25 te des vereinten Deutschlands innerhalb von drei bis vier Jahren auf eine Personalstärke von 370 000 Mann (Land-, Luft- und Seestreitkräfte) zu reduzieren. […]" Die Regierung der Deutschen Demokratischen Republik hat sich dieser Erklä-
30 rung ausdrücklich angeschlossen. […]

Artikel 7 (1) Die Französische Republik, das Vereinigte Königreich Großbritannien und Nordirland, die Union der Sozialistischen Sowjetrepubliken und die Vereinigten Staaten von Ame-
35 rika beenden hiermit ihre Rechte und Verantwortlichkeiten in Bezug auf Berlin und Deutschland als Ganzes. […]

(2) Das vereinte Deutschland hat demgemäß volle Souveränität über seine inneren und äuße-
40 ren Angelegenheiten.

2 Das Deutsche Grundgesetz – normatives Fundament einer Zivilmacht

Präambel: Im Bewusstsein seiner Verantwortung vor Gott und den Menschen, von dem Willen beseelt, als gleichberechtigtes Glied in einem vereinten Europa dem Frieden der Welt zu dienen,
5 hat sich das Deutsche Volk

Zeichnung: Heiko Sakurai

kraft seiner verfassungsgebenden Gewalt dieses Grundgesetz gegeben. […]

Artikel 23 (1) Zur Verwirklichung eines vereinten Europas wirkt die Bundesrepublik Deutschland bei der Entwicklung der Europäischen Union
10 mit, die demokratischen, rechtsstaatlichen, sozialen und föderativen Grundsätzen und dem Grundsatz der Subsidiarität verpflichtet ist und einen diesem Grundgesetz im Wesentlichen vergleich-
15 baren Grundrechtsschutz gewährleistet. Der Bund kann hierzu durch Gesetz mit Zustimmung des Bundesrates Hoheitsrechte übertragen. […]

Artikel 24 […] (2) Der Bund kann sich zur
20 Wahrung des Friedens einem System gegenseitiger kollektiver Sicherheit einordnen; er wird hierbei in die Beschränkungen seiner Hoheitsrechte einwilligen, die eine friedliche und dauerhafte Ordnung
25 in Europa und zwischen den Völkern der Welt herbeiführen und sichern.

Artikel 25 Die allgemeinen Regeln des Völkerrechtes sind Bestandteil des Bundesrechtes. Sie gehen den Gesetzen vor und erzeugen Rechte und Pflichten unmittelbar für die Bewohner des Bundesgebietes. **Artikel 26 (1)** Handlungen, die geeignet sind und in der Absicht vorgenommen werden, das friedliche Zusammenleben der Völker zu stören, insbesondere die Führung eines Angriffskrieges vorzubereiten, sind verfassungswidrig. Sie sind unter Strafe zu stellen. **Artikel 87a** [...] (2) Außer zur Verteidigung dürfen die Streitkräfte nur eingesetzt werden, soweit dieses Grundgesetz es ausdrücklich zulässt.

MATERIAL **3**

Frankreich und Deutschland: „Goldene Hochzeit in Katerstimmung"

Goldene Hochzeit: 50 Jahre Elysée-Vertrag! [...] Zweifellos: Die Bilanz der deutsch-französischen Vernunftehe fällt positiv aus. Auf wirtschaftlicher, administrativer und zivilgesellschaftlicher Ebene ist kein anderes Staatenpaar derart eng verbandelt wie Deutschland und Frankreich. Berlin und Paris haben nicht nur weite Teile des europäischen Einigungsprozesses vorangetrieben; bisweilen konnten sie auch Rückschläge in der bilateralen Kompromissfindung immer wieder zum Guten wenden. Und doch vermag der Blick in die Vergangenheit nicht zu beruhigen. Gegenwärtig liegen beide Länder in vielen europäischen Zukunftsfragen weit auseinander. Dass der Integrationsmotor stottert, ist gerade jetzt, da das europäische Projekt an einem Scheideweg steht und die Zukunft Europas bestellt werden muss, besonders besorgniserregend. Zwei übergeordnete Fragen harren einer deutsch-französischen Antwort: Welches Europa ist wünschenswert? Welches Europa ist machbar? [...] Wie weit beide Seiten von einer gemeinsamen Antwort entfernt sind, zeigen die verschiedenartigen Ansätze zur Lösung der Verschuldungskrise, in der die Eurozone seit 2008 steckt. Während Deutschland auf Haushaltsdisziplin pocht, warnt Frankreich immer wieder vor einer zu drastischen Sparpolitik, die die europäischen Volkswirtschaften in die Rezession stürzen und somit ihre Ziele verfehlen würde. [...] Auch in der Außen- und Sicherheitspolitik [...] entfernen sich beide Partner immer weiter voneinander. [...] Seit den Anfängen der europäischen Integration verfügen beide Länder über unterschiedliche Machtattribute: Deutschland über eine starke exportorientierte Wirtschaft, Frankreich über eine ambitionierte Außenpolitik, die auf dem Besitz von Atomwaffen und dem Ständigen Sitz im UN-Sicherheitsrat gründet. [...] Bei der Suche nach Lösungen für einen dauerhaften Ausweg aus der Schuldenkrise, aber auch angesichts vieler weiterer Zukunftsfragen, die sich den EU-Ländern heute stellen – von der Energiesicherheit bis zur Gestaltung der europäischen Nachbarschaft – braucht Berlin einen zuverlässigen und selbstbewussten Partner an seiner Seite. Vor diesem Hintergrund bleibt die deutsch-französische Zusammenarbeit weiterhin alternativlos.

Quelle: Claire Demesmay/Ronja Kempin: Goldene Hochzeit in Katerstimmung, in: Internationale Politik 1, Jan./Febr. 2013, S. 88–92
➡ Querverweis: S. 46f., M 7–8

1. Weisen Sie an M 1 nach, dass der „2+4-Vertrag" den Weg in die außenpolitische Selbstständigkeit und zugleich eine „militärpolitische Selbstbegrenzung" Deutschlands markierte.
2. Charakterisieren Sie mithilfe von M 2 den verfassungsrechtlichen Rahmen für das außenpolitische Handeln der Bundesrepublik.
3. Interpretieren Sie die Karikatur (S. 108) und führen Sie eine Pro- und Kontra-Diskussion zum „konstitutiven Parlamentsvorbehalt" (S. 107).
4. Erarbeiten Sie aus M 3 die Erfolge und Probleme der deutsch-französischen Beziehungen und recherchieren Sie deren aktuelle Entwicklung.

MATERIAL

4 Wirtschaft und Menschenrechte: ein außenpolitisches Dilemma

Es werden wieder Stunden demonstrativer Harmonie sein, wenn sich deutsche und chinesische Minister am Freitag zusammensetzen: Pekings Premierminister Li Keqiang kommt mit großem
5 Gefolge zu den dritten Regierungskonsultationen nach Berlin. Keine andere westliche Regierung lässt chinesische KP-Führer [KP: Kommunistische Partei] an ihren Kabinettstisch – Bundeskanzlerin Angela Merkel und ihre Minister tun
10 es. Denn Peking und Berlin verbindet eine sogenannte „Strategische Partnerschaft", wie es offiziell heißt. Gast Li sprach jüngst sogar von einem deutsch-chinesischen „Traumpaar".

[...] Deutsche Unternehmen exportierten 2013
15 Waren im Wert von 67 Milliarden Euro nach China, VW und Audi erwirtschaften dort einen beträchtlichen Anteil ihrer Gewinne. China wiederum lieferte im vorigen Jahr Güter für 73 Milliarden Euro nach Deutschland. Tausende von deutschen Firmen
20 verdienen am China-Geschäft, rund 4000 haben dort Fertigungsstätten oder Repräsentanzen – und schaffen oder sichern somit Arbeitsplätze. [...]

Die Kehrseite: Jene Damen und Herren, die in Berlin zu Gast sein werden, sind verantwortlich für haar-
25 sträubende Verstöße gegen die Menschenrechte in ihrem Land. Letztes Beispiel ist das Urteil gegen den Wirtschaftswissenschaftler Ilham Tohti: Lebenslange Gefängnisstrafe bekam er. Sein Vergehen: Die Forderung nach mehr Verständigung zwischen den
30 Volksgruppen der Han-Chinesen und seinen Landsleuten, den muslimischen Uiguren. Zum Vorwurf machte ihm die KP-Justiz zudem, ausländischen Journalisten Interviews gegeben zu haben.

Dutzende Blogger, Journalisten und Andersdenken-
35 de sitzen hinter Gittern. Der Träger des Friedensnobelpreises, Liu Xiaobo, ist immer noch in Haft, seine

Frau darf ihre Wohnung nicht verlassen. [...] Viele Bürgerrechtler haben sich ins Ausland abgesetzt.

„Ein zentrales Anliegen der Bundesregierung bleibt
40 die Verbesserung der Menschenrechtslage weltweit", heißt es auf der Webseite des Auswärtigen Amts. „Sie spricht Fälle von Menschenrechtsverletzungen konsequent und offen auch in ihren Begegnungen mit der chinesischen Führung an."
45 Merkel und Außenminister Frank-Walter Steinmeier (SPD) werden also bei den Regierungskonsultationen mahnen – wieder einmal. Und sie werden auf den Rechtsstaatsdialog zwischen beiden Ländern verweisen. Die Antwort des Pekinger Premiermi-
50 nisters Li wird etwa so klingen: Man werde daran arbeiten, die Menschenrechtslage in China voranzubringen und alles daransetzen, den Aufbau des Rechtsstaats fortzusetzen. Im Übrigen verbitte man sich die Einmischung in die inneren Angelegenhei-
55 ten, das gelte auch für die Belange Hongkongs. [...] Die Bundesregierung, so behauptet sie jedenfalls, betreibt eine wertorientierte und moralische Außenpolitik. [...] Doch sie hat dieses Prinzip den Wirtschaftsbeziehungen geopfert und umschmei-
60 chelt mit den Regierungskonsultationen die chinesischen Diktatoren.

Quelle: Andreas Lorenz: Hauptsache, der Export brummt, in: Spiegel online, www.spiegel.de/politik/ausland/china-regierung-merkel-stellt-wirtschaft-vor-menschenrechte-a-996285.html vom 10.10.2014; Zugriff am 20.1.2015 ➡ Querverweis: S. 122f., M 5

---

1. Untersuchen Sie M 4 hinsichtlich der Zielkonflikte deutscher Außenpolitik.
2. Nehmen Sie Stellung zu den „Fehlern des deutschen Nationalcharakters" (M 5) vor dem Hintergrund der deutschen Geschichte.
3. Beurteilen Sie das Deutschlandbild in M 6 und vergleichen Sie es mit dem in M 5.
4. Interpretieren Sie die Karikatur auf S. 106 vor dem Hintergrund der historischen Einflussfaktoren auf die deutsche Außenpolitik.

MATERIAL 5

Die Last der Geschichte

Am 24. März 1990 – vier Monate nach dem Fall der Berliner Mauer – versammelte die britische Premierministerin Margaret Thatcher eine Runde von Historikern auf ihrem Landsitz Chequers, um über die Zukunft Deutschlands nachzudenken. Der Inhalt der vertraulichen Diskussion fand den Weg in die Medien. Die Zitate aus dem Protokoll der Zusammenkunft waren starker Tobak: Zu den Fehlern des deutschen Nationalcharakters gehörten, so las man, „Angst, Aggressivität, Angeberei, Eigendünkel, Minderwertigkeitskomplexe und Sentimentalität". Einer der Anwesenden prägte die Formel, man habe die Deutschen entweder zu Füßen oder an der Kehle. Die Aussagen waren zwar aus dem Zusammenhang gerissen, doch bereits in der Einberufung der illustren Runde nach Chequers äußerte sich deutliches Misstrauen über die Entwicklung des größten EU-Partners. Nicht nur in Großbritannien fragten sich viele, ob ein wiedervereinigtes Deutschland die politische und wirtschaftliche Hegemonie in Europa anstreben werde.

Aus: Eric Gujer: Schluss mit der Heuchelei. Deutschland ist eine Großmacht, Hamburg 2007, S. 12   ➡ Querverweis: S. 96, M 4

MATERIAL 6

Das Deutschlandbild im Ausland

Der WM-Titel der DFB-Elf lässt ausländische Medien nicht nur über die Qualitäten der deutschen „Mannschaft" schwärmen. Manche Kommentatoren nehmen ihn gleich zum Anlass für ausgedehnte Jubelhymnen auf das ganze Land.

„Willkommen im deutschen Jahrhundert", titelt die europäische Ausgabe des US-Nachrichtenmagazins „Newsweek" in Schwarz-Rot-Gold. Der WM-Sieg steht aus Sicht der Autorin für eine typisch deutsche Verhaltensweise: „Erkenne ein Problem, analysiere es, löse es." Nach dem frühen Ausscheiden der „Rumpelfüßler"-Elf bei der EM 2000 habe der DFB viel Geld in die Hand genommen und systematisch in die Ausbildung des Nachwuchses investiert, um 14 Jahre später den WM-Titel zu ernten. [D]ie Deutschen hätten ein außergewöhnliches Geschick, Probleme konsequent anzugehen. Nicht alle würden so weit gehen, deswegen gleich ein „deutsches Jahrhundert" auszurufen.

„Newsweek" ist aber in einem Punkt nicht allein: Viele internationale, insbesondere englischsprachige Medien nahmen den WM-Titel zum Anlass, Deutschland zum Vorbild zu ernennen.

So erklärte der – auch sonst sehr deutschfreundliche – britische „Guardian" seinen Lesern wenige Minuten nach dem Ende des WM-Finales, der Titelgewinn bestätige „Deutschlands Überlegenheit in fast allen Belangen". Der „kranke Mann Europas" des Jahres 2000 habe sich neu erfunden, und das zumindest in Bezug auf die Arbeitsmarktreformen auf eine sanfte Art und Weise, verglichen mit Großbritannien. [...] „Newsweek" listet noch eine Reihe weiterer bekannter Vorzüge auf: Die überragende Rolle des Mittelstands und damit verbunden die hohe Anzahl von Weltmarktführern in Hochtechnologienischen. Nicht zuletzt das System der Berufsausbildung, das laut einem „Economist"-Artikel bereits von US-amerikanischen und chinesischen Firmen kopiert wird und an dessen Einführung Länder wie Südkorea, Iran oder Ägypten Interesse haben. Und natürlich die extreme Exportstärke der Bundesrepublik.

Immerhin: Der Exportboom dient „Newsweek" als Aufhänger, um auch ein paar Schattenseiten des deutschen Wirkens herauszustellen. Etwa eine gewisse Rücksichtslosigkeit gegenüber den Nachbarn, die unter den hohen deutschen Außenhandelsüberschüssen litten. Oder die unerbittliche und wachstumshemmende Sparpolitik, die Berlin den Krisenstaaten der Eurozone verordne. So vorbildlich und in positivem Sinne selbstbewusst Deutschland im Bereich der Wirtschaft agiere, so selbstbezogen und verantwortungslos verhalte es sich auf politischer Ebene. Eine außenpolitische Strategie, die der gestiegenen Bedeutung in der Welt angemessen wäre – Fehlanzeige. Die Bundesrepublik, allen voran Kanzlerin Merkel, gefalle sich im Lavieren.

Quelle: Florian Diekmann: Deutschland-Bild im Ausland: „Willkommen im deutschen Jahrhundert", in: Spiegel online, www.spiegel.de/wirtschaft/soziales/nach-wm-titel-auslaendische-medien-loben-deutschland-a-982014.html vom 21.7.2014; Zugriff am 20.1.2015

2. Ziele, Strategien und Zielkonflikte der deutschen Außenpolitik I: Sicherheit und Entwicklung

Ziele deutscher Sicherheitspolitik

Das vorrangige Ziel deutscher Sicherheitspolitik ist es, für Schutz und Sicherheit der Bürgerinnen und Bürger in der Bundesrepublik zu sorgen und dadurch Recht und Freiheit, Demokratie und Wohlfahrt zu gewährleisten. Notwendige Voraussetzung dafür ist die Wahrung der Souveränität und der Unversehrtheit des Territoriums. Vor allem die Vorbeugung und Bewältigung von äußeren Gefahren und Bedrohungen, etwa durch Beteiligung an Einsätzen in internationalen Krisen und Konflikten (z. B. Kosovo, Afghanistan, Irak) oder durch Kooperation in multilateralen Foren (z. B. UN, NATO, EU) stellen einen wichtigen Beitrag zur Sicherheitsvorsorge dar. Die Handlungsfelder deutscher Sicherheitspolitik erstrecken sich heute von globalen Herausforderungen, wie der Bedrohung durch den transnationalen Terrorismus und die Verbreitung von Massenvernichtungswaffen, bis zu regionalen Einsätzen, humanitären Hilfsaktionen und logistischer Unterstützung, um zur Wahrung der Menschenrechte, der Stärkung der internationalen Ordnung und des Völkerrechts sowie zur Sicherung des Welthandels beizutragen.

Strategien deutscher Sicherheitspolitik

Deutschland orientiert sich dabei vorwiegend an drei Strategien:

- Wichtigstes Kennzeichen ist die Herstellung und Gewährleistung internationaler Sicherheit durch *multilaterale Zusammenarbeit*. Bis heute ist es Überzeugung, dass die grundgesetzliche Werteordnung am besten über bewährte Bündnisse wie die Nordatlantische Allianz und die Europäische Union oder über globale und regionale Sicherheitsinstitutionen der Vereinten Nationen verwirklicht werden kann.
- Die An- und Einbindung in europäischen und internationalen Institutionen wird durch die Strategie der *vernetzten Sicherheit* ergänzt. Deutschlands Sicherheitspolitik ist umfassend angelegt, d. h., Sicherheit wird nicht auf militärische Ziele verkürzt, sondern unter Berücksichtigung politischer, ökonomischer, ökologischer, gesellschaftlicher und kultureller Bedingungen betrachtet. Damit stützt sich Sicherheitspolitik – der klassischen Rolle einer „*Zivilmacht* Bundesrepublik" gemäß – auf ein breites Spektrum staatlicher Instrumente, wie Diplomatie, Wirtschafts- und Handelspolitik, Entwicklungspolitik, oder zivilpolitischer Instrumente, wie die Förderung internationaler Rechtsstandards.
- Durch verstärkte *Krisenprävention* sollen das Risiko krisenhafter Entwicklungen und die Notwendigkeit insbesondere militärischer Reaktionen vermieden werden. Vorbeugendes Handeln umfasst heute sowohl internationales *Krisenmanagement* als auch *Stabilitätstransfer*, d. h., bedrohte Werte und Güter auch jenseits deutscher Grenzen zu sichern.

Zielkonflikte deutscher Sicherheitspolitik

Mit dem Ziel, den Gefahren auch dort zu begegnen, wo sie entstehen, hat sich in den letzten Jahren ein Wandel der Bundeswehr von der Verteidigungsarmee im Kalten Krieg zu einer „Einsatzarmee" vollzogen, der die deutsche Politik dazu zwingt, zwischen sicherheitspolitischer Zurückhaltung und Beteiligung abzuwägen. Vor allem mit dem Engagement der Bundeswehr in Afghanistan erfuhr dieser Aspekt neue Dringlichkeit:

- Wie definiert die deutsche Politik Sicherheit und welche *Opfer* ist man bereit zu erbringen, wenn es gilt, diese zu gewährleisten?
- Ist die Bundesrepublik entschlossen, etwa Seewege oder den Zugang zu Rohstoffen auch unter Einsatz von *Waffengewalt* zu sichern?

- Das Grundgesetz verbietet der Bundesrepublik, *Angriffskriege* zu führen. Sind daher offensive Einsätze im Rahmen der NATO zulässig, z. B. in Afghanistan?
- Welchem Wandel unterliegen das Selbstbild der Bundeswehr einerseits und das Leitbild des *„Bürgers in Uniform"* andererseits?

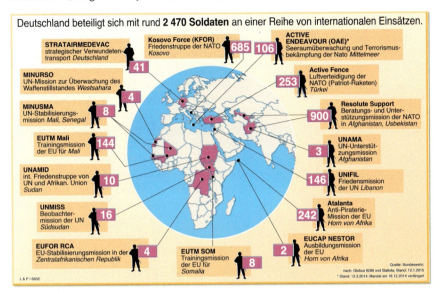

Deutschland beteiligt sich mit rund **2 470 Soldaten** an einer Reihe von internationalen Einsätzen.

STRATAIRMEDEVAC strategischer Verwundeten-transport *Deutschland* — 41

Kosovo Force (KFOR) Friedenstruppe der NATO *Kosovo* — 685 | 106

ACTIVE ENDEAVOUR (OAE)* Seeraumüberwachung und Terrorismus-bekämpfung der Nato *Mittelmeer*

MINURSO UN-Mission zur Überwachung des Waffenstillstandes *Westsahara* — 4

Active Fence Luftverteidigung der NATO (Patriot-Raketen) *Türkei* — 253

MINUSMA UN-Stabilisierungs-mission *Mali, Senegal* — 8

Resolute Support Beratungs- und Unter-stützungsmission der NATO in *Afghanistan, Usbekistan* — 900

EUTM Mali Trainingsmission der EU für *Mali* — 144

UNAMA UN-Unterstüt-zungsmission *Afghanistan* — 3

UNAMID int. Friedenstruppe von UN und Afrikan. Union *Sudan* — 10

UNIFIL Friedensmission der UN *Libanon* — 146

UNMISS Beobachter-mission der UN *Südsudan* — 16

Atalanta Anti-Piraterie-Mission der EU *Horn von Afrika* — 242

EUFOR RCA EU-Stabilisierungsmission in der *Zentralafrikanischen Republik* — 4

EUTM SOM Trainingsmission der EU für *Somalia* — 8

EUCAP NESTOR Ausbildungsmission der EU *Horn von Afrika* — 2

Quelle: Bundeswehr; nach: Globus 6288 und Statista; Stand: 12.1.2015 * Stand: 12.3.2014; Mandat am 18.12.2014 verlängert

L & P / 6832

Wie die Auslandseinsätze in Afghanistan, am Horn von Afrika, in Mali und Syrien zeigen, ist die Bewältigung von Konflikten oft mit der wirtschaftlichen und sozialen Entwicklung eines Landes verknüpft. Auch Entwicklungspolitik soll insofern zur „menschlichen Sicherheit" beitragen. Deutschland folgt hierbei dem Prinzip der „globalen nachhaltigen Entwicklung". Durch Armutsbekämpfung, Eindämmung der Umweltzerstörung und friedenssichernde Krisenprävention soll die arme Bevölkerung in die Lage versetzt werden, selbstständig ihre Lebensbedingungen zu verbessern („Hilfe zur Selbsthilfe").

Ziele deutscher Entwicklungs-politik

Angelehnt an das Leitbild von *Good Governance* („guter Regierungsführung") richtet sich die deutsche Entwicklungspolitik strategisch aus auf

Strategien deutscher Entwick-lungspolitik

- die Respektierung der Menschenrechte,
- die Etablierung von Rechtsstaatlichkeit und Rechtssicherheit,
- den Aufbau funktionstüchtiger Verwaltungsstrukturen,
- die Schaffung einer marktfreundlichen und sozial orientierten Wirtschaftsordnung, unter Verzicht z. B. auf Kinderarbeit, und
- eine Entwicklungsorientierung, die Armut und Verschuldung der Entwicklungsländer drastisch reduziert. Dies betrifft insbesondere die Verringerung des Militär- und Rüstungsbudgets und die Korruptionsbekämpfung.

Entwicklungspolitik droht in eine Legitimationskrise zu geraten, wenn sie mit zu großen Erwartungen überfrachtet wird. Auch mit noch so viel Geld und Expertenwissen kann sie weder Herkulesaufgaben bewältigen noch Probleme heilen, die von korrupten Eliten, maroden Regierungen oder gewaltbereiten Milizen verursacht werden. Im Zuge des Arabischen Frühlings ist daher erneut die Frage aufgeworfen worden, inwieweit Entwicklungszusammenarbeit an Menschenrechte und Demokratieniveau gekoppelt werden kann.

Zielkonflikte deutscher Entwick-lungspolitik

MATERIAL

1 Ziele der deutschen Sicherheitspolitik

Oberstes Ziel deutscher Sicherheitspolitik ist es, die Bürgerinnen und Bürger zu schützen. Dazu greift Deutschland auf die bestehenden internationalen Einrichtungen wie NATO und Europäische Union (EU) zurück.

Deutsche Sicherheitspolitik ist umfassend angelegt. Sie berücksichtigt politische, ökonomische, ökologische, gesellschaftliche und kulturelle Bedingungen und Entwicklungen. Internationale Sicherheit kann daher nicht vorrangig mit militärischen Mitteln erreicht werden.

Allerdings sind für eine wirksame Sicherheitspolitik die politische Bereitschaft und die Fähigkeit notwendig, Freiheit und Menschenrechte notfalls auch mit militärischen Mitteln zu schützen. Gemeinsam mit seinen Verbündeten und Partnern der NATO und EU gilt es, Krisen und Konflikte zu verhüten. Die transatlantische Partnerschaft bleibt Grundlage deutscher Sicherheit. Eine breit angelegte, kooperative und wirksame Sicherheits- und Verteidigungspolitik der EU stärkt den Raum Europa. Deutschland beteiligt sich aktiv an der Arbeit der Vereinten Nationen und der Organisation für Sicherheit und Zusammenarbeit in Europa (OSZE). Das dient nicht nur der eigenen Sicherheit. Deutschland will damit bewirken, dass der Achtung der Menschenrechte und des Völkerrechts weltweit Geltung verschafft wird. Demokratie, wirtschaftlicher Fortschritt und soziale Entwicklung sollen gestärkt werden.

Quelle: Bundesregierung, Prinzipien deutscher Sicherheitspolitik, in: www.bundesregierung.de; Zugriff am 20.1.2015

MATERIAL

2 Welche Strategie: Einmischen oder Zurückhalten?

Wird über ein Mehr an deutscher Verantwortung für die internationale Politik gesprochen, so schließt dies – sowohl aufgrund unseres eigenen Interesses als auch unseres Werteverständnisses – vor allem ein proaktives und konstruktives Engagement Deutschlands hinsichtlich einer Stabilisierung und Verbesserung der globalen Sicherheits- und Welthandelsarchitektur ein. Dieses Engagement [...] muss stets eine kluge Mischung, ein „Dreiklang von Diplomatie, wirtschaftlicher Zusammenarbeit und Sicherheit" sein. [...]

Der ressortübergreifende Bereich der zivilen Krisenprävention ist dabei von besonderer Bedeutung, da Entwicklungsländer besonders häufig von gewaltvollen Konflikten betroffen sind. [...] Dazu trägt Deutschland im Sinne einer „Zivilisierung" der internationalen Beziehungen mittels gewaltloser Durchsetzung von Regeln und sozial akzeptierter Normen bei. Auslandseinsätze der Bundeswehr müssen diesem Rollenverständnis entsprechend „an feste Prinzipien und Bedingungen geknüpft bleiben (Parlamentsvorbehalt, Mandat des UNO-Sicherheitsrates, multilaterale Einbettung im UN-, NATO-, EU-Rahmen)". Diese traditionelle „Rolle" sollte Deutschland beibehalten. [...] Militäreinsätze sollten nur das „letzte Mittel" sein und – auch dem Willen der Öffentlichkeit entsprechend – ausschließlich zur Selbst- und Bündnisverteidigung sowie als kurzfristiges Nothilfeinstrument gegen akute und schwerwiegende Menschenrechtsverletzungen, wie beispielsweise einem Genozid, genutzt werden.

Quelle: Alexander Wolf/Christine Hegebart: Wie soll die deutsche Außen- und Sicherheitspolitik der Zukunft aussehen?, in: Argumentation kompakt, 4/2014.

1. Ermitteln Sie aus M 1 die Ziele deutscher Sicherheitspolitik.
2. Arbeiten Sie aus M 2 die Strategien deutscher Sicherheitspolitik heraus.
3. Charakterisieren Sie die veränderte Rolle der deutschen Sicherheitspolitik (M 3).
4. Stellen Sie die Argumente in M 4 einander gegenüber und diskutieren Sie davon ausgehend, ob deutsche Soldaten im Kampf gegen den IS eingesetzt werden sollten.

„Raus ins Rampenlicht" **3**

Der Präsident machte den Anfang. Ausgerechnet der frühere Pastor und Bürgerrechtler Joachim Gauck hielt zur Eröffnung der 50. Münchner Sicherheitskonferenz am 31. Januar 2014 eine Rede, die seither zum Symbol der „neuen deutschen Außenpolitik" und einer sehr viel aktiveren deutschen Rolle in der Welt geworden ist. [...]

Zwei Punkte haben diese Entwicklung wesentlich geprägt: Zum einen handelten die wechselnden Bundesregierungen vor allem auf Druck der NATO- und EU-Partner, die von Deutschland einen aktiven Beitrag einforderten – und gegen eine eher zurückhaltende Grundstimmung in Politik und Bevölkerung. Zum anderen verlief die Entwicklung in Schüben, die von den Erfahrungen vorangegangener Krisen geprägt waren. Erst der Völkermord in Ruanda (1994) und das serbische Massaker in Srebrenica (1995) schufen die Bereitschaft dafür, dass die Staatengemeinschaft – inklusive Deutschland – dem Morden in anderen Ländern nicht mehr tatenlos zusehen wollte. Die Terroranschläge des 11. September 2001 in New York und Washington sorgten dann für eine Akzeptanz des Afghanistan-Einsatzes.

Dagegen führten die ernüchternden Erfahrungen in Afghanistan und im Irak dazu, dass die Interventionsbereitschaft im Westen und besonders in Deutschland wieder deutlich sank. [...]

Um die Eurozone in der schwersten Krise seit Beginn der Integration zusammenzuhalten, mussten wechselnde Bundesregierungen in steigendem Maße die Führung in Europa übernehmen. Das veränderte die außen- und europapolitische Grunderfahrung der Nachkriegsdeutschen: Im Schatten der Siegermächte des Zweiten Weltkriegs waren sie bis dahin vor allem bestrebt gewesen, sich international durch Zurückhaltung und defensive *Soft Power* beliebt zu machen. [...] Die neue Sicht auf Deutschland fasste der polnische Außenminister Radoslaw Sikorski im November 2011 so zusammen: „Deutsche Macht fürchte ich heute weniger als deutsche Untätigkeit."

Quelle: Andreas Rinke: Raus ins Rampenlicht. Die Genese der „neuen deutschen Außenpolitik", in: IP Juli/August 2014, S.8-13

Deutsche Soldaten gegen den „Islamischen Staat"? **4**

Pro: Schaurig ist der sogenannte Islamische Staat, der im Irak und in Syrien morden, vergewaltigen und plündern lässt. [...] Das ist kein Ukrainekonflikt, wo Wirtschaftssanktionen das ultimative Instrument bleiben werden, keine geografisch begrenzte Angelegenheit wie der Kosovokonflikt vor anderthalb Jahrzehnten, das lässt sich auch nicht an den großen Immer-noch-Verbündeten in Washington delegieren. [...] Wenn Deutschland den Kampf gegen den Kalifatstaat mittragen will, führt darum nichts an der Entsendung von Soldaten vorbei. Das wird kein Spaß, das kann frustrierend und schlimm enden wie in Afghanistan, und ohne politischen und wirtschaftlichen Flankenschutz wäre das sogar wahrscheinlich. Aber was sonst soll die Rede von deutscher Verantwortung sonst noch bedeuten?

Kontra: Bundeswehr an die nordirakische Front! Die bellizistische Forderung [...] reiht sich ein in einen Chor von Appellen, die seit einigen Wochen eisern dazu auffordern, die Bundesrepublik müsse endlich weltpolitisches Format zeigen und sich aus der moralischen Schockstarre der Nachkriegszeit emanzipieren. Kriegerische Worte und ein gewisser Stolz, sich einzureihen in die Phalanx, der „Genug ist genug"-Menschen, die mit dem Finger am Abzug gegen Völkermord und Vergewaltigungen zu Felde ziehen wollen, gehören mittlerweile zum Grundrauschen in den Boulevardblättern und des öffentlich-rechtlichen Fernsehens. [...] Solange niemand weiß, wo Freund und wo Feind stehen, solange der Nutzen eines möglichen Sieges über das aktuell Böse nicht klar ist, darf kein deutscher Soldat auch nur einen Schuss in den Krisenregionen abfeuern.

Quelle: Hans Jakob Ginsburg/Andreas Wildhagen: Deutsche Soldaten in den Irak?, in: Wirtschaftswoche, www.wiwo.de/politik/deutschland/pro-und-contra-deutsche-soldaten-in-den-irak/10620744.html vom 28.8.2014; Zugriff am 20.1.2015

➽ Querverweis: S. 62, M 4; S. 72, M 2

MATERIAL

5 Entwicklungspolitik zu Beginn des 21. Jahrhunderts

Nie zuvor gab es so eng verflochtene internationale Beziehungen wie zu Beginn des 21. Jahrhunderts. Nach dem Ende des Ost-West-Konflikts haben sich die politischen und wirtschaftlichen Ordnungsvorstellungen weltweit angeglichen. Ein dichtes Netz wirtschaftlicher, technologischer und kommunikativer Verbindungen umspannt heute unseren Globus.

Der Globalisierungsprozess bietet einerseits unvergleichliche Möglichkeiten für eine nachhaltige soziale und wirtschaftliche Entwicklung. Andererseits birgt er aber auch erhebliche Risiken und Gefahren. Von sich aus führt er nicht zwingend zu einer sozial gerechten und ökologisch nachhaltigen Entwicklung. Nach wie vor profitieren große Teile der Menschheit nur sehr eingeschränkt oder überhaupt nicht von der Globalisierung. [...]

Im Einzelnen konzentrieren sich die entwicklungspolitischen Ziele Deutschlands auf:

● soziale Gerechtigkeit durch Armutsminderung und sozialen Ausgleich,
● wirtschaftliche Leistungsfähigkeit durch Wachstum und wirtschaftliche Zusammenarbeit,
● politische Stabilität durch Frieden, Menschenrechte, Demokratie und Gleichberechtigung,
● ökologisches Gleichgewicht durch Bewahrung der natürlichen Ressourcen als Lebensgrundlage.

Quelle: Bundesregierung: Deutsche Entwicklungspolitik zu Beginn des 21. Jahrhunderts, in: www.bundesregierung.de/Content/DE/StatischeSeiten/Breg/ThemenAZ/Entwicklungspolitik/entwicklungspolitik-2006-08-03-entwicklungspolitik-zu-beginn-des-jahrhunderts.html; Zugriff am 20.1.2015

➡ Querverweis: S. 74 f., M 5–M 7

MATERIAL

6 Entwicklungshilfe – Ziel verpasst?

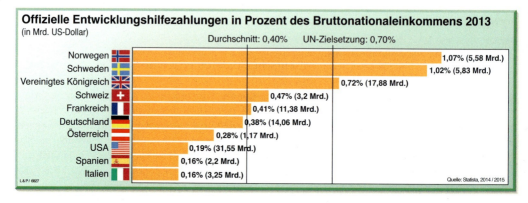

Offizielle Entwicklungshilfezahlungen in Prozent des Bruttonationaleinkommens 2013
(in Mrd. US-Dollar)

Durchschnitt: 0,40%   UN-Zielsetzung: 0,70%

Norwegen	1,07% (5,58 Mrd.)
Schweden	1,02% (5,83 Mrd.)
Vereinigtes Königreich	0,72% (17,88 Mrd.)
Schweiz	0,47% (3,2 Mrd.)
Frankreich	0,41% (11,38 Mrd.)
Deutschland	0,38% (14,06 Mrd.)
Österreich	0,28% (1,17 Mrd.)
USA	0,19% (31,55 Mrd.)
Spanien	0,16% (2,2 Mrd.)
Italien	0,16% (3,25 Mrd.)

L & P / 6827   Quelle: Statista, 2014 / 2015

1. Analysieren Sie die Grafik M 6 im Hinblick auf die Frage in der Überschrift.
2. Stellen Sie M 5 und M 6 einander gegenüber und diskutieren Sie, ob Entwicklungspolitik letztlich am Problem der Finanzierung zu scheitern droht.
3. Erarbeiten Sie aus M 5 und M 7, welche Ziele und Strategien deutsche Entwicklungspolitik verfolgt bzw. verfolgen sollte. Überprüfen Sie mögliche Zielkonflikte.
4. Erschließen Sie die dem Beispiel in M 8 zugrunde liegende Entwicklungsstrategie.
5. Informieren Sie sich über Projekte einzelner Entwicklungshilfeorganisationen, analysieren Sie deren Ziele und Aufgabenfelder und entwickeln Sie anhand der Ergebnisse ein realistisches Konzept für Entwicklungshilfemaßnahmen.

MATERIAL
Zielkonflikte moderner Entwicklungspolitik 7

Entwicklungspolitik bestand lange Zeit vor allem darin, Armut zu bekämpfen. Länder, die weder in der Weltwirtschaft noch in der Weltpolitik eine Chance hatten, sollten humanitäre Hilfe bekom-
5 men und dabei unterstützt werden, ihre kränkelnden Ökonomien einigermaßen zu stabilisieren. Sie hießen offiziell „Partnerländer", aber in der Bundesregierung interessierte sich nur das Entwicklungsministerium für sie. Es gab eine klare
10 Grenzziehung zwischen Außenpolitik und Entwicklungspolitik. Diese Grenze ist falsch [...].
Erstens hat sich die Zahl der ärmsten Länder der Welt in den vergangenen 15 Jahren auf etwa 35 halbiert. Es sind jene Staaten, wie Somalia, Sudan,
15 Kongo und Afghanistan, in denen die Menschen durch Bürgerkriege, Gewalt und Korruption ihrer Existenzgrundlage beraubt werden. Zwar leben in diesen Staaten „nur" noch ein Drittel der ärmsten Menschen der Welt, etwa 350 Millionen. Dennoch
20 und gerade deswegen sind diese Länder mittlerweile wichtige Schauplätze der Außenpolitik, schlicht weil Kriege und regionale Krisen häufig in ihnen ihren Ausgang nehmen.
Zweitens leben die anderen zwei Drittel der

Armen in der Gruppe der wirtschaftlich aufstre- 25 benden Schwellenländer, die zunehmend eigenes Geld in ihre Entwicklung investieren können, etwa Indien, Brasilien oder Vietnam. [...] Viele dieser Staaten sind tatsächlich Partner für die deutsche Außen-, Sicherheits-, Klima- und Wirt- 30 schaftspolitik, auch weil sie Mitglieder in der G 20 sind, der Gruppe der wichtigsten Industrie- und Schwellenländer.
Drittens hat das Geschäftsmodell der alten Entwicklungspolitik radikal an Legitimation verloren. 35 Selbst wenn Entwicklungspolitik gut gemeint ist und gut gemacht wird, ist sie oft geprägt von Paternalismus und der latenten Arroganz der Helfer, Experten und Finanziers. Weder Staaten noch Menschen sehen sich gern über Jahrzehnte in der 40 Rolle von Bittstellern und Almosenempfängern. [...] Ein Ministerium für globale Entwicklung wäre [...] nicht einfach nur ein vergrößertes Entwicklungsministerium. Es wäre ein völlig neues Ministerium. Eines, das der neuen, kooperativen 45 Art der Bewältigung globaler Entwicklungsprobleme auf der Grundlage gemeinsamer Interessen und Verantwortungen gerecht werden könnte.

Quelle: Dirk Messner/Jörg Faust: Schluss mit Arroganz und Almosen, in: Die Zeit, Nr. 42, 2013

MATERIAL
Comfort – eine Frau, die anpackt ... 8

Comfort Amofah ist eine Frau, die für sich und die Menschen in ihrer Region Verantwortung übernimmt. Man sieht ihr an, dass sie mit ihren kräftigen Händen in ihrem 63 Jahre alten Leben
5 bereits eine Menge geschafft hat. Ihre ganze Energie steckt sie in ihre kleine Schule in Bonuso.
Bonuso ist ein kleines Dorf in der Ashanti-Region in Zentralghana. Dort gründete Comfort Amofah vor drei Jahren eine Schule. 60 war sie damals,
10 gerade verwitwet und auf der Suche nach einer neuen Aufgabe: „Ich habe sechs Kinder. Die habe ich alle zur Schule geschickt. Ich weiß, wie wichtig Bildung für Kinder ist. Deshalb habe ich hier eine Schule gegründet."
15 Sie bekam einen ersten Kleinkredit von Opportunity International. Mit den 300 Cedis (150 Euro) kaufte sie Bretter. Aus den Brettern entstanden

Klassenräume. Mit dem zweiten Kredit kaufte sie Zement, um den Brettern ein Fundament zu geben. In zwei Jahren entstanden so fünf Klassen- 20 räume unter freiem Himmel und die Schulküche: ein großer Bottich auf einer Feuerstelle, an der Mütter Essen für die Kinder kochen.
In den umliegenden Dörfern sprach sich schnell herum, dass es in Bonuso eine Schule gibt. Seit- 25 dem schicken die Menschen ihre Kinder zu Comfort Amofah. Die Eltern könnten ihre Kinder theoretisch auch in staatliche Schulen schicken. Doch die sind oft zu weit entfernt.
Neun Lehrer unterrichten inzwischen 200 Kin- 30 der. Das Schulgeld beträgt zwei Cedis pro Monat (rund ein Euro). Wer nicht zahlen kann, hilft – zum Beispiel beim Kochen in der Schulküche. Für Waisen ist der Schulbesuch sogar kostenlos.

Quelle: Opportunity International: Opportunity-Microschools ... den Kindern eine Chance; www.microschools.de; Zugriff: 20.1.2015

3. Ziele, Strategien und Zielkonflikte der deutschen Außenpolitik II: Umwelt und Energie

„Drei Gründe, nichts zu tun"; Zeichnung: Gerhard Mester

Umweltpolitik ist ein junges Politikfeld. Erst Anfang der 1970er-Jahre hat die Bundesrepublik Deutschland umweltpolitische Maßnahmen im Innern eingeleitet, ab Anfang der 1980er-Jahre Umweltpolitik auch fest in der Außenpolitik verankert. Andere Industrieländer wie die USA, Großbritannien oder Schweden hatten ihre Umweltpolitik schon in den 1960er-Jahren ausgebaut. Inzwischen ist „Außenpolitik für Umweltschutz" ein integraler Bestandteil

Umweltpolitik als Außenpolitik
deutscher Außenpolitik geworden. Neben der Unterzeichnung einer Vielzahl von bi- und multilateralen Abkommen zum Schutz der Umwelt ist die Bundesrepublik bis heute zahlreichen internationalen Umweltregimen beigetreten.

Ziele deutscher Umweltpolitik
Während vor allem das Reaktorunglück in Tschernobyl (1986) Handlungsdruck „von außen" erzeugte, erhöhten Chemieunglücke oder das Waldsterben Mitte der 1980er-Jahre den Druck „von innen". Nach Gründung des Umweltbundesamtes (1974) und eines eigenständigen Umweltministeriums (1986) wurde der Umweltschutz 1994 als Staatsziel in das Grundgesetz aufgenommen (Artikel 20a). Der Schutz der Natur sowie die Vermeidung und Behebung von Umweltschäden zählen seither ebenso zu wichtigen Zielen deutscher Umweltpolitik wie das neue Leitbild einer nachhaltigen, für eine intakte Umwelt und einen achtsamen Umgang mit den Ressourcen sorgenden Entwicklung. Da die Ziele einer gesicherten, klimafreundlichen Energieversorgung, des Ausbaus erneuerbarer Energien, der Verringerung der Treibhausgasemissionen, der Wahrung der biologischen Vielfalt, z. B. durch Arten- und Gewässerschutz, der Verbesserung von Gesundheit und Lebensqualität und der stärkeren gesetzlichen Verankerung von Umweltrecht heute oft nur kooperativ erreicht werden können, ist ein koordiniertes und gemeinsames Handeln auf europäischer Ebene zunehmend wichtiger geworden.

Strategien deutscher Umweltpolitik
Wesentliche Strategie deutscher Umweltpolitik ist es, die wirtschaftlichen, ökologischen und sozialen Aspekte eines nachhaltigen Umweltschutzes miteinander zu verknüpfen und Belastungen für die Umwelt und die menschliche Gesundheit im Voraus zu vermeiden oder weitestgehend zu verringern. Eine Reihe von Instrumenten auf lokaler, regionaler, nationaler und globaler Ebene soll der Umsetzung dieser Aufgaben dienen. Dazu zählen internationale Organisationen und Umweltregime, z. B. das 1997 beschlossene und – aufgrund der Blockadehaltung insbesondere der USA und Russlands – erst Anfang 2005 in Kraft getretene Kyoto-Protokoll, das vorsah, den jährlichen

Treibhausgasausstoß der Industrieländer in der sogenannten ersten Verpflichtungsperiode von 2008 bis 2012 um durchschnittlich 5,2 Prozentpunkte gegenüber dem Stand von 1990 zu reduzieren. Hinzu kommen internationale Verträge, z. B. zum weltweiten Emissionshandel, globale Umwelt- und Klimaschutzabkommen, z. B. zur Verringerung der Verschmutzung der Luft, Flüsse und Meere oder zum Schutz der Ozonschicht und globale Klimagipfel, z. B. in Lima 2014, EU-Beschlüsse und -Verordnungen sowie nationale Maßnahmen, z. B. Förderprogramme zu erneuerbaren Energien, Energiesparlampen oder die Neuregulierung der Abfallwirtschaft in der Mülltrennung.

Ein grundsätzliches Problem für die Umweltpolitik bildet die Schwierigkeit, ökologische mit sozialen oder wirtschaftlichen Interessen in Einklang zu bringen. So nimmt die Bundesrepublik beim Klimaschutz zwar eine Vorreiterrolle ein: Sie gehört im Wettbewerb mit Staaten wie China zu einem der Technologieführer bei erneuerbaren Energien und Energieeffizienz, z. B. Wasser-, Wind- und Sonnenkraft oder Biomasse. Diese Energiearten sind klima- und umweltfreundlich, da mit ihrer Nutzung keine klimarelevanten Schadstoffe freigesetzt werden. Die Energiepolitik soll jedoch zugleich wirtschaftlich sein und die Versorgung der Bevölkerung mit Rohstoffen sicherstellen. Daher liegt es auch im Bemühen jeder Regierung, wirtschaftlichen Schaden oder Einbußen für die heimische Industrie, z. B. bei der Entwicklung schadstoffarmer Autos, zu vermeiden.

Zielkonflikte deutscher Energiepolitik

Quelle: Institut für Ökonomische Bildung Oldenburg: Ökonomie mit Energie, Braunschweig 2007, S. 35

Bis 2020 verfolgt die Bundesrepublik, auch im Rahmen der zweiten achtjährigen Kyoto-Verpflichtungsperiode, nicht nur das ehrgeizige Klimaschutzziel, die Treibhausgasemissionen um 40 Prozent gegenüber 1990 zu reduzieren. Das Reaktorunglück im japanischen Fukushima im März 2011 führte in Deutschland auch zu einem Umdenken in der Atompolitik. Mit dem Beschluss der Bundesregierung, die Kernenergie nicht mehr als Brückentechnologie zu verwenden, sondern aus der Atomenergie auszusteigen, wurde ein neues Kapitel in der Energiepolitik aufgeschlagen. Im Rahmen des Erneuerbare-Energien-Gesetzes (EEG) ist vorgesehen, die Energiewende durch das Abschalten aller Kernkraftwerke bis 2022, den Ausbau regenerativer Energien, die Förderung von Stromspeichern und die Erweiterung des Stromnetzes mittels des Baus von Stromtrassen vom windreichen Norden in den energiehungrigen Süden voranzubringen.

Atomausstieg und Energiewende

Gerade Rohstoffe sind aufgrund ihrer ungleichmäßigen Verteilung – wie alle Natur- und Wirtschaftsgüter – ein Faktor internationaler Machtpolitik. Die Endlichkeit fossiler Rohstoffe weltweit, der hohe Energiebedarf hierzulande und die Tatsache, dass Deutschland nur sehr geringe Erdöl- und Erdgasvorkommen besitzt, machen das Land in hohem Maße abhängig vom Energieimport. Die Bundesrepublik ist daher auf die Zusammenarbeit mit anderen Staaten angewiesen. Nach dem Ende des Ost-West-Konflikts ist vor allem Russland (neben Ländern des Mittleren Ostens und Nordafrikas) zum wichtigsten Energie- und Rohstofflieferanten avanciert und seitdem durch zahlreiche Verträge etwa über den Bau direkter Erdgasleitungen nach Europa eng mit der deutschen Energiewirtschaft verknüpft. Wie die Ukrainekrise und die Spannungen aufgrund der russischen Annexion der Krim zeigen, können Erdgaslieferungen jedoch immer auch Teil eines potenzielles Drohmittels in den Händen Russlands sein.

energiepolitische Abhängigkeiten

MATERIAL

1 Deutsche Klimaziele

2010 hat die Bundesregierung [...] ein Energiekonzept vorgelegt, das Leitlinien für die zukünftige, umwelt- und ressourcenschonende Energieversorgung festlegt. Das Konzept beinhaltet eine bis 2050 reichende Langfriststrategie, die unter anderem einen Ausbau der erneuerbaren Energien zum Hauptenergieträger bis 2050 vorsieht. Ebenfalls enthalten sind Vorgaben zur Emissionsminderung gegenüber 1990: Danach sollen bis 2030 55 Prozent, bis 2040 70 Prozent und bis 2050 80 bis 95 Prozent weniger Treibhausgase als 1990 pro Jahr ausgestoßen werden. Nach der nuklearen Katastrophe von Fukushima im März 2011 wurde außerdem der völlige Ausstieg aus der Atomenergie bis 2022 beschlossen und in das Energiekonzept integriert. Diese beiden Beschlüsse sind heute als Energiewende bekannt. [...]

Die deutsche Politik hat in den letzten Jahren einige neue, für den Klimaschutz wichtige Gesetze und Förderprogramme aufgelegt. Zu nennen sind hier insbesondere das Erneuerbare Energien Gesetz (EEG) und das Gesetz zur Förderung der Kraft-Wärme-Kopplung (KWK), die Energie-Einsparverordnung (EnEV) sowie die bereits 1999 eingeführte Ökosteuer. Um die Reduktionsziele zu erreichen, sind allerdings noch wesentlich größere Anstrengungen notwendig.

Die Bundesregierung hat deswegen einen 8-Punkte-Plan verabschiedet sowie ein darauf aufbauendes integriertes Energie- und Klimaprogramm (IEKP) beschlossen. Das Programm enthält insgesamt 29 Einzelmaßnahmen und ist ein wichtiger Baustein, um das Ziel Deutschlands zu erreichen, die Treibhausgasemissionen bis 2020 um 40 Prozent gegenüber 1990 zu reduzieren. [...] Auch der Verkehrsbereich soll einen Minderungsbeitrag leisten. Dies soll vornehmlich über die Förderung energiesparender Fahrzeuge und den Einsatz von Biokraftstoffen erfolgen. Voraussetzung dafür ist, dass die europäische Kommission verbindliche Flottenverbrauchlimits für neue Pkw erlässt.

Quelle: Susanne Böhler-Baedeker/Florian Mersmann: Ein Ziel, viele Strategien. Klimapolitik in Deutschland, in: www.bpb.de/gesellschaft/umwelt/klimawandel/38554/klimapolitik-in-deutschland vom 24.5.2013; Zugriff am 20.1.2015

MATERIAL

2 Neue Verantwortung in der Klimapolitik

Interview mit Klaus Töpfer, 1997 bis 2006 Exekutivdirektor des Umweltprogramms der Vereinten Nationen, und Tanja Gönner, Vorstandssprecherin der Deutschen Gesellschaft für Internationale Zusammenarbeit (GIZ) seit Juli 2012:

Herr Töpfer, worauf könnte eine neue Verantwortung Deutschlands in der Welt gründen?
Die Antwort liegt auf der Hand: Im 21. Jahrhundert besteht die größte Herausforderung darin, sämtliche Gesellschaften zu nachhaltigen Volkswirtschaften umzubauen, weil hiervon die weltweite Entwicklungs- und Zukunftsfähigkeit schlechthin abhängt. Diese „Green Economy Transformation" und der gleichzeitige Wandel hin zu einer „Green Society" ist das originäre Gestaltungsfeld Deutschlands. Das dient einerseits eigenen Interessen und leistet andererseits essenzielle Beiträge zur Bewältigung weltweiter Herausforderungen. Global gedacht ist dieser Umbau hin zu einer nachhaltigen Wirtschaft und Gesellschaft eine friedensstiftende Maßnahme. [...]

Frau Gönner, warum ist die deutsche Energiewende international so wichtig?
Dass der Umbau von „braunen" zu „grünen" Volkswirtschaften möglich ist, muss ein einzelnes Land erst noch demonstrieren. Deshalb ist die deutsche Energiewende das Pilotprojekt eines weltweiten Umbaus. Deutschland wird damit zum Laboratorium der nächsten industriellen Revolution. Einer der Befragten der GIZ-Studie über das Deutschlandbild in der Welt sagte sinngemäß: Wenn ihr das nicht schafft, schafft es niemand.

Quelle: Neue Verantwortung, in: akzente 02/2014, www.giz.de/de/downloads/giz2014-de-akzente-2-neue-verantwortung.pdf, S. 34–36; Zugriff am 20.1.2015

⇒ Querverweis: S. 150 f., M 2–M 4

MATERIAL
Wirtschaftswachstum versus Klimaschutz? **3**

Die Kanzlerin steht zu ihrem Widerstand gegen niedrige CO_2-Grenzen für Autos: Die deutsche Autoindustrie dürfe nicht geschwächt werden.

Kanzlerin Angela Merkel hat ihren Widerstand gegen strengere EU-Abgasnormen gerechtfertigt. „Es geht hier um die Gemeinsamkeit von
5 umweltpolitischen Zielen und industriepolitischen Zielen, und da geht es auch um Beschäftigung", sagte sie. Um das zu prüfen, brauche es Zeit. Deshalb habe eine Abstimmung der
10 EU-Botschafter am Donnerstag auf Bitte Deutschlands nicht stattgefunden.

Zeichnung: Klaus Stuttmann

„Wir haben die Ergebnisse der Verhandlungen sehr kurzfristig bekommen", sagte Merkel. Am
15 Montag hatten Unterhändler von Mitgliedstaaten und Parlament eine Einigung über die umkämpften neuen Normen erzielt.

Sie sah vor, dass die CO_2-Höchstgrenze für den Durchschnitt der Flotte jedes Autobauers in der
20 Zeit von 2015 bis 2020 von 120 auf 95 Gramm sinkt. Bis 2025 sollen die Grenzen noch strenger werden. Schon diese Zahlen waren ein Kompromiss, der aber den deutschen Herstellern schwerer Limousinen noch zu weit ging. Man müsse bei
25 solchen Umweltvorgaben genau prüfen, „dass wir uns nicht unsere eigene industrielle Basis schwächen", sagte Merkel.

Vize-Regierungssprecher Georg Streiter sagte, die Bundesregierung sei „nicht nur für Klimaschutzziele zuständig, sie ist natürlich auch zuständig 30 für den Erhalt des Wirtschaftsstandorts Deutschland". Nun werde es voraussichtlich im Herbst Nachverhandlungen mit Brüssel geben.

Dass die Abstimmung auf Druck Deutschlands verschoben wurde, hatte scharfe Proteste von 35 Umweltschützern und Oppositionspolitikern ausgelöst. SPD und Grüne warfen Merkel vor, sich längst von der Klima- zur Autokanzlerin gewandelt zu haben. Der Verkehrsclub VCD sprach von einem „unglaublich arroganten Verhalten" der 40 Regierung zugunsten der „Dinosaurier der Autoindustrie".

Quelle: Merkel rechtfertigt Blockade strengerer CO_2-Grenzen, in: Die Zeit online, www.zeit.de/auto/2013-06/merkel-eu-abgasnormen vom 28.6.2013; Zugriff am 20.1.2015

1. Erschließen Sie aus M 1 die Ziele der deutschen Klimapolitik.
2. Erörtern Sie die Aussagen in M 2 und halten Sie selbst eine kurze Rede zur klimapolitischen Rolle Deutschlands in der Welt.
3. Arbeiten Sie den Zielkonflikt aus M 3 heraus und erwägen Sie weitere mögliche Konflikte in der Umweltpolitik.
4. Interpretieren Sie die Karikatur in M 3 und recherchieren Sie im Internet zum aktuellen Klimagipfel.

MATERIAL

4 Rede zur Energiewende von Bundeskanzlerin Merkel

Deutschland hat sich entschieden, eine Abkehr vom jahrzehntelangen Energiemix – einem Energiemix aus vornehmlich fossilen Energieträgern und Kernenergie – zu vollziehen. Es gibt kein
5 weiteres vergleichbares Land auf dieser Welt, das eine solch radikale Veränderung seiner Energieversorgung anpackt. Diese Entscheidung wird von der überwältigenden Mehrheit der Deutschen unterstützt.
10 Doch machen wir uns nichts vor: Die Welt schaut mit einer Mischung aus Unverständnis und Neugier darauf, ob und wie uns diese Energiewende gelingen wird. Wenn sie uns gelingt, dann wird sie – davon bin ich überzeugt – zu einem weiteren
15 deutschen Exportschlager. Und auch davon bin ich überzeugt: Wenn diese Energiewende einem Land gelingen kann, dann ist das Deutschland.
Bis 2050 wollen wir 80 Prozent unseres Stroms aus erneuerbaren Energien erzeugen. Schon
20 heute haben die erneuerbaren Energien an der Stromerzeugung einen Anteil von 25 Prozent,

der bis 2025 auf 40 bis 45 Prozent und bis 2035 auf 55 bis 60 Prozent ansteigen soll. Mit diesem Ausbaukorridor können wir ganz harmonisch das Ausbauziel von 80 Prozent erreichen – allerdings 25 nur, wenn gleichzeitig unsere Industrie im weltweiten Wettbewerb bestehen kann und Strom für alle erschwinglich bleibt.
Mit einem Anteil von 25 Prozent an der Stromerzeugung haben die erneuerbaren Energien heute 30 ihr Nischendasein verlassen. Bis dahin war es sinnvoll, sie durch die Umweltpolitik zu fördern. Jetzt aber müssen sie als zunehmend tragende Säule der Stromerzeugung in den Gesamtenergiemarkt integriert werden. Maßstab für den Aus- 35 bau der erneuerbaren Energien müssen Planbarkeit und Kosteneffizienz sein. Deshalb muss der Ausbaukorridor auch verbindlich festgeschrieben werden. Die einzelnen Formen der erneuerbaren Energien müssen so schnell wie möglich marktfä- 40 hig werden; ihr Ausbau und der Ausbau der Transportnetze müssen Hand in Hand gehen.

Quelle: Regierungserklärung von Bundeskanzlerin Merkel vom 29.1.2014, in: www.bundesregierung.de/Content/DE/
Regierungserklaerung/2014/2014-01-29-bt-merkel.html; Zugriff am 20.1.2015

MATERIAL

5 Energiepolitik ist immer auch Außenpolitik

Der Konflikt um die Ukraine hat vielfältig Motive – der Wunsch nach Freiheit und Rechtsstaatlichkeit, nach nationaler Souveränität, staatlicher Identität. Aber er zeigt auch, dass die energiepolitischen Ver-
5 flechtungen mitbedacht werden müssen. Außenpolitik ist auch immer Energieaußenpolitik.
Die Ukraine ist dafür nur ein Beispiel. In der Zentralafrikanischen Republik, aus der Frankreich über den Staatskonzern AREVA 80 Prozent seines Urans
10 bezieht, ist Frankreich gerade wieder zu einem riskanten militärischen Eingreifen gezwungen, um diesen Nachschub nicht zu gefährden. Griechenland war im vergangenen Jahr durch die Ausweitung der Iran-Sanktionen gezwungen, quasi über Nacht
15 seine Ölimporte umzustellen und einen enormen Preisaufschlag hinzunehmen.
Europa will sich über den Ausbau von Gasspeichern, neuen Leitungen (Nordstream, Nabucco, Southstream) oder Terminals für Flüssiggas (LNG)

von der einseitigen Abhängigkeit von Russland be- 20 freien. Nur werden die Leitungen am Status quo nicht wirklich etwas ändern: Auch sie transportieren Öl und Gas aus Russland und den instabilen zentralasiatischen Staaten, die unter russischem Einfluss stehen, nach Europa. 25
Vor diesem Hintergrund führen wir die nationale Energiedebatte viel zu eng. Deutschland debattiert über eine EEG-Reform, getrieben durch vermeintliche Mehrkosten der erneuerbaren Energien, geprägt von der Angst, dass Wind- und Sonnenstrom 30 die Versorgungssicherheit im nationalen Netz beeinträchtigen könnten. Die Debatte kreist um Stromtrassen zwischen Schleswig-Holstein und Süddeutschland, Windkraftanlagen in der Nordsee oder Kohlekraftwerke im Ruhrgebiet, so als sei 35 Deutschland eine energiepolitische Insel.
Unberücksichtigt bleibt dabei die Rolle der Außen- und Sicherheitspolitik. Natürlich, Spanien und

Griechenland müssen mehr tun als auf Sonne und
40 Wind umschalten, um die Probleme Staatsver-
schuldung, Jugendarbeitslosigkeit und mangelnde
Wettbewerbsfähigkeit zu überwinden. [...]
Aber Außenpolitik ist immer eng mit den Rohstoff-
fragen verknüpft. Dass Energiepolitik Sicherheits-
45 politik ist, ist dabei schon der Grundgedanke der
EU gewesen, von der Gemeinschaft für Kohle und
Stahl über die Europäische Atomgemeinschaft. Die
Zeit ist reif, zu fragen, ob die Erfolge bei den Erneuerbaren nicht auch die Außenpolitik bereichern
50 können. [...]
China, Indien und die Staaten Südostasiens erleben einen gewaltigen wirtschaftlichen Aufbruch,
der scheinbar nur aufrechterhalten werden kann,
wenn immer neue Energiequellen erschlossen
55 werden. 65 Prozent des Zuwachses der globalen
Energienachfrage werden der Internationalen Ener-
gieagentur (IEA) zufolge bis 2035 auf diese Region
fallen. China wird ab 2030 der größte Verbraucher
von Erdöl sein. [...]
60 Die USA setzen auf das umstrittene Fracking, bei
dem Erdöl oder Erdgas gewonnen wird, in dem
man durch hydraulischen Druck Tiefengesteine auf-
bricht. Sie können aufgrund günstiger geologischer
Voraussetzungen kurz- und mittelfristig billiges Öl
65 und Gas fördern, sofern man den ökologischen
Preis der Ausbeutung dieser Energievorkommen
nicht berücksichtigt. Die USA werden dadurch von
einem Import- zu einem Exportland für Erdöl. [...]
Der alte Kontinent tut sich schwer damit, sich in
70 Bezug auf seine Energiestrategie neu aufzustellen.
Während beispielsweise Frankreich darauf baut,
dass der mittlerweile in die Jahre gekommene Park
an Atomkraftwerken noch eine Weile durchhält und
die Preise für das zu importierende Uran stabil blei-
75 ben, setzt Polen bei Strom und Wärme weiterhin

auf heimische Steinkohle und hofft im Übrigen als
beinahe einziges europäisches Land, vom Fracking-
Boom zu profitieren. [...]
Ein regeneratives Europa – das wäre eine Vision,
die der derzeit vor sich hin vegetierenden Europä- 80
ischen Union neue Kraft und Dynamik verleihen
und den vielen enttäuschten Bürgern den Glauben
an Europa zurückgeben könnte. Europa wäre zudem
weniger abhängig von oft zweifelhaft legitimierten
Regierungen im Nahen Osten und in Zentralasien 85
und damit freier im Einsatz für Menschenrechte
und Demokratie.

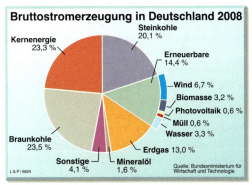

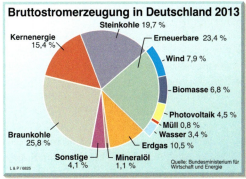

🠒 Querverweis: Kapitel II.1

1. Ermitteln Sie die Ziele und Strategien der deutschen Energiepolitik (M 4).
2. Vergleichen Sie die beiden Grafiken in M 5 und bewerten Sie die Entwicklung.
3. Analysieren Sie die Einflussfaktoren deutscher Energieaußenpolitik (M 5).
4. Erklären Sie das „Energiepolitische Zieldreieck" (S. 119) mit eigenen Worten.
5. Schreiben Sie einen Zeitungskommentar (Methode auf S. 152 f.) über die Chancen
   und Hemmnisse der deutschen Energiepolitik.

Nachrichtenanalyse am Beispiel digitaler Medien

Um die Ursachen und Zusammenhänge von politischen Ereignissen besser verstehen und beurteilen zu können, gilt es, einen genauen Blick auf die Nachrichten zu werfen. Zu berücksichtigen ist dabei, dass die Medien nicht bloße Nachrichtenübermittler sind, sondern auch einen Filter darstellen, der unsere Wahrnehmung prägt, da sie entscheiden, welche Ereignisse überhaupt berichtenswert sind. Im Wissen darüber versuchen diverse Akteure, z. B. Politiker, die Berichterstattung der Medien auch aktiv in ihrem Sinne zu beeinflussen, wobei dem in einem demokratischen Staat schon durch die Pressefreiheit (Art. 5 GG) klare Grenzen gesetzt sind. Daher unterscheiden sich die Medien auch zum Teil deutlich in ihrer Art der Darstellung, ihren Inhalten, ihrer Aufmachung, ihrem Stil und in ihrer politischen Ausrichtung. Mithilfe einer gründlichen Nachrichtenanalyse können wir mehr über diese unterschiedliche Vermittlung von politischen Ereignissen und Informationen durch die Medien erfahren und so einen bewussteren Umgang damit erlernen, der uns, z. B. durch den kritischen Vergleich verschiedener Medien, auch bei der Einschätzung politischer Sachverhalte hilft.

1. Vorbereitung

- Bilden Sie Arbeitsgruppen und entscheiden Sie, welche *Art von Nachrichtsendung oder -format* Sie jeweils analysieren wollen. Am besten verwenden Sie hierbei sowohl Sendungen aus dem öffentlich-rechtlichen als auch aus dem Privatfernsehen, z. B. die „Tagesschau" in der ARD, die „heute"-Sendung im ZDF und „RTL aktuell". Zudem können Sie das Internet einbeziehen, z. B. die Webseiten regionaler oder überregionaler Zeitungen und Nachrichtenmagazine.
- Legen Sie fest, welche *Nachrichtenthemen* Sie auswerten wollen. Im Rahmen des Themas „Energie und Umwelt" können Sie z. B. die Themenschwerpunkte Energiewende, Energieversorgung, nationale und internationale Energiesicherheit, Umweltschutz, Ressourcenknappheit untersuchen.
- Bestimmen Sie, in welchem *Zeitraum* Sie welche *Anzahl* von Sendungen analysieren möchten (mind. 2 Nachrichtensendungen oder Online-Berichte vom selben oder von mehr als einem Tag).
- Entwickeln Sie gemeinsame *Kriterien*, die Sie an den jeweiligen Sendungen oder Online-Nachrichten interessieren und die Sie später miteinander vergleichen wollen.
- Berücksichtigen Sie dabei u. a. folgende *Fragen*:
  - Was ist der Inhalt bzw. Themenschwerpunkt der Nachrichten (siehe oben)?
  - Wie häufig wird das jeweilige Thema erwähnt und in welcher Form bzw. in welchem Stil (Kommentar, Schlagzeile, Bilder, Film) wird darüber berichtet?
  - Welche Personen oder Organisationen werden erwähnt (z. B. beim Thema „Energie und Umwelt": Angela Merkel, Wladimir Putin, Gazprom, OPEC, G7, Weltklimakonferenz etc.)?

2. Umsetzung

Führen Sie jeweils in Ihren Gruppen die Nachrichtenanalyse entlang der gemeinsam beschlossenen Kriterien durch und halten Sie Ihre Ergebnisse anhand von Schlagzeilen, Sprechertexten oder zentralen Aussagen in einer übersichtlichen Form (als Tabelle, Mindmap etc.) fest.

3. Auswertung

Präsentieren und vergleichen Sie Ihre Ergebnisse u. a. im Hinblick auf die wichtigsten Gemeinsamkeiten und Unterschiede zwischen den Nachrichtensendungen bzw. -formaten, auf die damit angesprochenen Zielgruppen sowie auf mögliche Wirkungen auf Politik und Gesellschaft.

Führen Sie eine Nachrichtenanalyse zum Thema „Umwelt und Energie" durch.

Konfliktanalyse

Die Analyse internationaler Konflikte zählt zu den wichtigen Themen politischer Bildung. Eine Konfliktanalyse dient dazu, eine differenzierte Wahrnehmung komplexer Sachlagen zu gewinnen. Damit bildet sie auch die Basis zur Entwicklung von Lösungsstrategien, die angesichts der bei Eskalation drohenden Gefahr für Leib und Leben der Betroffenen zumeist besonders dringlich erforderlich sind. Zudem bedrohen internationale Konflikte mitunter auch die eigene Sicherheit, wie etwa der sich als globale Bewegung verstehende Islamische Staat zeigt, oder sie lösen, wie der Bürgerkrieg in Syrien, Flüchtlingsbewegungen aus, die im Alltag nicht zu übersehen sind. Die eigene Urteilsbildung über diese Art von Konflikten wird in hohem Maße von den Medien beeinflusst, zumal die fast zeitgleich gelieferten Bilder aus Krisengebieten intensiv emotional wirken. Wenn man nicht bei spontanen Reaktionen verharren, sondern eine begründbare Position finden will, sind Kriterien für die Beurteilung der Konfliktlage erforderlich. Sie lassen sich in Leitfragen für die Analyse übersetzen:

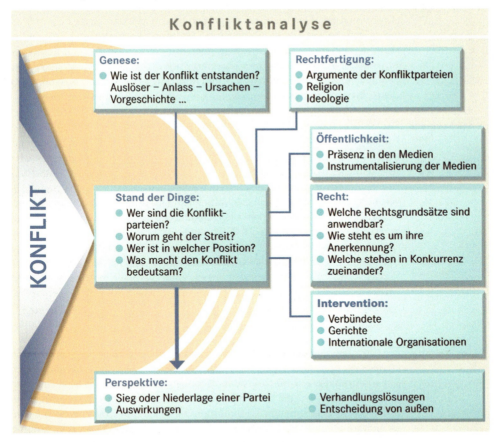

Analysieren Sie, ausgehend von M 5 auf S. 122 f. und anhand eigener Recherchen, das Thema „Energiesicherheit und die Ukrainekrise" mithilfe der Konfliktanalyse. Nutzen Sie hierfür ggf. Ihre Ergebnisse aus einer vorhergehenden Nachrichtenanalyse (S. 124).

4. Dimensionen der Globalisierung

„Die Globalisierung ist kein Naturereignis. Sie ist von Menschen gewollt und gemacht.
Darum können Menschen sie auch verändern, gestalten und in gute Bahnen lenken."

Bundespräsident Johannes Rau (1999–2004),
Rede im Museum für Kommunikation Berlin, 13. Mai 2002

Globalisierung früher

Die Globalisierung ist kein Phänomen des 21. Jahrhunderts. Schon in der Antike gab es Kennzeichen einer wirtschaftlichen „Globalisierung", zum Beispiel beim Warenverkehr zwischen dem Römischen Reich und Germanien. Auch die kultische Verehrung des römischen Kaisers, die Etablierung der lateinischen Sprache als „Weltsprache" der Antike oder die Verbreitung von Thermen innerhalb des Römischen Reiches, das den gesamten Mittelmeerraum und große Teile Europas umspannte, war ein Kennzeichen kultureller „Globalisierung". Der Trend zur Vergrößerung von Märkten setzte sich im Mittelalter weiter fort: So verband die Seidenstraße Ostasien ökonomisch mit dem Mittelmeerraum und die Hanse trieb Überseehandel. Mit der Entdeckung und Kolonialisierung Amerikas in der Frühen Neuzeit erweiterte sich die „Globalisierung" auch schnell auf den neuen Kontinent, der sich zu einem Rohstofflieferanten und Absatzmarkt entwickelte, in den die europäischen Immigranten auch ihre Kultur mitbrachten.

Globalisierung heute

Der Unterschied zur Globalisierung heute ist trotzdem immens: Durch den technischen Fortschritt, vor allem im IT-Bereich und dem Transportwesen, und die Entstehung transnationaler Konzerne nimmt im Gefolge der ökonomischen Globalisierung auch die gesellschaftliche, ökologische oder politische Globalisierung von Jahr zu Jahr zu. Globale Umweltprobleme wie etwa die durch den Kohlendioxidausstoß bedingte globale Erderwärmung sind nicht nur durch die Weltgemeinschaft verursacht, sondern können auch nur durch das Zusammenwirken aller Staaten bekämpft werden. In diesem Zusammenhang sprach der Soziologe Ulrich Beck (1944–2015) von einer „Weltrisikogesellschaft".

ökonomische Dimension

Der Abbau von Handelsschranken, die Mobilität des Kapitals, sinkende Transport- und Kommunikationskosten sowie sich angleichende Verbraucherwünsche führen in der wirtschaftlichen Dimension der Globalisierung zu einem erheblichen Standortwettbewerb und zu starker Konkurrenz. Nationalstaaten verlieren hier ihre traditionellen Regelungskompetenzen, transnational operierende Großkonzerne gewinnen an Einfluss.

politische Dimension

Die Globalisierung bewirkt eine Schwächung nationalstaatlicher Politik und zwingt die Politiker zu grenzüberschreitender Zusammenarbeit. Dies wird insbesondere in der Sicherheitspolitik ersichtlich, in der zunehmend internationale bzw. supranationale Staatenbündnisse wie die UNO oder die EU, aber auch Nichtregierungsorganisationen (NGO = Non Governmental Organizations) wie *Greenpeace* oder *Amnesty International* als Akteure gefragt sind. Ein Grund hierfür ist die wachsende Anzahl sogenannter *„failed states"*, also von Staaten, die ihr Hoheitsgebiet nicht bzw. kaum noch kontrollieren können. Ein Hauptproblem in der Sicherheitspolitik stellen zudem staatenübergreifende Terrornetzwerke wie al-Qaida dar, die auch nur staatenübergreifend zu bekämpfen sind. Ebenso bedürfen andere Politikfelder einer weltweiten Koordination: Die weltweite Finanzkrise 2008 war zwar eine Folge der globalen Vernetzung im Finanzsektor, unterschied sich von der Weltwirtschaftskrise 1929 aber unter anderem dadurch, dass die Staaten versuchten, zusammen eine Strategie zu finden, die Folgen der Krise abzufedern, was im Gegensatz zu 1929 auch relativ schnell gelang. 2008 zeigten sich damit sowohl die Nach-, als auch die Vorteile globaler Vernetzung.

Das dritte wichtige Politikfeld, das Zusammenarbeit erfordert, ist die Umweltpolitik: Ein Land allein kann die global erzeugten Veränderungen des Weltklimas nicht bekämpfen.

Gesellschaftliche Globalisierung zeigt sich unter anderem in der immer stärkeren weltweiten medialen Vernetzung durch neue Kommunikationstechniken und einer nicht zuletzt hierdurch bedingten kulturellen Verschmelzung. Da in diesem Bereich vor allem die US-amerikanische Kultur, z. B. in der Konsum- oder Unterhaltungsindustrie, dominiert, ist in diesem Zusammenhang oft von der sogenannten „McDonaldisierung" die Rede. Sie bewirkt nicht nur ein sich weltweit immer ähnlicher werdendes Waren- und Konsumangebot und Entstehen einer „Einheitskultur", sondern führt auch zur Zurückdrängung lokaler oder regionaler Traditionen und Gebräuche. Einen weiteren Bereich der gesellschaftlichen Globalisierung bildet die weltweit zunehmende Migration. *gesellschaftliche Dimension*

Eine wichtige Ursache der Migration sind die klimatischen Veränderungen durch den Treibhauseffekt, der seinerseits ebenfalls eine Folge der Globalisierung ist. Vor allem der Kohlendioxidausstoß, verursacht durch Industrie- und Autoabgase, aber auch die Verbrennung fossiler Ressourcen und Brandrodungen, ist dafür verantwortlich zu machen. Die Folgen des Klimawandels sind kaum abzuschätzen: Mittel- bis langfristig droht eine dauerhafte Überflutung von Regionen, die nicht hoch genug über dem Meeresspiegel liegen. Dies betrifft nicht nur dünn besiedelte Inselstaaten weit entfernt im Pazifik, sondern zum Beispiel auch alle Länder, die über eine Küstenlinie verfügen, wie etwa die USA, die Niederlande oder Deutschland. *ökologische Dimension*

Umso größer wird die Bedeutung der Nachhaltigkeit, also des schonenden Umgangs mit der Umwelt, in Politik und Gesellschaft. Die Notwendigkeit nachhaltigen Handelns ist großen Teilen der Gesellschaft nur schwer zu vermitteln. Zwar fehlt es nicht an der Einsicht, aber oftmals an den finanziellen Mitteln in der Umsetzung. Dazu kommt, dass der ökologische Fußabdruck umso negativer wird, je wohlhabender eine Gesellschaft oder ein Individuum ist, da ein hoher Konsumgrad auch eine größere Inanspruchnahme von Ressourcen mit sich bringt. So kommt es zu einem kaum zu durchbrechenden Teufelskreis: Immer mehr Wirtschaftswachstum in den Industrieländern bringt deren Einwohnern immer mehr Wohlstand. Immer mehr Wohlstand bedeutet immer mehr Konsum, der indirekt einen immer höheren Kohlendioxidausstoß bewirkt. Dieser wiederum verschlechtert die Lebensbedingungen in ärmeren, klimatisch schon immer eher benachteiligten Regionen der Welt, was wiederum deren Einwohner zu verstärkter Migration in wirtschaftlich prosperierende Staaten zwingt. Dort erhöhen die Migranten den Anteil derer, die durch immer mehr Konsum den Treibhauseffekt verstärken.

...man nennt es Globalisierung!!

Zeichnung: Gerhard Mester

1   Wer oder was globalisiert sich?

2   Die fünf Eigenschaften der Globalisierung

Erstens die *Offenheit* des Systems: Es gibt keinen einzelnen, die Weltpolitik strukturierenden ideologisch-militärischen Konflikt mehr, und es gibt vor allem keine natürliche Begrenzung der Akteure mehr. Das System ist im Prinzip offen für alle: für Staaten, für terroristische Organisationen, für andere NGOs, für Unternehmen, für Religionsgemeinschaften.

[Die] zweite Charakteristik [...] ist die *Geschwindigkeit* und deshalb Unvorhersehbarkeit, mit der Entwicklungen vonstattengehen. Auch Krisen und Gefahren entfalten sich rascher, als wir das bisher gewohnt sind und als es unseren Planungsfähigkeiten zumeist entspricht. Das hat mit der technischen Entwicklung bei Kommunikations- und Transportsystemen, aber auch mit unseren wirtschaftlichen und politischen Interdependenzen zu tun. Und es gilt gerade auch für nichtmilitärische Sicherheitsrisiken, wie wir das etwa im Bereich der Seuchenbekämpfung erleben.

Das dritte Charakteristikum ist die [...] *Gleichzeitigkeit* der Ereignisse. [...] Dazu gehört etwa [...], dass nicht nur die Zunahme von Hurrikans oder Taifunen etwas mit globaler Klimaveränderung zu tun haben dürfte, sondern dass auch die Förderung nachwachsender Rohstoffe, mit denen wir den Klimawandel bekämpfen wollen, zu Konflikten, zu Instabilitäten und zu Nahrungsmittelkrisen in Afrika und Asien beitragen kann. [...]

Viertens [...] echte *Globalität* [...] in dem Sinne, dass Krisen und Probleme [...] (Finanzkrise, Klimawandel, Weiterverbreitung von Massenvernichtungswaffen) nicht nur weltweit wirken, sondern dass ihre Bearbeitung auch nur noch durch Formen des globalen Regierens, durch *Global Governance* möglich ist. Das ist einerseits positiv, weil es ja Anreize [...] zur Kooperation schafft. Es schränkt andererseits aber auch unsere politischen Handlungsmöglichkeiten ein – insbesondere unsere Möglichkeit, zwischenstaatlichen, internationalen Druck auf Akteure auszuüben, die wir gleichzeitig zur Bearbeitung globaler Probleme brauchen. [...]

Fünftens [...] beinhaltet Globalisierung auch eine *Neuverteilung der Gewichte* in der Welt. Fakt ist, dass der Westen [...] – Europa, die USA und Japan – relativ an Macht verlieren.

Nach: Volker Perthes: „Globalisierung und Konflikt. Ein vorsichtiger Blick auf die Entwicklung unseres sicherheitspolitischen Umfelds", Festvortrag zur Verleihung des Karl-Carstens-Preises, Berlin, 10.10.2009

> Analysieren Sie die Grafik M1 und untersuchen Sie die hier gezeigten Bereiche der Globalisierung hinsichtlich ihrer Chancen und Gefahren.

Viele global agierende Markenkonzerne haben ihren Ursprung in den USA. Mit ihren Produkten erweitern sie nicht nur das Warenangebot in der jeweiligen Zielregion bzw. verdrängen regionale
5 Produkte. Das Tragen von Nike-Schuhen, das Trinken von Coca Cola und das Essen bei McDonald's ist immer auch ein kultureller Ausdruck.

Im Globalisierungsdiskurs werden einerseits die Dominanz westlicher Kulturen und die damit ver-
10 bundenen Konsummuster kritisiert. Andererseits wird auf Homogenisierungstendenzen hingewiesen, die im Zuge von Standardisierungs- und Vereinheitlichungsprozessen zu einer Verschmelzung von Kulturen führen: Wenn sich das weltweite Kon-
15 sumverhalten und andere Bereiche des Alltagslebens immer weiter angleichen, werden lokale Traditionen schrittweise durch eine Einheitskultur ersetzt. Für beide Thesen – westliche Dominanz und kulturelle Konvergenz – wird der Konzern
30 McDonald's als Beispiel angeführt. Für die westliche Dominanz steht das durch den amerikanischen Soziologen George Ritzer
35 geprägte Schlagwort „McDonaldisierung". Die Fast-Food-Kette McDonald's steht in diesem Zusam-
40 menhang für die negativen Folgen der Globalisierung und verkörpert den prototypischen Übergang von traditionellen zu
45

rationalen Geschäfts- und Gedankenmodellen, die auf effizienten, kalkulierbaren, voraussagbaren und kontrollierbaren Prinzipien basieren. Als größte und wohl bekannteste Fast-Food-Kette der Welt ist der Konzern regelmäßig Ziel von Pro- 50 testaktionen von Globalisierungskritikern sowie Umwelt- und Verbraucherschützern. Darüber hinaus wurde dem Konzern häufig die Ausbeutung von schlecht bezahlten Arbeitskräften, Kinderarbeit und das Verhindern gewerkschaftlicher und 55 betriebsrätlicher Zusammenschlüsse vorgeworfen. […] Gleichzeitig ist McDonald's auch ein Beispiel für die These der kulturellen Konvergenz, da McDonald's den Auftritt und die Produktpalette je nach Region den kulturellen Gegebenheiten 60 anpasst. So wird etwa in israelischen Niederlassungen lediglich koscheres Essen angeboten. Alle Restaurants bleiben am Sabbat geschlossen. In Indien werden keine Rindfleischgerichte verkauft […]. 65

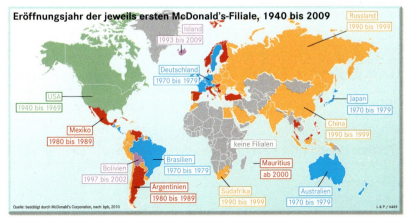

Eröffnungsjahr der jeweils ersten McDonald's-Filiale, 1940 bis 2009

Island 1993 bis 2009

Russland 1990 bis 1999

Deutschland 1970 bis 1979

USA 1940 bis 1969

Japan 1970 bis 1979

Mexiko 1980 bis 1989

China 1990 bis 1999

keine Filialen

Brasilien 1970 bis 1979

Mauritius ab 2000

Bolivien 1997 bis 2002

Argentinien 1980 bis 1989

Südafrika 1990 bis 1999

Australien 1970 bis 1979

Quelle: bestätigt durch McDonald's Corporation, nach: bpb, 2010

L & P / 6469

Quelle: Bundeszentrale für politische Bildung (Hrsg.): Globalisierung, www.bpb.de/nachschlagen/zahlen-und-fakten/globalisierung/52774/fast-food vom 10.4.2010; Zugriff am 20.1.2015

1. Ordnen Sie die Eigenschaften der Globalisierung (M 2) gemäß Ihrer persönlichen Einschätzung nach ihrer Wichtigkeit.
2. Charakterisieren Sie das Phänomen der „McDonaldisierung" (M 3) und überprüfen Sie, wie sich die kulturelle Globalisierung in Ihrem Leben bemerkbar macht.
3. Beurteilen Sie die Konsequenzen des Phänomens der „McDonaldisierung" (M 3) für sich und die Gesellschaft.
4. Interpretieren Sie die Karikatur auf S. 127 und bewerten Sie die darin geäußerte Kritik.

MATERIAL

4 Die drohende Erschöpfung der Weltmeere

Da geht ein Kunde in eine bayerische Metzgerei und verlangt ein Kilo Schweinsbraten. „Gibt's leider nicht", sagt der Metzger. „Wussten Sie nicht: Das Schwein ist ausgestorben."

Ähnlich überraschend könnte vielleicht bald die Antwort auf die Frage nach einer Portion Thunfisch ausfallen. Nach einem Fisch, dessen zahlreiche Unterarten einmal massenhaft in fast allen Weltmeeren zu Hause waren und die derzeit noch in fast allen Ländern Asiens, Amerikas und Europas wie selbstverständlich auf der Speisekarte stehen. Ob als Sushi, Tuna-Sandwich, Pizza Tonno, Salade Nicoise oder Thunfischsteak.

Wann die Bestände kollabieren, darauf wollen sich Wissenschaftler nicht festlegen. Doch gibt es Meeresbiologen, die etwa dem pazifischen Gelbflossenthun nur noch drei Jahre und dem Blauflossenthun in Atlantik und Mittelmeer keine zwanzig Monate mehr geben. Von exakten Prognosen hält Sergi Tudela nichts. „Entscheidend ist, dass wir handeln müssen", sagt der spanische Leiter vom Mittelmeer-Fischerei-Programm des *World Wildlife Funds* (WWF). „Wissenschaftler haben klargemacht, dass es ohne drastische Schutzmaßnahmen mit den Beständen im Mittelmeer und im Ostatlantik zu Ende geht." [...]

Weltweit, so kritisieren Umweltschützer, pflügten hoch industrialisierte Fischereiflotten mit kilometerlangen Netzen in Wildwestmanier die Meere nach Thunfisch um. [...]

An kaum einem Beispiel lasse sich die Globalisierung so gut illustrieren wie am Thunfischhandel, schreibt der Harvard-Japanologe Theodore Bestor. An den Hafenmolen Kanadas oder Frankreichs begutachten japanische Händler den Fang und erfragen per Handy die aktuellen Preise in Tokio. Die Fische werden tiefgefroren nach Japan geflogen und verkauft – oft nur, um die Rückreise in die japanischen Restaurants von New York oder London anzutreten. Der Fisch, der in Europas umstrittenen Thunfischfarmen verfüttert wird, stammt aus dem Pazifik; für ein Kilo Thunfisch werden zwanzig Kilo Futterfisch investiert, weshalb Umweltschützer die Farmen gern als Proteinkiller bezeichnen. In den Regalen europäischer Supermärkte hingegen landet meist Bonito oder Weißer Thun aus dem Pazifik. Die billige Verarbeitung in Ländern wie China garantiere derzeit noch Preise von einem Euro pro Dose, sagt der Meeresbiologe Thilo Maack von Greenpeace in Hamburg. „Eigentlich aber müssten wir sagen: Iss die Hälfte und zahl das Doppelte."

Quelle: Marten Rolff: Thunfisch vor dem Ende, in: Süddeutsche Zeitung online, www.sueddeutsche.de/wissen/ueberfischung-thun-fisch-vor-dem-ende-1.910996 vom 19.5.2010; Zugriff am 20.1.2015

➡ Querverweis: S. 128, M 1

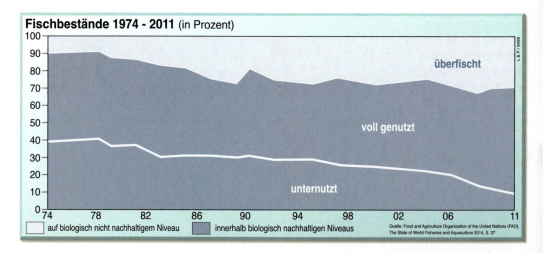

Die deutsche Konsumforschung kann ihre Arbeit einstellen. Ein Besuch in Klasse 10c der Pinneberger Johann-Comenius-Schule genügt, um die Zerrissenheit des hiesigen Verbrauchers zu verstehen.

Die Mädchen und Jungs waren tief erschüttert, als ihnen vor einiger Zeit zwei Näherinnen aus Bangladesh live in ihrer Klasse von den furchtbaren Arbeitsbedingungen zu Hause erzählten, dem Druck und dem Dreck und den miesen Löhnen. [...] Klassenlehrerin Anette Fiedler freute sich über das geschärfte Bewusstsein ihrer Schützlinge, die beim Shoppen zunächst alles wieder auf den Bügel hängten, was aus Bangladesh kam. Die Preise gewannen für ihr multikulturelles Engagement. Die auch den Fair-Trade-Stand an ihrer Schule organisierten. Die Ernüchterung kam bei der Klassenfahrt nach Essen, als ihre Kids sich mit Tüten voller Billigklamotten von Primark eindeckten. „Ich konnte es kaum fassen", sagt Fiedler. Dabei stellten ihre Schüler damit nur jenen Zwiespalt unter Beweis, in dem auch all die Erwachsenen um sie herum stecken, mit ähnlichen Erklärungsmustern und Entschuldigungen zwischen hehrem Moralanspruch und Ego-Realität. „Wir wollen nicht viel Geld für modische Kleidung investieren, aber trotzdem im Trend sein", sagt Sofia. „Teure Markenklamotten werden ja auch in Bangladesh hergestellt", sagt Robin. „Die multinationalen Unternehmen können wir sowieso nicht ändern", sagt Kristin. Und Rosa resümiert: „Wir sind alle zu egoistisch. Wenn man ein Kleidungsstück haben will, achtet man nicht unbedingt auf die Produktionsbedingungen." [...] Welches Produkt ist ethisch gut, welcher Konzern einfach nur böse? Und wen genau will der Konsument eigentlich retten – nur sich selbst, seine Mitmenschen oder Mutter Erde gleich mit? Tatsächlich gibt es ja durchaus unterschiedliche Gründe für heutige Verbraucherempörung. Angst um die eigene Gesundheit sind die naheliegenden, aber längst nicht mehr die häufigsten. Die Kunden interessieren sich auch für Fragen des Tier- und Umweltschutzes. Für Arbeitsbedingungen von Wanderarbeitern in China. Für CO_2-Emissionen und Nachhaltigkeit, die sich argumentativ allerdings schnell in diffusen Nebeln verliert. [...] „Gut" soll aber bitte nicht nur das Geschäftsziel sein, sondern auch die Rendite. Nur: Wie und wann tauchte eigentlich die Moral in unseren Kühl- und Kleiderschränken auf? Und warum überhaupt? [...]

Beispiel Lichtblick, jener Ökostromanbieter, bei dem alles aus regenerativen Quellen stammt. Kunden erhalten einfache und überschaubare Rechnungen. Der Preis ist wettbewerbsfähig. Mit jedem Billigheimer der Branche könne man zwar nicht mithalten, sagt Vorstand Gero Lücking, aber teurer als viele Stadtwerke oder etablierte Anbieter sei Lichtblick auch nicht. Trotzdem hält sich die Zahl der wechselnden Stromkunden in Grenzen. Etwa 600 000 sind es mittlerweile bei Lichtblick. Das ist für das Unternehmen ein Erfolg. Gemessen an rund 45 Millionen Haushaltskunden, die in Umfragen gern beteuern, wie toll sie angeblich sauberen Strom ohne Atomkraft finden, ist die Zahl bescheiden. Die Mehrheit der Deutschen ist für den Atomausstieg, die Energiewende und eine effektive Klimapolitik. Zum Wechsel des Stromversorgers können sich aber nur wenige aufraffen.

Quelle: Susanne Amann u. a.: Fair ist schwer, in: Der Spiegel 9, 25.2.2013, S. 62–66

1. Ermitteln Sie aus M 4 die Merkmale und Auswirkungen der ökologischen Dimension der Globalisierung am Beispiel des weltweiten Fischfangs.
2. Arbeiten Sie aus M 5 die Schwierigkeiten heraus, die sich für jeden Einzelnen dabei ergeben, auf Nachhaltigkeit zu achten.
3. Erörtern Sie die Konsequenzen, die sich aus dem in M 5 beschriebenen Verhalten des Einzelnen für die globale Entwicklung ergeben.
4. Beurteilen Sie die Folgen der ökologischen und sozialen Dimension der Globalisierung für unterschiedlich entwickelte Länder (M 4 und M 5).

5. Grundlegende Merkmale
der wirtschaftlichen Globalisierung

Zeichnung: Jeff Korteba

Liberalisierung des Weltmarktes

Durch die gesunkenen Kosten für Transport und Kommunikation ist ein Ausmaß an Globalisierung möglich geworden, das noch vor wenigen Jahrzehnten unvorstellbar war. Staatsgrenzen spielen dabei, vor allem für transnationale Unternehmen, eine immer geringere Rolle: Sie produzieren und handeln weltweit und orientieren sich dabei stets an den für sie günstigsten Konditionen, um einen größtmöglichen Profit zu erzielen. Durch die aufgrund der Globalisierung erzwungene Liberalisierung des Weltmarktes nehmen der weltweite Handel und Wettbewerb kontinuierlich zu.

Im Zuge der ökonomischen Globalisierung kommt es auch in anderen Bereichen zu einer weltweiten Vernetzung beziehungsweise weltweiten Auswirkungen lokaler, regionaler oder nationaler Ereignisse, denen nationalstaatlich nur bedingt erfolgreich begegnet werden kann. Daher werden die Staaten der Welt immer mehr gezwungen, Probleme gemeinschaftlich zu lösen und weltweit anerkannte gültige Regeln aufzustellen.

Global Player und Globalisierungsgewinner

Vor allem in der Wirtschaft ist das Phänomen der Globalisierung zu spüren: Nicht nur Unternehmen konkurrieren weltweit um Marktanteile und versuchen, zum „Global Player" zu werden, auch die Arbeitnehmer befinden sich in einem globalen Wettbewerb um Arbeitsplätze. Dabei gilt: Je höher die Qualifikation eines Arbeitnehmers, je besser die Qualität eines Produkts und je entwickelter der Staat, desto weniger Konkurrenz besteht auf dem Arbeitsmarkt, dem Weltmarkt und innerhalb der Staatengemeinschaft. Neben anderen westlichen Industrienationen gehört vor allem Deutschland zu den Gewinnern der Globalisierung. Als die Globalisierung nach Fall des Eisernen Vorhangs Anfang der 1990er-Jahre richtig Fahrt aufnahm, hatte Deutschland, da es bereits über einen sehr hohen technischen Standard verfügte und nahe an den osteuropäischen Zukunftsmärkten lag, einen großen Startvorteil. Zwar wächst aufgrund der Globalisierung auch das Bruttoinlandsprodukt der Schwellenländer wie China oder Indien, allerdings nicht in dem Maße wie in den „alten" Industriestaaten. Am wenigsten profitieren die Länder der sogenannten „Dritten Welt" vom globalisierungsbedingten Wachstum der Wirtschaft. Damit öffnet sich die Schere zwischen reichen und armen Staaten kontinuierlich weiter, auch wenn das Wohlstandsniveau in allen Staaten ansteigt.

Manche sehen in der Globalisierung nach dem Scheitern des Sozialismus die Vollendung der Marktwirtschaft mit der Aussicht auf den wachsenden weltweiten „Wohlstand der Nationen" (Adam Smith, 1723–1790). Andere erwarten das genaue Gegenteil: einen allgemeinen gesellschaftlichen Niedergang mit sinkenden Löhnen, Arbeitsplatzverlust, schrumpfendem Steueraufkommen und niedrigeren Sozialleistungen sowie eine zunehmende globale Ungleichheit. *Vollendung der Marktwirtschaft?*

Die ökonomische Globalisierung weist folgende Merkmale auf: *Merkmale der ökonomischen Globalisierung*
- *Industrie-, Schwellen- und Entwicklungsländer:* Die westlichen Industriestaaten suchen für ihre hoch spezialisierten Technologieprodukte (z. B. Maschinen, Pharmaerzeugnisse) nach Absatzmärkten außerhalb ihrer relativ gesättigten heimischen Volkswirtschaften. So findet gerade die stark exportabhängige deutsche Wirtschaft diese Märkte meist in anderen Industriestaaten. Die hohe Inlandsnachfrage nach – in erster Linie billigen – Konsumgütern (z. B. Textilien, Unterhaltungselektronik) bringt die Wirtschaftsunternehmen zugleich dazu, ihre Produktionsstätten aufgrund der niedrigen Lohn- und Kostenstrukturen in Entwicklungs- und Schwellenländer, immer häufiger nach China, zu verlagern. Diese Entscheidungen festigen einerseits die Ungleichverteilung des weltweiten Wohlstands und führen in den westlichen Industriestaaten zu einem Arbeitsplatzabbau insbesondere bei niedrig qualifizierten Tätigkeiten. Andererseits steigen in den fernöstlichen Regionen Beschäftigungszahlen, Volkseinkommen und Wohlstand. Seine exorbitanten Wachstumserfolge der vergangenen Jahre verdankt China vor allem der Produktion und dem Export wettbewerbsfähiger Industriegüter und Dienstleistungen.
- *Multinationale Unternehmen:* Viele Konzerne produzieren heute als *„Global Player"*, d. h., sie nutzen weltweit unterschiedlichste Standortvorteile (Lohn- und Lohnnebenkosten, Steuern, Subventionen etc.) zu ihren Gunsten. Die Tatsache, dass das Gütesiegel „Made in Germany" mitunter bedeutet, dass sehr viele Einzelteile z. B. eines Autos aus der ganzen Welt bezogen werden, löst dabei unter Kunden noch immer Erstaunen aus. Weltweite Kostenvorteile aber werden heute nicht nur für die Endmontage des Pkw gesucht, sondern schon bei jeder Schraube, Felge oder Lampe.
- *Banken und Finanzdienstleister:* Das Finanzwesen gilt als Motor der Globalisierung. Mit moderner EDV lassen sich Geldtransaktionen innerhalb von Sekunden über den Globus durchführen. Die Finanzkrise ab Herbst 2008 hat gezeigt, wie schnell eine Störung in diesem sensiblen Bereich auf die Realwirtschaft überspringen und eine Weltwirtschaftskrise auslösen kann. Große Finanzdienstleistungszentren sind z. B. in New York, in Chicago und vor allem in London, aber auch in Frankfurt am Main entstanden. Dort stehen die Zentralen der meisten deutschen Banken; hier befindet sich mit der Deutschen Börse AG das Zentrum des deutschen Aktienhandels. 260 Kreditinstitute, darunter rund 200 ausländische Vertretungen, beschäftigen hier etwa 75 000 Mitarbeiter. Die Konkurrenz der Finanzzentren ist groß, denn mit immer neuen Finanzprodukten versuchen sie sich gegenseitig Kundschaft, Umsatz und Arbeitsplätze abzujagen.

Bankenviertel in Frankfurt am Main

MATERIAL

1 Adam Smith: Egoismus und Gemeinwohl

„Der Mensch braucht fortwährend die Hilfe seiner Mitmenschen, und er würde diese vergeblich von ihrem Wohlwollen allein erwarten. Er wird viel eher zum Ziele kommen, wenn er ihren Ego-
5 ismus zu seinen Gunsten interessieren und ihnen zeigen kann, dass sie ihren eigenen Nutzen davon haben, wenn sie für ihn tun, was er von ihnen haben will. [...]
Nicht von dem Wollen des Fleischers, Brauers
10 oder Bäckers erwarten wir unsere Mahlzeit, sondern von ihrer Bedachtnahme auf ihr eigenes Interesse. Wir wenden uns nicht an ihre Humanität, sondern an ihren Egoismus, und sprechen nicht von unseren Bedürfnissen, sondern von deren Vorteilen. [...]
Jeder Einzelne wird [...] weder darauf aus sein, das öffentliche Wohl zu fördern, noch wird er wissen, inwieweit er es fördert. „Er interessiert sich lediglich für seine eigene Sicherheit und seinen eigenen Gewinn. Und dabei wird er von einer unsichtbaren Hand geleitet, ein Ziel zu fördern, das gar nicht in seiner Absicht gelegen hatte. Indem er seinen eigenen Interessen dient, fördert er das Wohl der Allgemeinheit auf weit wirksamere Weise, als wenn es in seiner wahren Absicht gelegen hätte, es zu fördern."

Quelle: Adam Smith: The Wealth of Nations, Buch I, Kap. I, 1776, übers. von Max Stirner, hrsg. von Heinrich Schmidt, Leipzig 1924

MATERIAL

2 Die Entwicklung des grenzüberschreitenden Warenhandels

Entwicklung des grenzüberschreitenden Warenhandels weltweit 1960 bis 2012
Index (1960 = 1), in konstanten Preisen, Entwicklung in Prozent

Warenexport 1960 bis 2012: + 1 586,8 %
Warenproduktion 1960 bis 2012: + 457,2 %

Quelle: World Trade Organization (WTO), International Trade Statistics 2013

---

1. Zeigen Sie auf, worin Adam Smith (M 1) das Erfolgsgeheimnis freier Wirtschaften sieht, und erläutern Sie sein Menschenbild und Staatsverständnis.
2. Analysieren Sie M 2 und suchen Sie nach Erklärungen für die Entwicklung.
3. Beschreiben Sie anhand von M 2 und M 3 das System der weltwirtschaftlichen Vernetzung und erläutern Sie die wirtschaftliche Dimension der Globalisierung.

Perlweiße Haut, schlanker Hals, 161,034 Gramm, schnurrt los wie ein Kätzchen, 130 Euro, das perfekte Spielzeug für die Wohlhabenden dieser Welt, sie heißt Elite. Es wird niemals Nacht in ihrem Reich, im Reich der Bürste, denn acht Prozent Weltmarktanteil sind zu wenig, rund 20 Millionen Käufer, das genügt nicht, wer ihr dient, der muss kämpfen, etwa auf den Philippinen, am Stadtrand von Manila. [...]

Die Firma Philips produziert, inklusive Zulieferfirmen, die elektrische Zahnbürste „Sonicare Elite 7000" und ihre Schwestermodelle an zwölf Standorten und in fünf Zeitzonen. Ein- bis zweimal in der Woche verlassen rund 100 000 Platinen mit aufgelöteten Komponenten das Werk in Manila, in dem Mary-Ann arbeitet. Vom Cargo-Flughafen Manilas werden sie via Tokio nach Seattle geflogen; eine Verzögerung von einem halben Tag kann alles durcheinanderbringen, man arbeitet mit einem Minimum an Lagerreserven, an Zeitreserven.

Eine Reise durch die Präzisionsmaschine von „Oral Healthcare Philips" ist eine Tour in die globale Gegenwart – fast ohne Europäer und ihre romantischen Vorstellungen von Gerechtigkeit und ihre hässlichen, teuren Arbeitskämpfe, weil die Verlagerung nach Asien nämlich schon größtenteils stattgefunden hat.

Die Zahnbürste besteht im Wesentlichen aus 38 Komponenten. Die Einzelteile für die Energiezelle, ein Nickel-Cadmium-Akku, stammen aus Japan, Frankreich, China. Die Platine, das elektronische Herzstück, kommt vorgeätzt aus Zhuhai, am Perlflussdelta, im Südosten Chinas. Nicht weit von Zhuhai, aus der chinesischen Industriestadt Shenzhen, stammen auch die Kupferspulen, gedreht von Heerscharen von Frauen mit verpflasterten Fingerspitzen – die Globalisierung ist weiblich.

Die 49 Komponenten auf der Platine, streichholzkopfgroße Transistoren und Widerstände, wiederum stammen aus Malaysia. In Manila werden sie aufgelötet und getestet, unter anderem von Mary-Ann. Dann ausgeflogen nach Snoqualmie, an die amerikanische Westküste, wo das Mutterwerk ist. Gleichzeitig kommen aus Klagenfurt per Lkw die komplizierteren Kunststoffgussteile nach Bremerhaven, außerdem in Klagenfurt vorgeschnittene Stahlblätter, der Spezialstahl stammt aus Sandviken, Schweden. Von Bremerhaven aus fährt ein Frachtschiff die halbe Bürste über den Atlantik nach Port Elizabeth, New Jersey. Von dort geht es per Bahn weiter, quer durch die USA. Und in Snoqualmie, 40 Autominuten von Seattle entfernt, wird alles zusammengeschraubt, verpackt. Zu dem Zeitpunkt haben die Komponenten 27 880 Kilometer zurückgelegt, zwei Drittel des Erdumfangs.

Philips ist ein niederländischer Konzern. Aber unter etwa 120 Leuten, die man auf einer Reise durch das Karussell der Kulturen und Kontinente trifft, sind gerade mal zwei Niederländer. Der Vorarbeiter im amerikanischen Snoqualmie stammt aus Gambia. Bernard Lim Nam Onn, der Chef in Zhuhai, ist Chinese, aber in Malaysia geboren und in Singapur aufgewachsen. Es gibt Iren, Ukrainer, Inder, Kambodschaner, Vietnamesen, Thailänder. Globalisierung schafft überall auf der Welt neue Biografien und verzahnt sie. [...]

Die Konkurrenz ist hart, auch im hochpreisigen Segment: Es gibt die „3D Excel" des Konkurrenten Braun, die ebenfalls ausgezeichnete Beurteilungen bekommt, die „Interplak", die „Dentasonic", die „Waterpik Sonic Speed" – und die Trends, nach denen sich ein Kunde für dies oder jenes Modell entscheidet, sind kaum vorherzusehen. Selbst in einem Riesenladen wie Philips, mit einem Umsatz von 30,3 Milliarden Euro, muss eine unbedeutende, kleine Zahnbürste Gewinn einspielen. [...]

Etwa 300 Millionen Menschen auf der Welt, schätzt man bei Philips, benutzen bereits eine elektrische Zahnbürste. An die 900 Millionen Menschen können es in fünf bis zehn Jahren sein, das Gesundheitsbewusstsein nimmt zu, das Produkt schmeichelt dem Statusgefühl, es hat ein Hightech-Appeal – und die Differenz zwischen 300 und 900 Millionen, das ist die Mission. Der Kampf kann nur weltweit gewonnen werden.

Quelle: Ralf Hoppe: Die Weltbürste, in: Spiegel Special 7/2005, S. 136–141; hier: S. 136–139   ➠ Querverweis: S. 131, M 5

MATERIAL

4 Früher und heute

Zeichnung: Carlson

MATERIAL

5 EADS streicht und verlagert Stellen

Der europäische Luftfahrt- und Rüstungskonzern EADS [*European Aeronautic Defence and Space Company*] baut 5 800 Stellen ab. Das gab das Unternehmen am Montag bekannt. Unternehmenskreise bestätigten, [dass] 2 600 der betroffenen Arbeitsplätze in Deutschland liegen. [...] Die Jobs fallen vor allem in der neuen Rüstungs- und Raumfahrtsparte weg. Deren Sitz ist künftig in Deutschland, in Ottobrunn bei München. Den nahe gelegenen Standort Unterschleißheim will EADS dagegen wie bereits vermutet verkaufen. Von dort sollen rund 1 000 Jobs nach Ottobrunn verlagert werden. Weitere 200 bis 300 Arbeitsplätze sollen an andere süddeutsche Standorte verlagert werden.

In Frankreich sollen nach Angaben aus EADS-Kreisen etwa 1 700 Stellen wegfallen, in Großbritannien 700 und in Spanien 600. In Frankreich verkauft der Konzern seine bisherige Zentrale in Paris, nachdem EADS-Chef Thomas Enders bereits zentrale Funktionen an den Airbus-Sitz in Toulouse verlagert hatte. Die betroffenen Mitarbeiter werden an den Standort Suresnes bei Paris verlegt. [...] „Wir müssen unsere Wettbewerbsfähigkeit im Verteidigungs- und Raumfahrtgeschäft steigern – und wir müssen jetzt damit beginnen", sagte Konzernchef Enders laut einer Pressemitteilung. „Unsere traditionellen Märkte in diesen Bereichen schrumpfen, daher müssen wir dringend den Zugang zu internationalen Kunden verbessern und Wachstumsmärkte erschließen." [...] Die EADS-Aktie reagierte mit einen Kursplus auf die Kürzungspläne. [...] Deutlich weniger begeistert reagierten Arbeitnehmervertreter auf die Pläne. „Die Börse ist ein schlechter Ratgeber, wenn es um langfristige Unternehmensperspektiven geht", sagte der europäische Betriebsratschef Rüdiger Lütjen.

Quelle: Konzernumbau: EADS streicht 2600 Stellen in Deutschland (dab/AFP/Reuters/dpa), in: Spiegel online, www.spiegel.de/wirtschaft/unternehmen/eads-streicht-knapp-6000-stellen-a-938100.html vom 9.12.2013; Zugriff: 20.1.2015

1. Analysieren Sie die Karikatur M 4.
2. Ermitteln Sie aus M 4 und M 5 die Nachteile der Globalisierung.
3. Diskutieren Sie die Unternehmesstrategie von EADS (M 5) unter Berücksichtigung wirtschaftlicher und sozialer Aspekte.

Globalisierungsgewinner Deutschland **6**

Die Exportnation Deutschland gehört zu den größten Gewinnern der Globalisierung. [...] Zwischen 1990 und 2011 trug die Globalisierung hierzulande demnach im Schnitt jedes Jahr 100 Milliarden Euro zur Wirtschaftsleistung bei. Die Globalisierung – das wirtschaftliche, politische und soziale Zusammenwachsen der Welt – sei außerdem für etwa ein Fünftel des gesamten Wachstums der deutschen Volkswirtschaft in dem betrachteten Zeitraum verantwortlich. [...]
Die Schlusslichter beim Vergleich der Globalisierungsgrade sind verblüffenderweise hauptsächlich die großen Schwellenländer, die hierzulande häufig in einem Atemzug mit Globalisierung genannt werden: China, Brasilien und Indien.
Ganz gleich jedoch, wie hoch der Globalisierungsgrad ist: Die Forscher kommen zu dem Ergebnis, dass grundsätzlich alle untersuchten Länder von der internationalen Vernetzung profitieren.

Aus Sicht der Bertelsmann-Stiftung ist allerdings bemerkenswert, dass die Industrieländer absolut viel stärker als die großen Schwellenländer von der Globalisierung profitieren. [...] „Wir müssen erkennen, dass die Globalisierung die Schere zwischen Arm und Reich eher noch weiter öffnet", erklärte denn der Vorstandsvorsitzende der Bertelsmann-Stiftung, Aart de Geus. Erst über einen längeren Zeitraum werde sie dazu beitragen, dass Schwellen- und Entwicklungsländer die Wohlstandslücken zu den Industrienationen verkleinern können.
Der Grund für diese divergente Entwicklung sind die erheblichen Wohlstandsunterschiede zu Beginn der 1990er-Jahre. Die hoch entwickelten Industrieländer verfügten bereits damals über ein sehr hohes Pro-Kopf-Einkommen und profitierten zudem bereits sehr kräftig von der Globalisierung – und im Fall vieler europäischer Volkswirtschaften vom Fall des Eisernen Vorhangs.

Quelle: Tobias Kaiser: Die Globalisierung beschert Deutschland Milliarden, in: Die Welt, 25.3.2014, S. 9 ➠ Querverweis: S. 151, M 4

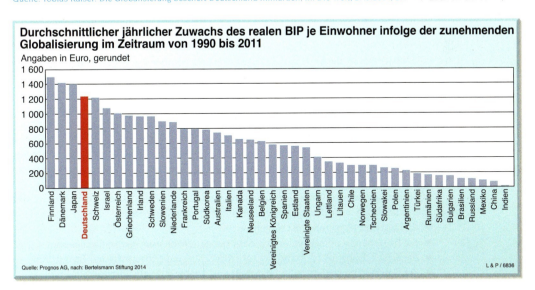

Durchschnittlicher jährlicher Zuwachs des realen BIP je Einwohner infolge der zunehmenden Globalisierung im Zeitraum von 1990 bis 2011

Angaben in Euro, gerundet

Quelle: Prognos AG, nach: Bertelsmann Stiftung 2014

L & P / 6836

Arbeiten Sie aus dem Text M 6 die Ursachen heraus, warum Deutschland zu den Globalisierungsgewinnern zählt, und beurteilen Sie die in der Grafik in M 6 gezeigten Auswirkungen der Globalisierung.

6. Herausforderungen der Globalisierung für die nationale Politik: Terrorismus ...

TERROR ALLERORTS

Zeichnung: Waldemar Mandzel

Vor allem in der Sicherheitspolitik wird deutlich, dass nationalstaatlichen Alleingängen kaum mehr Erfolg beschieden sein kann, ganz im Gegenteil: Die Anzahl sogenannter handlungsschwacher Staaten nimmt stetig zu. Umso bedeutender werden im Gegensatz dazu internationale beziehungsweise supranationale Staatenbündnisse wie etwa die UNO oder die EU.

Die zweifellos größte globale Gefahr geht heute vom transnationalen Terrorismus aus, denn er ist in der Lage, unkalkulierbare Schäden in der Zivilbevölkerung und an den verwundbarsten Flanken der Infrastruktur in

Dschihadisten aus Deutschland

den westlichen Industrienationen (Energie, Transport, Telekommunikation, Finanzen) anzurichten. Mangelnde Bildung, fehlende Berufsperspektiven oder falsche Vorstellungen von „Ehre", „Religion" oder „Moral" machen gerade junge Männer anfällig für Hassprediger und religiöse Fundamentalisten. Auch in Deutschland haben sich bereits terroristische „Zellen" gebildet, aus denen junge Fanatiker in ihren „Heiligen Krieg" (Dschihad) gegen die USA und das westliche Lebensmodell gezogen sind.

Terrorismusbekämpfung

Anders als die im Deutschland der 1970er-Jahre aktive linksextreme Terrorgruppe „Rote Armee Fraktion" (RAF) gilt der „neue" transnationale Terrorismus durch den regelmäßigen Einsatz des eigenen Lebens im Dschihad als die unberechenbarste Spielart der ungleichgewichtigen Kriegsführung. Er beraubt die technologische und militärische Stärke der westlichen Welt ihrer Vorteilhaftigkeit, untergräbt das gesellschaftliche Werteverständnis und ermattet durch die Verbreitung von Angst und Schrecken die individuelle Psyche. Zum Schutz gegen den islamistischen Terrorismus hat der Bundestag im Jahr 2008 das sogenannte BKA-Gesetz verabschiedet. Fünf Ziele bilden den Bezugspunkt aller nationalen wie internationalen Bekämpfungsmaßnahmen:

- die Verhinderung von Anschlägen,
- die Begrenzung und Bewältigung der Konsequenzen von Terroranschlägen,
- die Schwächung und Beseitigung terroristischer und extremistischer Strukturen,
- die Beseitigung struktureller Ursachen und Triebkräfte von Terrorismus und
- die Integration und der Schutz friedliebender Muslime.

Der Kampf gegen den Terror und der Versuch, die Sicherheit der eigenen Bevölkerung, aber auch der Bevölkerung anderer Staaten vor Terroranschlägen zu gewährleisten, führt allerdings zu einer Einschränkung der Freiheitsrechte der Bürger. Die Überwachung öffentlicher Plätze, aber vor allem des Internets empfinden viele Menschen als eine bedrohliche Folge der Globalisierung.

... und Migration

Weltweite Flüchtlings- und Wanderungsbewegungen sind ebenfalls zum Teil als Folge der Globalisierung anzusehen. Migration wird entweder durch die wirtschaftliche Globalisierung befördert, da die Menschen sich zur Sicherung ihres Lebensunterhalts dorthin wenden müssen, wo sie die Möglichkeit haben, Geld zu verdienen, oder sie wird erzwungen durch globale klimatische Veränderungen: Wenn Regionen aufgrund der Erderwärmung unbewohnbar und nicht mehr landwirtschaftlich nutzbar sind, kommt es zwangsläufig zur Massenabwanderung. Um die Ursachen der Wanderungsbewegungen zu erklären, unterscheidet die Migrationsforschung Push- und Pull-Faktoren. Als Push-Faktoren werden unbefriedigende oder bedrohliche Bedingungen im Herkunftsland bezeichnet, angefangen bei wirtschaftlich-materieller Not über Diskriminierung bis hin zu Lebensgefährdung durch Kriege, Verfolgung, Umweltzerstörung oder Naturkatastrophen. Bei den Pull-Faktoren geht es um die Bedingungen im Zielland, die ein besseres Leben verheißen und daher anziehend wirken. Zu ihnen zählen (bessere) Lebens- und Verdienstmöglichkeiten oder allgemein ein Leben in Freiheit und Sicherheit. Die Migrationsbereitschaft steigt, wenn sich Push- und Pull-Faktoren summieren.

Push- und Pull-Faktoren

Die großen Industriestaaten sind das primäre Ziel von Auswanderern: Von etwa 230 Millionen Migranten weltweit lebten 2013 allein ein Drittel in den USA, Russland und Deutschland. Weltweit beträgt der Anteil von Migranten an der Gesamtbevölkerung lediglich circa drei Prozent. Durch den hohen Migrationsgrad sind manche Nationalstaaten überfordert. Die Regierungen befinden sich in einer Zwickmühle zwischen dringend notwendigem Zuzug von Fachkräften zum Erhalt der Sozialsysteme und der durch hohe Migrantenanteile zum Teil verunsicherten einheimischen Bevölkerung. Supranationale Ansätze, zum Beispiel im Verbund der UNO oder der EU, bieten hier die besten Möglichkeiten zur Lösung des Migrationsproblems.

Überforderung der Nationalstaaten

Die EU begegnet dem Phänomen der ansteigenden Migration auf drei Wegen: So bemühen sich die Nationalstaaten um eine Einwanderung dringend benötigter qualifizierter Fachkräfte, während man andererseits versucht, dem unkontrollierten Zustrom von Flüchtlingen zum Beispiel über das Mittelmeer durch eine gemeinsame Asyl- und Einwanderungspolitik und verschärfte Kontrolle der Außengrenzen entgegenzuwirken. Am effektivsten und billigsten sind auf Dauer Maßnahmen zur Prävention von unkontrollierter Migration, die in erster Linie den Frieden und die Verbesserung der Lebensqualität in den Abwanderungsgebieten fördern, etwa durch verstärkte Entwicklungshilfe, durch eine globale Umweltpolitik, aber auch durch sozial- und bevölkerungspolitische Maßnahmen.

Migrationspolitik in der EU

Ein erschöpfter afrikanischer Bootsflüchtling konnte sich an den Strand von Fuerteventura retten; im Hintergrund Touristen.

MATERIAL
1 Globale Sicherheitspolitik

Traditionell bezieht sich Sicherheit auf das nationale Territorium eines Staates. Vertreter des Politischen Realismus betonen, es sei unsinnig, nach Sicherheit jenseits des Nationalstaates zu streben, weil es keine Möglichkeit gäbe, globale Probleme auch global zu lösen. [...] Der Begriff „internationale Sicherheit" [...] bezieht sich auf zwischenstaatliche Kooperationsanstrengungen mit dem Ziel internationaler Stabilität. [...] Er setzt sich von realistischen Annahmen insofern ab, als er die Möglichkeit der Kooperation konkurrierender Staaten auch ohne die Existenz eines übergeordneten Rahmens annimmt, der die Staaten zur Einhaltung ihrer Kooperationsversprechen zwingen würde. Es geht also nicht länger um die Maximierung der nationalen Sicherheit, sondern um die Herstellung eines internationalen Umfeldes, in dem alle Staaten ein vernünftiges Maß an Sicherheit genießen.

Der Begriff der „globalen Sicherheit" geht auch hier noch einen Schritt weiter. Er bezieht sich nicht länger auf das Staatensystem und die Möglichkeit einer internationalen Staatengesellschaft (*international society*), sondern auf die Menschheit als Ganzes und die Aussicht auf eine globale Weltgesellschaft (*world society*) freier Individuen. Insofern ist er eng mit den Begriffen der menschlichen und humanitären Sicherheit verknüpft und unterstreicht, dass das Recht auf menschenwürdige Lebensverhältnisse nicht nur für die Menschen in unserer Nähe, sondern prinzipiell für alle Menschen auf der Welt gilt. Wenn man das Konzept der globalen Sicherheit ernst nimmt, dann stellt sich die Frage, wer für ihre Gewährleistung verantwortlich ist. Nationale Sicherheit wird vom Nationalstaat garantiert; für regionale Sicherheit zeichnen Regionalorganisationen verantwortlich ([zum Beispiel] Allianzen

zur kollektiven Verteidigung wie die NATO); internationale Sicherheit ist das Ziel internationaler Organisationen und internationaler Regime; aber globale Sicherheit, so scheint es, hat noch keinen institutionellen Träger gefunden. Zwar liegt es nahe, die UN für globale Sicherheit zuständig zu halten, zumal der Begriff auch in ihrem Rahmen propagiert worden ist. Doch sind ihre Ressourcen bekanntermaßen begrenzt, sodass Anspruch und Wirklichkeit deutlich auseinanderklaffen.

Der Effekt, der dabei auftritt, kann als Verantwortungsdiffusion beschrieben werden, ein Phänomen, das in der Organisationssoziologie mit Kompetenzüberschneidungen und der Inkongruenz von Rolle und Aufgabe einer Organisation erklärt wird. Dabei kommt es trotz einer im Prinzip hinreichenden Zahl zuständiger Akteure zu Situationen, in denen offensichtlich notwendige Aufgaben und Verantwortlichkeiten nicht wahrgenommen werden. So könnte man die lange Untätigkeit der internationalen Gemeinschaft angesichts der Konflikte im ehemaligen Jugoslawien auf den sogenannten *bystander effect* zurückführen, der nicht nur in der interinstitutionellen Konkurrenz zwischen UN, NATO, OSZE und EU, sondern auch dem Missverhältnis von institutioneller Kompetenzbehauptung und Verantwortungsübernahme begründet lag. In dem Maße, in dem sich viele Akteure „im Prinzip" zuständig fühlen, steigt auch die Neigung, kostspielige Entscheidungen auf andere abzuwälzen.

Einen solchen Effekt kann man auch bei internationalen Friedenseinsätzen nachweisen. [...] Doch solange das Verhältnis von nationaler, regionaler, internationaler und globaler Sicherheit nicht interinstitutionell geklärt ist, droht das Konzept „globaler Sicherheit" an einer institutionalisierten Verantwortungslosigkeit zu scheitern.

Quelle: Christopher Daase: Wandel der Sicherheitskultur, in: Aus Politik und Zeitgeschichte 50 (2010), S. 9–14

➡ Querverweis: S. 128, M 1

1. Arbeiten Sie aus M 1 die Veränderung des Sicherheitsbegriffs im 21. Jahrhundert heraus und ermitteln Sie das Hauptproblem globaler Sicherheitspolitik.
2. Visualisieren Sie die Kennzeichen des „neuen" Terrorismus (M 2) in einer Mindmap. Recherchieren Sie zur RAF und zeigen Sie Gemeinsamkeiten und Unterschiede auf.

MATERIAL
Kriterien des „neuen" Terrorismus **2**

Der islamistische Terrorismus speist sich vordergründig aus religiösen Motiven. Fünf zentrale Merkmale machen den „neuen" Terrorismus dabei von bisherigen Formen innerstaatlicher Terrorgewalt unterscheid- und abgrenzbar:

Quantitative Zerstörung: Zwar sind Terroristen noch nicht in der Lage gewesen, ABC-Waffen einzusetzen. Dennoch sind die Opferzahlen bereits drastisch angestiegen. Der 11. September 2001
5 brachte neue Dimensionen an menschlichem Leid mit sich. Auch die infrastrukturelle, materielle Zerstörung hat gigantische Ausmaße angenommen.
Ubiquität der Opferziele: Der „neue" Terrorismus
10 ist zunehmend gegen wahllose Opfer gerichtet. Am 11. September mussten diejenigen mit dem Leben bezahlen, die sich zufällig im *World Trade Center* oder im Pentagon befanden. Für den terroristischen Islamisten gibt es nicht nur den nahen,
15 lokalen oder regionalen Feind, sondern auch den fernen und unbekannten, den internationalen Gegner. Die „Rote Armee Fraktion" definierte ihre

Feinde seinerzeit weitaus klarer. Sie war gegen das demokratische System und das Führungs-
20 personal in Politik, Wirtschaft und Finanzen gerichtet.
Selbstmordattentäter: Die „neuen" Terroristen nehmen eine doppelte Rolle ein, zum einen als Attentäter, zum anderen als Selbstmörder. Ihr Anschlag dient als spiritueller Akt, hat aus Sicht der
25 Ausführenden einen höheren, gottgewollten Sinn.
Netzwerke statt hierarchischer Organisation: Der „neue" Terrorismus „haust" nicht mehr in Höhlen, sondern im virtuellen Raum. Das Internet macht es möglich, unter den Aktivisten online Bauanlei-
30 tungen für Bomben, Trainingspläne und Instruktionen zum Zellenaufbau zu verbreiten.
Global-mediale Multiplikatoren: Der 11. September war ein globales Medienereignis, das durch die Liveberichterstattung ein Millionenpu-
35 blikum „traumatisierte". Zum ersten Mal in der Geschichte der Menschheit konnte eine internationale Öffentlichkeit ein derartiges Geschehen in Echtzeit verfolgen.

Autorentext

➡ Querverweis: S. 38, M 9

MATERIAL
„Big Sister is watching you" **3**

BIG SISTER IS WATCHING YOU

Im Jahr 2013 wurde bekannt, dass der US-Geheimdienst National Security Agency (NSA) jahrelang Einwohner und Regierungschefs auch befreundeter Staaten im Rahmen der Terrorabwehr abgehört und ausspioniert hatte.

Zeichnung: Jürgen Janson

1. Interpretieren Sie die Karikatur in M 3 und führen Sie eine Fishbowl-Diskussion zu der Frage, ob das Menschenrecht auf Freiheit dem Recht auf körperliche Unversehrtheit und Leben geopfert werden darf.
2. Interpretieren Sie die Karikatur auf S. 138 und erwägen Sie nationale und internationale Möglichkeiten der Terrorismusbekämpfung.

MATERIAL

4 Push- und Pull-Faktoren (vereinfachte Darstellung)

Push-Faktoren „Verzweiflung"

- Bevölkerungsdruck
- mangelhaftes Angebot an Infrastruktur, Arbeitsplätzen, Bildung und Ausbildung, medizinischer Versorgung
- Umweltprobleme
- Naturkatastrophen
- Kriege, Vertreibung
- soziale Zwänge

Migration

Pull-Faktoren „Hoffnung"

- wirtschaftliche und soziale Unabhängigkeit
- bessere medizinische und soziale Versorgung
- Bildungs- und Aufstiegschancen
- Teilhaben an Konsum und Freizeitangeboten
- bessere Wohnmöglichkeiten

L & P / 6842

MATERIAL

5 Migrationsbedingte Herausforderungen

Im Zuge der wirtschaftlichen Globalisierung werden die internationalen Wanderungsbewegungen weiter zunehmen. Die Integration der Märkte wird für viele Menschen neue Möglichkeiten,
5 aber auch neue Zwänge zur Migration schaffen. Generell wird die individuelle Mobilität zunehmen, sowohl in den wirtschaftlich entwickelten als auch in den weniger entwickelten Weltregionen. In vielen Gebieten wird angesichts von
10 Armut, Unterentwicklung und Konflikten der Abwanderungsdruck weiterhin steigen, und es wird auch künftig ethnisch-religiöse Konflikte mit ethnischen Vertreibungen (wie in den Kriegen im ehemaligen Jugoslawien oder den Bürgerkriegen
15 in Ruanda oder im Sudan) geben. Wahrscheinlich wird die Verschlechterung der Umweltbedingungen vor allem in den wüstennahen Gebieten zu neuen Wanderungsbewegungen führen, und es können weitere komplexe Katastrophen mit
20 Massenfluchtbewegungen ausbrechen.
[...] Vielen Regierungen ist bewusst, dass sie diese globalen Herausforderungen nicht mehr im Alleingang bewältigen können. Zahlreiche Staaten haben bereits mit der Konzeption und
25 Gestaltung der nationalen Migrationspolitik erhebliche Schwierigkeiten. Den Regierungen fällt insbesondere die Balance zwischen der wirtschaftlich als notwendig erachteten Öffnung für Zuwanderer und der häufig von den Einheimischen geforderten Begrenzung der Wanderungs-
30 bewegungen schwer: Unternehmen drängen auf eine Ausweitung der Zuwanderung, um Engpässe am Arbeitsmarkt auszugleichen, während bei der Bevölkerung die Sorge über zusätzliche Konkurrenz um wenige Jobs wächst. Auch wissen die
35 Regierungen oft nicht, wie sie mit den migrationsbezogenen Folgen der regionalen Integration umgehen sollen. [...]
Die Industriestaaten reagieren auf diese Entwicklungen ambivalent: Einerseits versuchen sie, ihre
40 nationalen Handlungskapazitäten auszubauen und die Wanderungsbewegungen zu kontrollieren. Andererseits bemühen sie sich um gemeinsame Regelungen, indem sie die regionale Zusammenarbeit wie beispielsweise im Rahmen
45 der Gemeinsamen Innen- und Justizpolitik der EU vertiefen. Zum Teil bemühen sie sich auch um die Kooperation mit internationalen Organisationen, an die sie Aufgaben delegieren. So haben in den vergangenen Jahren der UN-Hochkommissar für
50 Flüchtlinge (UNHCR) und die *International Organisation for Migration* (IOM) neue Aufgaben in der Betreuung von Flüchtlingen und Migranten übernommen.

Quelle: Steffen Angenendt: Migration weltweit: Herausforderungen, in: Bundeszentrale für politische Bildung, Grundlagendossier Migration, www.bpb.de/gesellschaft/migration/dossier-migration/56667/herausforderungen vom 1.6.2009; Zugriff am 20.1.2015

➡ Querverweis: S. 36 f., M 5

Migration in die EU (2013)   6

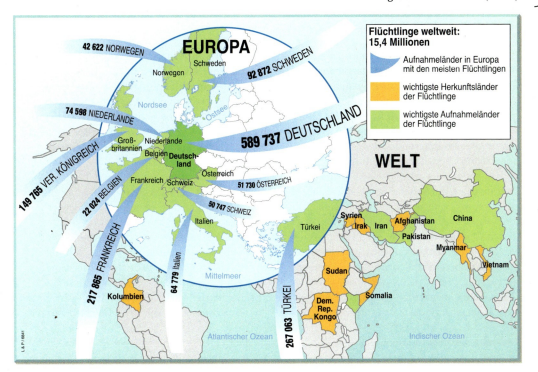

Flüchtlinge weltweit:
15,4 Millionen

Aufnahmeländer in Europa
mit den meisten Flüchtlingen

wichtigste Herkunftsländer
der Flüchtlinge

wichtigste Aufnahmeländer
der Flüchtlinge

EUROPA

42 622 NORWEGEN
Schweden
Norwegen
92 872 SCHWEDEN
Nordsee
74 598 NIEDERLANDE
Ostsee
589 737 DEUTSCHLAND
Groß-
britannien Niederlande
149 765 VER. KÖNIGREICH
Belgien Deutsch-
land
WELT
22 024 BELGIEN
Frankreich Schweiz
Österreich
51 730 ÖSTERREICH
50 747 SCHWEIZ
Italien
Syrien Afghanistan China
Türkei Irak Iran
Pakistan
217 865 FRANKREICH
Myanmar
64 779 Italien
Vietnam
Mittelmeer
Sudan
Kolumbien
Somalia
Dem.
Rep.
Kongo
267 063 TÜRKEI
Atlantischer Ozean
Indischer Ozean

L&P/6841

Fakten zur Migration in die EU (2013)

- 4% der EU-Bevölkerung sind Nicht-EU-Ausländer (zum Vergleich: 31% in Israel, 28% in der Schweiz, 21% in Kanada);
5 - Hauptaufnahmeländer für Asylbewerber in der EU: Deutschland 29%, Frankreich 15%, Schweden 13%, UK 7%, Italien 6%

- Hauptaufnahmeländer für Asylbewerber in der EU gemessen an der einheimischen Bevölkerung pro Kopf: Schweden 5 700 pro eine Million Einwohner, Malta 5 300, Österreich 2 100, Luxemburg 2 000, EU-Durchschnitt 860. 10

Autorentext   ⏭ Querverweis: S. 34 f., M 1–M 3

1. Führen Sie Interviews mit Zuwanderern aus Ihrer Umgebung und ermitteln Sie dabei die Gründe für deren Migration auf Basis von M 4.
2. Arbeiten Sie aus dem Text M 5 heraus, inwieweit die wirtschaftliche Globalisierung die Migration befördert und welche Probleme sich daraus ergeben.
3. Analysieren Sie die Karte M 6 und beurteilen Sie die Auswirkungen der Globalisierung für Länder mit hohem Bevölkerungszuzug bzw. -schwund.
4. Bewerten Sie die Fakten zur Migration in die EU und verfassen Sie einen Zeitungskommentar (Methode auf S. 152 f.), in dem Sie zur ungleichen Verteilung von Asylbewerbern innerhalb der EU Stellung nehmen.

Die Weltwirtschaftskrise 1929

Nach den Schrecken und Entbehrungen des Ersten Weltkriegs und einer alle Sparguthaben vernichtenden Inflation in Deutschland nahmen viele Menschen die Jahre 1924 bis 1929 als „Goldene Zwanziger" („*Roaring Twenties*") wahr. Vor allem in den USA setzte nach dem Krieg ein ungeheurer Wirtschaftsaufschwung ein, da das Verlangen nach Konsumgütern immens stieg. Dass die nachgefragten Güter, z. B. Automobile oder Kühlschränke, nun auch für eine breite Masse bezahlbar wurden, war der Rationalisierung und Mechanisierung der Produktion zu verdanken. Dieser Boom wurde über den internationalen Finanzkreislauf – von den USA ausgehend durch die Gewährung von Krediten – nach Europa getragen.

Der amerikanische Aufschwung aber finanzierte sich zunehmend über Geld, das nur geliehen war – und zwar von der eigenen Bevölkerung. Da viele US-Amerikaner, im Glauben an eine „*eternal prosperity*", am Aufschwung ihrer Wirtschaft teilhaben wollten, liehen sie sich von den Banken zu teils horrenden Zinsen Geld, um davon Aktien zu kaufen. Die Unternehmen wiederum investierten die neuen Geldmittel in ihre Produktionsanlagen und erhöhten damit das Güterangebot. Als sich im Herbst 1929 aufgrund der Überproduktion eine Verschärfung des bereits seit 1928 spürbaren Wirtschaftsabschwungs abzeichnete, stießen viele Aktienspekulanten ihre Wertpapiere ab. Innerhalb kürzester Zeit taten ihnen dies andere Aktienbesitzer gleich, und die Spekulationsblase platzte: Am 23. Oktober 1929 gab der Dow Jones um 13 Prozent nach. Der übernächste Tag ging als „Schwarzer Freitag" in die Geschichte ein.

Die Tatsache, dass die Boomphase in den USA quasi über Nacht in eine schwere Rezession gemündet war, bewirkte nun, dass die amerikanischen Kapitalanleger, und damit auch die Banken, ihre investierten Gelder und kurzfristig gewährten Kredite weltweit zurückzogen, um die eigene Liquidität zu erhalten. Dies stürzte andere Volkswirtschaften in eine schwere Krise, die dadurch verstärkt wurde, dass sich die wirtschaftliche Entwicklung ohnehin in einer Abwärtsbewegung befand: Produktion und Beschäftigung brachen dramatisch weg, Löhne und Preise gingen zurück. Gefangen in nationalstaatlichem Denken und bar einer funktionsfähigen und willigen supranationalen Organisation, die diesem ersten globalwirtschaftlichen „Schiffbruch" hätte entgegensteuern können, verfielen die Industriestaaten Europas in einen Protektionismus der eigenen Märkte: Durch eine rigide Zollpolitik wurde versucht, die eigenen Industrien vor billigen Importen aus dem Ausland zu schützen. Ein drastischer Rückgang des Welthandels war die Folge – ohne dass dadurch allerdings die Bin-

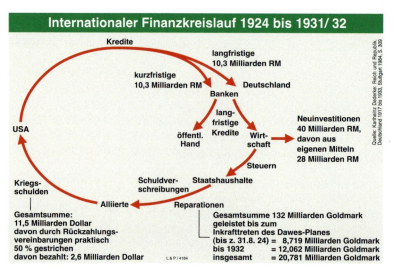

Internationaler Finanzkreislauf 1924 bis 1931/32

Kredite

langfristige 10,3 Milliarden RM

kurzfristige 10,3 Milliarden RM

Deutschland

Banken

langfristige Kredite

USA

öffentl. Hand

Wirtschaft

Neuinvestitionen 40 Milliarden RM, davon aus eigenen Mitteln 28 Milliarden RM

Steuern

Schuldverschreibungen

Staatshaushalte

Kriegsschulden

Alliierte

Reparationen

Quelle: Karlheinz Dederke: Reich und Republik, Deutschland 1917 bis 1933, Stuttgart 1984, S. 309

Gesamtsumme: 11,5 Milliarden Dollar davon durch Rückzahlungsvereinbarungen praktisch 50 % gestrichen davon bezahlt: 2,6 Milliarden Dollar   L & P / 4184

Gesamtsumme 132 Milliarden Goldmark geleistet bis zum Inkrafttreten des Dawes-Planes (bis z. 31.8.24) = 8,719 Milliarden Goldmark bis 1932   = 12,062 Milliarden Goldmark insgesamt   = 20,781 Milliarden Goldmark

nennachfrage erneut hätte angekurbelt werden können. Zwei Jahre später, im Sommer 1931, wurde die Wirtschaftskrise noch einmal durch die von Deutschland ausgehende Bankenkrise verschärft. Die Kapitaldecke der deutschen Banken war auch in den „Goldenen Zwanzigern" dünn geblieben, ein ordentlicher Geschäftsbetrieb nur durch die von US-Banken gewährten (kurzfristigen) Kredite möglich gewesen, die in Deutschland aber langfristig angelegt wurden. Deshalb waren kleinere deutsche Ban-

Fließbandproduktion des Ford T-Modells („Tin Lizzy")

ken bis 1931 bereits bankrottgegangen. Als im Frühjahr 1931 die größte Bank Österreichs, die Österreichische Creditanstalt, zusammenbrach, befürchtete man im In- und Ausland, dass nun auch die großen deutschen Banken kollabieren könnten. Jetzt zogen auch Gläubiger und Kunden in Panik ihre Anlagen zurück. Um den Zusammenbruch des deutschen Bankensystems zu verhindern, schlossen alle deutschen Banken im Juli 1931 für zwei Tage ihre Schalter. Danach konnten die Kunden nur noch in begrenztem Umfang über ihre Einlagen verfügen.

Franklin D. Roosevelt (1882–1945)

Die Bankenkrise wurde u. a. durch die Revisionspolitik Reichskanzler Heinrich Brünings (1885–1970) mit verursacht und verstärkt: Nicht die Bekämpfung von Massenarbeitslosigkeit und Wirtschaftskrise hatte für ihn Priorität, sondern eine rigide Deflationspolitik, die das Land von den Reparationszahlungen befreien sollte. So verzichtete Brüning im Sommer 1931 nicht nur darauf, mit Auslandskrediten die dringendsten Finanzierungsschwierigkeiten zu lösen, sondern kündigte an, Deutschland werde in Kürze die Reparationszahlungen einstellen. Diese Politik hatte einen Vertrauensverlust des Auslands in die deutsche Wirtschaft zur Folge; es kam zum verstärkten Rückzug auch ausländischen Kapitals aus Deutschland.

Angesichts der Verschärfung der Krise durch die Deflations- und Schutzzollpolitik wurde der Ruf nach staatlicher Hilfe in den am schwersten betroffenen Ländern unüberhörbar. In den USA stellte der neue Präsident Franklin D. Roosevelt seine Politik des *„New Deal"* zur Lösung der Krise im eigenen Land vor und bot damit eine demokratische Alternative zum diktatorischen Lösungsversuch Adolf Hitlers (1889–1945). So sollte in den USA die Kaufkraft der Farmer wiederhergestellt werden, der Banken-, Kredit- und Kapitalmarkt wurde unter staatliche Aufsicht gestellt und Arbeitsbeschaffungsmaßnahmen initiiert. Roosevelts Politik zeitigte Erfolge, doch die endgültige Überwindung der Krise gelang den USA erst im und durch den Zweiten Weltkrieg.

1. Erarbeiten Sie aus dem Text den Hergang der Weltwirtschaftskrise 1929.
2. Recherchieren Sie zur Weltwirtschaftskrise 2008 ff. und ermitteln Sie Gemeinsamkeiten und Unterschiede im Vergleich zum Jahr 1929.

7. Global Governance – von der Notwendigkeit kooperativen Handelns

„Die Welt hat genug für jedermanns Bedürfnisse, aber nicht genug für jedermanns Gier."
Mahatma Gandhi (1869–1948)

Global Governance Die Frage nach den Ordnungs- und Regulierungsmöglichkeiten der internationalen Finanzmärkte und des Welthandels zählt zu den großen Herausforderungen der Globalisierung. Aber auch Klimawandel und Umweltzerstörung, Terrorismus oder Armut sind nur gemeinsam, d. h. mithilfe internationaler Institutionen, zu bewältigen. Unter dem Schlagwort der Global Governance, einer Art grenzüberschreitender Mehrebenenpolitik, wird dabei auf Möglichkeiten eines „Regierens jenseits des Nationalstaats" hingewiesen: Neue Ebenen der Regulierung und Steuerung, an denen neben staatlichen Stellen vor allem internationale Institutionen und Nichtregierungsorganisationen teilnehmen, haben sich entwickelt, um die globalen Probleme der Gegenwart zu lösen. Dabei müssen Nationalstaaten immer mehr auf Souveränitätsrechte verzichten, um mehr Handlungsspielräume zu bekommen, bleiben aber bislang die Hauptakteure der Global Governance.

IWF Zur Steuerung des globalen Finanz- und Handelssystems wurden verschiedene internationale Institutionen bzw. Regime geschaffen, wie der Zusammenschluss der wichtigsten 20 Industrie- und Schwellenländer (G 20), die Welthandelsorganisation (WTO) und der Internationale Währungsfonds (IWF). Letzterer wurde als Sonderorganisation der UNO gegründet, um das Weltwirtschaftssystem nach 1945 neu aufzubauen. 188 Staaten sind derzeit Mitglied des IWF; ihr Stimmrecht orientiert sich an ihrem Kapitalanteil. Da die Beschlüsse im IWF mit einer Mehrheit von 85 Prozent getroffen werden, verfügen die USA und die 28 EU-Staaten de facto jeweils über eine Sperrminorität. Der IWF verfolgt die Ziele, den Welthandel auszuweiten, die internationale Zusammenarbeit in der Währungspolitik zu fördern, die internationalen Finanzmärkte zu stabilisieren und kurzfristige Kredite zum Ausgleich von Zahlungsbilanzdefiziten zu vergeben. Für die Regulierung der Weltwirtschaft hat er damit eine zentrale Bedeutung. Eine globale Finanzmarktkrise, wie sie im Herbst 2008 ihren Ausgang nahm, konnte aber auch der IWF nicht vermeiden.

Weltwirtschaftskrise 2008 ff. Der supranationale Staatenverbund der Europäischen Union gilt als ein besonders erfolgversprechendes Laboratorium für Global Governance. Anders als bei der Weltwirtschaftskrise 1929 gab es 2008 einen Konsens, der Krise mit vereinten Kräften und über Staatsgrenzen hinweg zu begegnen: Protektionismus und Schutzzollpolitik unterblieben ebenso wie Deflationsversuche. Stattdessen bemühten sich viele Staaten, der Krise antizyklisch mit Konjunkturprogrammen entgegenzutreten, ohne diese rein nationalwirtschaftlich auszurichten: Die Abwrackprämie galt z. B. in Deutschland – wie im Übrigen auch in den USA – nicht nur für inländische Fahrzeuge. Man hatte erkannt, dass in einer globalisierten Welt nur kooperatives Handeln Erfolge bringt.
Das Ziel von Global Governance besteht allerdings nicht nur darin, globale Probleme auf wirtschaftlichem Gebiet gemeinsam zu lösen. Auch in anderen Politik-

feldern bemühen sich viele Akteure um eine enge Zusammenarbeit: Ein Paradebeispiel für die Global-Governance-Architektur sind die Weltkonferenzen. Solche Verhandlungsforen gab es unter dem Dach oder in Regie der UNO zwar schon seit den 1960er-Jahren. In den meisten Fällen standen diese aber unter dem Einfluss des Ost-West-Konflikts. Seit den 1990er-Jahren ist ein enormer Anstieg der Weltkonferenzen zu verzeichnen, wie z. B. der

Zeichnung: Joel Pett

Weltkindergipfel 1990 in New York, die Weltumweltkonferenz 1992 in Rio de Janeiro oder die Weltklimakonferenz 2015 in Paris zeigen, die Ausdruck einer eng miteinander verbundenen Welt sind. Trotz möglicher Blockaden oder der Verfolgung von nationalen Interessen sind die Weltkonferenzen zu einem wichtigen Forum geworden, auf dem z. B. Staatenvertreter, internationale Organisationen und Nichtregierungsorganisationen oder Medien versuchen, eng zusammenzuarbeiten. Häufig führen dabei internationale Verhandlungen zur Gründung von internationalen Regimen, also Institutionen, die sich im Unterschied zu internationalen Organisationen auf einzelne Problemfelder (z. B. Klimaschutz oder Zugang zu Wasserressourcen) konzentrieren.

Weltkonferenzen und internationale Regime

Das gemeinsame Interesse an der Lösung von globalen Problemen richtet sich vor allem auf folgende Themenfelder:

Problemfelder globaler Zusammenarbeit

- die Problematik der Verletzung von Menschenrechten, bei der es um die Achtung der Menschenwürde, den Aufbau von Zivilgesellschaften und die Bewahrung der kulturellen Vielfalt in der Welt geht,
- die globalen Umweltkrisen, die eine Zusammenarbeit im Bereich des Klima- und Artenschutzes erforderlich machen,
- die Sicherung des internationalen Friedens,
- die Verwirklichung weltweit akzeptabler Lebensbedingungen und sozialer Standards sowie
- die Bewältigung von Herausforderungen auf den globalen Finanz-, Handels-, Arbeits- oder Gütermärkten.

Auch wenn es bei dem Konzept von Global Governance am ehesten um „Weltordnungspolitik" geht und nicht um die Errichtung einer Weltregierung (*Global Government*), bleibt die Frage der Umsetzung und demokratischen Legitimation von Global Governance bestehen. Der Vorwurf, dass Entscheidungen über die Köpfe der Menschen hinweg getroffen würden und internationale Institutionen oft nur über eine indirekte, von den Regierungen abgeleitete demokratische Legitimation verfügten, hat zu unterschiedlichen Protestbewegungen und alternativen Weltgipfeln geführt.

demokratische Legitimation der Global Governance

1 Was ist Global Governance?

Ausgangspunkt der Überlegungen zur Notwendigkeit von Global Governance ist die Erfahrung, dass viele Probleme nicht mehr im nationalstaatlichen Alleingang gelöst werden können. Wenn sich die Probleme globalisieren, muss sich auch die Politik globalisieren. Dann genügt auch nicht mehr ein punktuelles und reaktives Krisenmanagement, sondern es müssen neue Ordnungsstrukturen geschaffen werden. [...]

In der Diskussion über die Chancen, die Globalisierung zu gestalten, den Weltfrieden zu organisieren und die Weltprobleme zu bewältigen, hält eine kleine Gruppe von „Globalisten" an der Vision des Weltstaates fest. [...] Dieses verklausulierte Plädoyer für einen Weltstaat teilen die Global-Governance-Architekten nicht.

Erstens: Global Governance heißt nicht Global Government, also Weltregierung oder Weltstaat. Ein solcher ist weder eine realistische noch eine erstrebenswerte Option, weil eine solche bürokratische Superbehörde kaum demokratische Legitimation gewinnen könnte und weit entfernt von den zu lösenden Problemen wäre. [...]

Die Vision von Global Governance entspricht eher der bereits von Immanuel Kant anvisierten Weltföderation von freien Republiken mit einem notwendigen Minimum an Zentralstaatlichkeit [...]. Auch Kants Begründung, warum sich souveräne Staaten auf eine solche Föderation einlassen, bleibt gültig: Es ist die „Not", politische Handlungsfähigkeit zu erhalten.

Zweitens: Global Governance beruht auf verschiedenen Formen und Ebenen der internationalen Koordination, Kooperation und kollektiven Entscheidungsfindung. Internationale Organisationen übernehmen diese Koordinationsfunktion und tragen zur Herausbildung globaler Sichtweisen bei. Regime übersetzen den Willen zur Kooperation in verbindliche Regelwerke. In solchen Regimen verpflichten sich die Staaten durch vertragliche Vereinbarungen zur Bearbeitung von gemeinsamen Problemen. [...]

Drittens: Der Zwang zur Kooperation verlangt Souveränitätsverzichte, die Globalisierungseffekte und Interdependenzstrukturen schon längst erzwungen haben. Auch die Großmächte müssen sich, um sich als kooperationsfähig zu erweisen,

mit „geteilten Souveränitäten" abfinden, die – wie das Beispiel der EU zeigt – keinen Verlust, sondern einen Zugewinn an gemeinsamer Handlungs- und Problemlösungsfähigkeit bewirken können. [...]

Viertens: Die Neuverteilung der weltwirtschaftlichen und weltpolitischen Gewichte, die auf den Begriff der „multipolaren Welt" gebracht wurde, war begleitet von einem Prozess der Regionalisierung, der durch den Globalisierungsdruck noch verstärkt wurde. Die Gleichzeitigkeit von Globalisierung und Regionalisierung und von Globalisierung und Lokalisierung („Glokalisierung") gehört zu den strukturbildenden Entwicklungstrends von Weltgesellschaft und Weltpolitik. In allen Regionen formieren sich mehr oder weniger erfolgreiche Kooperations- oder Integrationszonen, wobei die EU das am weitesten entwickelte Modell von Regional Governance bildet. [...]

Fünftens: Global Governance ist kein Projekt, an dem nur Regierungen oder internationale Organisationen als Instrumente der Staatenwelt beteiligt sind, [sondern es geht um das] „Zusammenwirken von staatlichen und nichtstaatlichen Akteuren von der lokalen bis zur globalen Ebene". Diese *Public-Private Partnership* (PPP) soll Staaten, internationale Organisationen und private *Global Players* in globale Politiknetzwerke zur gemeinsamen Problembearbeitung einbinden, weil die Staaten eben nicht mehr alles im Alleingang regeln können. Zu diesen *Global Players* gehören natürlich die multinationalen Unternehmen mit ihrer Finanzkraft, die größer ist als das Sozialprodukt vieler Staaten, ihren Managementfähigkeiten und ihren multinationalen Organisationsstrukturen, aber auch die zunehmend transnational organisierten Interessenverbände und Nichtregierungsorganisationen (NGOs). [...]

Sechstens: Die NGOs gehören längst zur Dramaturgie von Weltkonferenzen und verschafften sich durch Sachkunde und medienwirksame Kampagnen in einzelnen „weichen" Politikbereichen (wie der Umwelt-, Menschenrechts- und Entwicklungspolitik) eine konsultative [beratende] und korrektive Funktion. Regierungen binden sie in Konsultationsmechanismen und gelegentlich auch in Regierungsdelegationen ein, um ihre Expertise anzuzapfen und ihr Protestpotenzial zu neutralisieren. [...] Diese internationale Vernetzung ermöglicht ihnen, die Rolle von „Globalisierungswächtern" zu spielen. Sie streuen Sand ins Getriebe von undurchsichtigen Machtkartellen und erzwingen ein Stück Transparenz, wo sich solche Machtkartelle im Prozess der Globalisierung und Multilateralisierung der Politik zunehmend demokratischer Kontrolle entziehen. [...]

Siebtens: Die Nationalstaaten verlieren zwar in vielen Politikbereichen im Gefolge ihrer Einbindung in Interdependenzstrukturen an autonomen Handlungsspielräumen, aber sie bleiben die Hauptakteure der internationalen Politik, die weiterhin allein autoritative Entscheidungen treffen können. Sie bilden deshalb auch die tragenden Stützpfeiler der Global-Governance-Architektur. Das Gerede vom „Ende des Nationalstaates" ist substanzlos, solange die „Weltkultur der Nationalstaaten" nicht von einem Weltstaat überwölbt wird. Wer sonst soll die aus dem Gesellschaftsvertrag resultierenden Schutzfunktionen erfüllen, die öffentlichen Güter bereitstellen und für den sozialen Ausgleich sorgen?

Quelle: Franz Nuscheler: Global Governance, in: Mir A. Ferdowski (Hrsg.): Sicherheit und Frieden zu Beginn des 21. Jahrhunderts, München 2002, S. 75–89
➡ Querverweis: S. 128, M I

Ordnungsrahmen für Global Governance:

● Welthandelsordnung   ● Weltumweltordnung   ● Internationale Wettbewerbsordnung   ● Weltsozialordnung
● Weltwährungs- und Finanzordnung   ● Weltfriedensordnung

Zivilisierung der Internationalen Beziehungen

Konsensuale Entscheidungsfindung und kooperative Problemlösung; globale Rechtsstaatlichkeit und Rechtsdurchsetzung, Verwirklichung der Menschenrechte

Demokratie, Partizipation und Legitimation im Weltmaßstab

Stärkung der pluralistischen Demokratie, Aufbau von Zivilgesellschaften, Partizipation der Zivilgesellschaft an globalpolitischen Prozessen, »Good Governance« und Bekämpfung von Korruption

Neues Verhältnis von Staat, Politik und Markt

Neudefinition der Rolle von Nationalstaaten, Bildung/Reform multilateraler Institutionen, Zusammenspiel der globalen Akteure, Ausbau internationaler Regime

Globalisierte Welt

● **Akteure**
Staaten, internationale Organisationen, Wirtschaft, Zivilgesellschaft mit NGOs

● **Handlungsebenen**
Nationale, regionale und globale Ebene

Das Fundament von Global Governance:

● **Elementares Interesse an der Lösung grenzüberschreitender Probleme,** die nicht mehr einzelstaatlich oder durch »den Markt« geregelt werden können

● **Kulturelle Grundwerte und zivilisatorische Grundlagen** Achtung der Menschenwürde, Bewahrung der kulturellen Vielfalt, interkultureller Dialog, »Weltethos«

L & P / 4388

1. Erarbeiten Sie aus M 1 die Bausteine des Global-Governance-Modells.
2. Führen Sie eine Debatte zu der Frage, ob Global Governance ein sinnvolles Konzept zur Lösung globaler Probleme ist.

MATERIAL

2 Die Weltklimapolitik als Beispiel von Global Governance

Seit 1979 versuchen die Staaten der Welt, eine Lösung für die Gefahr, die vom weltweiten Klimawandel ausgeht, zu finden.

Meilensteine der Weltklimapolitik		
1979	Genfer Weltklimakonferenz	Diskussion der möglichen Konsequenzen einer steigenden Konzentration von Kohlendioxyd für die Erdatmosphäre.
1992	United Nations Framework Convention on Climate Change	154 Staaten verabschieden auf der UN-Konferenz über Umwelt und Entwicklung in Rio de Janeiro die Klimarahmenkonvention; sie tritt am 21.3.1994 in Kraft und hat mit inzwischen 195 Vertragsparteien quasi universelle Gültigkeit.
1997	Kyoto-Protokoll	COP-3 (Conference of the Parties) verabschiedet das Kyoto-Protokoll, das 38 Industriestaaten […] verpflichtet, ihre gemeinsamen Treibhausgasemissionen bis 2012 gegenüber dem Basisjahr 1990 um 5,2 % zu reduzieren [Kohlendioxyd als Referenzwert].
2001	Rückzug der USA	US-Präsident George W. Bush verkündet den Ausstieg der USA aus dem Kyoto-Protokoll, wodurch sich der bis dahin weltweit größte Emittent von Treibhausgasen der internationalen Regulierung entzieht.
2009	Kopenhagen-Akkord	Unter aktiver Beteiligung führender Staats- und Regierungschefs scheitert COP-15 in Kopenhagen an der Aushandlung eines Kyoto-Nachfolgeabkommens und nimmt lediglich einen umstrittenen und unverbindlichen Kopenhagen-Akkord über das weitere Vorgehen zur Kenntnis.

Nach: Steffen Bauer: Fünfundzwanzig Jahre Weltklimapolitik: Sisyphus-Aufgabe der Weltgesellschaft, in: Stiftung Entwicklung und Frieden/Institut für Entwicklung und Frieden, Globale Trends 2013. Frieden, Entwicklung, Umwelt, Frankfurt a. M. 2012, S. 246 ff.

MATERIAL

3 Prognose des Kohlendioxidausstoßes bis 2030

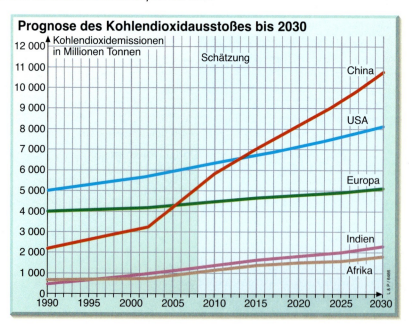

MATERIAL
Minimalkonsens **4**

Auf dem Klimagipfel in Warschau [vom 11. bis 22. November 2013] haben die Vertreter aus 194 Staaten nur minimale Fortschritte erzielt. Nach einer mehr als 30 Stunden dauernden Verhandlung verabschiedeten die Unterhändler eine Reihe von Beschlüssen, die sofort als unzureichend kritisiert wurden. Man einigte sich schließlich zwar auf eine gemeinsame Formel. Doch könnte diese den für 2015 geplanten weltweiten Klimapakt schwächen.

Schwellenländer wie China und Indien setzten durch, dass die rechtliche Verbindlichkeit künftiger Ziele offengelassen wurde. Anders als zunächst vorgeschlagen ist im Schlussdokument nun nicht mehr von „Verpflichtungen", sondern von „Beiträgen" zum Klimaschutz die Rede. Ausdrücklich heißt es, dass die rechtliche Verbindlichkeit des Begriffes „Beiträge" noch nicht festgelegt sei.

Diese Formulierung stellt einen Kompromiss zwischen den Industrie- und Schwellenländern dar. Der chinesische Unterhändler Su Wei hatte eine klare Unterscheidung zwischen Schwellen- und Industrieländern im Abschlussdokument verlangt. Industrieländer wie die USA wollten diese Forderung nicht annehmen. Kurzzeitig drohte deshalb der Gipfel zu scheitern.

Auch bei der langfristigen Finanzierung von Klimahilfen für arme Staaten blieben wesentliche Fortschritte aus. Bereits bei vergangenen Klimagipfeln hatte die Staatengemeinschaft vereinbart, dass ab 2020 jährlich 100 Milliarden US-Dollar für Klimahilfen an Entwicklungsländer zur Verfügung stehen sollen. Wie das Geld zusammenkommen soll, bleibt aber weiter unklar.

Die Entwicklungsländergruppe G-77 hatte in Warschau die Festlegung eines Zwischenziels verlangt: Bis 2016 solle die jährliche Hilfesumme auf 70 Milliarden Dollar steigen. Die Industriestaaten setzen jedoch durch, dass die Hilfen nur „kontinuierlich" gesteigert werden. Zur Bewältigung von Klimaschäden vereinbarten die Staaten einen sogenannten „Warschauer Mechanismus", der zum Beispiel die Katastrophenvor- und -nachsorge in armen Staaten stärken soll. Arme Staaten hatten eine weitgehende Eigenständigkeit des Mechanismus mit weitreichenden Entscheidungskompetenzen verlangt. Die Industriestaaten wollten dagegen eine stärkere Einbettung in bereits bestehende Strukturen und setzten sich durch. Allerdings soll diese Entscheidung 2016 überprüft werden.

Zeichnung: Wolfang Horsch

WELTKLIMA KONFERENZ 2013

MEINE DAMEN UND HERREN! DER MEERESSPIEGEL!

Quelle: Klimagipfel endet mit Minimal-Kompromiss (AFP, dpa, epd, fz), in: Die Zeit online, www.zeit.de/wirtschaft/2013-11/klima-konferenz-warschau-abschluss vom 23.11.2013; Zugriff am 20.1.2015
➡ Querverweis: S. 75, M 6

1. Analysieren Sie die Grafik M 3 und bewerten Sie vor diesem Hintergrund die Meilensteine der Weltklimapolitik in M 2.
2. Erarbeiten Sie aus dem Text M 4 die Ergebnisse der Weltklimakonferenz in Warschau.
3. Interpretieren Sie ausgehend vom Text M 4 die Karikatur in M 4.

Zeitungsartikel und Zeitungskommentar

Im Rahmen einer neuen Aufgabenkultur an den deutschen Gymnasien werden Sie in der Oberstufe zunehmend mit sogenannten gestalterischen Aufgabenstellungen konfrontiert. Solche Aufgaben orientieren sich in Vorbereitung auf eine künftige berufliche Tätigkeit an Materialien oder Textproduktionen, die im Hinblick auf Ihre universitäre Ausbildung oder Ihren Eintritt in das Erwerbsleben eine wichtige Rolle spielen. Neben der Entwicklung von Szenarien bzw. der Beurteilung ihrer Wahrscheinlichkeit oder dem Entwurf bzw. der Analyse einer Rede müssen Sie auch Zeitungsartikel und -kommentare nicht nur erschließen und bearbeiten, sondern auch selbst verfassen können.

Bevor Sie mit dem Schreiben beginnen, müssen Sie sich das Szenario, in das die Aufgabenstellung eingebettet ist, vergegenwärtigen, damit Ihr Text auch adressatengerecht verfasst werden kann. Überprüfen Sie also, ob der Artikel/Kommentar z. B. für Ihre Schülerzeitung oder Ihre Heimatzeitung oder eine politische Zeitschrift gedacht ist.

a) Der Zeitungsartikel

1. Inhalt
Ein Zeitungsartikel will einen Sachverhalt informativ und sachlich neutral darstellen. Dabei sollte ein Maximum an Information mit möglichst wenig Worten geboten werden. Um dies gewährleisten zu können, müssen Sie über ein entsprechend großes Hintergrundwissen verfügen. Persönliche Wertungen eines Sachverhalts oder Ereignisses sollten unterbleiben.

2. Aufbau
Nach der Schlagzeile liefert ein kurzer Vorspann die wichtigsten Informationen des folgenden Hauptteils. Die Einleitung ist gleichsam die „Visitenkarte" des gesamten Textes. Wenn Sie schlecht formuliert ist oder den Kern des Artikels nicht wiederzugeben vermag, begegnet der geneigte Leser bzw. der Korrektor dem folgenden Text mit einer eher negativen Einstellung.

3. Sprachliche Gestaltung
Der Zeitungsartikel zeichnet sich durch kurzen und prägnanten Sprachstil aus, der auf übermäßigen Gebrauch von Stilmitteln verzichtet, ohne allerdings die Verwendung korrekter Fachtermini außer Acht zu lassen. Hüten Sie sich dabei vor dem Gebrauch nichts sagender Phrasen (z. B. „Abschließend kann gesagt werden, dass ...", „Wir müssten letztlich daran interessiert sein, dass ...").

b) Der Zeitungskommentar

1. Inhalt
Der Zeitungskommentar ist ein subjektiv wertender Text, in dem Sie einen klaren Standpunkt zu einem konkreten Thema einnehmen müssen. Neben der Information, die auch der Zeitungsartikel bietet, beinhaltet der Kommentar Argumentation und Appell. Ein Sachverhalt wird also nicht nur dargestellt, sondern auch beurteilt. Dabei müssen Argumente – analog zur Vorgehensweise einer Erörterung im Fach Deutsch – für die eigene Meinung angeführt werden.

2. Aufbau

Im Kommentar werden die Darstellung von Fakten und die eigene Meinung in einem erörternden Text miteinander verwoben. Wie beim Zeitungsartikel wird auch dem Kommentar eine kurze Einleitung – die zum Lesen des Textes anregen soll und ein Problem auf den Punkt bringt – vorangestellt. Am Ende eines Kommentars steht dabei meist ein Appell zur Lösung des von Ihnen beschriebenen Problems.

3. Sprachliche Gestaltung

Im Gegensatz zum Zeitungsartikel ist die bewusste sprachliche Gestaltung durch Stilmittel im Kommentar gewünscht. Polemik, etwa durch Ironie oder Übertreibung, ist erlaubt, sofern Sie niemanden beleidigen oder schmähen.

c) Beispieltext

Klimawandel mit Gewinn

Statt für zentrale Probleme zumindest im Ansatz eine Lösung zu finden, haben die Delegierten der UN-Klimakonferenz diese wieder auf die lange Bank geschoben. Nötig wäre das Eingeständnis: Klimawandel ist eine wirtschaftliche Herausforderung.

Bislang aber verengt vor allem die Politik ihren Fokus auf die Umweltpolitik. Zu viele Staaten mei-
5 nen leider noch, Klimaschutz hindere sie in ihrer Wirtschaftsentwicklung. Genau das Gegenteil ist der Fall: Wer jetzt in CO_2-Reduzierung investiert, ist auf das Unvermeidliche vorbereitet – und erhält noch eine volkswirtschaftliche Klimadividende. Denn das Geld, das die Entwicklungs- und Schwellenländer erhalten, darf nicht nur als Kompensation für Schäden betrachtet werden. Diese Staaten müssen erkennen, dass sie so eine Finanzspritze für Technikinnovationen erhalten – und
10 dies als Standortvorteil nutzen.

Schon beinahe verpasst hat diese Chance China: Ein Bürger der Volksrepublik bläst inzwischen im Durchschnitt schon fast so viel CO_2 in die Luft wie der gewöhnliche EU-Bürger. Die klimapolitische Zweiteilung der Welt in Industriestaaten einerseits und Entwicklungsländer andererseits gilt nicht mehr. Folgerichtig haben sich die Länder in Warschau darauf geeinigt, dass ein künftiges
15 Klimaschutzabkommen „für alle Parteien" gilt. Das klingt selbstverständlich. Es könnte aber ein kleiner Lichtblick dafür sein, dass künftig alle Staaten an einem Strang ziehen.

Quelle: Kommentar zu UN-Klimakonferenz, in: Neue Osnabrücker Zeitung online, www.finanznachrichten.de/nachrichten-2013-11/28706098-neue-oz-kommentar-zu-un-klimakonferenz-007.htm vom 24.11.2013; Zugriff am 20.1.2015

1. Erklären Sie die Unterschiede zwischen Zeitungsartikel und Zeitungskommentar.
2. Ermitteln Sie, welche Textart bei obigem Beispieltext vorliegt.
3. Verfassen Sie einen Zeitungskommentar zur Topmeldung des heutigen Tages.

Weiterführende Informationen

1. Literaturhinweise

Einen sehr guten Überblick zur Globalisierung bieten folgende Standardwerke:
- Brok, D., Globalisierung. Wirtschaft – Politik – Kultur – Gesellschaft, Wiesbaden 2008
- Koch, E., Globalisierung: Wirtschaft und Politik, Wiesbaden 2014
- Niederberger, A./Schin, P. (Hrsg.), Globalisierung, Stuttgart 2011
- Scherrer, C./Kunze C., Globalisierung, Göttingen 2011

Folgende Werke befassen sich eingehend mit den Inhalten einzelner Kapitel:
- Aden, H., Umweltpolitik, Wiesbaden 2012
- Andersen, U. (Hrsg.), Entwicklungspolitik, Schwalbach 2012
- Böckenförde, S./Gareis, S.B. (Hrsg.), Deutsche Sicherheitspolitik, Stuttgart 2014[2]
- Braml, J. u. a. (Hrsg.), Außenpolitik in der Wirtschafts- und Finanzkrise, München 2012
- Brühl, T., Die UNO und Global Governance, Wiesbaden 2014
- Colschen, L., Deutsche Außenpolitik, Paderborn 2010
- Dingwerth, K. u. a., Postnationale Demokratie, Wiesbaden 2011
- Fischer, S., Auf dem Weg zur gemeinsamen Energiepolitik, Baden-Baden 2011
- Forschungsgruppe „Staatsprojekt Europa" (Hrsg.), Kämpfe um Migrationspolitik, Bielefeld 2014
- Fröhlich, S., Die Europäische Union als globaler Akteur, Wiesbaden 2014
- Gerhards, J. u. a. (Hrsg.), Globalisierung, Bildung und grenzüberschreitende Mobilität, Wiesbaden 2014
- Gieler, W. (Hrsg), Außenpolitik im europäischen Vergleich, Berlin 2012
- Hellmann, G. u. a., Deutsche Außenpolitik, Wiesbaden 2014[2]
- Herkenrath, M., Die Globalisierung der Sozialen Bewegungen, Wiesbaden 2011
- Jäger, T. u. a. (Hrsg.), Deutsche Außenpolitik, Wiesbaden 2011[2]
- Nitschke, P., Formate der Globalisierung, Frankfurt a. M. 2012

2. Internet

Für weitergehende Recherchen bieten sich u. a. die Homepages der folgenden Institutionen an:
- Auswärtiges Amt
- Bayerische Landeszentrale für politische Bildungsarbeit
- Bundesministerium für Umwelt, Naturschutz und Reaktorsicherheit
- Bundesministerium für Verteidigung
- Bundesministerium für wirtschaftliche Zusammenarbeit und Entwicklung
- Bundeszentrale für politische Bildung
- Deutsches Institut für Wirtschaftsforschung e. V.
- Institut der deutschen Wirtschaft Köln

Auf den Homepages folgender Rundfunk- und Fernsehsender können stets aktuelle Videos oder Audios zu den Themen des dritten Kapitels heruntergeladen werden:
- Mediathek der ARD
- Bayerischer Rundfunk
- Audio-Portal des Deutschlandfunks
- Fernsehsender Phoenix
- Mediathek des ZDF

Artikel 131: Ziele der Bildung

(1) Die Schulen sollen nic[...] [W]issen und Können vermitteln,

(2) Oberste Bildungszie[...] [Ehrfu]rcht vor Gott, Achtung vor re[...] des Menschen, Selb[...] [Veran]twortungsgefühl und [...] und Aufgeschloss[...] Gute und Schöne u[...] und Umwelt.

(3) Die Schüler sind im [...] in der Liebe zur b[...] Volk und im Sinn[...] erziehen.

(4) Die Mädchen [...] [d]er Säuglingspfle[...] besonders zu [...]

IV. Abiturtrainer
Sozialkunde

1. Eigenorganisation und Vorbereitung

Die Abiturprüfung ist die *wichtigste Prüfung* Ihrer schulischen Karriere. Sie unterscheidet sich von den Klausuren und Schulaufgaben, die Sie bisher geschrieben haben – nicht im Schwierigkeitsgrad oder der Art der Aufgabenstellung, sondern im Umfang, denn Sie werden innerhalb von kurzer Zeit über eine große Menge an Stoff abgeprüft. Sollten Sie bisher eher punktuell gelernt haben oder aufgrund der Vielzahl der Klausuren pro Halbjahr nur ein bis zwei Wochen auf die Prüfungsvorbereitung verwendet haben, so müssen Sie sich jetzt umstellen. Da Sie mit Ihrem Abitur die wesentliche *Zugangsvoraussetzung für ein Hochschulstudium* erhalten, wird von Ihnen in der Reifeprüfung eine Arbeitsweise erwartet, wie sie an Universitäten üblich ist: Dort werden die Zensuren nicht über ein Semester verteilt. Vielmehr stehen am Ende eines Semesters meist Abschlussklausuren über den Inhalt der von Ihnen belegten Seminare. Diese Prüfungsart gleicht dem Abitur und ist nur zu bewältigen, indem Sie Ihren *Lernrhythmus* den Gegebenheiten anpassen.

a) Eingrenzung des Stoffs

Zuerst sollten Sie sich über den Stoff, den Sie für die Abiturprüfung lernen müssen, im Klaren sein. Die Abiturprüfung im Fach *Sozialkunde (einstündig)* kann nur in Kombination mit dem Fach *Geschichte* abgelegt werden. Der Semesterstoff umfasst

- in 11/1 das Themengebiet „Struktur und Wandel der Gesellschaft in der Bundesrepublik Deutschland",
- in 11/2 das Themengebiet „Grundzüge politischer Systeme der Gegenwart",
- in 12/1 die Themengebiete „Aspekte der europäischen Einigung" und „Frieden und Sicherheit als Aufgabe der internationalen Politik" sowie
- in 12/2 die Themengebiete „Frieden und Sicherheit als Aufgabe der internationalen Politik" sowie „Herausforderungen für die nationale Politik in einer globalisierten Welt".

Je nachdem, wie risikobereit Sie sind, können Sie es wagen, ein bis drei Semester zu streichen. Sich auf den Stoff lediglich eines Semesters vorzubereiten ist allerdings ein *Vabanquespiel*: Vielleicht liegen Ihnen weder die Fragestellung noch das Material, das in dem von Ihnen gelernten Semester angeboten wird. In einer Abiturprüfung jedenfalls sollten Sie auf Nummer sicher gehen. Es liegt also in Ihrem eigenen Interesse, möglichst viele Semester zu lernen, zumal der Stoff in Sozialkunde aufgrund des einstündigen Unterrichts pro Woche überschaubar ist. Um den Lernstoff leichter eingrenzen zu können, ist es sicher hilfreich, sich einmal die Themengebiete der jeweils *vorjährigen Abiturprüfung* anzusehen. Eine Wiederholung derselben Fragestellung in zwei aufeinanderfolgenden Jahren ist eher selten, aber nicht gänzlich auszuschließen. Ebenso sei Ihnen angeraten, einen Blick in den Lehrplan zu werfen (Tipp: Homepage des Staatsinstituts für Schulqualität und Bildungsforschung; ISB). Sobald dort die Formulierung „z. B." auftaucht, ist der Stoff fakultativ und nicht expressis verbis in einer Abiturprüfung verwendbar.

Beispiel: Lehrplan Sozialkunde/Jahrgangsstufe 11/Kapitel Sk_1 11.1.3 Sozialstaat und soziale Sicherung/2. Spiegelstrich; hier heißt es:

„Herausforderungen für die Sozialpolitik gezeigt an einem aktuellen Konfliktfeld, Lösungsansätze (z. B. zu: Generationenproblem, Armut und Reichtum, Erwerbstätige und Arbeitslose, Verhältnis der Geschlechter, Einheimische und Fremde, Randgruppe und Kerngesellschaft)."

Es kann im Abitur nicht von Ihnen verlangt werden, das Konfliktfeld „Erwerbstätige und Arbeitslose" aus dem Gedächtnis zu reproduzieren, da alle Lehrer in Bayern die Freiheit besitzen, *ein* Konfliktfeld im Unterricht zu behandeln. Hätte sich Ihr Kursleiter für ein anderes Thema entschieden, wären Sie im Nachteil, im anderen Fall im Vorteil. Daher ist dieses Themengebiet entweder nur materialgestützt zu bearbeiten, oder die Fragestellung ist allgemein gehalten, in etwa wie folgt:

Schüler bei einer Abiturprüfung

Beispiel: „Beschreiben Sie die Herausforderungen für die Sozialpolitik in der Bundesrepublik Deutschland anhand eines aktuellen Konfliktfelds Ihrer Wahl!"

In den Schülerbänden der Reihe *Mensch und Politik* (Jahrgangsstufe 11 und 12) sind diese wählbaren Lehrplaninhalte im Inhaltsverzeichnis jeweils mit einer Fußnote gekennzeichnet. („Von den hier angebotenen Unterkapiteln kann jeweils eines gewählt werden.")

b) Entwurf eines Lernplans
Sobald Sie den Stoff eingegrenzt haben, sollten Sie Ihren eigenen *Lernplan* entwerfen. Bedenken Sie dabei, dass Sie in *drei Fächern* die Abiturprüfung *schriftlich* ablegen müssen und in *zwei Fächern mündlich*. Folgende Vorgaben müssen dabei erfüllt sein:

Die Abiturprüfung wird in
- Mathematik,
- Deutsch
- und einem weiteren Fach schriftlich
- und in den verbleibenden beiden Fächern mündlich durchgeführt (Kolloquium).

Die 5 Abiturfächer	
1. Deutsch	*schriftlich*
2. Mathematik	*schriftlich*
3. fortgeführte Fremdsprache	*nach Wahl des Schülers:*
4. Gesellschaftswissenschaftliches Fach[1] (Geschichte und Sozialkunde, Geschichte, Geografie, Wirtschaft und Recht) oder Religionslehre bzw. Ethik	*1 x schriftlich* *2 x mündlich*
5. Biologie, Chemie, Physik, fortgeführte Informatik[2], weitere Fremdsprache[3], Kunst[4], Musik[4], Sport[5]	*(Kolloquium)*

[1] Am WSG ist auch Wirtschaftsinformatik bzw. Sozialwissenschaftliche Arbeitsfelder als mündliches Abiturprüfungsfach möglich, jedoch nicht in Kombination mit dem Abiturprüfungsfach Sport. Außerdem kann am WSG die zweistündige Sozialkunde als eigenständiges schriftliches und mündliches Abiturprüfungsfach gewählt werden.
[2] Fortgeführte Informatik ist nur wählbar für Schüler, die in Jgst. 10 den Informatikunterricht des Naturwissenschaftlich-technologischen Gymnasiums besucht haben.
[3] (Neu einsetzende) spät beginnende Fremdsprachen können nur mündliches Abiturprüfungsfach sein.
[4] Als schriftliche Prüfung: besondere Fachprüfung, welche die Belegung eines Additums voraussetzt.
[5] Sowohl als schriftliche Prüfung als auch als Kolloquium: besondere Fachprüfung, welche die Belegung eines Additums voraussetzt.

Aus: Bayerisches Staatsministerium für Bildung und Kultus, Wissenschaft und Kunst: Abiturprüfung, Bayerisches Gymnasialnetz (BGN), www.gymnasium.bayern.de/gymnasialnetz/oberstufe/abiturpruefung; Zugriff am 11.6.2015

c) Lernplan (Beispiel; angelegt auf acht Wochen)

Mo	Di	Mi	Do	Fr	Sa	So
neu: M/ D/G+Sk (S. 1–5)	neu: M/ D/G+Sk (S. 6–10) Wh.: M/ D/G+Sk (S. 1–5)	Wh.: M/ D/G+Sk (S. 1–10)	neu: M/ D/G+Sk (S. 11–15) Wh.: M/ D/G+Sk (S. 6–10)	neu: M/ D/G+Sk (S. 16–20) Wh.: M/ D/G+Sk (S. 11–15)	⏲ (Puffertag)	Wh.: M/ D/G+Sk (S. 1–20)
neu: M/ D/G+Sk (S. 21–25) Wh.: M/ D/G+Sk (S. 16–20)	neu: M/ D/G+Sk (S. 26–30) Wh.: M/ D/G+Sk (S. 21–25)	Wh.: M/ D/G+Sk (S. 1–30)	neu: M/ D/G+Sk (S. 31–35) Wh.: M/ D/G+Sk (S. 26–30)	neu: M/ D/G+Sk (S. 36–40) Wh.: M/ D/G+Sk (S. 31–35)	⏲ (Puffertag)	Wh.: M/ D/G+Sk (S. 1–40)
neu: M/ D/G+Sk (S. 41–45) Wh.: M/ D/G+Sk (S. 36–40)	neu: M/ D/G+Sk (S. 46–50) Wh.: M/ D/G+Sk (S. 41–45)	Wh.: M/ D/G+Sk (S. 1–25) (S. 26–50)	neu: M/ D/G+Sk (S. 51–55) Wh.: M/ D/G+Sk (S. 46–50)	neu: M/ D/G+Sk (S. 56–60) Wh.: M/ D/G+Sk (S. 51–55)	⏲ (Puffertag)	Wh.: M/ D/G+Sk (S. 51–60)
neu: M/ D/G+Sk (S. 61–65) Wh.: M/ D/G+Sk (S. 56–60)	neu: M/ D/G+Sk (S. 66–70) Wh.: M/ D/G+Sk (S. 61–65)	Wh.: M/ D/G+Sk (S. 31–60)	neu: M/ D/G+Sk (S. 71–75) Wh.: M/ D/G+Sk (S. 66–70)	neu: M/ D/G+Sk (S. 76–80) Wh.: M/ D/G+Sk (S. 71–75)	⏲ (Puffertag)	Wh.: M/ D/G+Sk (S. 51–55)
neu: M/ D/G+Sk (S. 81–85) Wh.: M/ D/G+Sk (S. 76–80)	neu: M/ D/G+Sk (S. 86–90) Wh.: M/ D/G+Sk (S. 81–85)	Wh.: M/ D/G+Sk (S. 61–95)	neu: M/ D/G+Sk (S. 91–95) Wh.: M/ D/G+Sk (S. 86–90)	neu: M/ D/G+Sk (S. 95–100) Wh.: M/ D/G+Sk (S. 91–95)	⏲ (Puffertag)	Wh.: M/ D/G+Sk (S. 80–85)
Wh.: M/ D/G+Sk (S. 1–45)	Wh.: M/ D/G+Sk (S. 46–90)	Wh.: M/ D/G+Sk (S. 91–95)	Wh.: M/ D/G+Sk (S. 95–100)	Wh.: M/ D/G+Sk (S. 1–50)	⏲ (Puffertag)	Wh.: M/ D/G+Sk (S. 51–100)
Wh.: M/ D/G+Sk (S. 1–100)	Wh.: M/ D/G+Sk (S. 1–35)	Wh.: M/ D/G+Sk (S. 36–70)	Wh.: M/ D/G+Sk (S. 1–100)	Wh.: M/ D/G+Sk (S. 1–100)	⏲ (Puffertag)	Wh.: M/ D/G+Sk (S. 1–100)
Wh.: G+Sk (S. 1–100)	Prüfung D	Wh.: M (S. 1–100)	Wh.: G+Sk (S. 1–100)	Prüfung M	Wh.: G+Sk (S. 1–100)	Wh.: G+Sk (S. 1–100)
Mo	Di	Mi	Do	Fr	Sa	So

M = Mathematik
D = Deutsch
G+Sk = Geschichte und Sozialkunde

neu = Neuaufnahme von Stoff
Wh. = Wiederholung gelernten Stoffs
S. = Seiten

⊘ = freier Tag
⏲ = Puffertag

Das Beispiel für einen Lernplan (S. 158) geht von folgenden Prämissen aus:
- Die schriftliche Abiturprüfung wird in *Deutsch, Mathematik* und *Geschichte/Sozialkunde* durchgeführt.
- Die insgesamt zu bewältigende Stoffmenge pro Fach wird mit *100 Seiten* angesetzt.
- Die an einem Tag neu aufzunehmende Stoffmenge umfasst in jedem Fach *fünf* Seiten.

Um Ihren Lernplan einzuhalten, benötigen Sie ein hohes Maß an *Selbstdisziplin,* oder Sie platzieren großzügig „Puffertage" in der Lernperiode. Wenn Sie nur an einem Tag die von Ihnen selbst angesetzte Stoffmenge nicht bewältigen, wird es sehr schwer, den Rückstand wieder aufzuholen. Muten Sie sich deshalb nur „kleine" Stoffportionen pro Tag zu und kalkulieren Sie stattdessen genügend *Wiederholungstage* ein.
- Als Faustregel gilt: Was man siebenmal wiederholt hat (ohne nachblättern zu müssen), ist im Gedächtnis verankert.

Der gegenüberliegenden Seite entnehmen Sie, dass Sie mindestens *sieben bis acht Wochen vor dem Beginn der Abiturprüfung* zu lernen beginnen sollten. Bei höherer Stoffdichte oder für den Fall, dass Sie weniger Stoff pro Tag aufnehmen können, müssen Sie entsprechend früher starten. Haben Sie sich an Ihren Lernplan gehalten und den Stoff entsprechend wiederholt, sei Ihnen angeraten, am Tag vor der Prüfung nichts mehr zu lernen oder zu wiederholen. Erstens haben Sie das nun nicht mehr nötig und zweitens garantiert Ihnen ein Tag ohne Abiturvorbereitung eine ruhige Nacht vor dem Prüfungstag.

Fertigen Sie zuerst einen Lernplan mit der Stoffverteilung für die schriftlichen Prüfungsfächer an, dann für die mündlichen. Bedenken Sie dabei, dass Sie sich im Zeitraum der schriftlichen Prüfungen kaum auf das Lernen für die Kolloquien werden konzentrieren können. Wenn daher eine große Stoffmasse für die mündlichen Prüfungen anfällt, werden Sie diese parallel zur Vorbereitung auf das Schriftliche bewältigen müssen. Liegen die beiden Prüfungsteile in einem ausreichend großen zeitlichen Abstand voneinander, können Sie den Stoff für die mündlichen Prüfungen vorerst vernachlässigen und erst nach dem schriftlichen Teil damit beginnen, diesen zu lernen.

d) Lernen mit *Mensch und Politik*
Menschen nehmen Lerninhalte auf unterschiedlichen Wegen auf, z. B. visuell, auditiv oder kommunikativ. Nach zwölf Schuljahren wissen Sie selbst am besten, welchem Lerntyp Sie sich zurechnen müssen. Unabhängig vom Lerntyp sollten Sie den Stoff jedes Fachs aber in Kapitel einteilen.

Bei der Arbeit mit *Mensch und Politik* (Jahrgangsstufe 11 und 12) können Sie dazu die Überschriften aus Ihrem Buch verwenden (z. B. „Der europäische Integrationsprozess – von Maastricht nach Lissabon"). Anschließend unterteilen Sie jedes Kapitel in Sinneinheiten. In *Mensch und Politik* wird Ihnen dieser Schritt ebenfalls abgenommen: Verwenden Sie einfach die roten Randbegriffe neben jedem Absatz (z. B. *Fiskalpakt*). Lesen Sie dann die Inhalte jeweils zu einer Sinneinheit/zu den roten Randbegriffen und memorieren Sie diesen Inhalt so oft, bis Sie alle wichtigen Fakten auswendig können. Diesen Vorgang wiederholen Sie so lange, bis Sie in einem Kapitel zu jeder Sinneinheit die Inhalte einschließlich der „Überschrift" (= roter Randbegriff) auswendig wiedergeben können. Klären Sie Fachbegriffe und Fremdwörter, auf die Sie während Ihrer Lektüre stoßen, sofort. In diesem Zusammenhang können Sie jederzeit auch die Glossare oder Personenverzeichnisse der *Mensch-und-Politik*-Bände heranziehen.

2. Mögliche Operatoren des Anforderungsbereichs I

Im *Anforderungsbereich I* werden die Operatoren verwendet, die der Anforderungsstufe *Wissen* (Anteil in der Abiturprüfung: 30%) zugeordnet werden. Verlangt wird hier die *Reproduktion* von grundlegendem Fachwissen unter Verwendung der Fachterminologie. Dabei bestimmen Sie die jeweilige Materialart, kennen Arbeitstechniken und Methoden und können diese auch darstellen. Sie müssen also in der Lage sein, Ihr gelerntes sozialkundliches Fachwissen wiederzugeben. Dazu gehört manchmal auch die reine Informationsentnahme aus gestellten Materialien.

1. Nennen – Auflisten – Aufführen – Aufzählen – Wiedergeben

Hier müssen Sie Ihre gelernten Kenntnisse (dazu zählen Fachbegriffe, Daten, Fakten und Modelle) in komprimierter Form, aber begrifflich präzise, niederschreiben, ohne diese zu kommentieren.

Beispiel 1:   *Nennen* Sie drei wesentliche Bestimmungen des Vertrags von Lissabon!
         oder
            Geben Sie drei wesentliche Bestimmungen des Vertrags von Lissabon *wieder!*

Erwartungshorizont:
Ein hauptamtlicher Ratspräsident übernimmt für zweieinhalb Jahre die Leitung des Europäischen Rates und sorgt damit für Kontinuität.
In einem neuen Abstimmungssystem gilt seit 2014 die neue „doppelte Mehrheit": Damit gilt ein Beschluss in der EU als angenommen, wenn 55% der Staaten zustimmen und diese zugleich mindestens 65% der EU-Bevölkerung repräsentieren.
Die Funktionen des EU-Außenkommissars und des EU-Außenbeauftragten werden im Amt des „Hohen Vertreters für die Außen- und Sicherheitspolitik" gebündelt. Damit werden EU-Kommission und Parlament keine erweiterten Zuständigkeiten in der Außenpolitik zugestanden.

Da es sich hier um eine sehr einfache Aufgabenstellung handelt, werden Sie im Abitur auf diese Operatoren nur im Zusammenhang mit weiteren Operatoren treffen (Bsp.: *Nennen* und *erläutern* Sie drei wesentliche Bestimmungen des Vertrags von Lissabon!).

2. Benennen – Bezeichnen – Angeben

Hier müssen Sie Sachverhalte, Strukturen und Prozesse begrifflich präzise aufführen. Die Aufgabenstellung ist damit ähnlich wie im *Beispiel 1,* der zu benennende Gegenstand ist aber meist etwas komplexer. Die Ansprüche an die sprachliche Qualität Ihrer Beantwortung sind gestiegen.

Beispiel 2:   *Bezeichnen* Sie die wichtigsten Funktionen des Europäischen Parlaments!
         oder
            Geben Sie die wichtigsten Funktionen des Europäischen Parlaments *an!*

Erwartungshorizont:
Das Europäische Parlament ist die Vertretung der europäischen Bürgerinnen und Bürger und das einzige direkt gewählte Organ der EU.

Das Parlament ist neben dem Ministerrat das zweite Legislativorgan der EU. Wie andere Legislativ-organe in demokratischen Staaten ist das Parlament mitverantwortlich für den Haushalt und wählt den Regierungschef, in der EU also den Kommissionspräsidenten.

Weiterhin muss es der Einsetzung der Kommission zustimmen. Wenn das Parlament der Kommis-sion mit einer Zweidrittelmehrheit das Misstrauen ausspricht, muss diese zurücktreten.

Da es sich hier um eine sehr einfache Aufgabenstellung handelt, werden Sie im Abitur auf diese Operatoren nur im Zusammenhang mit anderen Operatoren treffen (Bsp.: *Bezeichnen* Sie die wich-tigsten Funktionen des Europäischen Parlaments und *stellen* Sie diese dem Deutschen Bundestag *gegenüber*!).

3. Beschreiben – Darlegen – Darstellen – Schildern

Hier werden wesentliche Aspekte eines Sachverhalts im logischen Zusammenhang wiedergegeben. Zusammenhänge, Beziehungen und Folgen eines Sachverhalts rücken gegenüber dem bloßen Wie-dergeben von Fakten in den Vordergrund.

Beispiel 3:   *Beschreiben* Sie den Wandel der Lebensformen in Deutschland seit den 1960er-Jahren!

    oder

        Stellen Sie *dar*, welchem Wandel die Lebensformen in Deutschland seit den 1960er-Jahren unterworfen waren!

Erwartungshorizont:

Bis in die 1960er-Jahre des letzten Jahrhunderts galt die bürgerlich-moderne Kleinfamilie, beste-hend aus einem Ehepaar mit Kindern, als Idealbild und „kulturelle Selbstverständlichkeit". Man heiratete früh, ließ sich selten scheiden, und die Mutter kümmerte sich meist um den Haushalt und die Kindererziehung. Andere Lebensformen wurden gesellschaftlich i. d. R. nicht anerkannt; Ausnah-men bildeten Mitglieder des (katholischen) Klerus oder Verwitwete.

Die gesellschaftliche Anerkennung alternativer Lebensformen verläuft parallel zum Rückgang der Kleinfamilie. Der mit dem zweiten demografischen Übergang verbundene Geburtenrückgang führte ab Mitte der 1960er-Jahre zur Abnahme von Mehrkindfamilien und ab 1980 zunehmend zur Kinderlosigkeit. Somit verlor auch die Institution der Ehe zunehmend an Bedeutung; sie wird heutzutage oft nur noch geschlossen, wenn ein Kinderwunsch besteht. Damit korrespondiert der stetige Anstieg der Scheidungsrate seit den 1960er-Jahren, insbesondere in den großen Städten.

Die Zahl der Kinder geht durch den demografischen Wandel stetig zurück. So sank die Zahl der minderjährigen Kinder zwischen den Jahren 2000 und 2013 um etwa 2 Millionen auf knapp 13 Millionen ab. Je mehr Kinder in einer Familie leben, desto eher sind die Eltern verheiratet. So leben circa 70 Prozent aller Kinder mit beiden leiblichen Eltern zusammen.

Zur Gruppe der Alleinerziehenden zählen ca. 1,6 Millionen Haushalte in Deutschland. War früher die Verwitwung meist die Ursache für den Status des Alleinerziehenden, ist es seit den 1970er-Jahren zunehmend die Scheidung der Ehepartner. Dieser Grund wirkt sich aber im Vergleich zur ersten Hälfte des 20. Jahrhunderts nicht mehr diskriminierend aus. Vier typische Merkmale kenn-zeichnen diese Gruppe: Die meisten (ca. zwei Drittel) haben nur ein Kind und befinden sich in einer sozioökonomisch schlechten Lage. Dadurch, dass viele Aufgaben allein bewältigt werden müssen, sind Alleinerziehende einer hohen psychischen Belastung ausgesetzt und damit oft auf Hilfe bei der Kinderbetreuung angewiesen.

Der Familiensektor schrumpft stetig zugunsten des Nicht-Familiensektors, dessen Anteil an Lebensformen in der Bundesrepublik auf ein Drittel angewachsen ist.

Zum Nicht-Familiensektor zählen zum einen nichteheliche (kinderlose) Lebensgemeinschaften, deren Zahl sich seit den 1970er-Jahren nahezu verzehnfacht hat. Im Vergleich zu früher hat diese Lebensform einen hohen sozialen Akzeptanzgrad und kann vor allem bei jungen Paaren fast schon als Norm bezeichnet werden. Diese soziale Entwicklung ist in der Hauptsache ursächlich für den Rückgang der Eheschließungen. Die nichtehelichen Lebensgemeinschaften haben sich damit zu einer beständigen Phase im Leben der Menschen entwickelt und können nicht mehr „nur" als Vorehezeitraum bezeichnet werden.

Zum anderen bleiben viele Ehen bewusst kinderlos, selbst ohne medizinische Gründe. Diese bewusste Entscheidung treffen vor allem verheiratete Akademikerinnen.

Die letzte Gruppe, die zum Nicht-Familiensektor gezählt werden muss, sind die Singles. Deren Zahl ist in den letzten 100 Jahren von 1 auf 16 Millionen gestiegen. Single zu sein bedeutet aber nicht, keine Partnerschaft einzugehen. Vor allem die Generation der 18- bis 35-Jährigen lebt zu zwei Dritteln in einer festen Beziehung, allerdings in getrennten Haushalten. Singles sind überdurchschnittlich gebildet, verdienen überdurchschnittlich viel Geld und leben häufig in größeren Städten.

4. Zusammenstellen – Zusammenfassen

Hier müssen Sie Fakten und Gegenstände vollständig präsentieren, ohne diese zu kommentieren.

Beispiel 4:   *Stellen* Sie die Ursachen für den Wandel der Familie in Deutschland seit den 1960er-Jahren *zusammen!*

oder

Fassen Sie die Ursachen für den Wandel der Familie in Deutschland seit den 1960er-Jahren *zusammen!*

Erwartungshorizont:
Die Ursachen für den Wandel in den Lebensformen liegen in der zunehmenden Individualisierung unserer Gesellschaft, die möglich wurde durch einen steten Einflussverlust der Kirchen und des Glaubens, durch den zunehmenden Wohlstand seit den 1950er-Jahren, durch die Bildungsexpansion und die Emanzipation der Frau seit den 1970er-Jahren, durch die Mobilitätsanforderungen seit den 1980er-Jahren und schließlich durch den aus den genannten Aspekten resultierenden Wertewandel.

5. Definieren

Diesen Operator kennen Sie auch aus den Naturwissenschaften. Hier müssen Sie einen Begriff oder Sachverhalt unter Verwendung von Fachbegriffen erklären.

Beispiel 5:   *Definieren* Sie den Begriff „europäischer Integrationsprozess"!

Erwartungshorizont:
Der Begriff umschreibt den immer enger werdenden Zusammenschluss der europäischen Völker innerhalb des supranationalen Staatenverbundes der Europäischen Union.

Seit dem Vertrag von Maastricht 1993 wurde der Zusammenschluss der EU-Staaten auf wirtschaft-licher, politischer, rechtlicher und militärischer Basis intensiviert, indem immer mehr einzelstaatliche Befugnisse auf die supranationalen Organe der EU übertragen wurden.

Da es sich hier um eine sehr einfache Aufgabenstellung handelt, werden Sie im Abitur auf diesen Operator nur im Zusammenhang mit anderen Operatoren treffen (Bsp.: *Definieren* Sie den Begriff „europäischer Integrationsprozess" und *beurteilen* Sie den gegenwärtigen Stand!).

6. Skizzieren

Dieser Operator bedeutet nicht, dass Sie eine Skizze zeichnen müssen, außer es ist ausdrücklich in der Aufgabenstellung verlangt (Bsp.: *Skizzieren* Sie unter Zuhilfenahme einer Grafik die Bevölke-rungsentwicklung in Deutschland seit den 1960er-Jahren!). Im Regelfall müssen Sie hier Fakten und Informationen knapp aneinanderreihen, ohne diese im Detail zu erläutern.

Beispiel 6:   *Skizzieren* Sie das System der „checks and balances" im politischen System der USA an einem Beispiel!

Erwartungshorizont:
In den USA basiert das politische System mehr auf einer Trennung der Verfassungsorgane als auf einer Teilung der Gewalten. Dies bedeutet, dass die den drei Gewalten zugeordneten obersten Verfassungsorgane – der Kongress in der Legislative, der Präsident in der Exekutive und das Oberste Bundesgericht in der Judikative – zwar getrennt voneinander amtieren, an den Grundfunktionen der Staatsgewalt aber gemeinsam teilhaben. So kommt es zu wechselseitigen Kontrollen.
Die Gesetzgebung z. B. obliegt zwar dem Kongress, aber der Präsident wirkt an der Gesetzgebung insofern mit, als er Gesetze unterzeichnet oder ein suspensives Veto gegen sie einlegen kann. Das Veto kann wiederum mit einer Zweidrittelmehrheit in beiden Kammern des Kongresses überwun-den werden. Andererseits kann der Senat bei der Anwendung der Gesetze, z. B. bei präsidentiellen Personalentscheidungen, mitwirken. Die Gesetzgebung des Kongresses unterliegt der Normen-kontrolle des Supreme Court, der Gesetze für nichtig erklären kann. So kann jedes Verfassungsorgan von einem anderen zur Rechenschaft gezogen und kontrolliert werden.

7. Charakterisieren

Hier müssen Sie wesentliche Kennzeichen eines Sachverhalts herausarbeiten oder unter einem be-stimmten Gesichtspunkt zusammenführen. In Zusammenhang mit einem Textmaterial kann dieser Operator auch in den *Anforderungsbereich II* fallen.

Beispiel 7:   *Charakterisieren* Sie die relative Straftheorie!

Erwartungshorizont:
Der zentrale Strafzweck ist die Vorbeugung. Dem Täter soll durch eine Strafe das von ihm began-gene Unrecht bewusst gemacht werden. Dadurch soll er wieder in die Gesellschaft eingegliedert werden können (Resozialisierungsgedanke) und sich künftig rechtskonform verhalten.
Seit der Strafrechtsreform von 1975 bildet die relative Straftheorie die Grundlage für die Bestra-fung von Kriminellen in der Bundesrepublik Deutschland.

3. Mögliche Operatoren des Anforderungsbereichs II

Im *Anforderungsbereich II* werden alle Operatoren verwendet, die der Anforderungsstufe *Anwenden* (Anteil in der Abiturprüfung: 40%) zugeordnet werden. Verlangt werden damit *Reorganisation und Transferleistungen.* Sie müssen hier also Gelerntes in einen neuen Kontext einordnen und danach bearbeiten und erklären, Zusammenhänge erklären, unterschiedliche Sachverhalte sinnvoll verknüpfen, unterschiedliche Materialien wie Grafiken/Tabellen/Karikaturen analysieren und interpretieren sowie Sach- und Werturteile unterscheiden. Ihr sozialkundliches Fachwissen bildet in diesem Bereich das notwendige Hintergrundwissen zur Bearbeitung der Aufgabenstellungen.

Basismaterial M 1: Die Entwicklung der Bevölkerungszahl in Deutschland von 1950 bis 2050

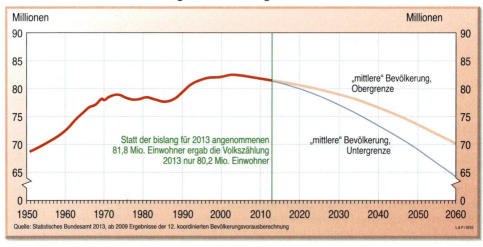

Quelle: Statistisches Bundesamt 2013, ab 2009 Ergebnisse der 12. koordinierten Bevölkerungsvorausberechnung   L & P / 6252

Aus: Raps, C./Hartleb, F., Mensch und Politik, Sozialkunde Bayern, Klasse 11, Braunschweig 2014, S. 10

Die *Beispiele 1* bis *4* beziehen sich auf obige Grafik.

1. Analysieren – Charakterisieren (bei materialgestützter Fragestellung)

Hier müssen Sie Materialien oder Sachverhalte je nach Aufgabenschwerpunkt erschließen, in systematische Zusammenhänge einordnen und mitunter auch Hintergründe und Beziehungen herausarbeiten.

Beispiel 1:   *Analysieren* Sie die Grafik M 1!

Erwartungshorizont:
Von 1950 bis 1974 steigt die Bevölkerungszahl von etwa 69 auf 79 Millionen Einwohner an. Die Gründe hierfür lagen zum einen in ansteigenden Geburtenziffern, dem sogenannten „Babyboom" bis Mitte der Sechzigerjahre, und zum anderen in drei Einwanderungswellen: Von 1944 bis 1950 strömten rund 8 Millionen Flüchtlinge und Vertriebene aus den ehemaligen deutschen Ostgebieten nach Westen, von 1949 bis zum Mauerbau 1961 kamen etwa 3 Millionen Bürger der DDR hinzu, die

ihr Land in Richtung Bundesrepublik verließen, und zwischen 1961 und 1974 folgten ca. 3,5 Millionen Ausländer dem Ruf der Bundesregierung, um in Deutschland Arbeit zu finden.

Von 1974 bis 1986 stagniert die Bevölkerungszahl mit leicht rückläufiger Tendenz bei ca. 78/79 Millionen Einwohnern. Ursächlich dafür sind der Geburtenrückgang seit 1964 („Pillenknick") und das Ende größerer Einwanderungswellen ab 1974, ausgelöst durch den von der Bundesregierung verhängten Anwerbestopp für ausländische Arbeitnehmer.

Von 1986 bis 2005 wächst die Bevölkerung von 78 Millionen auf ca. 82,5 Millionen Einwohner an. Dies war in erster Linie bedingt durch eine neue Einwanderungswelle der Spätaussiedler aus Osteuropa. Zudem hielten sich die Geburtendefizite in der Bundesrepublik in den letzten 30 Jahren noch in Grenzen, da sich in den 1980er- und 1990er-Jahren die geburtenstarken Jahrgänge der ersten beiden Nachkriegsjahrzehnte im Elternalter befanden. Diese große Anzahl an Eltern glich die geringe Kinderzahl einzelner Frauen aus.

Ab 2005 kommt es zu einem kontinuierlichen Rückgang. Bis 2060 soll die Bevölkerungszahl auf 71 Millionen Einwohner (Obergrenze) bzw. 64 Millionen Einwohner (Untergrenze) schrumpfen, vorausgesetzt, die Fruchtbarkeitsrate bleibt unter zwei Kindern und es wandern durchschnittlich pro Jahr nur 100 000 bis 200 000 Menschen zu.

2. Auswerten

Hier müssen Sie Fakten oder Einzelergebnisse zu einer abschließenden Gesamtaussage zusammenführen.

Beispiel 2:   *Werten* Sie das Material M 1 *aus!*

Erwartungshorizont:

Von 1950 bis 1974 steigt die Bevölkerungszahl von etwa 69 auf 79 Millionen Einwohner an. Von 1974 bis 1986 stagniert die Bevölkerungszahl mit leicht rückläufiger Tendenz bei ca. 78/79 Millionen Einwohnern. Von 1986 bis 2005 wächst die Bevölkerung von 78 Millionen auf ca. 82,5 Millionen Einwohner an. Ab 2005 kommt es zu einem kontinuierlichen Rückgang. Bis 2060 soll die Bevölkerungszahl auf 71 Millionen Einwohner (Obergrenze) bzw. 64 Millionen Einwohner (Untergrenze) schrumpfen.

Die zentrale Aussage der Grafik lässt sich wie folgt zusammenfassen: Nach einem Anwachsen der Bevölkerung in Deutschland von 1950 bis – mit Ausnahme einer Unterbrechung – 2005 befindet sich die Bevölkerungszahl in Deutschland seit 2005 in einem kontinuierlichen Abwärtstrend, der selbst bei positiver Sichtweise nur verlangsamt, aber nicht aufgehalten werden kann.

Da es sich hier um eine sehr einfache Aufgabenstellung handelt, werden Sie im Abitur auf diesen Operator nur im Zusammenhang mit anderen Operatoren treffen (Bsp.: *Werten* Sie das Material M 1 *aus* und *nehmen* Sie dazu *Stellung!*).

3. Erklären

Hier müssen Sie einen Sachverhalt klar darstellen und in einen Zusammenhang einordnen.

Beispiel 3:   *(Werten* Sie die Grafik M 1 *aus)* und *erklären* Sie die Entwicklung ab 2005!

Erwartungshorizont:

Zum einen geht die Bevölkerungszahl zurück, da die Geburtenziffern unter der Anzahl der Sterberate liegen. Dies wird sich auch langfristig nicht ändern, da die Anzahl der Frauen im gebärfähigen Alter stetig abnimmt.

Auch die Fruchtbarkeitsrate befindet sich in einem Abwärtstrend. Dies lässt sich auf den Funktions- und Strukturwandel der Familie, die Emanzipation der Frau, die mangelnde Vereinbarkeit von Familie und Beruf sowie auf die zunehmende Ausrichtung der Gesellschaft an den Bedürfnissen Erwachsener zurückführen.

In der Erhöhung der Immigrationsrate scheint keine optimale Lösung zu liegen, da alle Industriestaaten auf die verstärkte Einwanderung insbesondere hoch qualifizierter Migranten angewiesen sind, um ihre Staatsausgaben, vor allem in Sozialbereich, auch in Zukunft decken zu können. Damit befindet sich Deutschland als Einwanderungsland in Konkurrenz zu teils attraktiveren westlichen Staaten wie z. B. den USA.

4. Erläutern

Der Erwartungshorizont ist nahezu identisch zum Operator „Erklären". Allerdings wird hier eventuell noch von Ihnen erwartet, zusätzliche Informationen und Beispiele zur Verdeutlichung anzuführen. So könnte in *Beispiel 3* die Stagnation der Fruchtbarkeitsrate genauer ausgeführt werden.

Beispiel 4:   (*Werten* Sie das Material M 1 *aus*) und *erläutern* Sie die Entwicklung ab 2005!

Erwartungshorizont:

[...] Dies lässt sich erstens auf den Funktions- und Strukturwandel der Familie zurückführen: Kinderreichtum dient heutzutage nicht mehr der Alterssicherung, und Kinder werden häufig als finanzielle Belastung angesehen. Zweitens ... [...].

Basismaterial M 2: Rezension über das Buch „Die Ausgeschlossenen. Das Ende vom Traum einer gerechten Gesellschaft" von Heinz Bude

Der jüngste Armutsbericht der Bundesregierung hat unsere schlimmsten Befürchtungen bestätigt. Die einst so breite Mittelschicht schrumpft immer weiter, die Kluft zwischen Arm und Reich wird immer klarer sichtbar. Und am Rande der Wohlstandsgesellschaft tummeln sich nicht mehr Tausende, sondern mittlerweile Millionen von „Ausgeschlossenen". Zu ihnen gehören nicht nur
5 die üblichen „Verdächtigen" wie Obdachlose, Langzeitarbeitslose oder arme Alte. Zu ihnen zählen heute Menschen mit und ohne Hauptschulabschluss, „überqualifizierte" Akademiker, Scheinselbstständige oder sich von Job zu Job hangelnde Gering- und Garnichtqualifizierte. Menschen, die sich abstrampeln, den Anschluss nicht halten können und dabei ihr Selbstwertgefühl und damit den letzten Halt verlieren. So schätzt zumindest der renommierte Gesellschaftswissenschaftler Heinz
10 Bude die soziale Lage der Nation ein.

Diese Situation wird sich seinen empirisch gestützten Beobachtungen zufolge noch weiter verschärfen, weil die Mittelschicht heutzutage nichts mehr fürchtet als das Schreckgespenst „Soziale Exklusion" und dementsprechend handelt respektive nicht handelt. Während die vom Ausschluss Betroffenen den Glauben an den sozialen Aufstieg schon längst verloren haben, klammern sich die
15 potenziell vom Ausschluss Bedrohten an den Fortschrittsglauben der Wohlsituierten und Erfolg-

reichen. Sie passen sich dem turbokapitalistischen Tempo an und beugen sich dem Diktat permanenter Lernbereitschaft, Flexibilität und Eigeninitiative. Und bestrafen aus Angst vor dem eigenen Abstieg die Abgehängten mit Verachtung und „belohnen" sie nur widerwillig mit den von ihren Steuern finanzierten Sozialleistungen.

20 Keine Frage, die von beiden Seiten vorangetriebene „Abschottung" treibt einen „Keil durch unsere Gesellschaft" und verhärtet die Fronten. Die vermeintlichen Gewissheiten der goldenen 1950er- und 1960er-Jahre des vergangenen Jahrhunderts sind einer latenten Unruhe und Unsicherheit gewichen. Doch der von Bude verloren geglaubte „Traum von einer gerechten Gesellschaft" war auch im Zeitalter des Wirtschaftswunders nur eine Schimäre. Bereits Ludwig Erhard wusste um
25 die übersteigerten Wohlstandserwartungen und ermahnte die Bundesbürger immer wieder zum Maßhalten. Bereits die erste Rezession 1966 versetzte die Republik in eine „Statuspanik". Freilich glaubten die Wohlstandsverwöhnten noch an Vollbeschäftigung. Mit Solidarität und sozialer Gerechtigkeit hatte dieser Glauben aber nichts zu tun. Schon damals war sich jeder selbst der Nächste. Das Prinzip Leistung dominierte das Gerechtigkeitsprinzip schon immer.
30 Je stärker der bundesdeutsche Wohlstand vom verschärften globalen Wettbewerb bedroht scheint, desto stärker rückt dieses Prinzip wieder ins Bewusstsein. Und da ist es schon aufschlussreich, wenn Bude berichtet, wie alleinerziehende Mütter oder „verwilderte Jungmänner" in den urbanen „Anti-Gettos" als „Ausgeschlossene" leben, denken und fühlen.
Doch es reicht gewiss nicht aus, sich als „unvoreingenommener" Wissenschaftler auf die exempla-
35 rische Beschreibung sozialer Zustände zu beschränken und der Regierung ihre mangelhafte Integrations- und Sozialpolitik vorzuwerfen. Insofern verschärft sich nicht nur die soziale Spaltung in der Gesellschaft – sondern auch die Spaltung zwischen den theoretischen Wissenschaften und der praktischen Politik. Heinz Bude sollte über seinen gelehrten Schatten springen und wie die von ihm kritisierten Politiker ebenso über gerechte wie nachhaltige Strategien nachdenken.

Aus: Jörg von Bilavsky: Die latente Angst des Mittelstands. Eine Besprechung des Buches „Die Ausgeschlossenen. Das Ende vom Traum einer gerechten Gesellschaft" von Heinz Bude, in: Das Parlament Nr. 31 vom 28.7. 2008; zitiert nach: Abiturprüfung 2009, Sozialkunde als Grundkursfach, S. 10f.

Die Beispiele 5 bis 9 beziehen sich auf obigen Text.

5. Umschreiben/Paraphrasieren

Hier müssen Sie einen Sinngehalt mit eigenen Worten knapp darstellen.

Beispiel 5:   *Paraphrasieren* Sie den Begriff „verwilderte Jungmänner" (Z. 32)!

Erwartungshorizont:
Der Begriff meint Männer, die in Singlehaushalten leben und sehr wahrscheinlich beziehungs- bzw. familienuntauglich (geworden) sind, da ihr Singledasein schon zu lange andauert und keiner sozialen Kontrollinstanz mehr unterliegt.

Da es sich hier um eine sehr einfache Aufgabenstellung handelt, werden Sie im Abitur auf diese Operatoren nur im Zusammenhang mit anderen Operatoren treffen (Bsp.: *Paraphrasieren* Sie den Begriff „verwilderte Jungmänner" (Z. 32) und *ordnen* Sie ihn dem Phänomen des Bevölkerungsrückgangs *zu*!).

6. Einordnen – Zuordnen

Hier müssen Sie ein einzelnes Phänomen oder eine Position zu einem anderen, eventuell umfassenderen Phänomen oder zu einer anderen Position in Beziehung setzen.

Beispiel 6:   *Paraphrasieren* Sie den Begriff „verwilderte Jungmänner" (Z. 32) und *ordnen* Sie ihn dem Phänomen des Bevölkerungsrückgangs *zu!*

Erwartungshorizont:

Siehe Erwartungshorizont zu *Beispiel 5.*

In den Ursachen für die erhöhte Zahl an Singlehaushalten spiegelt sich der allgemeine Trend des Bevölkerungsrückgangs wider. Zugleich verstärken Singlehaushalte den Bevölkerungsrückgang.

So können männliche Alleinstehende erstens „verwildern", weil sie z. B. beziehungsunfähig (geworden) sind. Dies wäre zurückzuführen auf die zunehmende Individualisierung der Gesellschaft, da die Menschen zu ihrer Existenzgründung weniger aufeinander angewiesen sind als zu früheren Zeiten und die Anforderungen des modernen Arbeitslebens den Einzelnen zu mehr Mobilität und Flexibilität zwingen. Beide Faktoren erschweren eine Familiengründung.

Zweitens kann es zu einer „Verwilderung" aus finanziellen Gründen kommen: Eine Familiengründung kostet Geld; vor allem für Menschen aus dem Niedriglohnsektor bedeutet eine Familiengründung den Verzicht auf teure Konsumgüter oder die Einschränkung eines aufwendigen Lebensstils. Hinzu kommt die mangelnde Vereinbarkeit von Familie und Beruf, häufig aufgrund fehlender oder bezahlbarer Kinderbetreuungsplätze. Auch der Funktionswandel der Familie wäre an dieser Stelle zu nennen: Kinder dienen heutzutage nicht mehr der Alterssicherung.

7. Thesenartig zusammenfassen

Hier wird von Ihnen erwartet, die Kernaussagen des Textes in vollständigen Sätzen kurz und prägnant zusammenzufassen. Vorsicht: Vermeiden Sie eine „Nacherzählung" des Textes!

Beispiel 7:   *Fassen* Sie den Text M 2 *thesenartig zusammen!*

Erwartungshorizont:

Laut Heinz Budes Buch „Die Ausgeschlossenen" bestätigt der Armutsbericht der Bundesregierung, dass sich die Schere zwischen Arm und Reich immer weiter öffnet und die Mittelschicht weiter schrumpft.

Beide Entwicklungen führen zu einem Anwachsen der Randschicht der Armen, zu denen nicht nur die klassischen von Armut bedrohten Bevölkerungsgruppen zählen, sondern immer häufiger auch Höherqualifizierte. Gerade in diesen Gruppen verringert Armut das Selbstwertgefühl und führt oft zu einem emotionalen Absturz.

Die Situation droht sich zu verschärfen, da die Mittelschicht Armut generell fürchtet und daher alles tut, um diese zu vermeiden: Sie passt sich also den neuen wirtschaftlichen Gegebenheiten und Anforderungen an. Dabei verachtet sie die Bevölkerungsteile aus dem unteren Bereich der sozialen Skala und ist nur wider Willen bereit, Steuern für Sozialleistungen zu bezahlen.

Der Autor der Rezension, Jörg von Bilavsky, bestätigt zwar Budes Einschätzung, nach der sich die Fronten zwischen Arm und Reich verhärten; er negiert aber dessen Ansicht, der „Traum von einer gerechten Gesellschaft" zu Zeiten des Wirtschaftswunders in den 1950er- und 1960er-Jahren sei mehr als nur ein Traum gewesen: Bilavsky zufolge glaubte man zwar an Vollbeschäftigung und Wohlstand, nicht jedoch an Solidarität und soziale Gerechtigkeit. Auch damals dominierte das Leistungsprinzip. Schließlich wirft der Autor Bude vor, dieser beschreibe lediglich die sozialen Zustände und richte Vorwürfe an die Regierung. Dies verschärfe nicht nur die soziale Spannung in der Gesellschaft, sondern auch die Spannung zwischen Wissenschaft und Politik. Der Autor erwartet von Bude – genau wie von der Politik – konkrete Lösungsansätze für das Problem.

8. Erschließen – Ermitteln – Erarbeiten – Herausarbeiten (aus einem Text)

Hier wird von Ihnen erwartet, aus Materialien bestimmte, in der Aufgabenstellung bezeichnete Sachverhalte herauszufiltern. Bei der zusätzlichen Anweisung „ausgehend vom Text" müssen auch weitere, über das Material hinausgehende, Aspekte angeführt werden.

Beispiel 8:   *Erarbeiten Sie ausgehend vom Text Kennzeichen der „Mittelschicht" (Z. 2)!*

     oder

     Ermitteln Sie ausgehend vom Text Kennzeichen der „Mittelschicht" (Z. 2)!

Erwartungshorizont:
Nach M 2 ist die Mittelschicht in einem Schrumpfungsprozess begriffen. Sie ist gekennzeichnet durch ihre Furcht vor einem sozialen Abstieg, vertraut aber andererseits auf den Fortschritt. Angehörige der Mittelschicht passen sich daher dem Zeitgeist an und versuchen, durch Lernbereitschaft, Flexibilität und Eigeninitiative ihren sozialen Status zu halten. Unter der Mittelschicht befindliche Schichten werden verachtet und Sozialabgaben nur widerwillig gezahlt.
Zur Mittelschicht gehören Familien von Angestellten, Handwerkern, Beamten, kleinen und mittleren Unternehmern, freien Berufen, der Arbeiterelite oder Bauern, die Landwirtschaft im Haupterwerb betreiben. Das monatliche Einkommen bewegt sich im Durchschnitt bei rund 3 000 Euro netto (Stand: 2013). Die Mittelschicht orientiert sich im Lebensstil nach oben, nutzt gerne kulturelle Angebote und ist bildungs- und aufstiegsorientiert. Die Mittelschicht leistet überdies einen maßgeblichen Beitrag zur Stabilisierung des politischen und sozialen Systems und wünscht sich gesicherte und harmonische Verhältnisse.

9. Gegenüberstellen – Vergleichen

Hier müssen Sie verschiedene Sachverhalte einander gegenüberstellen und je nach Aufgabenstellung Gemeinsamkeiten, Ähnlichkeiten und Unterschiede herausarbeiten. Ihr Ergebnis sollten Sie gegen Ende der Beantwortung klar auf den Punkt bringen. Dieser Operator kann bei anspruchsvoller Aufgabenstellung auch dem *Anforderungsbereich III* zugeordnet werden.

Beispiel 9:   *Stellen Sie den Ausführungen Budes zur Vertiefung der „Kluft zwischen Arm und Reich" (Z. 2) die funktionalistische Theorie der Ungleichheit gegenüber!*

Erwartungshorizont:
Bude spricht von einer mangelnden sozialen Gerechtigkeit in Deutschland. Dies beweist er mit dem jüngsten Armutsbericht der Bundesregierung, aus dem hervorgeht, dass sich die Schere zwischen Arm und Reich immer weiter öffnet und die Mittelschicht weiter schrumpft. Dies fuhre zu einem

Anwachsen der Randschicht der Armen, zu denen nicht nur die klassischen, von Armut bedrohten Bevölkerungsgruppen, sondern immer häufiger auch Höherqualifizierte zählen. Die Situation droht sich zu verschärfen, da die Mittelschicht Armut generell fürchtet und daher alles tut, um diese zu vermeiden: Sie passt sich also den neuen wirtschaftlichen Gegebenheiten und Anforderungen an. Dabei verachtet sie die Bevölkerungsteile aus dem unteren Bereich der sozialen Skala und ist nur wider Willen bereit, Steuern für Sozialleistungen zu bezahlen.

Die funktionalistische Theorie der Ungleichheit besagt, dass eine Leistungsgesellschaft soziale Ungleichheit benötigt. Wer das Leistungspotenzial eines Menschen und einer Gesellschaft mobilisieren will, muss Leistungsanreize schaffen.

Diese Theorie widerspricht damit einerseits den Ausführungen Budes, indem konstatiert wird, eine Kluft zwischen Arm und Reich sei einem marktwirtschaftlichen System immanent. Auf der anderen Seite zeigen die Ausführungen Budes aber auch, dass Einkommen, Beruf und Bildung nicht immer mit individueller Leistung zusammenhängen. Ansonsten würden keine „überqualifizierten" Akademiker von Armut bedroht.

Basismaterial M 3: „Ehrenwort!"

Zeichnung:
Burkhard Mohr

Die *Beispiele 10* und *11* beziehen sich auf obige Karikatur.

10. Interpretieren

Hier wird von Ihnen erwartet, Sinnzusammenhänge aus Materialien (meist Karikaturen) zu erschließen.

Beispiel 10:   *Interpretieren* Sie die Karikatur M 3!

Erwartungshorizont:
Die Karikatur zeigt im Zentrum einen Mann, der symbolisch für die EU steht (siehe Jackenaufdruck) und den Eindruck eines weltfremden Bürokraten vermittelt (Statur und Haltung, Brille, phlegmatischer Gesichtsausdruck). Er ist im Begriff, mit einer Schere ein Band zu durchschneiden, das sym-

bolisch für den Wegfall der Grenzkontrollen innerhalb der Schengenstaaten steht (siehe Jackenaufdruck bzw. Hinweisschild „EU-Grenzen" am Band). Vor „der Grenze" steht eine Ansammlung von zwielichtigen Gestalten. Im Einzelnen kann man erkennen: einen Menschenschleuser, einen Mafioso, einen Plutoniumschmuggler, einen Terroristen, einen Drogenkurier, ein BSE-krankes Rindvieh und einen Versicherungsbetrüger in einem wahrscheinlich gestohlenen Fahrzeug.

Die kriminellen Subjekte stehen symbolisch für die Verbrechen, die in Zukunft – nachdem das Band durchschnitten wurde – unkontrolliert zwischen den Schengenstaaten passieren können (siehe die Richtungspfeile am Boden). Auf die Bitte des EU-Vertreters, „schön artig" zu sein, geben die nicht gerade vertrauenswürdigen Gestalten ihr „Ehrenwort". Die Kernaussage der Karikatur lautet somit: Verbrechen jedweder Art sowie Krankheiten sind durch den Wegfall der Grenzkontrollen Tür und Tor geöffnet worden, und die EU bzw. die teilnehmenden Schengenstaaten stehen diesen Gefahren nicht mit der gebotenen Achtsamkeit gegenüber.

Da es sich hier um eine sehr einfache Aufgabenstellung handeln kann, wird dieser Operator im Abitur oft mit einer anderen Aufgabenstellung verknüpft (Bsp.: *Interpretieren* Sie die Karikatur M 3 und *widerlegen* Sie deren Aussage!).

11. Widerlegen

Hier müssen Sie argumentativ überzeugend und logisch begründend darstellen, dass Daten, eine Position oder eine Behauptung nicht haltbar sind.

Beispiel 11:   (*Interpretieren* Sie die Karikatur M 3) und *widerlegen* Sie deren Aussage!

Erwartungshorizont:
Siehe Erwartungshorizont zu *Beispiel 10.*
Die Kernaussage des Karikaturisten kann angezweifelt bzw. entschärft werden. Man verpflichtete sich zwar im Rahmen des Schengener Abkommens von 1985, die innerstaatlichen Grenzkontrollen abzuschaffen, um einen freien Reiseverkehr zu ermöglichen. Von einem völligen Wegfall von Kontrollen und einer „Öffnung" der EU für das internationale Verbrechen kann aber nicht die Rede sein: Erstens werden an den EU-Außengrenzen scharfe Kontrollen an den Zollstationen durchgeführt. Zweitens ist für die Einreise in einen Schengenstaat ein Visum nötig. Drittens patrouillieren an der „grünen" Grenze permanent Zollbeamte und Polizisten, zum Teil mit Unterstützung von Frontex, um Schleuseraktivitäten zu unterbinden.

Auch innerhalb der EU werden in den Grenzgebieten Personenkontrollen durchgeführt. Die grenzüberschreitende polizeiliche Zusammenarbeit wurde ausgeweitet, um Kriminellen das Handwerk zu legen. Auch der Transport kranker Tiere ist nur schwer möglich, da jedes Tier mit Ohrclips registriert ist und amtsärztlich überwacht wird. Nach wie vor dürfen Zollkontrollen von Staaten, die nicht Mitglied der Zollunion sind, durchgeführt werden, z. B. von der Schweiz.

Ebenfalls muss angemerkt werden, dass es auch schon vor dem Wegfall der Grenzkontrollen Möglichkeiten für Kriminelle gab, einen Staat illegal zu betreten.

12. An einem Beispiel **Belegen – Beweisen – Zeigen – Darstellen – Nachweisen**

Hier wird von Ihnen erwartet, an einem geschickt und sinnvoll gewählten Beispiel einen Sachverhalt verständlich, logisch und überzeugend darzustellen.

Beispiel 12:   *Belegen* Sie an einem Beispiel die Bedeutung der Wandlungs- und Problemlösungsfähigkeit des demokratischen Systems der Bundesrepublik Deutschland für die Akzeptanz bei den Bürgern!

oder

Beweisen Sie an einem Beispiel die Bedeutung der Wandlungs- und Problemlösungsfähigkeit des demokratischen Systems der Bundesrepublik Deutschland für die Akzeptanz bei den Bürgern!

oder

Zeigen Sie an einem Beispiel die Bedeutung der Wandlungs- und Problemlösungsfähigkeit des demokratischen Systems der Bundesrepublik Deutschland für die Akzeptanz bei den Bürgern!

oder

Stellen Sie an einem Beispiel die Bedeutung der Wandlungs- und Problemlösungsfähigkeit des demokratischen Systems der Bundesrepublik Deutschland für die Akzeptanz bei den Bürgern *dar!*

oder

Weisen Sie an einem Beispiel die Bedeutung der Wandlungs- und Problemlösungsfähigkeit des demokratischen Systems der Bundesrepublik Deutschland für die Akzeptanz bei den Bürgern *nach!*

Erwartungshorizont:
Die Grundlage für die strafrechtliche Verfolgung von Verbrechen bildet auch heute noch das 1871 veröffentlichte Reichsstrafgesetzbuch. Lange Zeit galten die Prinzipien des „alten" StGB als öffentlich anerkannt, weswegen es erst in den 1970er-Jahren zu tief greifenden Änderungen im Strafrecht und Familienrecht kam. Nötig wurden die Veränderungen durch die gesellschaftlichen Umwälzungen in der Bundesrepublik infolge der Achtundsechzigerbewegung und nach dem Wahlsieg der sozialliberalen Koalition 1969. Analog zu den Bereichen Außen- oder Sozialpolitik sollte die Bevölkerung auch in der Rechtspolitik wieder für den Staat gewonnen werden. Der Regierungswechsel 1969 bewies so die Wandlungsfähigkeit des demokratischen Systems in der Bundesrepublik, denn der Wandel des Werte- und Normensystems wurde nun auf das kodifizierte Recht übertragen. Im Zuge der Aktualisierung des Rechts wurde auch das Familienrecht dem Geist der Zeit angepasst. Bis 1977 war das Scheidungsrecht noch stark von der katholischen Eheethik beeinflusst. Entsprechend galt das *Schuldprinzip.* Wer für das Scheitern einer Ehe verantwortlich war und damit moralisch gefehlt hatte, wurde bestraft. Für die oft im Haushalt und mit der Kindererziehung beschäftigte Frau konnte dies im Falle eines Nachweises ihrer schuldhaften „Verfehlung" in der Ehe den sozialen Niedergang bedeuten, da sie dann nicht unterhaltsberechtigt war.
Im heutigen Scheidungsrecht gilt das *Zerrüttungsprinzip;* es wird nicht mehr nach einem „Schuldigen" gesucht. Damit wird dem Selbstbestimmungsrecht des Individuums Rechnung getragen. Der Staat hat bei einer Scheidung heute nur noch die Aufgabe, die Verantwortung des wirtschaftlich stärkeren Ehepartners für seinen geschiedenen Partner und die aus einer Ehe hervorgegangenen Kinder durch die Festsetzung der zu leistenden Unterstützung festzustellen, um so sozialschädlichem Verhalten vorzubeugen.

4. Mögliche Operatoren des Anforderungsbereichs III

Im *Anforderungsbereich III* werden alle Operatoren verwendet, die der Anforderungsstufe *Urteilen* (Anteil in der Abiturprüfung: 30 %) zugeordnet werden. Verlangt werden *Reflexion und Problemlösung*. Sie müssen hier unterschiedliche Sachverhalte und Probleme erörtern bzw. diskutieren. Dabei wird besonders auf eine klar strukturierte und problembewusste Argumentation geachtet. Ferner wird von Ihnen erwartet, Hypothesen zu Fragestellungen zu entwickeln und die eigene Urteilsbildung zu reflektieren.

Wie im *Anforderungsbereich II* benötigen Sie zur Bearbeitung der Aufgabenstellungen sozialkundliches Fachwissen. Ebenso wird auf sprachliche Richtigkeit und Gewandtheit im Ausdruck sowie auf den korrekten Gebrauch von Fachbegriffen geachtet. Bevor Sie zu schreiben beginnen, sollten Sie Ihren Ausführungen eine kurze Gliederung voranstellen, um Ihre Gedankenführung für Sie selbst und den Korrektor transparent zu machen. Im *Anforderungsbereich III* kann es aufgrund des Schwierigkeitsgrades für einen relativ kurzen Text viele Bewertungseinheiten geben. Bei den meisten Operatoren des *Anforderungsbereiches III* ist es wichtig, anhand der Aufgabenstellung im Vorfeld zu prüfen, ob eine lineare oder eine dialektische Auseinandersetzung mit dem Thema verlangt wird. Bei der *dialektischen* Variante müssen Sie – wie in einem Deutsch-Aufsatz – Pro- und Kontra-Argumente einander gegenüberstellen, um dann im Schlussteil, der Synthese, zu einem Ergebnis zu kommen. Bei einer *linear* aufgebauten Erörterung wird von Ihnen erwartet, nur eine Seite zu beleuchten.

1. **Untersuchen – Überprüfen – Beurteilen – Stellung nehmen – Bewerten – Erörtern/ Diskutieren – Sich kritisch auseinandersetzen mit – Erwägen**

Hier wird von Ihnen erwartet, dass Sie sich argumentativ mit einem Thema auseinandersetzen.

Beispiel 1 (dialektisch konzipierte Herangehensweise):

> *Untersuchen/Überprüfen/Beurteilen/Bewerten/Erörtern/Diskutieren/Erwägen* Sie, ob der Vertrag von Lissabon lediglich die abgelehnte Europäische Verfassung „in neuem Kleide" darstellt!

oder

> *Nehmen Sie Stellung* zu der Behauptung von EU-Kritikern, der Vertrag von Lissabon stelle lediglich die abgelehnte Europäische Verfassung „in neuem Kleide" dar!

oder

> *Setzen* Sie *sich* kritisch mit der Behauptung von EU-Kritikern *auseinander,* der Vertrag von Lissabon stelle lediglich die abgelehnte Europäische Verfassung „in neuem Kleide" dar!

Erwartungshorizont (Gliederung):

1. *Einleitung:* Die Vorgeschichte des Vertrags von Lissabon
2. *Hauptteil:* Der Vertrag von Lissabon – abgelehnte EU-Verfassung in „neuem Kleide"?
2.1 Staatliche Symbolik
2.2 Grundrechtscharta
2.3 Institutionelle Reformen
3. *Schluss/Synthese:* Weitgehende Deckung zwischen dem Vertrag von Lissabon und der abgelehnten Europäischen Verfassung in wichtigen Aspekten

Erwartungshorizont (Ausführung):

● *Einleitung: Die Vorgeschichte des Vertrags von Lissabon*

Der Vertrag von Lissabon sollte die EU reformieren, nachdem in Referenden in den Niederlanden und Frankreich die Europäische Verfassung 2005 abgelehnt worden war. Nach einer auf dem Brüsseler Krisengipfel 2005 durch die Regierungschefs selbst verordneten „Denkpause" wurde unter der deutschen Ratspräsidentschaft 2007 ein neuer Anlauf unternommen. Der in der „Berliner Erklärung" vom 25. März 2007 formulierte Aufruf zu weiterer Integration und einer grundlegenden EU-Reform ermöglichte es der nachfolgenden portugiesischen EU-Ratspräsidentschaft, den Vertrag von Lissabon 2007 vorzulegen. Da die Ratifikation des Reformvertrags, außer in Irland (wo er erst in einem zweiten Referendum angenommen wurde), in den alleinigen Kompetenzbereich der nationalen Parlamente fiel, ging man von einem schnellen Zustimmungsprozess aus. Die Zustimmung erfolgte in einigen EU-Staaten, z. B. in Irland oder in Tschechien, aufgrund deren Forderungen nach Modifikationen erst 2009. Der Vertrag konnte daher erst am 1. Dezember 2009 in Kraft treten.

● *Hauptteil: Der Vertrag von Lissabon – abgelehnte EU-Verfassung in „neuem Kleide"?*

Einerseits bestehen wichtige Unterschiede zwischen dem Vertrag von Lissabon und der Europäischen Verfassung. So fehlt im Lissabon-Vertrag jegliche staatliche Symbolik, die in der Verfassung vorgesehen gewesen wäre und den Staatenverbund EU weiter in die Richtung eines Bundesstaats gerückt hätte, zumindest im Bewusstsein der Bürger. Die staatsanalogen Symbole, u. a. eine gemeinsame europäische Flagge und Hymne, existierten aber auch schon vor der EU-Verfassung. Ob die explizite Verankerung der Symbolik in einer Verfassung das Bewusstsein der Bürgerinnen und Bürger in der EU tatsächlich „europäischer" gemacht hätte, bleibt daher fraglich. Flagge und Hymne wurden durch den Vertrag von Lissabon nicht aufgehoben oder geändert; sie sind nur nicht Teil des Vertrags und erhalten damit weiterhin keinen staatstragenden offiziellen Charakter.

Die ebenfalls als Teil der Verfassung vorgesehene Charta der Grundrechte wurde im Vertrag von Lissabon vom eigentlichen Vertragswerk abgekoppelt. Das ist ein wesentlicher Unterschied! Die Vorstellung einer Staatsgrundlage ohne Definition und Erklärung von Menschenrechten ist im Verständnis vieler repräsentativer Demokratien wie z. B. Deutschland oder der USA undenkbar. In diesem Zusammenhang hat der Vertrag von Lissabon den Charakter einer „Verfassung" eingebüßt. Auf der anderen Seite wurde die Grundrechtscharta ebenso wie der Vertrag selbst für rechtlich bindend erklärt (Ausnahme: Großbritannien). Die Frage, ob die Charta nun Teil einer Verfassung ist oder, abgekoppelt von einem Vertrag, eigenständig bindend ist, hat in der Praxis daher keine Bedeutung.

Die zentralen institutionellen Reformen der EU und damit das Herzstück der gescheiterten Verfassung wurden im Vertrag von Lissabon meist unverändert übernommen. Dies galt etwa für das neue Abstimmungssystem der „doppelten Mehrheit" oder die Reduzierung der Abgeordnetenzahl im Parlament. Einige Bestimmungen der ursprünglichen EU-Verfassung mussten für den Vertrag von Lissabon auf Wunsch einiger Staaten aber geändert werden: So wurde die Zahl der EU-Kommissare letztlich nicht, wie von der Verfassung vorgesehen, von 27 auf 15 reduziert. Der neuen Kommission gehören folglich 28 Kommissare an. Es steht zu erwarten, dass die Entscheidungsfindung dadurch nicht wesentlich erleichtert wird. Auch das in der Verfassung vorgesehene Amt eines Europäischen Außenministers wurde nicht geschaffen, die für dieses Amt geplanten Kompetenzen allerdings im Amt des „Hohen Vertreters der Union für Außen- und Sicherheitspolitik" vereint. Obgleich dessen Befugnisse nicht mit denen eines klassischen Außenministers gleichzusetzen sind, vereint er doch eine große Machtfülle auf sich, denn er führt den Vorsitz im Rat für Auswärtige Angelegenheiten und übt als Vizepräsident der Kommission zugleich die Funktion des ehemaligen EU-Außenkommissars aus. Ernannt wird er vom Europäischen Rat.

- *Schluss/Ergebnis: Weitgehende Deckung zwischen dem Vertrag von Lissabon und der abgelehnten Europäischen Verfassung in wichtigen Aspekten*

Im Gegensatz zum Verfassungsentwurf baut der Vertrag von Lissabon zwar offiziell nur auf den bestehenden Verträgen auf. Die wesentlichen Elemente der gescheiterten Verfassung hinsichtlich der institutionellen Reformen wurden jedoch in den Lissabon-Vertrag aufgenommen. Auch die Charta der Grundrechte ist für die EU-Staaten bindend, d. h., die darin garantierten Rechte und Freiheiten sind nun für alle EU-Bürger vor dem Europäischen Gerichtshof (EuGH) einklagbar geworden (Ausnahmen: Großbritannien, Polen und Tschechien). Es entfällt lediglich eine schriftlich verankerte Symbolik, was allerdings nichts an der Tatsache ändert, dass die EU-Flagge, die Europahymne, der Euro und der Europatag (9. Mai) nach wie vor Verwendung finden. Bezogen auf die Aufgabenstellung kann deshalb konstatiert werden, dass der Vertrag von Lissabon weitgehend die Europäische Verfassung „in neuem Kleide" darstellt.

Beispiel 2 (linear konzipierte Herangehensweise):

> *Untersuchen/Überprüfen/Beurteilen/Erörtern/Erwägen Sie, warum eine unbegrenzte Erweiterung der EU abgelehnt werden sollte!*

Erwartungshorizont (Gliederung):

1. *Einleitung:* Die Erweiterung der EU seit 1967
2. *Hauptteil:* Argumente gegen eine unbegrenzte Erweiterung der EU
2.1 Wirtschaftliche Gründe
2.2 Institutionelle Probleme
2.3 Inkompatibilität mancher Staaten
2.3.1 Kulturelle Differenzen
2.3.2 Politische Probleme
3. *Schluss/Synthese:* Warnung vor einer unbedachten Erweiterung

Erwartungshorizont (Ausführung):

- *Einleitung: Die Erweiterung der EU seit 1967*

Die Geschichte der EU war bisher auch eine Geschichte ihrer stetigen Erweiterung und Ausbreitung. Nach der Gründung der EWG 1957 verdoppelte die Europäische Gemeinschaft (ab 1967) in der Ära nach dem französischen Staatspräsidenten Charles de Gaulle ihre Mitgliederzahl von sechs auf zwölf. Nach dem Fall des Eisernen Vorhangs 1989/90 und der Gründung der EU 1993 erhöhte sich die Attraktivität der EU merklich, und sie wurde zum Motor der europäischen Integration. Nach dem Beitritt Finnlands, Österreichs und Schwedens 1995 war der größte Kraftakt in der Geschichte der europäischen Integration geplant: die Osterweiterung, die 2004 und 2007 mit der Aufnahme zwölf neuer Mitgliedstaaten erfolgte. Die wesentliche Voraussetzung für deren EU-Beitritt war die Erfüllung der Kopenhagener Kriterien. Dies gilt auch für Kroatien, das am 1. Juli 2013 als 28. Mitgliedstaat der EU beitrat.

- *Hauptteil: Argumente gegen eine unbegrenzte Erweiterung der EU*

Durch jeden neuen Mitgliedstaat, der der EU beitritt, erhöht sich der Konkurrenzdruck für die anderen Staaten. Da sich bereits zahlreiche ökonomisch schwache Staaten in der EU befinden, könnte eine unbegrenzte Erweiterung diese Staaten wirtschaftlich und sozial weiter destabilisieren. Bisher war es nach Erweiterungsrunden nämlich regelmäßig der Fall, dass Arbeitsplätze – vor allem im produzierenden Gewerbe – aufgrund der billigeren Lohn- und Lohnnebenkosten in die neu hinzugekommenen Staaten abgewandert sind. Auch die Zahl der sogenannten „Nehmerländer", also Staaten, die Gelder aus EU-Fördertöpfen erhalten, steigt mit weiteren Erweiterungsrunden. Dies aber bedeutet geringere Zahlungen gerade an die Staaten, die nach ihrem erst erfolgten EU-Beitritt noch am Anfang erfolgreicher Integration und wirtschaftlichen Aufbaus stehen. Dieses Argument gewinnt an Stärke, da es außerhalb der Europäischen Union in Europa mit Ausnahme von Norwegen und der Schweiz keine wirtschaftlich starken Länder mehr gibt.

Gegen einen weiteren Ausbau sprechen auch institutionelle Schwierigkeiten: Bereits die Annahme des Vertrags von Lissabon war ein ungewöhnlicher, von zahlreichen Kompromissen begleiteter Kraftakt. Dieser Kraftakt sollte die EU handlungsfähiger machen, was aber nur mit Einschränkungen gelang. So wurde die Zahl der EU-Kommissare nicht auf 15 reduziert, sondern es blieb bei der Regelung: ein Kommissar pro Mitgliedstaat. Eine Erweiterung bedeutete also den Anstieg der Zahl der Kommissare und die Verkomplizierung politischer Entscheidungen in der EU. Die Alternative wäre die Konzeption eines neuen Grundlagenvertrags. Nach den oben beschriebenen Problemen mit dem Lissabon-Vertrag ist dies in nächster Zukunft aber eher unwahrscheinlich.

Gegen einen weiteren Ausbau spricht auch, dass einige der Kandidaten, die sich derzeit um Aufnahme bemühen oder sich um Aufnahme bemühen könnten, nur bedingt zu den bereits in der EU befindlichen Ländern passen, sei es aus kulturellen oder politischen Gründen.

Im Fall der Türkei werden z. B. immer wieder die Schwäche der demokratischen Institutionen, der politische Einfluss des Militärs, die Diskriminierung der Volksgruppe der Kurden im Osten des Landes sowie Menschenrechtsverletzungen, z. B. beim Strafvollzug, angeführt. Auch die wirtschaftlichen Rückstände sind immer wieder bemängelt worden. Der Freizügigkeit für türkische Arbeitnehmer, der Aufwendung von EU-Subventionen für die türkische Landwirtschaft und der islamischen Prägung des Landes stehen viele Europäer skeptisch gegenüber. Insbesondere in der Frage der Gleichberechtigung von Mann und Frau besteht in der Türkei noch immer akuter Nachholbedarf. Zudem spielen sicherheitspolitische Überlegungen eine Rolle, denn mit einem Beitritt der Türkei läge die Außengrenze der EU mit einem Mal nicht nur am Kaukasus, sondern auch am Irak und dem Iran, d. h. im arabischen bzw. persischen Kulturkreis, und an zentralen Krisengebieten des 21. Jahrhunderts.

Vor dem Hintergrund des Bosnienkriegs (1992–1995) und des Kosovokriegs (1999) existieren politische Probleme z. B. im Falle Serbiens. Zwar hat die serbische Regierung eine der wichtigsten Forderungen der EU erfüllt, indem sie den mutmaßlichen Kriegsverbrecher Radovan Karadžić festgenommen und dem Internationalen Kriegsverbrechertribunal nach Den Haag überstellt hat. Doch die serbische Bevölkerung steht der EU oft noch kritisch gegenüber. Dies erschwert die Annäherung an die EU. Überdies hat Serbien die Unabhängigkeitserklärung des Kosovo vom 17. Februar 2008 nicht formal anerkannt. Auch wenn die EU von Serbien nicht erwartet, Kosovo als unabhängigen Staat anzuerkennen, so bleibt das Thema dennoch ein Dauerproblem in den Beziehungen.

● *Schluss/Synthese: Warnung vor einer unbedachten Erweiterung*
Zwar sprechen viele Gründe – zuvorderst die Erhöhung der politischen und ökonomischen Stabilität in Europa – für eine Erweiterung der EU, doch die oben angeführten Argumente zwingen dazu, eine unbedachte und übereilte unbegrenzte Erweiterung der EU gründlich zu überdenken. Dabei ist nicht nur die Beitrittsfähigkeit der Kandidatenländer ausschlaggebend, sondern immer auch die Aufnahmefähigkeit der Europäischen Union.

2. Begründen

Hier müssen Sie zu einem Sachverhalt die Ursachen und erklärenden Argumente schlüssig ausführen, ohne zu stark zu vereinfachen. Dieser Operator bezieht sich im Regelfall auf eine linear konzipierte Erörterung.

Beispiel 3:   *Begründen* Sie, warum eine unbegrenzte Erweiterung der EU abgelehnt werden sollte!

Erwartungshorizont (Gliederung und Ausführung): siehe *Beispiel 2*

Basismaterial M 1: Der Staatsaufbau der Islamischen Republik Iran

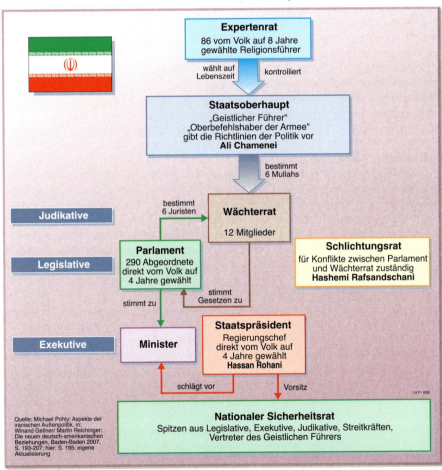

Quelle: Michael Pohly: Aspekte der iranischen Außenpolitik, in: Winand Gellner/ Martin Reichinger: Die neuen deutsch-amerikanischen Beziehungen, Baden-Baden 2007, S. 193-207; hier: S. 195; eigene Aktualisierung

Aus: Raps, C./Hartleb, F., Mensch und Politik, Sozialkunde Bayern, Klasse 11, Braunschweig 2014, S. 207

Die *Beispiele* 4 und 5 beziehen sich auf obige Grafik.

3. Problematisieren

Bei dieser Aufgabenstellung müssen Sie Widersprüche herausarbeiten oder Positionen bzw. Theorien hinterfragen.

Beispiel 4:   *Problematisieren* Sie ausgehend von M 1 die Behauptung, der Iran sei ein demokratischer Staat!

Erwartungshorizont (Gliederung):

1.   *Einleitung:* Die Entstehung der Islamischen Republik Iran
2.   *Hauptteil:* Der Iran – ein demokratischer Staat?
2.1   Die demokratischen Elemente in der Verfassung
2.2   Undemokratische Elemente im Iran
2.2.1   Stellung des Staatsoberhaupts und religiösen Führers
2.2.2   Bedeutung des Wächterrats
2.2.3   Wahlfälschungen
2.2.4   Keine Garantie der Menschen- und Bürgerrechte
2.2.5   Wesen eines theokratischen Systems
3.   *Schluss/Ergebnis:* Der Iran als undemokratischer Staat

Erwartungshorizont (Ausführung):

● *Einleitung: Die Entstehung der Islamischen Republik Iran*
Mit der Islamischen Revolution und dem Sturz des autoritären Regimes von Schah Reza Pahlevi entstand 1979 der theokratische Staat „Islamische Republik Iran". Als oberste Autorität des Staates etablierte sich der aus dem Pariser Exil zurückgekehrte schiitische Geistliche und Anführer der „Revolution", Ayatollah Khomeini. Untersucht man den Aufbau des politischen Systems des Iran nach M 1, so stellt man fest, dass sich demokratische und diktatorische Elemente gegenüberstehen.

● *Hauptteil: Der Iran – ein demokratischer Staat?*
Als demokratische Elemente zeigen sich die Wahl des Legislativorgans, des Parlaments, sowie die Direktwahl des Präsidenten durch die wahlberechtigte Bevölkerung. Auch der Expertenrat, der außerhalb der traditionellen drei Gewalten steht und einer „geistig-moralischen" Gewalt gleicht, wird von der wahlberechtigten Bevölkerung gewählt. Damit hat das Volk zumindest indirekt Einfluss auf die Wahl des Staatsoberhauptes und „Geistlichen Führers", der aufgrund seiner Funktionen und Befugnisse zur Exekutive zu rechnen ist. Indirekt hat das Volk durch die Wahl des Parlaments und die Wahl des Expertenrats auch Einfluss auf die Zusammensetzung des Wächterrats, der den vom Parlament beschlossenen Gesetzen zustimmen muss. Ebenso muss das Parlament und damit indirekt das Volk den vom Präsidenten vorgeschlagenen Ministern zustimmen. Damit zeigt sich laut Verfassungsschema, dass – abgesehen vom Nationalen Sicherheitsrat und dem Schlichtungsrat – sämtliche konstitutionellen Organe demokratisch legitimiert sind.
Auf der anderen Seite sprechen viele Argumente gegen die Behauptung, der Iran sei ein demokratischer Staat. So wird das Staatsoberhaupt zwar de jure von dem vom Volk gewählten Expertenrat

gewählt und kontrolliert – de facto aber erfolgt die Wahl auf Lebenszeit. Erweist sich ein geistlicher Führer als undemokratisch, kann er darum nicht mehr mit demokratischen Mitteln abgelöst werden. Zudem ist er es, der die Hälfte der obersten Richter im Wächterrat ernennt. Überdies liegt es in der Macht des Staatsoberhauptes, demokratisch im Parlament beschlossene Gesetze oder Regierungsentscheidungen jederzeit zu verwerfen.

Der Wächterrat ist als zentrales Verfassungsgericht zwar formell der Judikative zugeordnet. Faktisch aber untersteht er der außerhalb der drei Gewalten angesiedelten religiösen Führung. Er wirkt nicht nur bei der Gesetzgebung mit, wobei er Gesetze auf die Vereinbarkeit mit der Verfassung prüft und hier speziell die Vereinbarkeit mit religiösen Prinzipien überwacht. Vielmehr entscheidet der Wächterrat auch über die Zulassung von Kandidaten bei den Parlamentswahlen; so wird sichergestellt, dass keine Kandidaten antreten, die der religiösen Führung des Landes nicht genehm sind. Der Ausschluss von Kandidaten vor einer Wahl ist aber als höchst undemokratisch zu bezeichnen.

Abgesehen von den Verfassungsmängeln existieren weitere Gründe dafür, dem Iran kein demokratisches System zu attestieren. So wurde die Bevölkerung bei Wahlen immer wieder systematisch eingeschüchtert und Wahlergebnisse gefälscht. Bei Parlamentswahlen werden regelmäßig reform- und demokratieorientierte Kandidaten vom Wächterrat ausgeschlossen.

Menschen- und Bürgerrechte werden im Iran nicht – wie in einer Demokratie üblich – garantiert. Im Gegenteil: Religiöse Minderheiten, Homosexuelle und Frauen werden diskriminiert. So dürfen sich Frauen ohne die vollständige Bedeckung ihres Körpers und ihrer Haare nicht in der Öffentlichkeit bewegen; in Bussen sitzen sie hinten, von den Männern durch eine Barriere getrennt. Gemischte Schulen sind ebenso undenkbar wie männliche und weibliche Kommilitonen gemeinsam auf einer Hörsaalbank. Die Freiheit der Presse existiert nicht.

Schließlich ist ein theokratisches System per se undemokratisch. In einer Theokratie nämlich begründen die staatlichen Machthaber ihre Herrschaft und alle Gesetze allein religiös, stützen sich einzig auf die Autorität eines Gottes und lassen nur ihre eigene Interpretation des Gotteswillens gelten. Weltliche Würdenträger haben sich den religiösen Führern zu unterwerfen oder sie bekleiden diese Ämter in Personalunion.

● *Schluss/Ergebnis: Der Iran als undemokratischer Staat*

Die Behauptung, der Iran sei ein demokratischer Staat, lässt sich also nur bei oberflächlicher Betrachtung der Verfassung halten. Betrachtet man die Islamische Republik Iran und die Regierungspraxis sowie die Realität des politischen und öffentlichen Lebens genauer, so kann von einer Demokratie im Iran nicht die Rede sein. Die Staatsform des Iran ist stattdessen theokratisch.

4. Entwerfen/Entwickeln

Hier wird von Ihnen erwartet, ausgehend von der Themenstellung, eine begründete Ausführung zu einer Fragestellung zu konzipieren, die sich aus einer bestimmten Perspektive oder einem bestimmten Lösungsansatz ergibt. Im Zusammenhang mit der Entwicklung eines Szenarios kann es sich bei diesem Operator auch um eine gestalterische Aufgabenstellung handeln (siehe Kapitel IV. 5, S. 181 ff.).

Beispiel 5:   *Entwerfen/Entwickeln* Sie ausgehend von M 1 ein Konzept zur Demokratisierung des Iran!

Erwartungshorizont (Gliederung):

1. *Einleitung:* Prämissen für eine Demokratisierung des Iran
2. *Hauptteil:* Konzept zur Demokratisierung des Iran
2.1 Umbau der Verfassung I – Abschaffung der religiösen Institutionen
2.2 Umbau der Verfassung II – Neukonzeption des Wächterrats
2.3 Flankierende Maßnahmen
3. *Schluss/Ergebnis:* Voraussetzungen für einen erfolgreichen Demokratisierungsprozess

Erwartungshorizont (Ausführung):

● *Einleitung: Prämissen für eine Demokratisierung des Iran*
Ein Konzept zur Demokratisierung des Iran muss von folgenden Prämissen ausgehen: Eine Rückkehr zum autoritären Regime eines Schahs, d. h. zu einer Monarchie, muss ausgeschlossen sein. Eine Demokratisierung des Iran muss den geistig-kulturellen Hintergrund des Landes berücksichtigen, und die Mehrheit der iranischen Bevölkerung muss diese Demokratisierung mittragen. Es wäre in der Realität also nötig, mit integrativer Bedachtsamkeit und schrittweise vorzugehen und für den Demokratisierungsprozess eine Zeitspanne von mehreren Jahren einzuplanen.

● *Hauptteil: Konzept zur Demokratisierung des Iran*
Von der Verfassung ausgehend, müsste in einem ersten Schritt der Einfluss der außerhalb der drei Gewalten angesiedelten religiösen Institutionen aufgehoben werden. Dies bedeutet die Auflösung des Expertenrats sowie des Amtes eines „Geistlichen Führers". Dieser Schritt würde die Übertragung der Funktionen des Staatsoberhaupts auf den Staatspräsidenten notwendig machen.
In einem zweiten Schritt müsste die Befugnis zur Bestellung der bisher vom Staatsoberhaupt ernannten Mitglieder des Wächterrats dem Nationalen Sicherheitsrat als einer Art zweiter Legislativkammer übertragen werden. Im Rahmen dieser Änderung müsste zugleich ein Umbau des Wächterrats von einem Instrument der religiösen Führung zu einem „echten" Verfassungsgericht erfolgen. In diesem Fall könnte unter Umständen auf den Schlichtungsrat verzichtet werden. Es wäre hingegen wichtig, die bisherigen Vertreter des Geistlichen Führers aus dem Nationalen Sicherheitsrat zu entlassen, um eine echte Trennung von Staat und Religion herzustellen.
Mit diesen Maßnahmen wäre die Verfassung des Iran demokratisch ausgerichtet und die theokratische Staatsform abgeschafft. Bei dem soeben vorgestellten Modell handelt es sich um ein präsidentielles Regierungssystem, teilweise analog zur Verfassung der USA.
Um der Demokratie zum Durchbruch zu verhelfen, wären flankierende Maßnahmen notwendig: Von grundlegender Bedeutung ist die Gewährleistung eines Meinungspluralismus. Die Pressefreiheit sowie die Menschen- und Bürgerrechte für alle Iraner wären in der Verfassung zu verankern und sollten vor Gericht einklagbar werden. Ebenso müssten demokratisch legitimierte Wahlbeobachter eingesetzt werden, um eine abermalige Fälschung von Wahlergebnissen zu verhindern.

● *Schluss/Ergebnis: Voraussetzungen für einen erfolgreichen Demokratisierungsprozess*
Da die Macht im Iran aktuell bei den religiösen Führern liegt, könnte ein Umbau der Verfassung nur mit deren Zustimmung erfolgen. Dies ist jedoch als unrealistisch einzuschätzen. Es ist im Lauf der modernen Geschichte noch nie vorgekommen, dass sich autoritäre Machthaber selbst entmachtet hätten. Theoretisch könnte die Demokratisierung des Iran aufgrund einer friedlichen Revolution verbunden mit dem Umsturz des bisherigen Regimes erfolgen. Eine Stärkung der Zivilgesellschaft ist in jedem Fall nötig, um die Gewaltförmigkeit eines Umbruchs zu verhindern.

5. Gestalterische Aufgabenstellungen

Die gestalterischen Aufgabenstellungen können alle Anforderungsstufen umfassen, meist mit einem Schwerpunkt auf *Anforderungsbereich III*. Sie stellen eine essayartige thematische Vertiefung eines Themas dar und können die Präsentation oder Beurteilung dieses Themas oder Sachverhalts aus einer bestimmten oder aus verschiedenen Perspektiven erfordern.

Wie in den *Anforderungsbereichen II* und *III* benötigen Sie zur Bearbeitung der Aufgabenstellungen sozialkundliches Hintergrundwissen. Ebenso wird auf sprachliche Richtigkeit und Gewandtheit im Ausdruck sowie auf den korrekten Gebrauch von Fachbegriffen geachtet. Dies gilt vor allem, wenn Sie eine Rede entwerfen oder einen Kommentar verfassen müssen. Analog zu *Anforderungsbereich III* können auch für einen relativ kurzen Text aufgrund des Schwierigkeitsgrades viele Bewertungseinheiten vergeben werden.

1. Eine Rede entwerfen

Hier sind klare und möglichst vielfältige Aspekte eines Sachverhalts zu berücksichtigen. Wenn Sie Ihre Zuhörer mithilfe Ihrer Rede von etwas überzeugen, also ein Plädoyer konzipieren sollen, so müssen Sie – wie in einer Erörterung – argumentativ vorgehen. Weiterhin ist es von großer Wichtigkeit, den formalen Ansprüchen an eine Rede gerecht zu werden:

- Verwenden Sie am Beginn der Rede eine Anrede an das Publikum.
- Benennen Sie im ersten Teil Ihrer Rede klar das Thema, um das es geht, und versuchen Sie zugleich, einen Einstieg zu finden, der die Aufmerksamkeit Ihrer Zuhörer erregt.
- Die „unsichtbare" Gliederung einer Rede ist von großer Wichtigkeit. Mit ihrer Hilfe nämlich verhindern Sie, dass Sie während Ihrer Ansprache von einem Aspekt zum nächsten „springen". Aus der Sicht des Zuhörers sollte – im Unterschied zu einer schriftlichen Erörterung – zuerst das zweitwichtigste Argument vorgebracht werden, gefolgt vom schwächsten. Kurz vor dem Ende der Rede verwenden Sie Ihr stärkstes Argument.
- Der Schlusssatz der Rede muss appellativen Charakter haben, d. h. die Zuhörer zu einer Handlung oder Meinungsbildung auffordern.

Beispiel 1:   *Entwerfen* Sie *eine Rede* zum Thema „Mehr plebiszitäre Elemente in der Bundesrepublik Deutschland", die Sie vor einem Jugendkonvent von Erstwählern halten.

Anmerkung: Hier müssen Sie genau auf die Satzzeichen achten. Stünde hinter dem Beispielthema ein Ausrufungszeichen, so müssten Sie dafür plädieren, mehr plebiszitäre Elemente in das Grundgesetz aufzunehmen; im Falle eines Fragezeichens könnten Sie beide Seiten der Problematik beleuchten, um dann im Schlussappell zu einer entsprechenden Aufforderung an das Publikum zu gelangen. Ohne Vorgabe eines Satzzeichens steht Ihnen die Beantwortung offen: Entweder Sie führen nur Pro- oder Kontra-Argumente an oder Sie stellen die Argumente einander gegenüber.

ABITURTRAINER · ABITURTRAINER · ABITURTRAINER · ABITURTRAINER · ABITURTRAINER · ABITURTRAINER

Erwartungshorizont:

Sehr geehrte Teilnehmer des Konvents!

Der Begriff Demokratie bedeutet aus dem Griechischen übersetzt „Volksherrschaft". Aber herrscht das Volk in der Bundesrepublik Deutschland tatsächlich?

Wir wählen alle vier Jahre den Bundestag und alle fünf Jahre den Bayerischen Landtag, und wir wählen unsere kommunalen Vertreter. Das klingt sehr demokratisch. Aber reicht dies aus?

Unsere Auswahl beschränkt sich nämlich lediglich auf Parteien und deren Vertreter, die niemals die Ansichten jedes Einzelnen zu jedem einzelnen Sachthema repräsentieren können. In Bayern hat die Bevölkerung die Möglichkeit, mittels Volks- und Bürgerentscheiden auch über Sachfragen zu entscheiden. Auf Ebene des Bundes ist dies hingegen nicht möglich. Ich fordere daher die Einführung bundesweiter plebiszitärer Elemente zur Ergänzung unserer parlamentarischen Demokratie!

So könnten zum Beispiel auch Minderheiten ihre Ansichten besser in den politischen Prozess einbringen, da Themen, die sie betreffen, bislang häufig keinen Eingang in Partei- oder Wahlprogramme gefunden haben und damit meist auch nicht Gegenstand von Gesetzesentwürfen sind. Ganz Deutschland könnte dann z. B. darüber entscheiden, ob die Lebensgemeinschaft Homosexueller mit der Ehe in allen Aspekten gleichgestellt werden sollte oder nicht.

Ebenso könnten Argumente, die Politiker – aus Furcht, nicht an den falschen Stellen „anzuecken" – häufig unausgesprochen lassen, in den politischen Prozess eingebracht werden. Dies betrifft zum Beispiel die Frage der EU-Erweiterung: Soll doch das Volk darüber entscheiden, ob Deutschland dem EU-Beitritt der Türkei, Serbiens oder der Ukraine zustimmt oder nicht!

Überdies wäre die Politik transparenter. Immer mehr Bürger haben heute das Gefühl, von Politikern regiert zu werden, die ihre Wahlversprechen nach der Wahl vergessen haben und tun, was sie wollen. Existierten bundesweite Plebiszite, so könnte das Volk ungerechtfertigten Entscheidungen jederzeit entgegentreten. Wahlbetrug oder Lippenbekenntnissen würde so dauerhaft vorgebeugt.

Schließlich könnte die Einführung von Volksentscheiden auf Bundesebene die sinkende Wahlbeteiligung in Zeiten der Politikverdrossenheit kompensieren. Die Menschen hätten wieder Lust an der politischen Partizipation, würden aktiv am demokratischen Leben teilnehmen und die politischen Strukturen und Prozesse ein Stück weit bürgernäher machen.

Den Kritikern der plebiszitären Elemente auf Bundesebene möchte ich noch entgegenhalten, dass der Missbrauch von Volksentscheiden in der Weimarer Republik oder im Nationalsozialismus lange zurück liegt und die Bevölkerung nicht mehr mit der demokratieunerfahrenen Bevölkerung der Nachkriegszeit vergleichbar ist!

Meine Damen und Herren! Trauen wir uns endlich, mehr Demokratie zu wagen, wie es Bundeskanzler Willy Brandt bereits 1969 forderte! Und den Politikern sei gesagt: Trauen Sie dem Volk doch endlich zu, Demokratie auch wirklich zu praktizieren!

Ich danke Ihnen für Ihre Aufmerksamkeit!

2. Einen Kommentar verfassen

Hier wird von Ihnen erwartet, meist einen Zeitungskommentar zu einem bestimmten Thema zu verfassen. Dabei ist wichtig, dass Sie die formalen Kriterien für einen Kommentar beherzigen:

- Ein Kommentar hat eine Überschrift.
- Ein Kommentar vertritt einen klaren Standpunkt zu einem konkreten Thema.
- Ein Kommentar enthält Information, Argumentation und Appell: Er stellt einen bestimmten Sachverhalt also nicht nur dar und erklärt ihn, sondern er beurteilt den Sachverhalt auch.
- Begründen Sie Ihre Meinung mit überzeugenden Argumenten!
- Verwenden Sie keine Argumente, die sich gegen die freiheitlich-demokratische Grundordnung (FDGO) der Bundesrepublik Deutschland richten.
- Polemik, zum Beispiel durch Ironie oder Übertreibung, ist erlaubt. Schmähen oder beleidigen Sie dabei aber niemanden, auch keine Institutionen.
- Fordern Sie zu Lösungen des von Ihnen beschriebenen Problems auf!

Beispiel 2:   *Verfassen* Sie einen *Zeitungskommentar* zum Thema „Deutschland – ein Einwanderungsland?"!

Erwartungshorizont:
Mehr Mut
Zuwanderung ist in Deutschland ein heikles Thema. Das hat nichts mit Fremdenfeindlichkeit zu tun. Die gibt es zwar auch, doch die Skepsis gegenüber Ausländern entspringt meist anderen Motiven. Da ist die Erfahrung mit dem teils geringen Integrationswillen einiger Nationalitäten. Auch landen viele Zuwanderer in den Sozialsystemen und kosten Steuergeld. Doch Deutschland kommt aus verschiedenen Gründen nicht mehr um eine Zuwanderung herum, wenn der Wohlstand erhalten werden soll. Fachleute fehlen jetzt schon an allen Ecken und Enden. Bis eine echte Bildungsoffensive ausreichend eigenen Nachwuchs auf den Arbeitsmarkt bringt, vergehen zu viele Jahre. Der steil anwachsende Bedarf kann also nur aus dem Ausland gedeckt werden. Das Problem lässt sich auch nicht lösen, indem man Arbeitslose mal eben zur Schulung schickt und dann in die Betriebe. Nicht jeder lässt sich für die enorm hohen Anforderungsprofile der Unternehmen weiterbilden. Außerdem globalisiert sich nicht nur die Wirtschaft, sondern auch der Arbeitsmarkt. Ohne international anerkannte Wissenschaftler gerät die deutsche Forschung ins Hintertreffen. Ohne international geprägte Manager wird sich so manches Unternehmen auf dem Weltmarkt nicht behaupten können. Es geht daher nicht um das Ob, sondern um das Wie der Zuwanderung. Das geplante Gesetz [zur Steuerung der Arbeitsmigration v. 20.12.2008] ist keine Öffnung des Arbeitsmarktes für jeden. Dazu sind die Restriktionen zu groß. Mehr Mut wäre aber schon nötig, um dem Akademikermangel entgegenzuwirken. Angst vor Überfremdung und der Flucht in die Sozialsysteme sind bei den betreffenden Zuwanderergruppen nicht angebracht. Gebildete Menschen mit Arbeit integrieren sich schnell.

Aus: Mehr Mut, in: Allgemeine Zeitung Mainz vom 27.8.2008. http://p2news.com/politik/mehr-mut; Zugriff am 20.1.2015

3. Einen Leserbrief schreiben

Der Leserbrief sollte neben der inhaltlichen Komponente auch die formalen Kriterien hinsichtlich des Aufbaus erfüllen:

- Zu Beginn müssen Sie einen Adressatenbezug herstellen, zum Beispiel mit der Anrede „Sehr geehrte Damen und Herren".

- In der Einleitung muss auf das Thema beziehungsweise den angesprochenen Sachverhalt oder einen gegebenen Zeitungsartikel Bezug genommen werden.
- Im Hauptteil muss für oder gegen eine Sache argumentiert werden. Dazu werden wie in einer Erörterung Behauptungen aufgestellt, die dann ausführlich begründet und mit Beispielen oder Vergleichen bewiesen werden.
- Im Schluss bekräftigen Sie entweder Ihre eigene Meinung oder Sie machen Vorschläge beziehungsweise geben Empfehlungen zur Lösung eines Problems.
- Am Ende steht eine Schlussfloskel, zum Beispiel „Mit freundlichem Gruß", sowie die Unterschrift des Verfassers.

Beispiel 3: Sie haben in Ihrer Heimatzeitung einen Kommentar gelesen, der sich über die Einführung einer Frauenquote negativ äußert. *Verfassen Sie einen Leserbrief*, in dem Sie sich für die Einführung einer Frauenquote aussprechen.

Erwartungshorizont:

Sehr geehrte Damen und Herren,

wie ich in Ihrem Artikel „Quote ist Quatsch" vom 1. 1. 2014 lesen musste, scheint einer Ihrer Redakteure die Einführung einer Frauenquote vehement abzulehnen. Diese Haltung ist aus mehreren Gründen nicht nachvollziehbar.
Zwar hat sich die deutsche Wirtschaft im Jahre 2001 verpflichtet, Frauen mehr zu fördern, aber das Ergebnis ist 13 Jahre später immer noch höchst bescheiden: So konstatiert das Managerinnen-Barometer des Deutschen Instituts für Wirtschaftsforschung 2013 nach wie vor eine „überwältigende männliche Dominanz in Vorständen und Aufsichtsräten" der großen deutschen Unternehmen. So waren nur 4 Prozent Frauen in den Vorständen und etwa 13 Prozent in den Aufsichtsräten vertreten. Das Geschlechterverhältnis in der Arbeitswelt wird dadurch keinesfalls gespiegelt.
Da Männer in personalverantwortlichen Stellen meist Männer bei einer Postenvergabe bevorzugen – der Fachbegriff dafür lautet „homosoziale Reproduktion" –, ist kaum zu erwarten, dass sich dies ohne die Einführung einer Frauenquote ändert. Es sollten aber auch hochwertige Stellen nach Qualifikation und nicht nach der Platzierung in Netzwerken vergeben werden. Eine Quote würde also eine größere Chancengleichheit garantieren.
Da der Fach- und Führungskräftemangel in Deutschland weiterhin zunimmt, sollten – unabhängig vom Geschlecht – alle fähigen Köpfe gefördert werden. So sind mehr Hochschulabsolventen heutzutage weiblichen Geschlechts: Trotzdem sind Frauen bei Managementposten unterrepräsentiert. Dieses aufwendig und teuer ausgebildete Humankapital liegt brach. Dieses Missverhältnis könnte durch eine Frauenquote ausgeglichen werden.
Zudem „ticken" Frauen anders als Männer und bringen dadurch andere Erfahrungen und Einstellungen mit. Dies kann vor allem das Arbeiten im Team fruchtbarer machen. Dieser Effekt kann jedoch nur eintreten, wenn eine genügend große Zahl alternativ Denkender in einer Gruppe vertreten ist, da diese ansonsten in eine wenig beachtete Außenseiterrolle gedrängt werden.
Es bleibt also zu hoffen, dass sich die wenig zukunftsorientierte Meinung Ihres Redakteurs nicht durchsetzen wird.

Mit freundlichem Gruß

Sepp Huber, Hintertupfing

4. Ein Szenario entwickeln

Hier müssen Sie alle Elemente der Szenario-Technik beachten (siehe dazu S. 48/49 in diesem Band).

Beispiel 3:   *Entwickeln Sie ein Szenario* zur künftigen Entwicklung der EU!

Erwartungshorizont:

Szenario zum Thema: *„Die EU als künftige Supermacht Europas"*

Im folgenden Szenario nutzt die EU ihr Potenzial in vollem Umfang. Wirtschaftliche Leistungsfähigkeit, Bevölkerungszahl, militärisches Potenzial und das europäische Wertesystem bieten ihr eine beachtliche Handlungsbasis.

Stetige Reformerfolge verbessern die Handlungsfähigkeit der EU erheblich. Die zunehmende Transparenz im EU-System sowie die Fähigkeit, den internen und internationalen Herausforderungen erfolgreich gerecht zu werden, wirkt sich positiv auf die Akzeptanz bei den Bürgern aus. Gesamteuropäische Bürgerinitiativen und die Kooperation von Gebietskörperschaften auf der Ebene der Länder tragen zu einer Europäisierung von unten bei. Auf der Basis eines wachsenden „Wir-Gefühls" entwickelt sich die EU stetig in Richtung einer Politischen Union.

Der Gedanke der Solidarität und das Ziel der Angleichung der Lebensverhältnisse führen dazu, dass die Mitgliedstaaten immer mehr Zuständigkeiten an die EU übertragen (Innen-, Außen-, Verteidigungs-, Sozial- und Wirtschaftspolitik). Dabei haben das Staatsverständnis und das Regierungssystem der Supermacht Europa eine eigene Qualität: Die Supermacht Europa respektiert nationale und regionale Vielfalt und sorgt zugleich für ein notwendiges Maß an Zusammenhalt.

Das Prinzip der Gewaltenteilung zwischen Exekutive, Legislative und Judikative prägt das politische System der Supermacht Europa. In einem klar geregelten System der gegenseitigen Kontrolle der Machtausübung übernimmt die Kommission die Rolle einer europäischen Regierung. Der Kommissionspräsident wird direkt von den europäischen Bürgern gewählt. Das Europäische Parlament als Vertreter der Bürgerinnen und Bürger und eine Europäische Staatenkammer als Vertreterin der Mitgliedstaaten werden mit sämtlichen gesetzgeberischen Rechten ausgestattet. Die richterliche Kontrolle unterliegt uneingeschränkt dem Europäischen Gerichtshof. Durch eine klar geregelte Finanzverfassung verfügt die EU über eigene aus Steuern gespeiste Finanzierungsquellen.

Die EU ist als offenes System auch im Prozess der Staatswerdung fähig, neue Mitglieder aufzunehmen. Damit ist die EU global das einzige System, das sich immer weiter ausdehnt. Nachdem der Türkei der Weg in die EU geöffnet wurde, wird letztlich keinem europäischen Staat die EU-Mitgliedschaft verwehrt. Auch nichteuropäische Staaten wie Israel oder Marokko sind zunehmend an der EU-Mitgliedschaft interessiert. Die jungen Marktwirtschaften der Neumitglieder entwickeln sich zum Wachstumsmotor für die gesamte EU und sind gleichzeitig ein interessanter Absatzmarkt. Als Ergebnis der Abtretung nationaler Souveränitätsrechte der Mitgliedstaaten entwickelt sich die EU zu einem umfassenden globalen Sicherheitsakteur. Die Schaffung einer Sicherheits- und Verteidigungsunion und vor allem der Aufbau von Vereinten Europäischen Strategischen Streitkräften (VESS), die sich unter einem gemeinsamen europäischen Oberkommando des Atomwaffenpotenzials Frankreichs und Großbritanniens bedienen können, stärken die internationale Rolle der EU. Nach der Reform der Vereinten Nationen erhält die EU einen ständigen Sitz im UN-Sicherheitsrat. Washington und Brüssel können ihre globalen Interessen weitgehend ausgleichen. Die Schaffung eines Atlantischen Wirtschaftsraums wird zum Symbol des neuen transatlantischen Gleichgewichts.

Nach: Werner Weidenfeld: Europa leicht gemacht, Bonn 2007, S. 138 ff.; Text gekürzt und leicht verändert

GLOSSAR

Agenda 21: Aktionsplan für das 21. Jahrhundert, der auf der Weltkonferenz in Rio de Janeiro 1992 von 174 Staaten unterzeichnet wurde. Das darin vorherrschende Prinzip der → „Nachhaltigkeit" hat seinen Ursprung in einer Kompromissformel zwischen den Befürwortern eines Wirtschaftswachstums für eine bessere Welt und Umweltschützern. In dem Dokument werden die ökonomisch-sozialen, die ökologischen und politischen Dimensionen und Fragen der Umsetzung gerade unter Einbeziehung der kommunalen Ebene erörtert.

Aktiengesellschaft: Unternehmungsform, bei der für die Verbindlichkeiten für die Gläubiger nur in Höhe des Gesellschaftsvermögens Haftung besteht. Die Gesellschafter (Aktionäre) sind mit Einlagen an dem Aktienkapital beteiligt. Das Grundkapital der AG wird meist von einer größeren Zahl von Kapitalgebern aufgebracht. Der Vorteil für den Aktionär liegt darin, dass er jederzeit die Aktie an der → **Börse** verkaufen kann; dem Unternehmen erschließen sich Kapitalquellen. Die Banken spielen bei der Gründung einer AG und der Aktienausgabe eine große Rolle. Die Aktiengesellschaft muss über eine Satzung (Statut, Gesellschaftsvertrag) verfügen, die den Namen der Firma, Sitz, Gegenstand des Unternehmens, Grundkapital, den Nennwert der Aktien, Art der Zusammensetzung des Vorstandes und die Form für die Bekanntmachungen der AG enthalten muss.

Arabischer Frühling: So bezeichnet wird die Reihe von Protesten, Aufständen und Rebellionen, die im Dezember 2010 in Tunesien begannen. Die Proteste gegen die autokratischen Regime in der Region breiteten sich in vielen Ländern des Nahen Ostens und Nordafrikas aus. In einigen Ländern führte die Rebellion zum Sturz der Herrscher (Ägypten, Tunesien, Jemen, Libyen), in Libyen, Jemen und Syrien brachen (Bürger-)Kriege aus.

Armut: Begriff, der nur relativ zur Entwicklung des gesellschaftlichen Reichtums zu bestimmen ist. Armut ist nicht nur eine Frage finanzieller Mittel (definiert durch ein Mindesteinkommen), sondern betrifft weitere Dimensionen der Unterversorgung (wie Gesundheit, Bildung, Erwerbsstatus) und auch die Verfügbarkeit von Handlungsspielräumen in Abhängigkeit von gesellschaftlichen Rahmenbedingungen.

ASEAN (Association of Southeast Asian Nations): Der Verband Südostasiatischer Nationen, 1967 mit dem Ziel gegründet, den sozialen und wirtschaftlichen Wohlstand sowie den Frieden in dieser Region zu festigen und zu fördern. Mitgliedstaaten: Brunei, Indonesien, Kambodscha, Laos, Malaysia, Myanmar (Burma), die Philippinen, Singapur, Thailand und Vietnam. Innerhalb der Organisation herrschen sehr große wirtschaftliche und soziale Unterschiede, z. B. zwischen dem armen und bäuerlich geprägten Myanmar und dem reichen, urbanen Singapur.

Asylbewerber: → Migranten, die einen Antrag auf Asyl nach Art. 16a GG gestellt haben, der noch in Bearbeitung ist. Voraussetzung für eine Anerkennung ist der Nachweis, persönlich von Verfolgung bedroht zu sein. Sie sind meist in Sammelunterkünften untergebracht und erhalten erst nach einem Jahr eine eingeschränkte Arbeitserlaubnis. Nach Anerkennung eines Asylantrages wird der Antragsteller zu einem Asylberechtigten.

Aufklärung, Europäische: Eine Epoche, die Ende des 17. Jahrhunderts in England ihren Anfang nahm und im 18. Jahrhundert das geistige Leben im gesamten europäisch geprägten Raum bestimmte. Wesentliches Ziel der A. war es, den Menschen „aus seiner selbst verschuldeten Unmündigkeit" (Immanuel Kant) zu befreien, also vorgegebene und feste (religiöse) Denkmuster zu hinterfragen.

Aufschwung: Belebung der → **Konjunktur.**

Berliner Mauer: Die befestigte und schwer bewachte Grenze der DDR während des → **Kalten Krieges** in Berlin. Vom 13. August 1961 an errichteten Armee, paramilitärische Einheiten und Polizeikräfte der DDR die Grenzsperranlagen, die in den folgenden Jahren immer weiter ausgebaut wurden. Nach der Grenzöffnung der DDR am 9. November 1989 wurde die Mauer größtenteils abgerissen. Zwischen 1961 und 1989 starben bei Fluchtversuchen an der B. 123 Menschen.

BKA-Gesetz: Das „Gesetz über das Bundeskriminalamt und die Zusammenarbeit des Bundes und der Länder in kriminalpolizeilichen Angelegenheiten" regelt in seiner Fassung aus dem Jahr 1997 die Aufgaben des Bundeskriminalamtes (BKA). Die Novellierung des Gesetzes im Jahr 2008 brachte gravierende Neuerungen mit sich. So hat das BKA weitreichende Kompetenzen im Bereich der Terrorismusbekämpfung erhalten. Datenschutzrechtliche Bedenken sind nicht der einzige Grund dafür, dass der Gesetzesentwurf der Großen Koalition politisch erbittert umkämpft war und Verfassungsbeschwerden schon im Vorfeld angekündigt wurden.

Bruttoinlandsprodukt (BIP): Wert aller Güter und Dienstleistungen, die in einem Jahr innerhalb der Landesgrenzen einer Volkswirtschaft erwirtschaftet werden; das BIP enthält also auch die Leistungen der Ausländer, die in einem Land arbeiten, während die Leistungen der Inländer, die im Ausland arbeiten, nicht berücksichtigt werden. Anders als das auf Einkommensgrößen orientierte → (Brutto-)Sozialprodukt misst das BIP die wirtschaftliche Leistung eines Landes von der Produktionsseite her.

Börse: Eine staatlich genehmigte Marktveranstaltung, auf der sich Kaufleute treffen, um Effekten (Anleihen oder Aktien), Waren oder Devisen, die nicht im Börsenraum körperlich vorhanden sind, zu standardisierten Börsen- und Vertragsbedingungen zu handeln.

Boom: Phase der Hochkonjunktur.

Bretton-Woods-System: Noch während des Zweiten Weltkriegs (1944) beschlossenes, stabiles Währungssystem. Dabei waren die Währungen der Teilnehmer an den US-Dollar gekoppelt. Ziel war die reibungslose und von Handelsbarrieren befreite Abwicklung des Welthandels bei festen Wechselkursen. Zur Kontrolle und Durchsetzung des Abkommens wurden in der Folge die Bretton-Woods-Organisationen bzw. -Institutionen → **Weltbank** und → **Internationaler Währungsfonds** geschaffen. Das System hatte bis zu seinem Zusammenbruch 1973 Bestand; die Institutionen existieren bis heute.

BSP (Bruttosozialprodukt): Siehe Sozialprodukt.

Deflation: Sinkendes Preisniveau in einer Volkswirtschaft.

„Dritte Welt": Der Begriff wurde verwendet für wenig oder überhaupt nicht industrialisierte Länder, deren Wohlstand erheblich unter dem der Industrieländer liegt, die sich als Erste Welt bezeichnen. „Zweite Welt" waren die industrialisierten sozialistischen Staaten zur Zeit des → **Kalten Krieges.** Die Länder der „Dritten Welt" erstrecken sich vornehmlich auf die tropischen und subtropischen Gebiete der südlichen Halbkugel, auf die früher koloniale Welt. Der Begriff wird heute immer öfter durch den Begriff der → **Entwicklungsländer** ersetzt.

Dschihad (arab.: „sich bemühen"): Verteidigung und Verbreitung des islamischen Glaubens mit geistigen und bisweilen auch militärischen Mitteln. Meist einseitig als „Heiliger Krieg" übersetzt, bezeichnet der D. das „Sichbemühen auf dem Wege Gottes", d. h. vor allem die persönliche Anstrengung, ein Gott wohlgefälliges Leben zu führen.

Einwanderungsland: Bezeichnung für ein Land, in das über längere Zeit größere Gruppen anderer Staatsangehöriger einwandern, um sich dort dauerhaft niederzulassen.

Energieträger, fossile: Erdöl, Erdgas, Braun- und Steinkohle; diese E. entstanden vor Jahrmillionen bei der Zersetzung abgestorbener Pflanzen und Tiere unter Sauerstoffabschluss, hohen Temperaturen und dem Druck darüber liegender Gesteinsschichten. Grenzen für die Nutzung f. E. ergeben sich – je nach Entwicklung des technischen Fortschritts und je nach Technologieeinsatz – aus den unterschiedlichen Ressourcenverfügbarkeiten sowie aus deren Umwelt- und Klimaverträglichkeit. Bei der Verbrennung bzw. Umwandlung der fossilen Brennstoffe wird Kohlendioxid (CO_2) freigesetzt, das wesentlich zum → **Klimawandel** beiträgt.

Energieträger, regenerative: Während → **fossile E.** endlich sind, erneuern r. E. sich beständig. Zu ihnen gehören Wasser-, Wind- und Sonnenkraft, aber auch Biomasse. Diese E. sind klima- und umweltfreundlich, da mit ihrer Nutzung sehr viel geringere Umweltbelastungen verbunden sind und keine klimarelevanten Schadstoffe freigesetzt werden.

Entwicklungsländer: → **Staaten,** die im Vergleich zu den Industrieländern u. a. ein deutlich geringeres → **Bruttosozialprodukt** pro Kopf, eine geringe Arbeitsproduktivität, hohe Analphabetenquoten und einen hohen Anteil landwirtschaftlicher Erwerbstätigkeit aufweisen. Das Ende des → **Kalten Krieges** hat die Dreiteilung der Welt in Erste, Zweite und → **Dritte Welt** brüchig werden lassen.

Ethnie: Betrifft die Volkszugehörigkeit. Menschen mit gleichen sprachlichen und kulturellen Eigenschaften oder Merkmalen gehören einer E. an.

Euro: Europäische Währungseinheit, die im Rahmen der Europäischen Wirtschafts- und Währungsunion nach dem → **Vertrag von Maastricht** seit dem 1.1.1999 in Europa in Ländern, die die festgelegten Kriterien erfüllen, eingeführt wurde. Die Gemeinschaftswährung gilt in 19 Ländern (Stand: 2015).

Europäische Sicherheits- und Verteidigungspolitik (ESVP): Siehe Gemeinsame Sicherheits- und Verteidigungspolitik" (GSVP).

Europäische Union (EU): 1993 von den 12 EG-Mitgliedern (Belgien, Dänemark, Deutschland, Frankreich, Griechenland, Großbritannien, Irland, Italien, Luxemburg, Niederlande, Portugal, Spanien) gegründet → **supranationale** Organisation. Der Staatenverbund baut auf der Europäischen Gemeinschaft (EG) auf, deren Anfänge bis in das Jahr 1951 zurückreichen. Seit 2014 zählt die EU 28 Mitgliedstaaten, in 19 Ländern gilt seit 2015 der → **Euro.** Die EU bildet mit dem → **Vertrag von Lissabon** (2009) den rechtsverbindlichen Rahmen für die

– → **Gemeinsame Außen- und Sicherheitspolitik (GASP)**
– Zusammenarbeit in der Justiz- und Innenpolitik
– Europäischen Gemeinschaften (Europäische Wirtschaftsgemeinschaft, Europäische Gemeinschaft für Kohle und Stahl (bis 2002), Europäische Atomgemeinschaft).

Die zentralen Organe der EU sind:
1. das Europäische Parlament,
2. der Europäische Rat (Gremium aus den Staats- bzw. Regierungschefs aller EU-Mitgliedstaaten, dem Kommissionspräsidenten, der Hohen Vertreterin für Außen- und Sicherheitspolitik sowie dem Präsidenten des Europäischen Rates),
3. der Rat der Europäischen Union, auch Ministerrat genannt (Gremium der Fachminister der Staaten),
4. die Kommission (Exekutivorgan),
5. der Gerichtshof der Europäischen Union,
6. die → **Europäische Zentralbank,**
7. der Rechnungshof.

Die EU wurde im Lauf ihrer Geschichte immer wieder reformiert, zuletzt durch den am 1. Dezember 2009 in Kraft getretenen → **Vertrag von Lissabon.**

Europäische Wirtschafts- und Währungsunion (EWWU): Koordination der Wirtschaftspolitiken der EU-Länder und Währungsvereinheitlichung im Euroraum; Ziel: Einbezug aller EU-Staaten in die EWWU. Für die EWWU werden im allgemeinen Sprachgebrauch oft auch die Bezeichnungen Europäische Währungsunion (EWU) und Wirtschafts- und Währungsunion (WWU) verwendet.

Europäische Zentralbank (EZB): Unabhängige Zentralnotenbank in „Euroland" mit Sitz in Frankfurt am Main, die das exklusive Recht zur Ausgabe von Banknoten und Geldmünzen (→ **Euro**/Cent) hat und die Geld- und die Währungspolitik der → **Europäischen Union** durchführt. Geleitet wird die EZB von sechs Direktoren aus verschiedenen Euroländern, denen die Präsidenten der nationalen Zentralbanken aller → **Staaten** der Eurozone im EZB-Rat beratend zur Seite stehen.

Europäischer Konvent (off.: „Konvent zur Zukunft Europas"; ugs.: „Verfassungskonvent"): Forum, in dem zwischen dem 28. Februar 2002 und dem 20. Juli 2003 der Entwurf für einen Vertrag über eine Verfassung für Europa erarbeitet wurde. Arbeitsziele waren neben der Vereinfachung des europäischen Primärrechts die Demokratisierung und Entbürokratisierung sowie die Klärung von Zuständigkeiten innerhalb der → **Europäischen Union.** Der E. setzte sich aus Regierungs- und Parlamentsvertretern der EU-Mitgliedstaaten, der damaligen mittel- und osteuropäischen Beitrittskandidaten sowie des Europäischen Parlaments und der EU-Kommission zusammen. Den Vorsitz führte der ehemalige französische Staatspräsident Valéry Giscard d'Estaing.

Europarat: 1949 gegründet, befasst sich vorrangig mit Fragen der Harmonisierung des Rechts, dem Schutz der → **Menschenrechte** (Europäische Menschenrechtsdeklaration) und der Demokratie sowie der Erhaltung des kulturellen Erbes. Fast alle europäischen Staaten sind Mitglieder.

Extremismus: Bezeichnet eine politische Einstellung, die eine grundlegende Veränderung der derzeitigen Gesellschaftsordnung anstrebt bzw. die freiheitlich-demokratische Grundordnung beseitigen will. Extremisten vertreten im Allgemeinen fanatische oder → **fundamentalistische** Haltungen, → **Ideologien** oder Ziele, oftmals auch mit Gewalt.

Finanzpolitik: Sie verfolgt das Ziel, Struktur und Höhe des Sozialprodukts einer Volkswirtschaft mithilfe öffentlicher Einnahmen und öffentlicher Ausgaben zu beeinflussen. Sie wird als Ordnungspolitik und Prozesspolitik betrieben. Unter ordnungspolitischem Aspekt gehört zu einer Wettbewerbswirtschaft z. B. ein Steuersystem, das den Wettbewerbsmechanismus möglichst wenig verfälscht; unter prozesspolitischem Aspekt verändern staatliche Einnahmen und Ausgaben die volkswirtschaftlichen Gesamtgrößen, aber auch Entscheidungen auf Einzelmärkten.

Fundamentalismus: Im Allgemeinen das kompromisslose Festhalten an politischen oder religiösen Grundsätzen. Der F. bezeichnet unterschiedliche, meist religiös motivierte → **Ideologien** und Strömungen, die den Gedanken des Pluralismus ablehnen und den Dialog verweigern.

G 8 (Gruppe der Acht): Entstanden 1997 aus der Gruppe der sieben führenden Wirtschaftsnationen (G 7: Deutschland, Frankreich, Großbritannien, Italien, Japan, Kanada und USA) nach Umwandlung des Beobachterstatus Russlands in eine Vollmitgliedschaft. An den Gipfeltreffen der G 8 nimmt neben den Staats- und Regierungschefs auch der Präsident der EU-Kommission teil.

G 20 (Gruppe der 20): Die Gruppe der zwanzig wichtigsten Industrie- und → **Schwellenländer.** Ein seit 1999 bestehender, informeller Zusammenschluss aus 19 Staaten und der → **Europäischen Union.** Die Gruppe soll als Forum für die Kooperation und Konsultation in Fragen des internationalen Finanzsystems dienen. Mitglieder: Vereinigte Staaten von Amerika, Japan, Deutschland, China, Vereinigtes Königreich, Frankreich, Italien, Kanada, Brasilien, Russland, Indien, Südkorea, Australien, Mexiko, Türkei, Indonesien, Saudi-Arabien, Südafrika, Argentinien, EU.

GATT (General Agreement on Tariffs and Trade): Allgemeines Zoll- und Handelsabkommen. Teil der → **WTO.**

Gemeinsame Außen- und Sicherheitspolitik (GASP): In Weiterentwicklung der Europäischen Politischen Zusammenarbeit (EPZ) die „Zweite Säule der EU": Verpflichtung des → **Vertrags von Maastricht,** entsprechend den Leitlinien des Europäischen Rates eine gemeinsame Außen- und Sicherheitspolitik zu „erarbeiten" und zu „verwirklichen". Entscheidungen werden einstimmig getroffen.

Gemeinsame Sicherheits- und Verteidigungspolitik (GSVP): Militärischer Arm der → **Gemeinsamen Außen- und Sicherheitspolitik** der → **Europäischen Union.** Ursprünglich unter dem Namen Europäische Sicherheits- und Verteidigungspolitik (ESVP) vom Europäischen Rat im Dezember 1999 gebilligte Übertragung der Fähigkeiten zur zivilmilitärischen Konfliktprävention und Krisenbewältigung von der (ehemaligen) Westeuropäischen Union (WEU) auf die EU. Diese soll damit in die Lage versetzt werden, autonom Beschlüsse zu fassen und in den Fällen, in denen die → **NATO** als Ganzes nicht involviert ist, eigene Militär-

einsätze in Reaktion auf internationale Krisen einzuleiten und durchzuführen. Die EU handelt dabei im Spektrum der → **Petersberg-Aufgaben.** Mit dem → **Vertrag von Lissabon** wurde die ESVP in „Gemeinsame Sicherheits- und Verteidigungspolitik" (GSVP) umbenannt.

Gewinn: Die positive Differenz zwischen Umsatz und Kosten.

Global Governance: Der Begriff bezeichnet die grenzüberschreitende Bearbeitung und Regelung von globalen Problemen. Zu den Akteuren gehören → **Staaten,** internationale Organisationen, Nichtregierungsorganisationen sowie grenzüberschreitende Wirtschaftsunternehmen.

Globalisierung: Der Begriff bezeichnet eine Zunahme der Staatsgrenzen überschreitenden sozialen Beziehungen v. a. ab den 1990er-Jahren. Insbesondere werden zu den Merkmalen der G. eine starke Zunahme internationaler Wirtschafts- und Finanztransaktionen, die Ausdehnung der Kommunikationstechnologien (Internet usw.) und die Ausbreitung westlicher Kultur verstanden. Ursachen sind neben der technischen Entwicklung v. a. der Abbau von wirtschaftlichen Schranken durch die wichtigsten Industriestaaten. Eine genaue historische Abgrenzung der G. von der früheren Entwicklung z. B. des Weltmarktes ist umstritten.

Hegemonie: Vormachtstellung eines Staates gegenüber anderen. H. ergibt sich durch ein tatsächliches militärisches, kulturelles oder wirtschaftliches Übergewicht und ist häufig durch Verträge abgesichert.

Hierarchie: Ein System von über- bzw. untergeordneten Elementen, die unterschiedliche Funktionen ausüben.

Ideologie: Eine politische Ansicht. Der Begriff wird in nichtwissenschaftlichen Kreisen häufig als eine abwertende Bezeichnung für ein starres Weltbild oder für unverrückbare Ansichten benutzt.

Inflation: Dauerhafter Anstieg des gesamtwirtschaftlichen Preisniveaus.

Inflationsrate: Prozentsatz, der den Anstieg des Preisniveaus in einem bestimmten Zeitraum (meist ein Jahr) ausdrückt. Dazu werden Preisveränderungen, die ein definierter Warenkorb aus Gütern und Dienstleistungen erfährt, mit den Preisen eines Basisjahres verglichen.

Intergouvernemental: Zwischen Regierungen stattfindende Zusammenarbeit. Sie bedarf im Unterschied zur → **supranationalen** Integration der Einstimmigkeit unter den teilnehmenden Ländern.

Internationaler Gerichtshof (International Court of Justice): 1945 gegründet, ist er das Hauptrechtsprechungsorgan der → **Vereinten Nationen** mit 15 unabhängigen Richtern aus 15 verschiedenen → **Staaten.** Seine Hauptfunktion erstreckt sich auf internationale Streitigkeiten. Als Parteien können nur Staaten auftreten. Er kann nur tätig werden, wenn beide Parteien mit der Behandlung des Streitfalls vor dem Gerichtshof einverstanden sind; er hat nicht die Möglichkeit, seine Entscheidungen auch durchzusetzen.

Internationaler Strafgerichtshof (International Criminal Court): 1998 beschlossener internationaler Gerichtshof (mit Sitz in Den Haag) zur strafrechtlichen Verfolgung von Völkermord, Verbrechen gegen die Menschlichkeit und Kriegsverbrechen; das betrifft auch interne Konflikte. Das Gericht kann sich eines Falles annehmen, wenn er vom UN-Sicherheitsrat überwiesen worden ist oder wenn das Land, in dem das Verbrechen stattgefunden hat, oder das Land, dessen Staatsangehöriger verdächtigt wird, seine Jurisdiktion anerkannt hat. Der Ankläger arbeitet unabhängig.

Internationaler Währungsfond (IWF): 1944 als Sonderorganisation der → **Vereinten Nationen** gegründet, um das Weltwirtschaftssystem nach dem Zweiten Weltkrieg neu aufzubauen. Zurzeit sind 188 Staaten Mitglied des IWF; ihr Stimmrecht orientiert sich an ihrem Kapitalanteil. Da die Beschlüsse im IWF mit einer Mehrheit von 85 Prozent getroffen werden, verfügen die USA und die 28 EU-Staaten de facto jeweils über eine Sperrminorität. 2011 trat eine Reform des IWF in Kraft, nach der → **Schwellenländer** wie China, Indien oder Brasilien mehr Einfluss erhalten. Der IWF verfolgt die Ziele, den Welthandel auszuweiten, die internationale Zusammenarbeit in der Währungspolitik zu fördern, die internationalen Finanzmärkte zu stabilisieren und kurzfristige Kredite zum Ausgleich von Zahlungsbilanzdefiziten zu vergeben. Für die Regulierung der Weltwirtschaft hat er damit eine zentrale Bedeutung. Eine globale Finanzmarktkrise, wie sie im Herbst 2008 ihren Ausgang nahm, konnte aber auch er nicht vermeiden.

Investition: Zielgerichtete, meist langfristige Kapitalbindung zur Erwirtschaftung zukünftiger Erträge.

Islamischer Staat: Aus dem Irakkrieg (2003) hervorgegangene, 2004 gegründete → **fundamentalistische** Terrororganisation, die als Ziel die Errichtung eines islamischen Gottesstaats und Weltreichs (Kalifat) im Nahen Osten mit extremer Gewaltbereitschaft (z. B. Hinrichtungen, brutaler Verfolgung Andersdenkender, Geiselnahme, Raub von Kunstschätzen, Brandschatzungen) und mittels sozialer Netzwerke (YouTube, Instagram, Twitter) zur Verbreitung von Botschaften und Anwerbung neuer Mitglieder verfolgt.

Kalter Krieg: Bezeichnung für die feindselige Auseinandersetzung zwischen → **Staaten** unterhalb der Schwelle offener kriegerischer Handlungen. Kalter Krieg bezeichnete auch die besondere Form der Beziehungen zwischen den USA und der UdSSR und ihren Verbündeten zwischen 1946 und 1989. Kennzeichen waren neben der Rüstungsspirale die „psychologische Kriegführung" sowie wirtschaftlicher und militärischer Druck und eine entsprechende Bündnispolitik.

Kapitalismus: Besonders durch Karl Marx und Friedrich Engels geprägter Begriff für unser System der Wirtschaft. Es zeichnet sich durch Privateigentum an den Produktionsmitteln und Gewinnstreben aus, wobei Letzteres durch das Wirtschaftssystem selbst erzeugt wird (Marktsteuerung, Konkurrenz). Kapitalismus geht von der Freiheit der einzelnen Wirtschaftssubjekte aus sowie der Annahme, dass deren Austausch auf dem Markt nicht nur ihrem eigenen Gewinn, sondern letztlich dem Wohle aller diene. Karl Marx kritisierte am Kapitalismus demgegenüber besonders die „Ausbeutung der Arbeiterklasse", seine Krisenhaftigkeit sowie seine Neigung zur Verschwendung (durch Konkurse, Krisen usw.) und zur Hervorbringung von → **Armut**. Versuche, eine Wirtschaft statt über den Markt zentral durch den Staat zu steuern, sind in der jüngeren Geschichte mehrfach gescheitert.

Kleptokratie: Auch „Diebesherrschaft"; ein abwertender, informeller Ausdruck für die Herrschaft einer korrumpierten Regierung, die durch Ausnutzung ihrer → **Macht** und durch allgemeine Abgaben Besitz oder Kapital für die Regierenden und für deren Klientel anhäuft. Kleptokratien sind zumeist autokratische Systeme oder Diktaturen, die im Gegensatz zur Demokratie illegale Profite, wirtschaftlichen Diebstahl oder Verheimlichungen erleichtern und zu politischer und sozialer Instabilität tendieren.

Klimawandel: In den vergangenen Jahrzehnten hat sich die Durchschnittstemperatur der Erdatmosphäre und der Meere erhöht, eine weitere Erwärmung wird erwartet. Die meisten Naturwissenschaftler führen dies auf den vom Menschen verstärkten Treibhauseffekt zurück, besonders seit Beginn der Industriellen Revolution. Das Verbrennen → **fossiler Energieträger** und die großflächige Rodung von Wäldern reichern den Anteil von Kohlendioxid (CO_2) in der Luft an. Hinzu kommt der erhöhte Ausstoß von Methangas durch eine intensive Viehwirtschaft. Der Treibhauseffekt wird auf Wasserdampf, Kohlenstoffdioxid, Methan, Stickstoffoxid und fluorierte Verbindungen, z. B. FCKW, zurückgeführt. Verdoppelt sich der CO_2-Anteil in der Erdatmosphäre, rechnet die Klimaforschung mit einer Erhöhung der Erdmitteltemperatur innerhalb von 1,5 bis 4,5 Grad Celsius. Folgen der globalen Erderwärmung sind schon heute erkennbar: verringerte Schneebedeckung, Gletscherschmelze, ein steigender Meeresspiegel, Überschwemmungen und Wetterveränderungen. Der K. war 1992 erstmals Gegenstand einer UNO-Konferenz. Im Jahre 1997 entstand mit dem → **Kyoto-Protokoll** das erste völkerrechtlich verbindliche Abkommen mit konkreten Gegenmaßnahmen.

Konjunktur: Bezeichnung für die Existenz von zyklischen Schwankungen der wirtschaftlichen Aktivität.

Konzern: Ein zeitlich unbefristeter, durch Kapitalverflechtung vollzogener vertraglicher Zusammenschluss von Unternehmen, die rechtlich selbstständig bleiben, aber ihre wirtschaftliche Eigenständigkeit vollständig aufgegeben haben.

Kyoto-Protokoll: Ein 1997 geschlossenes Abkommen der → **Vereinten Nationen** zum Schutz des Klimas. Es schreibt verbindliche Zielwerte für den Ausstoß von Treibhausgasen fest, die die Hauptursache der globalen Erwärmung sind (→ **Klimawandel**). Das Protokoll ist am 16. Februar 2005 in Kraft getreten und sollte 2012 auslaufen. Auf der UN-Klimakonferenz in Doha, Katar 2012 wurde eine Verlängerung des Kyoto-Protokolls (Kyoto II) bis zum Jahr 2020 beschlossen, einige wichtige Mitglieder bzw. CO_2-Verursacher sind jedoch inzwischen ausgetreten (Kanada, Russland, Japan) oder waren nie beigetreten (USA, China). Der → **G 20**-Gipfel von Brisbane brachte 2014 neue Absprachen zur CO_2-Reduktion, auch zwischen den USA und China.

Liberalismus: Politische Anschauung, in deren Mittelpunkt die ungehinderte Entfaltung des Einzelnen und einzelner Gruppen unter Zurückdrängen der Ansprüche des → **Staates** steht.

Macht: Verhältnis der Über- und Unterordnung zwischen Personen, Gruppen, Organisationen oder → **Staaten**, das – im Unterschied zu Herrschaft und Autorität – nicht der Anerkennung durch ihre Betroffenen bedarf. Max Weber definierte Macht als „die Chance, innerhalb einer sozialen Beziehung den eigenen Willen auch gegen Widerstreben durchzusetzen, gleichviel, worauf diese Chance beruht".

Marktwirtschaft: Wirtschaftssystem des Wettbewerbs, in dem die Wirtschaftsprozesse dezentral geplant und über die Preisbildung auf den Märkten gelenkt werden. Gewerbe- und Vertragsfreiheit sowie die freie Wahl des Berufs bzw. des Arbeitsplatzes sind Grundvoraussetzungen der Marktwirtschaft (→ **Kapitalismus**).

Massenmedien: Technische Mittel, durch die Aussagen schnell und über große Entfernungen zu einer großen Zahl von Menschen gebracht werden können. Empfänger und Sender von Nachrichten sind sich dabei nicht persönlich bekannt. M. sind sehr einflussreich und werden als eine Kontrollinstanz z. B. gegenüber dem → **Staat** angesehen. Zugleich aber sind die durch sie verbreiteten Nachrichten für die Empfängerinnen und Empfänger kaum noch zu überprüfen. Zu den M. zählt neben Zeitungen, Rundfunk und Fernsehen auch das Internet.

Menschenrechte: Rechte, die jedem Menschen zustehen, unabhängig von seiner Herkunft, seinem Geschlecht, seiner Religion und seinem Vermögen. Ihr Inhalt liegt darin, jedem Menschen eine gesicherte Existenz und Entfaltung zu ermöglichen. Im Gegensatz zu anderen Rechten sollen die Menschenrechte jedem Menschen von Natur aus zukommen, also nicht erst durch die Garantie eines → **Staates** (Bürger). Deshalb „gelten" sie nicht wie andere Rechte, sondern bezeichnen den Anspruch auf ein menschenwürdiges Leben.

Mercosur: Kurzbezeichnung für *Mercado Común del Sur* (dt.: Gemeinsamer Markt des Südens); regionale Wirtschaftsgemeinschaft in Lateinamerika nach dem Vorbild der → **Europäischen Union.** Gegründet wurde der M. 1991; Gründungsmitglieder waren Argentinien, Brasilien, Paraguay und Uruguay; Venezuela hat 2006 den Beitritt unterzeichnet und trat 2012 auf dem Gipfel in Rio bei. Chile ist seit 1996 assoziiertes Mitglied. Weitere assoziierte Mitglieder sind Bolivien (seit 1997), Peru (seit 2003) sowie Kolumbien und Ecuador (beide seit 2004). Wichtigste Ziele: stufenweiser Abbau von Zöllen und Handelshemmnissen (Zollunion), Handelsliberalisierung mit Drittstaaten sowie Schaffung eines gemeinsamen Außenzollsystems und Koordinierung der Wirtschaftspolitik.

Migration (lat.: migratio = Wanderung): Mit diesem Ausdruck werden verschiedene Formen der Ein- und Auswanderung zusammengefasst (→ **Asylsuche,** Arbeitsmigration, Flucht vor Krieg usw.). Das trägt der Tatsache Rechnung, dass alle diese Formen Gemeinsamkeiten aufweisen: einen Migrationsgrund, der in fast allen Fällen irgendeine Art von Zwang beinhaltet – und soziale Probleme, die aus der Situation im Aufnahmeland folgen.

Multilateralismus: Prozess oder Zustand in der internationalen Politik, bei dem mehrere oder viele → **Staaten** kooperativ und prinzipiell gleichberechtigt Diplomatie betreiben und gemeinsam handeln. Dabei werden die Interessen aller Partner berücksichtigt. Oft existieren schriftliche, in Form von Verträgen vereinbarte Regelungen oder → **Regime,** die alle Beteiligten binden.

Multipolarität: Mehr- oder Vielpoligkeit. Sie geht davon aus, dass das internationale System nicht wie in der Bipolarität z. B. während des → **Kalten Krieges** durch zwei, sondern durch mehrere oder viele → **Staaten** bestimmt wird, die in etwa gleich mächtig eingeschätzt werden.

Nachhaltigkeit: Bezeichnung für das Prinzip, nach dem die wirtschaftliche Entwicklung so zu beeinflussen ist, dass der Umweltverbrauch zunehmend geringer wird und das ökologische System sich erholen kann; die Idee der nachhaltigen Entwicklung geht zurück auf den Bericht der Brunddtland-Kommission der → **Vereinten Nationen** von 1987 und insbesondere auf die UN-Konferenz für Umwelt und Entwicklung (UNCED) 1992 in Rio de Janeiro.

Nationalismus: Die auf den Begriff der Nation und den souveränen Nationalstaat als zentrale Werte bezogene Ideologie, wobei – im Gegensatz zum Patriotismus – die Identifikation mit der eigenen Nation oftmals mit einer Abwertung anderer Nationen und Kulturen verbunden ist. Nationalismus und Nationalbewusstsein sind geeignet, soziale Großgruppen zu integrieren und deren Identifikation von der andersstaatlichen Umwelt abzugrenzen. Als politische → **Ideologie** gewann der Nationalismus seit der Französischen Revolution durch die Verbindung mit den demokratischen Ideen der Selbstbestimmung und der Volkssouveränität überragende Bedeutung.

NATO (engl.: North Atlantic Treaty Organization): Während des → **Kalten Krieges** war die Allianz unter Führung der USA in Europa das Gegengewicht zur militärischen Präsenz der Sowjetunion und des Warschauer Paktes. Das Militärbündnis wurde 1949 in Washington geschlossen; 1955 trat die Bundesrepublik bei. Sitz der NATO ist Brüssel. Mittlerweile zählt sie 28 Mitgliedstaaten, darunter viele ehemalige Mitglieder des Warschauer Paktes. Nach dem Ende des Kalten Krieges wandelte sich die Allianz von einem defensiven Verteidigungsbündnis zu einer auch global agierenden Sicherheitsorganisation. Während sich die Allianz in den 1990er-Jahren zunächst auf die Konfliktprävention und das Krisenmanagement auf dem Balkan konzentrierte, bestimmen heute vor allem Abwehr und Bekämpfung des transnationalen Terrorismus ihre Ausrichtung.

Neokonservatismus: Eine politische Strömung in den USA, die während des Vietnamkriegs (1965 – 1975) in Abgrenzung zur → **68er-** und zur Bürgerrechtsbewegung Martin Luther Kings entstand. Das Hauptaugenmerk des N. liegt – neben den herkömmlichen konservativen Bezugspunkten Familie, Heimat, Religion und Nation – auf dem Abbau wohlfahrtsstaatlicher Elemente sowie dem Glauben, das westliche Demokratiemodell sei der Endpunkt aller politischen Entwicklung. Ein bekannter Vertreter des N. ist der ehemalige US-Präsident George W. Bush (2001 – 2009).

Neoliberalismus: Denkrichtung des → **Liberalismus,** die eine marktwirtschaftliche Wirtschaftsordnung mit den entsprechenden Gestaltungsmerkmalen (z. B. Privateigentum an Produktionsmitteln, freie Preisbildung, Wettbewerbsfreiheit) anstrebt, staatliche Eingriffe in die Wirtschaft jedoch auf ein Minimum beschränken will. Die Ideen des N., dessen führender Vertreter in Deutschland Walter Eucken (1891 – 1950) war, basieren auf den negativen Erfahrungen mit dem ungezügelten Liberalismus des Laissez-faire im 19. Jahrhundert. Die deutsche Variante des N., in der staatliche Eingriffe in die Wirtschaft dann gerechtfertigt sind, wenn sie z. B. die Bildung von Monopolen verhindern oder dem sozialen Ausgleich dienen, wird auch Ordoliberalismus genannt. Die angelsächsische Variante mit ihrem Hauptvertreter Friedrich August von Hayek (1899 – 1992) setzt stärker auf die Selbststeuerung der → **Marktwirtschaft.**

New Deal (etwa: „Neuverteilung der Karten"): Umfangreiches Notprogramm des US-Präsidenten Franklin D. Roosevelt (1882 – 1945), der ab 1933 versuchte, die 1929 in den USA ausgebrochene Wirtschaftskrise durch staatliche Interventionen (scharfe Eingriffe in Bank- und Kreditwesen, Anbauprämien, Abwertung des Dollars, intensive Außenhandelspolitik u. a.) sowie durch sozialpolitische Maßnahmen (z. B. Einführung einer progressiven Einkommensbesteuerung) zu überwinden. Zwar konnten die Vertrauenskrise beseitigt und die amerikanische Wirtschaft neu belebt werden. Die hohe Arbeitslosigkeit aber wurde erst im Zweiten Weltkrieg überwunden.

OECD (engl.: Organization for Economic Cooperation and Development): Als Nachfolgeorganisation der Organisation für europäische wirtschaftliche Zusammenarbeit (OEEC) 1961 gegründet; Sitz: Paris; Hauptaufgaben: Sicherung der Währungsstabilität, Förderung des Welthandels, Planung und Förderung des wirtschaftlichen Wachstums in Europa und Koordination der Wirtschaftshilfe für die → **Entwicklungsländer.**

OPEC: Kurz für „Organization of Petroleum Exporting Countries" (Organisation Erdöl exportierender Länder). Das 1960 in Bagdad entstandene Kartell versucht, die Ölförderpolitik seiner Mitgliedstaaten zu koordinieren, die Förderquoten festzulegen und so die Weltmarktpreise stabil zu halten. Mittlerweile gehören zwölf Länder zur O. (Stand: 2015): Algerien, Angola, Ecuador, Iran, Irak, Kuwait, Libyen, Nigeria, Katar, Saudi-Arabien, die Vereinigten Arabischen Emirate und Venezuela. Die O.-Mitglieder fördern etwa 40 Prozent der weltweiten Erdölproduktion und verfügen über rund drei Viertel der weltweiten Erdölreserven. Seit 1965 hat das Kartell seinen Sitz in Wien.

Ost-West-Konflikt: Siehe Kalter Krieg.

Petersberg-Aufgaben: Wurden 1992 bei einem Gipfel des Ministerrats der Westeuropäischen Union (WEU) auf dem Petersberg bei Bonn definiert und markierten seither deren operativen Aufgabenbereich. Die P. umfassen humanitäre Aufgaben und Rettungseinsätze, friedenserhaltende Aufgaben sowie Kampfeinsätze bei der Krisenbewältigung einschließlich friedensschaffender Maßnahmen. Diese Aufgaben gingen 1999 auf die → **Europäische Sicherheits- und Verteidigungspolitik** der → **Europäischen Union** über, ebenso wie die meisten Komponenten der WEU. Im → **Vertrag von Lissabon** wurden die P. erweitert, insbesondere um Aufgaben der Terrorismusbekämpfung.

Regime: Im Allgemeinen eine abwertende Bezeichnung für eine Herrschaftsform, die nicht demokratisch legitimiert ist und in der ein Einzelner oder eine Gruppe von Menschen → **Macht** über alle anderen ausüben. Im strengen politikwissenschaftlichen Sinne bezeichnet der Begriff ein von den (inter-)nationalen Akteuren (z. B. → **Staaten**) akzeptiertes Regel- und Normensystem (einschließlich notwendiger Entscheidungsverfahren) auf nationaler und internationaler Ebene, um bestimmte Problemfelder und Spannungssituationen dauerhaft zu steuern.

Rezession: Abschwung der → **Konjunktur.**

Scharia: Das islamische Recht. Es basiert hauptsächlich auf dem Koran und der „Sunna", einer umfassenden Sammlung überlieferter Äußerungen und Handlungen des Propheten Mohammed (570–632) unterschiedlicher Herkunft. Ferner umfasst die S. sämtliche Vorschriften und Empfehlungen für das private und öffentliche Leben, von den religiösen Pflichten über das Familien- und Handelsrecht bis hin zur Kriegsführung.

Schengener Abkommen: Abkommen von 1985, in dem (mittlerweile die meisten) EU-Staaten den Abbau der Grenzkontrollen und u. a. eine verstärkte grenzüberschreitende Zusammenarbeit der Polizeibehörden vereinbart haben.

Schiiten: Angehörige der zweitgrößten Glaubensrichtung des Islam (von arab.: schia = Partei [des Ali]), nach deren Auffassung allein Ali (4. Kalif, 656–661), der Neffe und Schwiegersohn des Propheten Mohammed, sowie die Familienangehörigen des Propheten zur legitimen Nachfolge und damit zur geistlichen Herrschaft der Muslime als religiös-politisches Oberhaupt (Imam) befähigt sind (siehe auch → **Sunniten**).

Schwellenländer: Länder, die aufgrund ihrer fortgeschrittenen Wirtschaftskraft, ihrem (mittleren) Volkseinkommen und ihrer infrastrukturellen Entwicklung aus dem Status von → **Entwicklungsländern** herausgewachsen sind und damit von der wirtschaftlichen Entwicklung her an der Schwelle zu den Industrieländern stehen. Vor allem die NIC-Länder oder NIE-Länder („newly industrialized countries" bzw. „economies") gehören hierzu.

Souveränität: Der Begriff Souveränität ist ein Produkt des modernen → **Staates** und seiner Theorie und bezeichnet die höchste, nicht abgeleitete, umfassende und nach innen wie nach außen unbeschränkte Hoheitsgewalt, im Staatsinneren als staatliches Gewalt- und Rechtsetzungsmonopol, nach außen als „Völkerrechtsunmittelbarkeit", d. h. also Hoheit über ein bestimmtes Staatsgebiet (Prinzip der Selbstregierung) und rechtliche Unabhängigkeit nach außen.

Soziale Marktwirtschaft: Von Alfred Müller Armack, Walter Eucken und Ludwig Erhard konzipiertes wirtschaftspolitisches Leitbild, das ab 1948 in der Bundesrepublik Deutschland verwirklicht worden ist. Es greift die Forderung des Ordoliberalismus nach staatlicher Gewährleistung einer funktionsfähigen Wettbewerbsordnung auf, ergänzt jedoch den Katalog wirtschaftspolitischer Staatsaufgaben unter Betonung sozialpolitischer Ziele mit dem Zweck der Integration aller Bürger.

Sozialprodukt: Verkürzende Bezeichnung für die wirtschaftliche Leistung einer → **Volkswirtschaft.** Im Bruttosozialprodukt ist die gesamte Wertschöpfung einer Volkswirtschaft in einer Periode zusammengefasst, einschließlich der → **Investitionen.** Wird diese Größe um die Abschreibungen für Abnutzung vermindert, so spricht man vom Nettosozialprodukt. Wird der gesamte von Inländern erwirtschaftete Produktionswert berechnet, so spricht man vom Inlandsprodukt. Das Nettoinlandsprodukt entspricht dabei dem Volkseinkommen.

Staat: Erstmals seit der Renaissance für den obersten Herrschaftsverband verwendeter Begriff, der seit dem 19. Jahrhundert zunehmend Eingang in den Sprachgebrauch fand. Der Begriff umfasst das Staatsvolk, das Staatsgebiet und die Staatsgewalt. Als rechtlich verfasste Gemeinschaft ist der S. mit dem Gewaltmonopol ausgestattet, um Rechtsfrieden und Sicherheit zu gewährleisten.

Subsidiaritätsprinzip: Aus der katholischen Soziallehre stammendes gesellschaftliches Gestaltungsprinzip, das die Selbstbestimmung und Selbstverantwortung des Individuums bzw. der jeweils kleineren sozialen Gruppen im Verhältnis zum → **Staat** sowie den Vorrang von Regelungen auf jeweils unterer Ebene gegenüber Regelungen „von oben" betont.

Sufismus: Asketisch-mythische, auf den Koran und die Sunna (→ **Sunniten**) basierende Richtung des Islam seit dem 9. Jahrhundert; benannt nach den mit einem Büßergewand aus Wolle (arab.: suf) bekleideten ersten Anhängern (Sufi).

Sunniten: Anhänger der Sunna (arab.: sunna = Brauch, Sitte), die mit rund 85 Prozent aller Muslime die größere der beiden Glaubensrichtungen des Islam bilden (siehe auch

→ **Schiiten**) und sich neben dem Koran an der Sunna, den überlieferten Worten und Taten des Propheten Mohammed und seiner weltlichen Nachfolger (Kalifen), als zweiter Quelle der islamischen Glaubens- und Pflichtenlehre orientieren.

Supranational (lat.: übernational, überstaatlich): Mit dem Adjektiv werden Organisationen, Zusammenschlüsse oder Vereinbarungen versehen, die durch völkerrechtliche Verträge begründet und deren Entscheidungen und Regelungen für die einzelnen Mitglieder (→ **Staaten,** Nationen) übergeordnet und verbindlich sind. So steht etwa das Recht der EU als s. Recht über dem der einzelnen Mitgliedstaaten; bestimmte Entscheidungen s. Institutionen der → **EU** sind für alle EU-Staaten und die gesamte EU-Bevölkerung bindend. Im Gegensatz dazu haben z. B. Entscheidungen internationaler Organisationen nur dann bindende Wirkung, wenn sie von den Mitgliedern ausdrücklich anerkannt werden.

Taliban (dt.: Koranschüler): Islamistische Gruppierung beiderseits der afghanisch-pakistanischen Grenze. Die Bewegung ist einem radikalen sunnitischen Islam verpflichtet, den sie mit aller Gewalt durchzusetzen bereit ist. T.-Milizen beteiligten sich seit 1994 mit Unterstützung Pakistans und Saudi-Arabiens (z. T. auch der USA) am afghanischen Bürgerkrieg und beherrschten bald den größten Teil des Landes. 1996 wurde Kabul eingenommen. Die T. setzten eine → **fundamentalistische** islamische Ordnung durch, in der besonders Frauen unter strenger Kontrolle standen. Führer der T. wurde Mullah Mohammed Omar. Die Zusammenarbeit der T. mit dem islamischen → **Extremisten** Osama bin Laden führte nach den Anschlägen auf das World Trade Center und das Pentagon 2001 zum militärischen Eingreifen der USA in Afghanistan; Ende der Herrschaft der T. 2001. Auch durch die Unterstützung der paschtunischen Landbevölkerung konnten die T. in der Folgezeit an Schlagkraft zurückgewinnen und seit 2003 wieder militärische und terroristische Aktionen durchführen. Sie gefährden damit den staatlichen Neuaufbau Afghanistans.

Umweltpolitik: Gesamtheit der Maßnahmen, die darauf zielen, die natürliche Umwelt als Lebensgrundlage der Menschen auch für die nachfolgenden Generationen zu erhalten.

UN-Blauhelme: Bezeichnung für Angehörige der Friedenstruppen der → **Vereinten Nationen.** Ihre friedenserhaltenden Maßnahmen (peacekeeping operations) sind teilweise sehr erfolgreich verlaufen, jedoch nicht immer. Für die Entsendung von B. ist die Zustimmung des UN-Sicherheitsrates und aller am Konflikt beteiligten Parteien notwendig. Von den beteiligten Truppenverbänden wird strikte Neutralität erwartet. Sie dürfen, außer zur Selbstverteidigung, keine Gewalt anwenden. 1988 wurde den UNO-Friedenstruppen der Friedensnobelpreis verliehen.

Vereinte Nationen (engl.: United Nations, UN oder United Nations Organization, UNO): Die UN wurde 1945 gegründet, ihr Hauptsitz ist New York (daneben: Genf und Wien), zurzeit gehören ihr 193 Staaten an (Stand: 2015). Laut der UN-Charta bestehen ihre Hauptaufgaben in der Sicherung des Friedens und in der Beseitigung von Friedensbedrohungen, der Verständigung der Völker untereinander, der internationalen Zusammenarbeit zur Lösung wirtschaftlicher, kultureller, sozialer und humanitärer Probleme u. a. m. – dies alles auf der Grundlage der Gleichberechtigung der Staaten und der Selbstbestimmung der Völker (Art. 1). Die wichtigsten Organe der UN sind:

1. die jährlich stattfindende Vollversammlung (jeder Mitgliedstaat hat eine Stimme) und deren Ausschüsse;
2. der Sicherheitsrat der UN mit zzt. fünf ständigen Mitgliedern (China, F, GB, Russland, USA), die über ein Vetorecht verfügen, und zehn jeweils für zwei Jahre gewählten Mitgliedern;
3. das Generalsekretariat mit einem Generalsekretär an der Spitze (auf fünf Jahre von der Vollversammlung gewählt);
4. der Wirtschafts- und Sozialrat mit 54 Mitgliedern (jährlich werden 18 Mitglieder für drei Jahre gewählt) und den fünf regionalen Kommissionen;
5. der → **Internationale Gerichtshof** (15 Richter, die von der Vollversammlung und dem Sicherheitsrat für neun Jahre gewählt werden).

Zahlreiche Sonderorganisationen (UNICEF; UNESCO) erfüllen weitere Aufgaben der Vereinten Nationen.

In jüngster Zeit wurden verstärkt Forderungen laut, durch eine Reform der UNO den ärmeren → **Staaten** größere Einflussmöglichkeiten zu geben.

Vertrag von Lissabon: Völkerrechtlicher Vertrag zwischen den 28 Mitgliedstaaten der → **Europäischen Union,** der am 13. Dezember 2007 unter portugiesischer Ratspräsidentschaft in Lissabon unterzeichnet wurde und am 1. Dezember 2009 in Kraft trat. Der V. übernimmt wesentliche Inhalte der abgelehnten Europäischen Verfassung und gilt als wichtigster Reformschritt seit dem Vertrag von Nizza (2001).

Vertrag von Maastricht: Mit dem am 7. Februar 1992 im niederländischen Maastricht von den Finanz- und Außenministern der zwölf EU-Mitgliedstaaten unterzeichneten Vertragswerk wurde die → **Europäische Union** gegründet. Ferner wurde die Einführung einer gemeinsamen Währung (→ **Euro**) beschlossen. Um Haushalts-, Preisniveau-, Zinssatz- und Wechselkursstabilität der gemeinsamen Währung gewährleisten zu können, wurden wirtschaftliche Kriterien für die EU-Staaten formuliert (Konvergenz- oder auch Maastrichtkriterien).

Wahabismus: Traditionalistische, auf Abdul Wahab (780–855) zurückgehende Version des sunnitischen Islam, die Anspruch auf die reine Lehre des Islam gegenüber dem religiösen Lager des Schiismus sowie explizit gegen fremde Kultureinflüsse und die säkulare Wissenschaft erhebt (z. B. der Wahabismus in Saudi-Arabien).

Warschauer Pakt: Im Westen gebräuchliche Kurzform für den am 14.5. 1955 gegründeten militärischen Beistandspakt des Ostblocks, dem die DDR am 28.1. 1956 offiziell als Mitglied beitrat und der sich im Zuge des Zusammenbruchs der UdSSR am 31.3. 1991 auflöste.

Weltbank: 1944 als eine Sonderorganisation der → **Vereinten Nationen** gegründet. Ihr Ziel ist es derzeit, meist durch Kreditvergabe → **Armut** in → **Entwicklungsländern** zu bekämpfen.

World Trade Organization (WTO): 1995 gegründet; Sitz: Genf; Sonderorganisation der → **Vereinten Nationen** mit derzeit 160 Mitgliedern (Stand: 2015); neben dem → **Internationalen Währungsfonds** und der → **Weltbank** die wichtigste Institution zur Behandlung internationaler Wirtschaftsprobleme; zu den wichtigsten Aufgaben der W. zählen die Liberalisierung des Welthandels, die Senkung von Zöllen und die Überwachung internationaler Handels- und Dienstleistungsregelungen.

PERSONENVERZEICHNIS

Abbé de Saint-Pierre, Charles Irénée Castel
(1658–1743); war ein französischer Geistlicher, Gelehrter und Schriftsteller; verkündete die Fähigkeit des Menschen, sich zu vervollkommnen und durch die Ausschaltung von Vorurteilen und Unwissenheit wunschlos glücklich zu werden. Der A. schlug als einer der Ersten vor, Kriege durch einen europäischen Staatenbund zu verhindern.
Adenauer, Konrad (1876–1967); war von 1949 bis 1963 der erste Bundeskanzler der Bundesrepublik Deutschland. Sein politischer Aufstieg begann 1917 als Oberbürgermeister der Stadt Köln. Dieses Amt hielt er bis 1933 und für einen kurzen Zeitraum 1945 inne. Bundesweite Bekanntheit erlangte er als Vorsitzender des Parlamentarischen Rates 1948/1949. Seine Politik als Bundeskanzler bestimmten außenpolitisch der Kalte Krieg und die Rehabilitierung Deutschlands nach dem Zweiten Weltkrieg. Innenpolitisch stand der Wiederaufbau auf der Tagesordnung, der im Wirtschaftswunder mündete. Gesellschaftlich prägte der Christdemokrat A. die konservativen Ansichten der 1950er- und 60er-Jahre mit. Das langfristige historische Vermächtnis A.s besteht in der Aussöhnung mit Frankreich, die 1963 im Deutsch-Französischen Freundschaftsvertrag (Elysée-Vertrag) formal bekräftigt wurde. Von großer Bedeutung war hierbei sein gutes persönliches Verhältnis zum Präsidenten der Französischen Republik, → **Charles de Gaulle.**
al-Gaddafi, Muammar (1942–2011) libyscher Revolutionsführer. Er war seit einem Militärputsch von 1969 bis 1979 unter verschiedenen Titeln Staats- und Regierungschef von Libyen und behielt trotz Niederlegung seiner offiziellen Ämter auch von 1979 bis 2011 als „Führer der Revolution" seinen Einfluss. Mit der Verstaatlichung aller ausländischen Erdölunternehmen und Banken schuf Gaddafi die Grundlagen eines Sozialstaates. Zugleich unterstützte er international verschiedene terroristische und gewaltbereite Organisationen. Im Zuge des „Arabischen Frühlings" kam es auch in Libyen zu Protesten gegen das Regime, die Gaddafi gewaltsam niederzuschlagen versuchte. Am 31. März 2011 griff im Rahmen der Operation „Unified Protector" die NATO in den Bürgerkrieg ein. Seit Juni 2011 wurde Gaddafi als mutmaßlicher Kriegsverbrecher sowie wegen Verbrechen gegen die Menschlichkeit mit weltweitem Haftbefehl gesucht und im August abgesetzt. Er starb am am 20. Oktober 2011 bei Gefechten in Sirte.
bin Laden, Osama (geb. vermutl. 1957); der Islamist entstammt einer sehr reichen Familie aus Saudi-Arabien. Ursprünglich eher weltoffen, radikalisierte er sich Ende der 1970er-Jahre. So kämpfte er zunächst mit US-amerikanischer Unterstützung im Widerstand der afghanischen Mujaheddin gegen die sowjetische Besatzung. Unter dem Eindruck des Abzugs der sowjetischen Truppen aus Afghanistan begründete B. die Organisation al-Qaida und begann, mit terroristischen Mitteln die westliche Welt, vor allem die USA, zu bekämpfen. Höhepunkt waren die Terroranschläge vom 11. September 2001. Danach war B. untergetaucht. Im Frühjahr 2011 tötete ein Sonderkommando der US-Streitkräfte den meistgesuchten Terroristen in Pakistan.

Boutros-Ghali, Boutros (geb. 1922); ein ägyptischer Diplomat. Der Jurist und Politikwissenschaftler gilt als einer der Architekten des Camp-David-Abkommens von 1979, das den andauernden Konflikt zwischen Ägypten und Israel beendete. Von 1992 bis 1996 war B. Generalsekretär der Vereinten Nationen. Auf ihn geht die bekannte „Agenda für den Frieden" zurück.
Brüning, Heinrich (1885–1970); war ein deutscher Politiker der Zentrumspartei und in der Weimarer Republik von 1930 bis 1932 der erste Reichskanzler, der beinahe ausschließlich mit Notverordnungen regierte.
Bush, George Walker (geb. 1946); war von 2001 bis 2009 der 43. Präsident der USA. Nach Geschäftstätigkeit in der Ölindustrie war der Republikaner B. zuvor seit 1994 Gouverneur von Texas. In seine Präsidentschaft fallen die Terroranschläge des 11. September 2001 und der darauf folgende „Krieg gegen den Terror" in Afghanistan sowie der Krieg gegen den Irak Saddam Husseins, bei dem zahlreiche europäische Staats- und Regierungschefs, vor allem Jacques Chirac und → **Gerhard Schröder,** den USA die Gefolgschaft verweigerten. Symbolisch für den v. a. von Tony Blair unterstützten Antiterrorfeldzug der US-Regierung standen das Gefangenenlager Guantánamo auf Kuba und das Militärgefängnis Abu Ghraib im Irak. Im Zuge der weltweiten Terrorbekämpfung kam es auch in den USA zur Einschränkung bürgerlicher Freiheitsrechte. Am Ende der Ära B. war die soziale Ungleichheit im Lande drastisch gestiegen, die Rassenproblematik hatte sich verschärft, und das Ansehen der USA in der Welt war gesunken. Großen Einfluss auf den Ausgang der Präsidentschaftswahlen 2008 und den Sieg → **Barack Obamas** hatte zudem die wirtschaftliche Rezession im Zuge der amerikanischen Immobilien- und Bankenkrise ab 2007.
Comenius, Johann Amos (1592–1670); war ein Philosoph, Theologe und Pädagoge aus Südostmähren (im heutigen Tschechien). Im Mittelpunkt seiner Lehre steht eine christlich-humanistische Lebensgestaltung.
Coudenhove-Kalergi, Richard Nikolaus Graf von (1894–1972); politischer Schriftsteller, Gründer und Generalsekretär der Paneuropabewegung. C. verfasste viele Schriften zur europäischen Einigung, darunter „Weltmacht Europa" (1971). Er war Träger des Karlspreises.
Churchill, Winston (1874–1965); gilt als bedeutendster britischer Staatsmann des 20. Jahrhunderts. Er zog 1901 als Konservativer (Tory) in das britische Unterhaus ein. C. war zweimal Premierminister (1940–45; 1951–55) und führte Großbritannien durch den Zweiten Weltkrieg. Zuvor hatte er bereits mehrere Regierungsämter bekleidet, u. a. das des Ersten Lords der Admiralität, des Innen- und des Finanzministers. Darüber hinaus trat C. als Autor politischer und historischer Werke hervor und erhielt 1953 den Nobelpreis für Literatur.
Engels, Friedrich (1820–1895); war ein deutscher Politiker, Unternehmer, Philosoph und Historiker. Zusammen mit → **Karl Marx** entwickelte er ab der Mitte der 1840er-Jahre die als Marxismus bezeichnete Gesellschaftstheorie. 1848 veröffentlichten Marx und Engels im Zuge der Revolution in

Deutschland das bedeutende „Kommunistische Manifest". Nach Marx' Tod gab Engels den zweiten und den dritten Band von „Das Kapital. Kritik der politischen Ökonomie" heraus und übernahm auch die Bearbeitung und Herausgabe weiterer Werke seines Freundes.

Erasmus von Rotterdam (eigentl. Geert Geerts; 1465 – 1536); niederländischer Humanist und bedeutender Universalgelehrter. Er war Theologe, Philosoph, Philologe und Autor zahlreicher Bücher. Studium in Paris, Reisen nach England, Italien, Deutschland und der Schweiz, vielfältige Kontakte zu den führenden Vertretern des Geisteslebens seiner Zeit, u. a. zu Thomas Morus (1477–1535). E. vertritt das Konzept eines Humanismus, der die christlichen Ideale mit der Weisheit antiker Autoren und der menschlichen Vernunft zu vereinen sucht. Mit seiner Forderung, nicht das Trennende, sondern die Gemeinsamkeiten zwischen den Menschen zu erkunden und Gegensätzlichkeiten hinzunehmen, wird er zum Wegbereiter des Toleranzgedankens. Seine Lehren zählen zu den Vorläufern der Aufklärung.

Galtung, Johan (geb. 1930); der norwegische Friedens- und Konfliktforscher gilt als Pionier seiner Zunft. 1950 gründete er in Oslo das erste internationale Institut für Friedensforschung. G. beriet immer wieder die Vereinten Nationen und machte Vorschläge für gewaltfreie Konfliktlösungen. Sein großes Vorbild ist → **Mahatma Ghandi.** 1987 erhielt G. den Alternativen Friedensnobelpreis.

de Gaulle, Charles (1890–1970); war ein französischer General und Politiker. Nach der Niederlage Frankreichs im Zweiten Weltkrieg 1940 bildete er eine Exilregierung in London und nach der Befreiung des Landes den politischen Neuanfang. Mit Beginn der Algerienkrise 1958 gelangte d. G. in Regierungsverantwortung und setzte eine Verfassungsreform durch, mit der die Fünfte Französische Republik begründet wurde. Deren Präsident war er von 1959 bis 1969. Gemeinsam mit → **Konrad Adenauer** betrieb er die deutsch-französische Freundschaft. Unter seiner Präsidentschaft zog sich Frankreich 1966 aus der integrierten militärischen Kommandostruktur der NATO zurück, blieb aber weiterhin Mitglied der atlantischen Allianz. D. G. gilt als Nationalheld. Die auf ihn zurückgehende politische Ideologie des Gaullismus ist bis heute einflussreich in der französischen Politik.

Gandhi, Mahatma (eigentl. Mohandas Karamchand, genannt Mahatma – „die große Seele"; 1869–1948); indischer Staatsmann, Freiheitskämpfer und der herausragende Führer der indischen Unabhängigkeitsbewegung. Die politische Bedeutung liegt in seinem Konzept der Gewaltlosigkeit durch zivilen Ungehorsam und passiven Widerstand, das 1947 das Ende der britischen Kolonialherrschaft über Indien herbeiführte. Am 30. Januar 1948 wurde der 78-jährige G. von einem nationalistischen Hindu in Neu-Delhi erschossen.

Ghani, Aschraf (geb. 1949); seit 2014 Präsident von Afghanistan, wie sein Vorgänger → **Hamid Karzai** gehört er zur paschtunischen Bevölkerungsmehrheit. Ghani studierte zunächst in Kabul und ging 1977 in die USA, wo er promovierte und u. a. an der University of California lehrte. Später wechselte er zur Weltbank und zu den Vereinten Nationen. 2001 kehrte er nach Afghanistan zurück und war von 2002 bis 2004 Finanzminister. Bei der Präsidentschaftswahl 2009 erhielt er nur wenige Stimmen. Bei der Wahl 2014 kam er im ersten Wahlgang auf knapp 32 Prozent, sein Haupt-

gegenkandidat Abdullah Abdullah hingegen 45 Prozent. Die Stichwahl gewann Ghani jedoch mit 56 Prozent, woraufhin Wahlfälschungsvorwürfe erhoben wurden. Als Kompromiss einigte man sich auf eine Neuauszählung der Stimmen. Deren genaues Ergebnis wurde nicht bekannt gegeben, jedoch Ghani im September offiziell zum Sieger der Wahl erklärt.

Giscard d'Estaing, Valéry (geb. 1926); ist ein französischer Politiker der bürgerlich-liberalen Strömung und war von 1974 bis 1981 Staatspräsident Frankreichs. In seiner Amtszeit wurden verschiedene Modernisierungen des politischen und gesellschaftlichen Lebens in Frankreich angestoßen, u. a. ein liberalisiertes Scheidungsrecht. Auf dem europäischen Gipfel von Laeken im Dezember 2001 wurde der in Koblenz geborene G. als Präsident des Europäischen Verfassungskonvents berufen.

Gorbatschow, Michail Sergejewitsch (geb. 1931); ist ein russischer Politiker und war von März 1985 bis August 1991 Generalsekretär des Zentralkomitees der Kommunistischen Partei und von März 1990 bis Dezember 1991 Präsident der Sowjetunion. Durch seine Politik der Glasnost („Offenheit") und der Perestroika („Umbau") versuchte G. den Umbau der UdSSR, woran er allerdings scheiterte. Er leitete jedoch das Ende des Kalten Krieges ein und ermöglichte damit die deutsche Wiedervereinigung, an der er zusammen mit → **Helmut Kohl** maßgeblich mitgewirkt hat. G. erhielt 1990 den Friedensnobelpreis.

Grotius, Hugo (eigentl. Huig de Groot; 1583–1645); war ein niederländischer Philosoph, Theologe und Rechtsgelehrter. Er gilt als Begründer des klassischen Naturrechts und Vater des modernen Völkerrechts. Sein 1625 erschienenes Hauptwerk „De Iure Belli ac Pacis" (Über das Recht des Krieges und des Friedens) stellt bis heute die Grundlage der Völkerrechtsordnung dar. Eingeflossen sind seine Überlegungen zuerst in den Westfälischen Frieden zu Münster und Osnabrück (1648), in dem die Souveränität und Gleichberechtigung der Staaten erstmals völkerrechtlich anerkannt wurden.

Hobbes, Thomas (1588–1679); englischer Staatsphilosoph, der sich u. a. mit der Frage beschäftigte, wie der Krieg unter den Menschen zu vermeiden und der Frieden innerhalb eines Gemeinwesens zu gewinnen sei. Ausgehend von einem Naturzustand anarchischer Herrschaftslosigkeit entwarf der von den Schrecken des Englischen Bürgerkriegs (1640–1649) geprägte H. in seinem Hauptwerk „Leviathan" (1651) den Gedanken eines Sozialvertrags: H. zufolge wird die gesamte Gesellschaft zu einem einzigen Individuum, zum übermächtigen Leviathan, d. h. zum Staat, sobald die Gesellschaftsvertrag, den die Menschen untereinander zum Schutz vor sich selbst abgeschlossen haben, ihr Recht zur Gewaltausübung auf einen Einzelnen unter ihnen, den Herrscher, überträgt. H. gilt damit als Wegbereiter des Absolutismus.

Hussein, Saddam (1937–2006); war ein irakischer Diktator. Seit 1979 Staats- und Regierungschef, Generalsekretär der regierenden Baath-Partei und Oberbefehlshaber der Streitkräfte errichtete H. einen totalitären Überwachungsstaat, in dem Regimegegner rücksichtslos verfolgt und auch umgebracht wurden. Er verwickelte den Irak in den Ersten und Zweiten Golfkrieg (1980 bis 1988 und 1990/91), die zum wirtschaftlichen Niedergang des Landes führten. Sein langjähriger Widerstand gegen das Rüstungskontrollregime der UNO führte zur Konfrontation mit den USA. Die US-Regierung unter Präsident → **George W. Bush** beendete mit dem Irak-Krieg (Dritter Golfkrieg) im Frühjahr 2003 seine Herrschaft. H. konnte sich nach dem Sturz zunächst verstecken, wurde aber von US-Soldaten aufgespürt und verhaftet. Er wurde 2006 wegen Verbrechen gegen die Menschlichkeit von einem irakischen Sondertribunal zum Tode durch den Strang verurteilt und hingerichtet.

Jinping, Xi (geb. 1953); seit dem 18. Parteikongress der Kommunistischen Partei der Volksrepublik China 2013 Staatspräsident der Volksrepublik China als Nachfolger von Hu Jintao; zudem Generalsekretär der KP und Vorsitzender der Zentralen Militärkommission.

Juncker, Jean-Claude (geb. 1954); ist ein europäischer Politiker der Christlich Sozialen Volkspartei (CSV/PCS) aus Luxemburg. Seit 1. November 2014 ist Juncker der Nachfolger von José Manuel Durão Barroso als Präsident der Europäischen Kommission, von 2005 bis 2013 war er zudem Vorsitzender der Eurogruppe. In Luxemburg bekleidete er von 1989 bis Juli 2009 das Amts des Finanzministers und von 1995 bis Dezember 2013 das Amt des Premierministers.

Kant, Immanuel (1724–1802); gilt als bedeutendster deutscher Philosoph der Neuzeit. Mit seinem kritischen Denkansatz „Sapere Aude" (Habe Mut zu wissen) ist er der wohl wichtigste Denker der Aufklärung. Seine Hauptwerke sind „Kritik der reinen Vernunft" (1781) und „Zum ewigen Frieden. Ein philosophischer Entwurf" (1795). Darin wendet K. die Grundsätze seiner Moralphilosophie auf die Frage nach dem Frieden zwischen den Staaten an.

Karzai, Hamid (geb. 1957); ein afghanischer Politiker aus der Ethnie der Paschtunen. In den 1980er-Jahren unterstützte er die Mujaheddin im Kampf gegen die sowjetische Besatzung, gehörte nach deren Sieg der politischen Führung des Landes an und bekämpfte ab Mitte der 1990er-Jahre die Taliban. Nach deren Sturz wurde er 2001 zuerst Übergangspräsident und 2004 gewählter Staatspräsident Afghanistans. Besonders bei seiner Wiederwahl 2009 wurden Vorwürfe wegen Korruption, Vetternwirtschaft und Wahlbetrug gegen ihn laut.

Kennedy, John Fitzgerald (1917–1963); war von 1961 bis 1963 der 35. Präsident der USA und Mitglied der Demokratischen Partei. Seine charismatische Persönlichkeit und sein Sendungsbewusstsein machten ihn zum Hoffnungsträger vor allem der US-amerikanischen Jugend und Intellektuellen sowie sozial benachteiligter Gruppen. K. war der erste Katholik im Weißen Haus. Er konzentrierte sich zunächst auf ein ambitioniertes soziales Reformprogramm, das sich aber aufgrund von Widerständen im Kongress nicht vollständig realisieren ließ. Außenpolitisch verfolgte die Kennedy-Regierung eine harte Linie gegen den Kommunismus und die UdSSR, das Engagement in Südvietnam wurde verstärkt. Sein Auftritt in Berlin („Ich bin ein Berliner") nach dem Mauerbau 1961 und sein Ultimatum an die UdSSR nach der Stationierung russischer Raketenrampen auf Kuba 1962 stärkten K.s Profil als Verteidiger der freien Welt. K. wurde am 22. November 1963 in Dallas Opfer eines Attentats.

Keqiang, Li (geb. 1955); chinesischer Politiker und seit März 2013 Ministerpräsident. Zuvor war er Ende 2012 auf dem 18. Parteitag in das Zentralkomitee der Kommunistischen Partei Chinas gewählt worden.

Khomeini, Seyyed Ruhollah Musavi (1902–1989); iranischer Schiitenführer (Ayatollah) und Politiker. Er rief 1979 die „Islamische Republik Iran" aus, setzte den Islam als allein maßgebende Kraft durch und legte die führende Rolle der schiitischen Geistlichkeit fest, deren Führung er selbst übernahm. Politisch und religiös Andersdenkende ließ er verfolgen. Außenpolitisch vollzog Khomeini einen radikalen Bruch mit den USA und wurde einer der entschiedensten Gegner Israels. Zwischen 1980 und 1988 führte er gegen den weltlich orientierten Machthaber im Irak, Saddam Hussein, einen erbitterten Verteidigungskrieg (Erster Golfkrieg).

Kohl, Helmut (geb. 1930); ist ein deutscher Politiker (CDU). Der frühere Ministerpräsident von Rheinland-Pfalz (1969 – 1976) wurde 1982 nach einem erfolgreichen Misstrauensvotum gegen → **Helmut Schmidt** (SPD) deutscher Bundeskanzler. In seiner Regierungszeit (bis 1998) gestaltete der promovierte Historiker den Prozess der deutschen Wiedervereinigung und wirkte maßgeblich am europäischen Einigungsprozess mit.

Machiavelli, Niccolò (1469–1527); war ein italienischer Politiker und Gelehrter. Er ist durch sein Werk „Il Principe" (Der Fürst; 1532) berühmt geworden, in welchem er dem „idealen" Herrscher die Wahrnehmung der eigenen Ziele und Interessen anrät ohne ethische oder moralische Rücksichtnahme.

Marx, Karl (1818–1883); war ein deutscher Philosoph. Er untersuchte im Zeitalter der Industrialisierung zusammen mit → **Friedrich Engels** die kapitalistische Gesellschaft und gilt als bedeutendster Denker von Sozialismus und Kommunismus. M. gab an, durch seine historischen Untersuchungen einen fortdauernden Konflikt zwischen besitzenden und nicht besitzenden Klassen innerhalb einer Gesellschaft erkennen zu können; im Industriezeitalter wären dies die Bürger (Bourgeois), d. h. diejenigen, die Produktionsmittel besitzen, und die Arbeiter (Proletarier), die keinen solchen Besitz haben und ihre Arbeitskraft verkaufen müssen. Diesen Klassenkonflikten sprach M. die treibende Kraft für die Weiterentwicklung der Gesellschaft zu. Als Endstadium sah er dabei die klassenlose Gesellschaft im Kommunismus an. Diese sollte durch die Aufhebung des Privateigentums an Produktionsmitteln (z. B. Boden, Fabriken, Maschinen usw.) erreicht werden.

Merkel, Angela (geb. 1954); ist eine deutsche Politikerin (CDU). Sie ist seit dem 10. April 2000 Bundesvorsitzende der CDU sowie seit dem 22. November 2005 die erste Frau im Amt des deutschen Bundeskanzlers. Zuvor bekleidete sie zwischen 1991 und 1994 das Amt der Bundesministerin für Frauen und Jugend und zwischen 1994 und 1998 das Amt der Bundesumweltministerin. M. wurde als Tochter eines evangelischen Pfarrers in Hamburg geboren, wuchs jedoch in der DDR auf.

Milošević, Slobodan (1941–2006); war ein serbischer Politiker (Kommunist); von 1989 bis 1997 Präsident Serbiens und danach bis 2000 jugoslawischer Staatspräsident. Seine großserbisch-nationalistische Politik trug zum Zerfall des kommunistischen Jugoslawiens und den Kriegen in Kroatien und Bosnien-Herzegowina bei. 1995 unterzeichnete er auf internationalen Druck hin das Friedensabkommen von Dayton. M. trug entscheidende Verantwortung für die Eskalation im Kosovokonflikt (1998/99). 1999 wurde er vom Internationalen Strafgerichtshof für das ehemalige Jugoslawien (ICTY) in Den Haag der Verbrechen gegen die Menschlichkeit angeklagt und 2001 vom neuen jugoslawischen Staatspräsidenten Vojislav Koštunica ausgeliefert. In Den Haag musste sich M. bis zu seinem Tod auch wegen Verstößen gegen die Gesetze und Gebräuche des Krieges und gegen die Genfer Konventionen sowie wegen Völkermordes verantworten.

Mitterrand, François (1916–1996); war ein französischer Politiker der sozialistischen Strömung. Er wurde 1981 und 1988 zum französischen Staatspräsidenten gewählt und hatte dieses Amt bis zum 17. Mai 1995 inne. 1988 erhielt er gemeinsam mit → **Helmut Kohl** den Karlspreis für seine Verdienste um die deutsch-französische Freundschaft und die Zukunft Europas.

Modi, Narendra Damodardas (geb. 1950); indischer Politiker der Bharatiya Janata Party (BJP) und seit Mai 2014 Premierminister Indiens. Von 2001 bis 2014 war er Chief Minister (Regierungschef) des Bundesstaates Gujarat. Umstritten ist vor allem seine Rolle während gewalttätiger Auseinandersetzungen zwischen Hindus und Muslimen in diesem Bundesstaat im Jahr 2002, bei denen über 1 000 Menschen, hauptsächlich Muslime, starben. Ihm wurde vorgeworfen, nicht hart genug eingegriffen zu haben, um die Gewalt zu beenden. Deshalb trat er kurzzeitig zurück, wurde jedoch nach erfolgreichen Parlamentswahlen von seiner Partei erneut zum Chief Minister gewählt. Wegen seiner Rolle während der 2002er-Ausschreitungen wurde ihm 2005 auch ein diplomatisches Visum zur Einreise in die USA verweigert. Juristisch wurde ihm jedoch keine Mitschuld nachgewiesen.

Mohammed (570–632); wird von den Muslimen als letzter Prophet angesehen, welcher mit dem Koran die Offenbarungen Allahs empfangen habe. Damit gilt M. als Religionsstifter des Islam. Sein Geburtsort Mekka und sein Sterbeort Medina gelten den Gläubigen als heilige Städte und sind als Wallfahrtsorte jedes Jahr Ziel mehrerer Millionen Muslime.

Nadschibullah, Mohammed (1947–1996); afghanischer Staatschef 1986 bis 1992. Der moskauorientierte Paschtune beteiligte sich am Sturz des Staatspräsidenten Mohammed Daud Khan (1978). Von den sowjetischen Streitkräften nach dem Einmarsch in Afghanistan (1979) als Chef des neugegründeten Geheimdienstes eingesetzt bekämpfte N. in den Folgejahren im Bürgerkrieg die Mujaheddin. 1987 übernahm er auch das Amt des Staatspräsidenten. Nach dem Abzug der sowjetischen Truppen (1989) verlor er gegen die Mujaheddin an Boden. Auch die Abkehr vom kommunistischen Kurs 1990 konnte seinen Sturz wenige Tage vor seinem angekündigten Rücktritt nicht verhindern. Nach der Einnahme Kabuls im September 1996 richteten die Taliban den aus dem UNO-Hauptquartier verschleppten N. ohne Gerichtsverfahren hin.

Obama, Barack Hussein (geb. 1961); seit 2009 der 44. Präsident der USA und der erste Afroamerikaner in diesem Amt. Sein Vater stammte aus Kenia, seine Mutter aus dem US-Bundesstaat Kansas. O. gehört der Demokratischen Partei an. Sein Wahlkampfslogan „Change" hatte den Nerv breiter Bevölkerungsschichten getroffen, die nach der Präsidentschaft → **George W. Bushs** und angesichts großer außenpolitischer, wirtschaftlicher und gesellschaftlicher Probleme einen Wechsel herbeisehnten. Das Motto „Yes, we can" begleitete die kaum vorhersehbare Erfolgsgeschichte

des jugendlich und unverbraucht wirkenden Senators aus dem US-Bundesstaat Illinois und hatte eine stark mobilisierende Wirkung v. a. auf junge, farbige und weibliche amerikanische Wähler sowie auf die Gruppe der Hispanics. 2009 erhielt O. den Friedensnobelpreis. 2012 wurde er für eine zweite Amtszeit wiedergewählt.

Putin, Wladimir Wladimirowitsch (geb. 1952); ist ein russischer Politiker und seit Mai 2008 Ministerpräsident Russlands. Dieses Amt hatte er bereits zwischen 1999 und 2000 inne. Nachdem der damalige Präsident Boris Jelzin aus dem Amt schied und P. zu seinem Nachfolger ernannte, bekleidete P. das Präsidentenamt bis Mai 2008. Sein Nachfolger wurde sein Wunschkandidat Dimitri Medwedew. Die Ära P. war von außenpolitischer Selbstbehauptung und von Nationalismus gekennzeichnet, während innenpolitisch vor allem die Reform der Wirtschaft und die schrittweise Einschränkung von Grundrechten (z. B. Pressefreiheit) prägend waren. Zwischen 1985 und dem Ende der DDR war P. dort als Offizier des sowjetischen Auslandsgeheimdienstes KGB eingesetzt gewesen.

Rau, Johannes (1931–2006); war ein deutscher Politiker der SPD. Er war von 1978 bis 1998 Ministerpräsident des Landes Nordrhein-Westfalen und sah sich während dieser Zeit mit dem wirtschaftlichen Strukturwandel im Ruhrgebiet konfrontiert. 1999 zum Bundespräsidenten gewählt (bis 2004), hielt er 2000 als erstes deutsches Staatsoberhaupt eine Rede vor der israelischen Knesset. In innenpolitischen Auseinandersetzungen betonte Rau die Bedeutung ethischer Werte und religiöser Toleranz.

Reagan, Ronald Wilson (1911–2004); war von 1981 bis 1989 der 40. Präsident der USA. Bekanntheit erlangte er zuvor als Schauspieler und als Gouverneur von Kalifornien. R. gehörte der Republikanischen Partei an. Seine Präsidentschaft war innenpolitisch von massiven Steuersenkungen und von dem Versuch geprägt, Bundesaufgaben, v. a. in der Sozialpolitik, auf die einzelstaatliche Ebene zurückzuverlagern. Seine Außenpolitik stand im Zeichen eines starken Antikommunismus und militärischer Aufrüstung. Dennoch machte sich R. insbesondere in seiner zweiten Amtszeit durch Verhandlungen mit → **Michael Gorbatschow** um das Ende des Kalten Krieges verdient, als dessen Sieger er zweifellos zu bezeichnen ist.

Rohani, Hassan (geb. 1948); ist ein iranischer Politiker und seit 3. August 2013 der siebte Präsident der Islamischen Republik Iran als Nachfolger von Mahmud Ahmadinedschad. Im Vergleich zu seinem Vorgänger wie zu seinen Mitbewerbern bei der Wahl gilt Rohani als gemäßigt. Von 2003 bis 2005 war R. Chefunterhändler bei den Verhandlungen des Westens und des Irans über das iranische Atomprogramm. Als Präsident erhielt er im September 2013 die Gelegenheit, Irans Atomprogramm vor den Vereinten Nationen zu verteidigen. Er betonte, dass eine „rein friedliche" Nutzung angestrebt werde. Weiterhin gibt es im Westen zwar Misstrauen gegenüber Irans friedlichen Absichten, die im Dezember 2009 abgebrochenen Atomverhandlungen wurden jedoch erneut aufgenommen. Die Gespräche stocken seither immer, blieben aber in Gang. Im November 2014 wurden die Verhandlungen verlängert. Nun soll bis zum 1. März 2015 ein politisches Abkommen ausgehandelt werden, Detailregelungen sollen bis zum 1. Juli 2015 folgen.

Roosevelt, Franklin Delano (1882–1945); war von 1933 bis zu seinem Tod der 31. Präsident der Vereinigten Staaten von Amerika. R., der – einzigartig in der Geschichte der USA – viermal nacheinander (1932, 1936, 1940 und 1944) in das Amt des Präsidenten gewählt wurde, führte das Land erfolgreich in Zeiten schwerer innen- und außenpolitischer Krisen. R. war seit einer Erkrankung im Jahr 1921 auf die Benutzung eines Rollstuhls angewiesen.

Schah Pahlevi, Mohammad Reza (1919–1980); der Königssohn war von 1941 bis zur Islamischen Revolution 1979 Schah von Persien (Iran) und letzter Herrscher auf dem Pfauenthron. Während seiner autoritären Herrschaft lehnte er sich militärpolitisch an die USA an und genoss trotz weltweiter Proteste die Unterstützung der westeuropäischen Staaten. Im Inneren ließ der Diktator verschiedene oppositionelle Gruppen (v. a. Kommunisten und Islamisten) verfolgen. Er stützte sich dabei auf die gefürchtete Geheimpolizei „Savak" und die enorm aufgerüsteten Streitkräfte.

Schmidt, Helmut (geb. 1918); ist ein deutscher Politiker. Er gehört der SPD an, bekleidete verschiedene Ministerämter und war von 1974 bis 1982 Bundeskanzler. Landesweite Bekanntheit erlangte er durch die Koordinierung der Rettungskräfte bei der Hamburger Sturmflut 1962. Seine Kanzlerschaft stand unter den Zeichen der Wirtschaftskrise der 1970er-Jahre und des Terrors militanter linksgerichteter Gruppierungen, vor allem der Roten Armee Fraktion (RAF). Außenpolitisch versuchte S. an die Entspannungspolitik seines Vorgängers Willy Brandt anzuknüpfen, befürwortete aber den NATO-Doppelbeschluss. Die Regierung Schmidt fand durch den Wechsel des vormaligen Koalitionspartners, der FDP, in einem konstruktiven Misstrauensvotum ein unerwartetes Ende.

Schröder, Gerhard (geb. 1944); ist ein deutscher SPD-Politiker. Er war von 1998 bis 2005 der siebte Bundeskanzler der Bundesrepublik Deutschland sowie zuvor von 1990 bis 1998 Ministerpräsident des Landes Niedersachsen. Seine Kanzlerschaft war vor allem durch die umstrittenen Reformen der Sozialsysteme („Hartz IV") und ein neues Selbstbewusstsein in der Außenpolitik geprägt. Durch seinen Regierungsstil galt er als „Medienkanzler". Nach seiner politischen Karriere wechselte S. in die Wirtschaft, wo er bis heute verschiedene Positionen bekleidet.

Schuman, Robert (1886–1963); war ein deutsch-französischer Politiker und 1947/48 Ministerpräsident von Frankreich. Als Außenminister entwickelte er den Schuman-Plan, der zur Schaffung der Montanunion führte. Später war S. von 1958 bis 1960 erster Präsident des Europäischen Parlaments. Er gilt als einer der Gründerväter der Europäischen Union.

Smith, Adam (1723–1790); schottischer Nationalökonom und Philosoph; Begründer der klassischen Nationalökonomie (Volkswirtschaftslehre). Seine Lehre fußte auf den Ideen der Aufklärung, des Naturrechts und der englischen Moralphilosophie. Nach S. existiert ein Marktautomatismus, der über den Marktpreis Angebot und Nachfrage zum Ausgleich bringt. Die treibende Kraft aller wirtschaftlichen Vorgänge sei der Eigennutz. Wirtschaftspolitisch forderte S. Freihandel und „laissez faire". Sein Hauptwerk: „The Wealth of Nations" (Der Wohlstand der Nationen), erschienen in zwei Bänden im Jahr der amerikanischen Unabhängigkeitserklärung 1776.

Stoltenberg, Jens (geb. 1959); norwegischer Politiker der sozialdemokratischen Arbeiterpartei. Er war von 2000 bis 2001 und von 2005 bis 2013 Ministerpräsident Norwegens. Am 28. März 2014 wurde er als Nachfolger von Anders Fogh Rasmussen zum NATO-Generalsekretär ernannt. Stoltenbergs Amtszeit begann am 1. Oktober 2014.

Taylor, Charles Ghankay (geb. 1948); von 1997 bis 2003 Präsident des westafrikanischen Staates Liberia. Taylor war Rebellenführer im liberianischen Bürgerkrieg in den 1990er-Jahren und unterstützte die Rebellenbewegung im Bürgerkrieg im benachbarten Sierra Leone. Bereits 2003 wurden ihm in diesem Zusammenhang Verletzungen der Menschenrechte vorgeworfen. Er ging daraufhin ins Exil nach Nigeria. Im März 2006 wurde er im Grenzgebiet zu Kamerun verhaftet. Am 4. Juni 2007 begann der Prozess gegen ihn vor dem Sondergerichtshof für Sierra Leone im niederländischen Den Haag wegen Verbrechen gegen die Menschlichkeit und Kriegsverbrechen. Am 26. April 2012 erklärten ihn die Richter für schuldig und verurteilten ihn zu 50 Jahren Haft. Taylor ist damit das erste ehemalige Staatsoberhaupt, das von einem internationalen Tribunal wegen Kriegsverbrechen zur Verantwortung gezogen wurde.

Thatcher, Margaret (geb. 1925); ehemalige britische Politikerin; T. war von 1979 bis 1990 (der erste weibliche) Premierminister des Vereinigten Königreichs und von 1975 bis 1990 Vorsitzende der Conservative Party. Mit ihrer Amtszeit werden eine weitgehende Privatisierung vormaliger Staatsbetriebe (z. B. British Telecom, British Petroleum, British Airways), die Schwächung von Gewerkschaften und der Rückbau von Arbeitnehmerrechten in Verbindung gebracht (Thatcherismus). Außenpolitisch betrieb die dezidierte Europagegnerin eine stark nationale Interessenpolitik, die sie teilweise gegen alle Widerstände durchsetzte. 1984 erreichte sie unter dem Motto „I want my money back" den bis heute gültigen „Britenrabatt" zur Finanzierung der Europäischen Union.

Thukydides (460–ca. 396 v. Chr.); athenischer Historiker und Stratege. Selbst Flottenkommandant im Peloponnesischen Krieg (431–404 v. Chr.) hat T. in seiner berühmten Geschichte über die langjährige Auseinandersetzung zwischen dem Attischen Seebund unter der Führung Athens und dem Peloponnesischen Bund unter dem Landmacht Sparta Überlegungen zur Theorie und Stabilität militärischer Bündnisse angestellt. T. sah dabei im Machtstreben des Menschen die wichtigste geschichtswirksame Kraft.

Xiaobo, Liu (geb. 1955) chinesischer Schriftsteller sowie Bürger- und Menschenrechtler. Weil er 2008 das im Internet veröffentlichte Bürgerrechtsmanifest Charta 08 zum Internationalen Tag der Menschenrechte unterstützte, wurde er festgenommen und Ende 2009 zu elf Jahren Haft verurteilt. Diese Verurteilung wurde von der EU und den USA scharf kritisiert und seine Freilassung gefordert. 2010 wurde Xiaobo der Friedensnobelpreis für seinen Einsatz für die Menschenrechte in China verliehen, wogegen die chinesische Regierung vehement protestierte. Xiaobo konnte an der Verleihung nicht teilnehmen. Bis heute befindet er sich in Haft.

STICHWORTVERZEICHNIS

BILDQUELLENVERZEICHNIS